최신장로학

최신장로학

最新長老學

한 치 호 지음

두돌비

|추 천 사|

목회자를 도와 교회를 세우는 장로

한국 교회의 부흥과 성장의 그림에서는 언제나 장로의 아름다운 희생과 성숙한 인격의 손이 더해져 있음을 볼 수 있다. 어느 교회의 공동체에서건 우리는 목회자를 도와서 주님의 일을 받든 장로에 대한 말을 들을 수 있다.

교회에서의 장로의 직분이 이렇게 중요함을 확인하는 시기에 장로가 하나님 앞에서 좋은 일꾼으로 세워지도록 돕는 책이 출간되어 흐뭇한 마음으로 추천의 말을 두어 자 적는다. 선교 200년의 한국 교회를 세워 가는데 있어서 장로들에게 그들의 역할과 직분에 대한 귀한 가이드가 되어줄 것을 믿는다.

이 책의 저자는 이미 오래 전부터 한국 교계에서 저술을 통하여 하나님의 일을 담당해 온 신실한 일꾼이다. 저자는 주일학교 사역을 오랫동안 섬겨오면서 이 분야에 관한 책들을 써서 동역자들이나 후배들에게 조력해 왔다. 그가 장로들을 배나 존경하는 가운데, 장로의 직분을 받게 되는 종들에게 안내서로서 집필했음을 믿는다.

이 책의 내용을 보니, 이미 오래 전에 거룩한 직분을 받은 장로들에게도 자신을 돌아볼 수 있는 기회를 제공해 주고도 남을 것이다. 무엇보다도 이 책에서 한국 교회에 영적인 지도자로서 장로들이 세워지기를 바라는 저자의 마음을 엿볼 수 있어 적극적으로 추천한다.

주후 2008년 4월

고 제 동 목사(총회 목회대학원장 · 보린교회 원로목사)

| 차 례 |

제 4 부 장로가 갖추어야 될 덕목

제 5 부 장로의 신앙상식

부 록

01 교회와 장로

회가 이런 정치 형태를 취하며, 천주교회의 교황제도는 감독정치의 매우 극단적인 형태라고 할 수 있다.

2) 회중정치

회중정치(Congregationalism)는 교회가 공동체를 구성하는 교인들에 의해 다스려지는 방식이다. 이 방식에 의하면, 목사는 지교회의 한 회원에 불과하며, 교인들 위에 감독의 권위를 가지는 사람들이 따로 없다.

회중정치의 제도에서 지교회는 개체성과 독립성을 가진다. 그것을 간섭하는 노회나 총회 같은 것은 없고 단지 서로 교제하고 협력하는 협의체 같은 것이 있을 뿐이다. 이런 정치 형태는 침례교회나 회중교회 등에서 찾아볼 수 있다.

3) 장로회정치

장로회정치(Presbyterianism)는 감독정치와 회중정치의 장단점을 성경적으로 보완한 형태의 정치제도다. 교회가 교인들 스스로 선택한 대표자들, 즉 목사와 장로들에 의해 다스려지는 방식이다.

장로회정치는 한마디로 대의정치이다. 이 방식에서는 일반 교인들의 권한과 목사의 권한이 둘 다 동등하게 존중된다. 우리는 이러한 정치형태가 가장 성경적이라고 본다. 일반 교인들의 제사장적 권한과 목사와 장로들의 감독의 직무와 권위를 고려할 때 장로정치가 가장 성경적이다.

성경은 일반 교인들의 제사장적 권한을 증명해 준다. 감독정치는 이 점을 무시하는 잘못을 범하였다. 사도들이 성경에 기록하고 있는 그대로, 지교회에 속한 성도는 하나님 앞에서 '왕 같은 제사장' 이다.

-벧전 2:9, "그러나 너희는 택하신 족속이요 왕 같은 제사장들이요 거룩한 나라요 그의 소유가 된 백성이니 이는 너희를 어두운 데서 불러 내어 그의 기이한 빛에 들어가게 하신 이의 아름다운 덕을 선포하게 하려 하심이라."

-계 1:6, "그의 아버지 하나님을 위하여 우리를 나라와 제사장으로 삼으신 그에게 영광과 능력이 세세토록 있기를 원하노라 아멘."

사도행전에서 증명해 주는 대로, 교회의 직분자들은 교인들 스스로에 의해 선출되었다. 예루살렘 교회에서는 성도들이 손을 들어 장로들을 뽑았다. 공동체의 구성원들에 의해서 일꾼들이 선택되는 제도는 성경이 보여주는 모범이다.

-행 6:5-6, "온 무리가 이 말을 기뻐하여 믿음과 성령이 충만한 사람 스데반과 또 빌립과 브로고로와 니가노르와 디몬과 바메나와 유대교에 입교했던 안디옥 사람 니골라를 택하여 사도들 앞에 세우니 사도들이 기도하고 그들에게 안수하니라."

-행 14:23, "각 교회에서 장로들을 택하여 금식 기도 하며 그들이 믿는 주께 그들을 위탁하고."

-행 15:22, "이에 사도와 장로와 온 교회가 그 중에서 사람들을 택하여 바울과 바나바와 함께 안디옥으로 보내기를 결정하니 곧 형제 중에 인도자인 바사바라 하는 유다와 실라더라."

성경에서는 목사 혹은 장로들의 직무와 권위를 가리켜 주고 있다. 목사와 장로들은 교인들을 위해 하나님께서 세우신 '감독자들' 이며 교인들은 그들이 돌보며 먹여야 할 하나님의 양떼이다. 목사와 교인들의 관계는 목자와 양의 관계이다.

-요 21:15-17, "그들이 조반 먹은 후에 예수께서 시몬 베드로에게 이르시되 요한의 아들 시몬아 네가 이 사람들보다 나를 더 사랑하

느냐 하시니 이르되 주님 그러하나이다 내가 주님을 사랑하는 줄 주님께서 아시나이다 이르시되 내 어린 양을 먹이라 하시고 또 두 번째 이르시되 요한의 아들 시몬아 네가 나를 사랑하느냐 하시니 이르되 주님 그러하나이다 내가 주님을 사랑하는 줄 주님께서 아시나이다 이르시되 내 양을 치라 하시고 세 번째 이르시되 요한의 아들 시몬아 네가 나를 사랑하느냐 하시니 주께서 세 번째 네가 나를 사랑하느냐 하시므로 베드로가 근심하여 이르되 주님 모든 것을 아시오매 내가 주님을 사랑하는 줄을 주님께서 아시나이다 예수께서 이르시되 내 양을 먹이라."

-행 20:28, "여러분은 자기를 위하여 또는 온 양 떼를 위하여 삼가라 성령이 그들 가운데 여러분을 감독자로 삼고 하나님이 자기 피로 사신 교회를 보살피게 하셨느니라."

-벧전 5:2, "너희 중에 있는 하나님의 양 무리를 치되 억지로 하지 말고 하나님의 뜻을 따라 자원함으로 하며 더러운 이득을 위하여 하지 말고 기꺼이 하며."

2. 장로정치의 기본 원리들

장로정치의 기본 원리들은 네 가지로 요약할 수 있다.

1) 교회의 권세의 원천

교회의 권세의 원천은 예수님과 그의 말씀 곧 성경 말씀이다. 예수님은 교회의 유일한 머리이시다(엡 1:22). 교회 안의 그 누구도 교회의 우두머리가 될 수 없다. 그러므로 교회의 모든 직분자들과 성도들은 머리 되신 주 예수 그리스도 앞에 그리고 그의 말씀과 그의 뜻에 전적으로 복종해야 한다.

2) 교회의 권세와 교인

둘째는, 예수님께서는 교회의 권세를 교인들 전체에게 주셨다. 또한 권징의 권세도 교회의 자체 즉 회중(교인들)에 주어졌다. 성경은 모든 성도들이 존귀한 특권을 가짐을 증명해 주고 있다.

-마 18:18, "진실로 너희에게 이르노니 무엇이든지 너희가 땅에서 매면 하늘에서도 매일 것이요 무엇이든지 땅에서 풀면 하늘에서도 풀리리라."

그러므로 지교회에서 세례 교인들의 전체회의인 공동의회는 가장 중요하다. 또 그렇기 때문에 지교회는 교인들에게 세례를 베풀 때나 전입 교인들을 받아들일 때 매우 신중해야 한다.

3) 교회의 권세 행사

교회의 권세는 교인들이 뽑은 대표자들에 의해 행사된다. 이것은 대의정치의 원리이다. 교회의 직분자들은 하나님의 뜻을 따라 교인들 스스로에 의해 선택된 교회의 대표자들이다. 예수님께서는 교인들이 그들의 대표자들을 직분자들로 세우게 하심으로써 교회를 다스리고 섬기게 하셨다.

-행 20:28, "여러분은 자기를 위하여 또는 온 양 떼를 위하여 삼가라 성령이 그들 가운데 여러분을 감독자로 삼고 하나님이 자기 피로 사신 교회를 보살피게 하셨느니라."

직분자들은 하나님이 주시는 권세를 위탁받는 것이므로, 교회는 성경에 교훈된 자격 조건을 따라 그들을 매우 신중하게 선택하고 장립하여야 하며, 일반 교인들은 장립된 감독자들을 존중하며 그들에게 복종해야 한다.

4) 교회의 권세 확장

교회의 권세는 지교회에서부터 전체 교회로 확장된다. 장로정치는 지교회의 치리회인 당회를 중요시하며, 치리권은 지교회에서부터 노회와 총회 등을 통하여 전체 교회들로 점점 넓게 확장된다. 이렇게 함으로써 교회는 다른 교회들과의 참된 교제와 협력을 나누게 되고 지교회가 탈선하지 않도록 상호 감시하고 견제하게 되기도 한다.

장로교회에서 당회장이나 노회장이나 총회장은 단지 회의를 인도하는 의장 즉 사회자의 성격을 가지지 그 이상의 것은 없다. 또 도시의 큰 교회들의 목사나 장로와 시골의 작은 교회들의 목사나 장로의 권위에 아무런 차이가 없다. 그러나 장로정치에 대조하여, 감독정치는 전체 교회를 지교회보다 더 중시하며 또 총회에서 지교회에 무엇을 명령하는 하향적 성격이 있다.

3. 치리회들

장로정치에서의 치리회로는 지교회에는 공동의회와 당회가 있다. 공동의회는 권징 아래 있지 않는 세례교인들로 구성되며 지교회에서 최종적인 권위를 가진다. 당회는 담임 목사와 시무 장로들로 구성되며 지교회의 기본적인 치리회이다.

이것들 외에, 한 지역의 여러 지교회들의 목사들과 장로들로 구성된 노회와, 보다 넓은 지역에서 여러 노회들의 대표자들로 구성된 대회와, 한 나라 안의 교회들의 대표자들로 구성된 총회 등 소위 '확대회의들' 이 있다. 우리는 성경에서 노회와 총회의 예를 발견할 수 있다.

지교회의 당회의 권한은 확대회의들과의 관계에서 어느 정도 견제된다. 그러나 장로정치에서 확대회의들은 지교회를 무조건 지배할 수 없고 또 지배하려고 해서도 안 된다. 사실상, 노회나 총회 등을 '상회' 라는 부르는 것은 감독주의적인 느낌이 있다. 총회가 노회에, 혹은 노회가 당회에, 일방적으로 어떤 명령을 내리는 것은 장로교회적이지 않고 감독교회적이다. 가령, 노회나 대회나 총회가 지교회에 대하여 그 하고자 하는 바를 무엇이든지 부과할 수 있다는 관념은 본질적으로 로마 가톨릭적인 것과 다를 바 없다.

2장 - 교회 직분의 이해

1. 직분에 대한 성경적인 배경

교회는 직분자를 바로 세워야 한다. 교회의 직분자에게는 신앙 지식과 사상의 건전함은 말할 것도 없거니와, 특히 인격적 성숙함이 요구된다.

1) 초대 교회

성경에서는 초대 교회가 어느 정도의 조직을 갖고 있었음을 증거해 주고 있다. 예를 들면, 세례를 통해서 교회의 회원이 되는 것(마 28:19), 장로와 집사의 직분을 위한 자격 규정(딤전 3장), 교회 집회의 순서들(고전 14:26), 성찬의 규례(고전 11:23-26), 헌금의 규례(고전 16:1, 2), 권징(고전 5장), 과부들의 등록과 관리(딤전 5:9), 교회에 시행되고 있는 규례(고전 11:16), 질서의 필요성(고전 14:40) 등이 교회 공동체의 유지에 필요한 조직을 갖고 있었음을 보여주는 것이다.

예루살렘 교회에 구원의 역사가 흥왕하여 제자들의 수가 날로 더 많아졌다. 그러나 그때 문제가 생겼다. 헬라파 유대인들이 히브리파 사람들을 원망하는 것이었다. 헬라파 유대인들이 히브리파 사람들을 원망한 까닭은 자기의 과부들이 매일 구제에서 빠졌기 때문이었다.

'매일 구제' 라는 말은 매일 식사를 제공하는 봉사를 가리킨다. 아마 고의적으로 그렇게 된 것은 아니었을 것이지만, 그런 일로 인하여 사랑의 공동체에 불평의 말이 생기기 시작하였다.

당시의 열두 사도는 오늘날 목사와 장로들의 역할을 하였다는데, 그들은 모든 제자를 불러 모아 자신들이 하나님의 말씀을 제쳐 놓고 공궤를 일삼는 것이 적절하지 않다고 하였다. 공궤는 식탁 봉사를 가리키는데, 이것은 구제의 일, 그리고 넓게는 재정출납의 일을 가리킨다. 사도들의 주된 임무는 하나님의 말씀을 전하고 가르치는 것이었으므로 구제나 재정출납의 일로 인해 말씀 전파의 일이 소홀히 되는 것은 적절하지 않았다.

그리하여 그들은 헌신할 일꾼들을 세우고자 하였다. 그리고 일꾼의 조건으로 "성령과 지혜가 충만하여 칭찬 듣는 사람"을 삼았다. 이는 봉사할 만한 지혜와 힘이 있는 모범적인 인물이어야 한다는 뜻이다. 모범적인 인물이 아니고서는 칭찬을 듣지 못할 것이다.

교회의 직분은 이처럼 사도들의 말씀의 직무에 지장되지 않게 하기 위해 고안된 것이었다. 그들에게 맡겨질 일은 구제의 일, 넓게는 재정관리의 일이었다. 그 일들은 목사와 장로들이 보다 영적인 일에 전념하게 하기 위하여 일꾼들에게 맡겨지는 것이 필요하였다.

이에, 예루살렘 교회의 회중은 사도들의 말을 기뻐하였다. 그래서 그들은 "믿음과 성령이 충만한 사람 스데반과 또 빌립과 브로고로와 니가노르와 디몬과 바메나와 유대교에 입교한 안디옥 사람 니골라를 택하여" 직분자로 선출하였다.

그들이 일꾼을 선택하는 방법에 대해서는 구체적으로 언급되어 있지 않지만, 사도행전 1:21-26에 나오는 사도 보선의 경우와 사도행전 14:23에 '각 교회에서 장로들을 택하여' 라는 말씀을 참고할 때, 아마 후보의 공천 후 제비뽑기 혹은 다수결 거수 투표에 의해서 선택되었을 것이다.

회중에 의해 선택된 일곱 사람들은 사도들의 기도와 안수로 직분을 받게 되었다. 그것은 일종의 임직식이었다. 안수는 직분을 위탁하고 그 직분에 필요한 성령의 은사를 구하는 상징적인 형식이었다.

2) 에베소 교회

① 사도

창설직분들 중 가장 중요한 직분은 사도이었다. '사도' 라는 말은 '보냄을 받은 자' 라는 일반적인 뜻이지만, 신약에서는 특히 열두 제자와 바울에게만 사용되었다. 단지 예외적으로, 사도행전 14:4, 14에 바나바에게 사도라는 명칭이 사용되었다.

-눅 6:12-13, "이 때에 예수께서 기도하시러 산으로 가사 밤이 새도록 하나님께 기도하시고 밝으매 그 제자들을 부르사 그 중에서 열둘을 택하여 사도라 칭하셨으니."

-행 1:24-26, "그들이 기도하여 이르되 뭇 사람의 마음을 아시는 주여 이 두 사람 중에 누가 주님께 택하신 바 되어 봉사와 및 사도의 직무를 대신할 자인지를 보이시옵소서 유다는 이 직무를 버리고 제 곳으로 갔나이다 하고 제비 뽑아 맛디아를 얻으니 그가 열한 사도의 수에 들어가니라."

-롬 1:1-2, "예수 그리스도의 종 바울은 사도로 부르심을 받아 하나님의 복음을 위하여 택정함을 입었으니 이 복음은 하나님이 선지자들을 통하여 그의 아들에 관하여 성경에 미리 약속하신 것이라."

우리는 사도의 자격과 특징을 세 가지로 요약할 수 있다:

첫째, 사도는 예수님께서 직접 불러 세우시고 보내신 자다.

-막 3:13-14, "또 산에 오르사 자기가 원하는 자들을 부르시니 나아온지라 이에 열둘을 세우셨으니 이는 자기와 함께 있게 하시고 또 보내사 전도도 하며."

-행 9:15, "주께서 이르시되 가라 이 사람은 내 이름을 이방인과 임금들과 이스라엘 자손들에게 전하기 위하여 택한 나의 그릇이라."

둘째, 사도는 예수 그리스도, 특히 그의 부활을 직접 본 자다.

-행 1:21-22, "이러하므로 요한의 세례로부터 우리 가운데서 올려져 가신 날까지 주 예수께서 우리 가운데 출입하실 때에 항상 우리와 함께 다니던 사람 중에 하나를 세워 우리와 더불어 예수께서 부활하심을 증언할 사람이 되게 하여야 하리라 하거늘."

-고전 9:1, "내가 자유인이 아니냐 사도가 아니냐 예수 우리 주를 보지 못하였느냐 주 안에서 행한 나의 일이 너희가 아니냐."

셋째, 사도는 예수께서 기적을 행할 능력을 주신 자이었다.

-막 3:14-15, "이에 열둘을 세우셨으니 이는 자기와 함께 있게 하시고 또 보내사 전도도 하며 귀신을 내쫓는 권능도 가지게 하려 하심이러라."

-고후 12:12, "사도의 표가 된 것은 내가 너희 가운데서 모든 참음과 표적과 기사와 능력을 행한 것이라."

② 선지자

선지자의 직무는 하나님의 특별계시의 말씀들을 받는 직분이었다.

-행 15:32, "유다와 실라도 선지자라 여러 말로 형제를 권면하여 굳게 하고."

-엡 2:20, "너희는 사도들과 선지자들의 터 위에 세우심을 입은 자라 그리스도 예수께서 친히 모퉁잇돌이 되셨느니라."

③ 복음전도자

복음전도자는 신약교회의 창설 시기에 있었던 특별한 직분이었다. 예를 들면 디모데와 디도 같은 자들이 그러하며, 이들은 일반적 목사나 장로의 직분과 구별되었다.

-행 21:8, "이튿날 떠나 가이사랴에 이르러 일곱 집사 중 하나인 전도자 빌립의 집에 들어가서 머무르니라."

-딤후 4:5, "그러나 너는 모든 일에 신중하여 고난을 받으며 전도자의 일을 하며 네 직무를 다하라."

창설 직분들과 달리, 사도 시대 이후 주님 재림 때까지 신약교회에 항상 있도록 주어진 직분(恒存職)은 목사, 장로, 집사이다.

-행 6:2-3, "열두 사도가 모든 제자를 불러 이르되 우리가 하나님의 말씀을 제쳐 놓고 접대를 일삼는 것이 마땅하지 아니하니 형제들아 너희 가운데서 성령과 지혜가 충만하여 칭찬 받는 사람 일곱을 택하라 우리가 이 일을 그들에게 맡기고."

-행 14:22-23, "제자들의 마음을 굳게 하여 이 믿음에 머물러 있으라 권하고 또 우리가 하나님의 나라에 들어가려면 많은 환난을 겪어야 할 것이라 하고 각 교회에서 장로들을 택하여 금식 기도 하며 그들이 믿는 주께 그들을 위탁하고."

-빌 1:1, "그리스도 예수의 종 바울과 디모데는 그리스도 예수 안에서 빌립보에 사는 모든 성도와 또한 감독들과 집사들에게 편지하노니."

④ 목사와 교사

'목사와 교사'는 한 가지 은사와 직분을 가리키는 것 같다(원문에는 정관사가 하나만 나온다). 그것은 오늘날의 목사와 장로에 해당된다. 성경적으로 목사와 장로는 한 가지 은사와 직분이라고 볼 수 있다.

그 둘은 '복사' 에 해당한다.

에베소서 4장에서의 '목사' 는 '양이나 소를 치는 자' 곧 목자라는 뜻이다. 그것은 양무리를 돌보는 감독 곧 장로를 가리키는 명칭이다. 복음서를 보면 예수님께서는 자신을 가리켜서 선한 목자라고 하셨다(요 10:14-16). 그리고 베드로에게는 '내 양을 치라' 고 말씀하셨다. 여기에서 '치라' 는 말은 '돌보다, 인도하다, 다스리다' 는 뜻을 가진다. 이것은 장로와 감독의 직분을 보인다.

감독의 일에 있어서 목사와 장로는 똑같다. 이것이 오늘날 교회의 당회가 하는 일이다. 특히 목사와 장로를 '교사' 라고 부른 것은 목회의 일에 있어서 설교가 중요함을 보인다. 설교는 하나님의 뜻을 선포하는 것이기도 하지만, 주로 말씀을 가르치는 일이다. 이것은 장로들 중 특히 신학 공부로 훈련된 목사들의 주된 임무다. 디모데후서 1:11에 보면, 바울은 자신을 '복음 전파자와 교사' 라고 불렀다.

목사의 직분은 양들을 돌보고 성경 말씀으로 성실히 가르치는 일이다. 목사와 장로가 다같이 이 책임을 느껴야 할 것이며, 특히 목사들은 성경에 계시된 하나님의 진리들의 체계적 지식인 신학 지식을 전문적으로 전수받은 자들로서 성경 말씀을 바르게 가르쳐야 할 책임을 가진다.

2. 교회의 사명을 위해 선택된 직분

교회는 인간을 중심하거나 인간의 뜻과 이상을 추구하기 위한 기관이 아니다. 하나님께서는 자기 백성들 가운데서 일꾼을 세우셔서 교회가 하나님의 뜻을 실현하도록 하셨다. 역사적인 교회에는 다음과 같은 사명과 임무에 힘써 왔다.

1) 예배하는 공동체

교회의 가장 중요한 사명은 하나님께 신령과 진정으로 예배드리는 일이다(요 4:23-24). 교회는 예배를 통하여 하나님과의 만남을 지속하고 예배를 통해 주시는 힘으로 하나님의 백성과 자녀로서의 본분을 다하게 된다. 예배의 중심은 무엇보다도 하나님의 말씀을 선포하는 일과 성례전을 거행하는 일이다.

교회의 생명은 무엇보다 하나님의 말씀의 선포에 있다. 구약에 보면 예언자들이 하나님으로부터 말씀을 받아 그것을 이스라엘 백성들에게 전해주었다. 그들은 자기들의 개인적인 생각을 말한 것이 아니라 하나님으로부터 받은 말씀을 그대로 사람들에게 전하는 것을 그들의 사명으로 생각했다.

신약성서는 예수님의 오심과 생애와 죽으심, 그리고 부활과 승천, 그리고 다시 오심이 그 핵심으로 이것을 케리그마(Kerygma)라고 부른다. 초대교회의 선포의 메시지는 바로 이 케리그마였다. 교회는 언제나 이 복음의 선포에 힘써야 한다. 또한 말씀의 선포는 성서에 기초하여 하나님의 구속 사역의 중심이신 예수님에게 초점을 맞추어야 한다.

말씀의 선포는 설교를 통해 이루어진다. 개신교 예배에서 설교가 중심을 차지하게 된 것은 말씀의 선포가 예배의 핵심이 되기 때문이다. 말씀의 선포인 설교와 함께 성례전의 바른 집행은 예배의 생명이다. 성례전은 하나님의 은총을 체험적으로 가지며 은총을 받는 소중한 방법이다. 성례전에 참여하는 자는 이 예전을 통하여 구속의 주이신 그리스도를 언제나 새롭게 만나며 그분과 생명적인 관계를 가지게 된다. 하나님의 말씀은 설교만을 통하여 전파되는 것이 아니라 성례전을 통하여 눈에 보이는 말씀으로 예배자에게 체험되며 그 영혼을 소생시킨다.

말씀의 선포와 성례전의 집행, 곧 예배의 집례는 특별한 소명에 의하여 성직을 맡은 목사들에 의하여 이루어진다. 목사는 하나님의 말씀 선포와 성례전의 집행을 위해 세움을 받은 사역자이다. 이러한 차원에서 깔뱅은 말씀을 외치고 성례전을 집행하는 목사직을 가리켜 하나님의 보내심을 받은 '전권대사' 라고 정의하면서 그 권위와 기능을 재확인해주고 있다.

그러므로 예배를 인도하는 성직자로서 목사들이 얼마만큼 하나님 앞과 사람 앞에서 신실한 자세로 그 부르심에 충성하며 이러한 사역자들을 평신도들이 어떤 태도로 존중하고 사랑하며 따를 것인가 하는 문제는 오늘 우리 교회가 당면한 중요한 문제이다.

2) 교육하는 공동체

초대 교회 때부터 교육하는 일은 교회의 필수적인 과제였다. 한 기독교교육 신학자는 교회의 교육적 사역의 중요성을 다음과 같이 강조하였다: "교회는 선교를 해야 하는 것처럼 교육에도 주력해야 한다. 그렇지 않으면 교회가 교회 될 수 없을 것이다. 교육은 교회의 본질에 속한 것이다. 따라서 교육의 기능을 소홀히 하는 교회는 교회의 본질에 반드시 있어야 할 중요한 요소를 잃어버린 교회인 것이다."

성서가 보여주는 그리스도의 몸으로서의 교회는 성서와 교리와 그리스도인의 영적 성장과 책임 있는 신앙생활에 필요한 모든 것을 가르치고 배워야 한다. 교육은 우리 몸의 구조에 비교한다면 마치 골격구조와 같다. 교회는 가르치는 교육의 사명을 바로 해야 튼튼하게 설 수 있다. 모든 그리스도인은 성령의 학교인 교회에서 부지런히 배워야 한다. 배우는 일을 게을리 하거나 무시하는 교인은 참 교인이 될 수 없다.

3) 친교하는 공동체

하나님의 백성들이 함께 모여 사랑을 나누고 서로의 관심을 가지고 보살피고 믿음으로 교제하는 친교는 마치 우리 몸의 혈관조직과 같다. 몸은 피가 통해야 사는 것처럼 교회도 이 성도의 교제가 원만해야 활기를 찾게 된다. 약한 지체를 돌보고 위로하며 상처를 치료하고 서로 삶을 주 안에서 축하하는 친교사역은 교회의 사역의 성패를 결정하는 중요한 요소다.

교회의 친교가 성공을 거두기 위해서는 먼저 일체의 계급의식이나 지위의식이나 차별의식이 없어야 한다. 왜냐하면 교회는 하나님의 백성이기 때문이다. 백성이란 말의 헬라어는 '로이코스' (Loikos)인데 이 말은 평등한 시민, 또는 서민을 의미한다. 우리는 하나님 앞에서 다 같은 서민이라는 동류의식을 가져야 하겠다.

교회의 친교는 인간적, 사회적 성질로 이루어 질 수 없다. 교회의 친교는 우리 구주되시는 예수님의 은혜와 하나님의 사랑과 성령의 은사를 받아 그것을 중심으로 서로 나누는 친교라야 한다. 신앙 중심이 아닌 세속적 친교는 교회의 친교의 가장 큰 적이다.

교회의 친교적 사역의 중요한 요소 중 하나는 교인들이 서로 다른 형제들을 돌보고, 위로하고, 봉사하는 일이다. 지교회의 성도들은 고동체 안에서 주님의 멍에를 같이 멘 동역자들로서 서로의 짐을 나누어야 한다.

-갈 6:2, "너희가 짐을 서로 지라 그리하여 그리스도의 법을 성취하라."

-갈 6:10, "그러므로 우리는 기회 있는 대로 모든 이에게 착한 일을 하되 더욱 믿음의 가정들에게 할지니라."

4) 선교-봉사하는 공동체

그리스도인들은 세례를 통하여 하나님의 백성인 교회의 일원이 되어 복음의 말씀을 듣고 함께 떡을 떼며 서로 도우며 신앙의 양육과 훈련을 받은 다음에 예수님의 사신과 종이 되어야 한다. 그들은 주님의 보내심으로 세상 속으로 들어가는 것이다(고후 5:20). 교회는 그리스도를 따라 증거와 봉사의 삶을 살아야 한다. 성도는 "내게로 오라" 고 하신 주님의 초대에 응답한 사람일뿐만 아니라, 또한 "가서 복음을 전하고 섬기라" 고 하신 말씀에 순종하는 사람이다(요 20:21).

교회는 '방주' (예배)로서의 기능과 함께 '구조선' (선교)으로서의 기능을 가진다. 예배 공동체이면서 동시에 사명을 지닌 선교공동체로서 세상을 향한 누룩, 소금, 빛의 사명을 수행해야 한다. 에밀 부른너의 말대로 불은 타므로 존재하는 것처럼 교회는 선교함으로 존재한다.

우리는 교회의 사명인 선교에 대해 바른 이해를 해야 한다. 곧, 선교에 대한 성서적 이해가 필요하다. 예수님 안에서 인간을 구원하시는 하나님의 구원을 알리는 복음에는 수직적 차원과 수평적 차원이 함께 있다. 복음의 수직적 차원은 개인의 생명을 구원하시는 하나님의 행동이며, 복음의 수평적 차원은 구원을 받은 그리스도인들이 이 세상에서 그리스도인으로서의 사명을 수행하는 일이다.

3. 오늘날의 교회 직분-헌법적 규정

1) 대한예수교장로회총회(합동측)-'제 3 장 직원' 항목

제 1 조 교회 창설직원

우리 주 예수께서 최초에 이적을 행할 권능이 있는 자로(마 10:8) 자기의 교회를 각 나라 중에서 선발하사(시 2:8, 계 7:9) 한 몸(고전 10:17)이 되게 하셨다.

제 2 조 교회의 항존직

1. 강도와 치리를 겸한 자를 목사라 일컫고

2. 치리만 하는 자를 장로라 일컫나니 이는 교인의 대표자이다.

3. 항존직의 시무년한은 만 70세로 한다.

제 3 조 교회의 임시 직원

교회 사정에 의하여 다음과 같은 직원을 안수 없이 임시로 설치한다. 단 교회의 모든 임시직의 설치 연한은 70세까지로 한다.

1. 전도사

남 · 녀 전도사를 당회의 추천으로 노회가 고시하여 자격을 인가하면 유급 교역자로 당회나 목사의 관리하는 지교회 시무를 방조하게 한다.

1) 권한: 남 전도사가 그 당회의 회원은 되지 못하나 특별한 이유가 있으면 언권 방청이 되고 미조직 교회에서는 당회장의 허락으로 제직회 임시회장이 될 수 있다.

2) 자격: 신학생과 신학 졸업자로 노회가 고시 인가하되 특별한 경우에는 이 한도에서 벗어난다. 단, 다른 노회에서 전도사 고시 받은 자와 총회 신학교를 졸업한 자는 필답 고사를 면제한다.

2. 전도인

남 · 녀 전도인은 유급 사역자로 불신자에게 전도하는 자니 그 사업 상황을 파송한 기관에 보고하고, 다른 지방에서 전도에 착수할 때는 그 구역 감독 기관에 협의하여 보고한다.

3. 권사

남 · 녀 전도인은 유급 사역자로 불신자에게 전도하는 자니 그 사업 상황을 파송한 기관에 보고하고, 다른 지방에서 전도에 착수할 때는 그 구역 감독 기관에 협의하여 보고한다.

1) 권사의 직무와 권한. 권사는 당회의 지도아래 교인을 방문하되 병환자와 환난을 당하는 자와 특히 믿음이 연약한 교인들을 돌보아 권면하는 자로 제직회 회원이 된다.

2) 권사의 자격과 선거와 임기

① 자격 : 여신도 중 만45세 이상된 입교인으로 행위가 성경에 적합하고 교인의 모범이 되며 본 교회에서 충성되게 봉사하는 자.

② 선거 : 공동의회에서 투표수 3분 2이상의 찬성을 얻어야 한다. (단, 당회가 공동의회에 그 후보를 추천할 수 있다.)

③ 임기 : 권사는 안수 없는 종신직원으로서 정년(만70세) 때까지 시무할 수 있다. (단, 은퇴 후에는 은퇴권사가 된다.)

4. 남녀 서리집사

교회 혹은 목사나 당회가 신실한 남녀로 선정하여 집사 직무를 하게 하는 자니 그 임기는 1개년이다.

제 4 조 준직원

강도사와 목사 후보생은 준직원이다.

1. 강도사

강도사는 당회의 추천에 의하여 총회의 고시로 노회에서 강도할 인허를 받고 그 지도대로 일하되 교회 치리권은 없다.

1. 목사 후보생

목사 후보생은 목사직을 희망하는 자로 노회에서 자격 심사를 받고 그 지도대로 신학에 관한 학과로써 수양을 받는 자이다.

2. 강도사와 목사후보생

강도사와 목사 후보생은 개인으로는 그 당회 관리 아래 있고 직무상으로는 노회 관리 아래 있다.

2) 대한예수교장로회총회(통합측)-'제 4장 교회의 직원' 항목

제 21조 교회의 직원의 구분

교회의 직원은 항존직과 임시직으로 구분한다.

제 22조 항존직

항존직은 장로, 집사, 권사이며 그 시무는 70세가 되는 해의 연말까지로 한다. 장로에는 두 가지가 있으니

1. 설교와 치리를 겸한 자를 목사라 하고,
2. 치리만 하는 자를 장로라 한다.

단, 항존직에 있는 자가 사정에 의하여 70세가 되기 전에 은퇴를 하고자 하는 경우에는 소속치리회의 허락을 받아 은퇴할 수 있다.

제 23조 임시직

임시직은 전도사, 서리집사이며 그 시무 기간은 1년이고 연임할 수 있다. 단, 연임되는 경우 70세가 되는 해의 연말까지 시무할 수 있다.

3) 기독교대한성결교회-'제 5 장 지교회' 항목

제 33조 - 지교회 직분

지교회 직분은 교역자(목사, 전도사), 교직자(장로, 권사, 안수집사, 집사)로 한다.

4) 대한예수교장로회고신총회 – '제 4 장 교회 직원' 항목

제 27조 교회 창설 직원

우리 주 예수께서 최초에 그 교회를 세상에 세우사 한 몸이 되게 하기 위하여 사도들에게 직권적 이적을 행할 능력을 주셔서 사역하게 하셨다(마 10:1-8).

제 28조 교회 항존 직원

교회에 항존할 직원은 목사(말씀과 치리에 봉사하는 장로), 교인의 대표자인 장로와 집사인데(행 20:17,28; 딤전 3:1-13; 딛 1:5-9) 그 시무는 70세까지로 한다.

제 29조 교회 준직원

강도사와 목사후보생을 준직원이라 한다.

제 30조 교회 임시직원

교회 사정에 따라 남녀전도사, 권사, 남녀서리집사를 안수 없이 임시로 둔다(단, 모든 임시직원의 임기는 1년으로 하되, 권사는 70세까지 계속 시무한다).

5. 직분자의 자세

1) 주인의 정신으로 일하는 자세

교회의 신령상 주인은 하나님이시다. 그러나 교회의 조직 주인은 세례교인들이다. 세례교인이 공동의회의 회원이 되어 교회의 일을 의결하고 처리한다. 한 나라의 주권은 국민이 있듯이 교회에는 세례교인이 주인이다.

교회의 행정상 대표사는 담임 목회자다. 그는 세례교인이 모인 공동의회에서 투표를 받아 그 교회의 목사가 되어 그 교회의 행정을 맡아 일한다. 제직들은 세례교인 중에서 선택받아 교회를 봉사하는 자이다. 그러므로 제직은 주인의 정신으로 일해야 한다.

우리는 주인의 정신에 대하여 두 가지로 설명할 수 있다.

첫째, 책임질 줄 아는 정신이다. 주인은 일의 책임을 맡은 자이다. 주인은 일이 괴로우나 즐거우나 감당할 책임이 있다. 일이 잘 되든 일이 잘 안 되든 그의 책임이다. 교회의 주인된 제직은 하나님의 뜻을 따라 자진해서 기쁜 마음으로 일하되 맡은 자들을 지배하려 들지 말고 양떼의 모범이 되어야 한다.

둘째, 일을 위해 일하는 정신이다. 주인은 삯을 위해 일하는 자가 아니라 일을 위해 일하는 자이다. 주인과 종의 차이가 무엇인가? 종은 삯을 위해 일하지만 주인은 일을 위해 일한다. 종은 억지로 할 수 없어 일하지만 주인은 기쁜 마음으로 일한다. 제직은 칭찬이나 대접을 기대하고 일하는 자가 아니라 맡은 일이 잘되기 위해 일하는 자이다. 제직은 제일의 관심은 보수가 아니라 어떤 일을 할 수 있는가에 있다. 교회를 섬기는 즐거움, 이웃을 봉사하는 즐거움은 일을 위해 일하는 제직들이 받는 보수다.

모세는 미디안의 들에서 인생의 황금기인 40년간을 하루 같이 양떼를 치되 삯도 없이 충성을 다하였다. 모세가 광야에서 충성했으므로 하나님의 집에 충성된 종이라는 칭찬을 받았다(히 3:5). 제직은 삯을 위해 일하는 청지기가 아니라 주를 위해 일하는 청지기이다.

2) 봉사의 정신으로 일하는 자세

"선한 청지기 같이 서로 봉사하라"(벧전 4:10) 하였으니 제직은 봉사의 정신으로 일할 책임이 있다. 하나님은 모든 사람에게 각각 다른 은사를 주신다. 어떤 제직에게는 다섯 달란트, 어떤 제직에게는 한 달란트를 주셨다. 각자가 받은 달란트를 어떤 정신으로 사용하느냐가 보다 중요한 문제다.

우리는 봉사의 정신으로 일하는 자세에 대하여 세 가지로 설명할 수 있다.

첫째, 봉사는 보상을 위해 일하는 것이 아니다. 칭찬을 받을 때만 충성하거나 보상이 있을 때만 열심히 하는 것은 봉사가 아니다. 이러한 사람은 일이 축복이거나 기쁨이 되기보다는 무겁고 고통스러운 짐이 된다. 사람이 보상만을 위해 일하게 되면 품꾼에 불과하다. 일이란 하나님이 주신 축복이므로 복이 고역이 되지 않도록 하려면 보상에 얽매이지 말고 봉사정신으로 일해야 한다.

둘째, 봉사는 의무에 매여 일하는 것이 아니다. 의무에만 매여 일하는 사람도 일의 기쁨이나 보람을 맛보기란 어렵다. 의무나 책임이 나쁠 것은 없으나 사람이 어떤 일을 할 때 순전히 의무감 때문에 한다면 일이 딱딱해지고 분위기가 굳어진다. 그러나 맡은 일이 하나님의 축복이요, 제직으로서 봉사가 하나님의 사랑으로 알고 봉사정신으로 일할 때 기쁨이 넘치게 된다.

셋째, 봉사는 주께 하듯 하는 것이다. 하나님을 경외하고 사랑하기 때문에 맡은 일을 할 때 주께 하듯 하는 것이 봉사이다. 하나님께서 지금도 일하시니 나도 일하고, 하나님께서 내게 맡겨주신 일이니 영광으로 알고 일하고, 하나님을 위하는 일이니 정성을 다해 일하여야 한다. 이러한 정신으로 일하는 사람에게는 일이 조금도 고통스럽지 않고 도리어 즐거운 봉사가 된다.

제직이 봉사 정신으로 일하려면 다음의 사항에 유의해야 한다.

첫째, 협동 정신이 있어야 한다. 교인 사이에서나 제직 사이에 서로 양보하고 양해하는 협동정신이 없이는 교회에서 봉사할 수가 없다. 나와 조금 다르지만 서로 양보하고 협조할 줄 알아야 작은 일이나 큰 일이나 같이 봉사할 수 있다. 교회나 세계를 위한 봉사에는 꼭 같은 원리에서 움직이는 것이다.

둘째로, 오래 참는 정신이 있어야 한다. 어떤 좋은 일을 해도 난관이 반드시 있기 마련이다. 이러한 난관이 있을 때 어떤 태도를 가지고 극복하느냐 하지 못하느냐에 따라 봉사 생활이 좌우된다. 백번 찍어도 넘어 가지 않는 정신으로 끝까지 나아가는 자가 성공할 수 있다.

-살전 4:1, "하나님께서 기쁘시게 할 것을 우리에게 받았으나 곧 너희 행하는 바라 더욱 많이 힘쓰라."

3) 모범의 정신으로 일하는 자세

일꾼이 되기란 결코 쉬운 일이 아니다. 그런데 모범이 되려면 더욱 어려운 일이다. 모범이 되는 일꾼이란 구경꾼처럼 방관자도 아니요, 말꾼처럼 말만 하는 자도 아니요, 싸움꾼처럼 불평만 하는 자가 아니라, 말과 행실과 사랑과 믿음과 정절에 대하여 믿는 자에게 본이 되어야 한다.

우리는 모범의 정신으로 일하는 자세에 대하여 두 가지로 설명할 수 있다.

첫째, 하나님과 함께 일하는 일꾼이 모범되는 일꾼이다. 지교회 일의 목적을 하나님께 두고 일의 방법을 하나님의 뜻에 맞추어 일하는 일꾼이 모범이 되는 일꾼이다. 사람들은 독주하기를 좋아하지만 하나님과 함께 일하는 정신이 있어야 한다. 급하다고 하나님보다 앞서도 안 되고, 피곤하다고 하나님보다 뒤져도 안 된다. 일마다 걸음마다 하나님과 함께 일하는 일꾼이 모범이 되는 일꾼이다.

둘째, 그 직책이 훼방하지 않도록 힘쓰는 일꾼이 모범이 되는 일꾼이다. 일을 하다 보면 실수하기도 쉽고 남에게 오해를 받게도 된다. 그러나 제직은 그 직책이 훼방하지 않도록 무슨 일이나 아무에게든지 거리낌이 없이 힘써야 한다. 그가 잘한답시고 마구 돌아다니면서 할 것 못할 것에 함부로 손을 대어서는 안 된다. 자칫 하다가는 잘한다고 하는 일이 도리어 하나님의 영광을 가리게 된다.

교회의 일은 조심스러운 것이다. 성령님의 감동과 은혜로 감당되어야지 결코 인간 자신의 지혜와 능력으로 감당하려 해서는 안 된다. 그러므로 하나님의 교회의 일꾼이 된다는 것을 너무 쉽게 생각지 말고 교인들에게 모범이 되도록 항상 힘써야 한다.

3장 - 장로에 대한 이해

1. '장로'라는 명칭

장로라는 말의 어원은 헬라어의 '프레스뷰테로스'에 있다. 영어로는 프레스비터(Presbyter), 엘더(Elder)라고 한다. 이 명칭에는 '나이 많은 사람', '수염이 난 사람', '존경할 만한 사람'이라는 뜻이 들어있다. 그리고 '다스리는 자', '원로', '민중의 대표자', '가르치는 자'를 가리켜서 장로라 불렀다. 신약의 서신서에서 언급되고 있는 장로직에는 일반적으로 치리장로와 가르치는 장로가 있다.

치리장로는 다른 말로 다스리는 장로로 불리기도 한다. 교시하고 가르치는 장로의 지도를 받아 그것에 합당한 신앙생활과 교리교육을 받은 자 가운데 교회를 지도할 수 있는 자를 택하여 장로로 세운다. 치리장로는 가르치는 장로의 지도와 교육을 통해서 교회를 지도하지만, 기본적인 그들의 임무는 치리와 연결되어 생각되어져야 한다.

고린도전서 12:28에 나타나는 다스리는 자는 관리하는 자들을 말한다. 그들은 교시와 교육을 통해서 교회를 지도하는 가르치는 장로, 즉 목사와 함께 교회를 지도하는 회의를 구성한다. 그들은 특히 신앙생활의 풍기와 기강을 단속하고 지도하는 자들이다.

장로는 지교회에서 목회자와 함께 교회를 감독하고 다스리는 직분을 말한다. 이에 대하여 보통 치리장로라고 부른다. 장로교회에서 치리장로는 회중을 대표하기 때문에, 그 권한이 목사와 동등하다. 단지 설교는 목사에게 맡겨져 있다. 그러나 실제적으로 목사는 목회에 전념하고 있으므로, 목회의 주도적 역할과 책임은 목사에게 돌려지고 치리장로들은 보통 목회에 보조적 역할을 한다.

성경에서 장로와 감독은 동일한 직분이다. 그것은 교회 혹은 교인들을 돌보는 일 곧 목회, 혹은 목양의 일이다. 목회는 목회자가 장로들의 협력을 받아 하는 것이라고 할 수 있다. 그러므로 치리장로들은 일반적으로 말해서 목사의 목회에 견제하는 장치가 아니고 동역자의 역할을 한다. 그러나 목사가 비성경적 설교나 행정을 행할 때에는 치리장로들이 그것을 제어할 권한과 책임이 있다.

-행 20:17, 28, "바울이 밀레도에서 사람을 에베소로 보내어 교회 장로들을 청하니 …… 너희는 자기를 위하여 또는 온 양떼를 위하여 삼가라. 성령이 저들 가운데 너희로 감독자를 삼고 하나님이 자기 피로 사신 교회를 치게 하셨느니라."

2. 장로직의 성경적인 배경

1) 구약시대의 장로

구약성경 이전의 장로는 주로, 문중이나 부족 사회의 어른, 늙은이, 연장자의 뜻으로 사용이 되었다. 이것이 조금 후에는 한 공동체나 지역 사회의 대표자나 지도자를 지칭하는 술어로 발전하게 된다. 그러다가 성경에 인용되게 되었는데 '자켄' 이라 불렀다.

원시사회의 단위는 씨족이거나 대가족이어서 그 중에 연장자는 그 씨족이나 가족을 대표하는 자가 되었다. 그러므로 히브리인 사회와 종교 행사에 있어서 가족의 어른 즉 가장을 하나님을 대하는 것처럼 존경하였다. 가장의 권위는 절대적이어서(창 18:12) 추장(chief)이며 장로(elder)이며 아버지(father)였다.

구약시대의 이러한 장로, 늙은 자가 국민을 대표하여 히브리 공동사회의 권위적인 존재가 되었다. 요셉의 시대에 애굽과 바로의 궁중에도 장로가 있어서 지도자의 역할을 하였지만, 이스라엘 사회에도 장로가 있어서 지도적 권위를 가진 그룹으로 나타났다(출 3:16, 4:29).

장로가 전 이스라엘 민족의 대표자로 나타나서 하나님의 구원역사의 목격자와 증인으로 표현이 되는 것은 출애굽기에서다. 출애굽기 3장에서 '이스라엘 장로들' 로 나타난 이들은 출애굽기 12장에서는 모세의 명을 받아 부족을 이끌어 유월절을 준비하고 진행하는 자로 기록된다.

그중에서도 [70인 장로]들은 모세 때부터 하나님과 사람들 사이의 엄숙한 언약을 위해 특별히 부르심을 받은 자들이었다. 이때의 70인 장로는 주로 '백성들의 짐을 덜어주는' 역할을 했고, 사사시대와 왕정시대를 거치면서 이같은 기능 외에도 전투의 지휘자로, 평화 시에는 재판관의 기능, 백성들의 현명한 충고자와 권면자로서의 기능, 행정의 증인과 공동체의 대표자로서의 유지역할을 담당했다.

'70인의 장로' 들은 장로들 중에서 선택되어 임명함으로써 대의제도를 엿볼 수 있도록 해준다.

-민 11:16, "여호와께서 모세에게 이르시되 이스라엘 노인 중에 네가 알기로 백성의 장로와 지도자가 될 만한 자 칠십 명을 모아 내게 데리고 와 회막에 이르러 거기서 너와 함께 서게 하라."

이것은 이스라엘 백성의 산헤드린(Sanhedrin) 의회의 시초라고 할 수 있다. 이렇게 선택된 장로들은 일반 장로들과 구별되었고, 그들의 기능은 하나님의 명령에 의하여 좌우되었다.

구약시대의 장로들은 종교적 기능 이외에도 전투의 지휘자로, 재판관으로, 충고와 권면자로, 행정의 증인 등으로 다양했으나, 그중에도 공동체의 대표자의 기능이 가장 중요하였다(레 4:13-21, 신 21:1-9). 장로들은 선지자의 친구요(왕하 6:32), 왕의 고문이요(왕상 20:8, 21:11), 국무에 있어서 백성들을 돕는 자들이었다.

장로의 존재와 그 영향은 이스라엘 민족의 자치성의 원리와 습성을 배양하였다. 모든 도시와 마을에는 장로들로 구성된 단체가 있었다. 이것이 이스라엘 사람들에게 깊이 뿌리를 내린 비정치적인 종교 단체이었다. 그러므로 포로 시대에도 이 모임은 계속 되었으니 그것이 회당(Synagogue)제도였다. 이러한 제도가 예수 당시에는 산헤드린 의회로 계속되었다.

2) 신약시대-회당에서의 장로

회당은 집회 또는 공동체 교구를 의미하는 이름이었다. 예수님 당시의 이스라엘 사람들에게는 '모이는 장소' 와 '예배와 교훈의 집' 이라는 의미에서 회당이라는 말이 사용되었다. 우리는 회당의 요소와 공중 예배의 모습을 포로 시대에부터 엿볼 수 있다(느 8:1-26). 그후에도 모임의 형태를 계속한 것으로 보인다. 이스라엘 사회에서 장로의 직책이 자라고 정착된 곳이 회당이다.

히브리 민족의 역사에서 주전 2세기경부터 회당은 바리새파의 율법 보존 운동으로 인하여 크게 발전하였다. 예수님 당시의 예루살렘에는 480 개의 회당이 있었다. 이곳에서는 유대 민족의 종교교육과 율법교육이 실시되었다. 희생을 드리는 성전의 예배보다는 교육에 의한 회당의 예배를 창안한 것은 혁명적 사건이 아닐 수 없다.

회당은 장로들로 구성된 자치 기관으로 유대인의 민사, 형사, 종교상의 문제를 판가름하는 법정의 구실을 하였고, 장로들은 판사 역할을 했다. 회당은 장로가 최고 관리자가 되어 율법의 교육을 맡았고, 이단과 배교자를 회당으로부터 추방할 권리가 있었다. 회당의 상임 관리자는 회당장이라고 불렀다(막 5:22, 눅 8:49).

유대 사회에서는 왕과 제사장과 선지자를 기름을 붓는 예식이 있으나 장로는 기름 붓는 직분이 아니었다. 장로제도는 유대교의 제도이었으나 기독교회가 그 제도를 도입하였다. 그 당시 유대교에서는 지역별로 매주 안식일 날 회당에서 예배를 드리는 공동체가 있었다.

신약의 요한복음에서 보여지는 '출교' , 또는 '출회' 는 회당에서 출교당하는 것이 아니라 유대교 예배 공동체에서 출교당한다는 뜻이다. 그 출교의 결정은 장로 회의에서 일어난다. 각 회당마다 장로회를 설립하고, 그 장로회를 통해서 지도받는 체제는 아주 오래되었다. 예를 들자면 애굽에 거류했던 이스라엘 백성들은 장로들에 의해서 다스려졌다.

-출 3:16, "너는 가서 이스라엘의 장로들을 모으고 그들에게 이르기를 여호와 너희 조상의 하나님 곧 아브라함과 이삭과 야곱의 하나님이 내게 나타나 이르시되 내가 너희를 돌보아 너희가 애굽에서 당한 일을 확실히 보았노라."

3) 신약시대-초대 교회의 장로

신약시대의 장로의 개념은 그 의미상 세 가지로 구분이 되었다.

첫째, 산헤드린 소속 평신도 대표로서의 장로들이 언급되어 있다. 공관복음서에 나타난 이들은 주로 당시 종교지도자들과 합세하여 나사렛 예수를 핍박하고, 체포하고, 죽이는 데 관여한다. 이 장로들은 주로 장로들의 유전을 포함한 유대교의 전통을 지키며 사회질서를 수호, 보존하는 역할을 했다. 이 산헤드린공회는 당시 유대 사회의 종교, 정치, 사회, 법률적인 분야의 최고 의결 및 통치기구이다.

둘째, 각 지역의 회당 대표로서의 장로가 언급되어 있다. 이들은 회당의 집회를 관장했고, 아이들의 교육을 담당했고, 여기서 뽑힌 회당장은 설교자를 선정했으며, 회당의 행정적인 관료였다.

셋째, 기독교회 지도자들로서의 장로들이 등장한다. 그리고 세 번째 그룹에 속한 장로들은 다시 세분하여, 예루살렘교회의 지도층에 속한 장로들(행 11:27-30, 16:4)과 바울이 세운 이방인 교회 지도자들로서의 장로들(에베소 교회에 장로회가 있었고-행 20:17, 그레데교회에도 장로가 있었다-딛 1:5)이다.

실제로 사도행전에는 집사직에 관한 언급을 전혀 찾아 볼 수 없다. 따라서 집사의 일을 장로들이 하고 있었다고 해석할 수 있다. 초대 교회는 성경적 가르침에 따라서 유대 교회로부터 전해져 온 장로직을 세웠다.

사도 바울은 각 교회에서 장로를 세워 교회를 조직하였다. 장로 선택은 회중에서 선출하여 약간의 경험을 쌓은 후 안수하여 임명하였다. 장로의 임무는 교인을 감독하고 다스리고 보호하는 것이요, 가르치고 설교하는 일은 장로의 본래적 임무는 아니었다. 초대 교회에서는 감독과 장로를 동의어로 사용하였다.

이와 마찬가지로, 신약 교회 역시 처음부터 각 교회에 장로들을 세웠다. 신약시대의 교회는 장로의 제도를 구약의 유대사회로부터 배웠고, 사도들의 가르침으로, 처음부터 장로들을 택하여 세웠다. 사도행전 14:23을 보면, 바울과 바나바는 자기들이 세운 교회에 "그들을 위하여 장로를 택하고"라고 나온다.

-행 20:17, "바울이 밀레도에서 사람을 에베소로 보내어 교회 장로들을 청하니."

-딛 1:5, "내가 너를 그레데에 남겨 둔 이유는 남은 일을 정리하고 내가 명한 대로 각 성에 장로들을 세우게 하려 함이니."

여기에서 간과되어선 안 될 사항은 사도들 역시 장로였다는 사실이다. 베드로전서 5:1에서, "너희 중 장로들에게 권하노니 나는 함께 장로 된 자요 그리스도의 고난의 증인이요 나타날 영광에 참여할 자니라"고 말함으로써 사도 베드로 자신도 장로였음을 언급하였다.

3. 장로와 감독

신약성서에 장로와 감독이라는 용어가 나타난다. '감독'은 장로와 같은 직분이다. 성경 아무 곳에도 감독과 장로가 차등하다는 암시는 없다. '감독'이라는 말은 '돌아보는 자, 보살피는 자, 감시하는 자'라는 뜻이다. 장로 혹은 감독은 교회를 돌아보고 보살피며 교인들이 바른 믿음에서 탈선하지 않도록 감시하는 직분이라고 볼 수 있다.

시간이 흐르면서 교회에는 감독과 장로로 구분하게 되었다. 교회를 영적으로 먹이고 말씀을 설교하고 가르치는 일을 전담한 자를 감독이라 하고, 교회를 그리스도의 몸으로서의 생명을 유지하도록 그들을 지키고 다스리고 관리하는 자를 장로라고 하였다.

감독직과 장로직이 분리가 되는 동시에 감독직이 점점 중요시되어 감독은 목회를 위해 부름받은 직책이요, 장로는 교회를 위해 선택받은 명예직으로 이해되었다. 바울은 디모데와 디도에게 장로(감독)의 자격을 가르치면서(딤전 3:2-7, 딛 1:5-9) 입교한 지 얼마 되지 않은 사람은 안 된다고 하였다. 신약에 기록되어 있는 감독이라는 용어는 '위에서 살펴보는 자'라는 뜻으로 잘 살펴서 보살펴 준다는 것이다. 마치, 목자가 양들을 잘 보살피는 것과 같다. 이것이 감독이 가지는 본래의 의미이다.

그러나 감독과 장로는 그 명칭에 있어 서로 상이하지만 성경은 동일한 사역으로 간주하고 있다. 예를 들자면 사도행전 20:17에 바울이 밀레도에서 에베소로 사람을 보내어 교회 장로들을 청한다. 그런데 같은 장 28절에는 에베소 장로들을 '감독자' 로 부르고 있다. 말하자면 신약성경은 장로와 감독을 동일한 직분으로 이해하고 있다는 사실이다.

그럼에도 불구하고 장로와 감독은 그 명칭에서 서로 상이하듯이 사역 내용도 조금 다르게 발전하여 간다. 예를 들면 성경 디모데전서 3장과 5장에 바울은 감독과 장로에 대한 권면을 별개로 취급하고 있음을 보게 된다. 이것은 감독과 장로의 직무가 조금씩 다르게 발전하여 갔다는 사실을 암시한다.

교회적으로 감독의 출현에 대한 가장 설득력 있는 설명은 장로회, 즉 '프레스뷔테리온' (πρεσβύτεριον)에 대한 설명이다. 이미 언급했듯이 초대교회는 교회의 제반 사항을 장로회에서 결정했다. 회의를 집행하기 위하여 자연히 장로회의 의장이 필요하게 되고, 따라서 의장을 선출하게 되었다. 장로회를 사회하고 이끌어나갈 장로회 의장을 선택함에 있어, 모든 장로들 가운데 가장 영적이며 신앙적이고 신학적으로 유능한 자를 자연히 택하게 되었다.

이렇게 장로회의 의장으로 선출된 자들 감독이라고 불렀다고 주석가들은 해석한다. 물론 의장이 서열적 또는 지위적 우위를 가진 것은 아니다. 그리스도의 몸된 교회 안에는 상하 관계가 존재하지 않고 모두가 평등했다. 그럼에도 불구하고, 점점 장로회의 의장으로 선출된 감독들은 자연히 중요한 임무와 지위를 가지게 되었다는 것은 부정할 수 없는 사실이다.

4. 장로의 복수성과 그 전체성

성경에 나오는 장로는 단수보다 복수 형태로 많이 나온다. 복수 형태로 성경이 기록했다는 것은 장로란 개인적인 활동보다 그들의 집합성과 전체성을 중요시함을 말하고 있는 것이다. 그들은 언제나 그리스도의 이름으로 모이는 회의를 통해서 결정했기 때문에 장로는 언제나 장로회라는 것으로 이해되어야 한다. 바울은 디모데에게 보낸 서신에서 장로 한 개인보다도 장로회의 중요성을 언급하였다.

-딤전 4:14, "네 속에 있는 은사 곧 장로의 회에서 안수 받을 때에 예언을 통하여 받은 것을 가볍게 여기지 말며."

바울이 가리키는 장로의 회는 '프레스뷔테리온'(πρεσβύτεριον)으로서, 장로 한 사람 한 사람을 말하는 '프레스뷔테로스'(πρεσβύτερος)와는 다르다. 전자를 통해서 장로들은 언제나 그리스도 안에서 장로란 하나의 장로단(the body of the elders)인 것을 확인할 수 있다. 장로가 개인적인 직분이 아니라, 하나의 회, 또는 집단을 보다 강하고 구체적으로 구현한 곳은 사도행전 22:5의 '장로들', 즉 장로회라고 할 수 있다.

여기에서의 장로회는 오늘날 장로교회의 정치에서 가리키는 노회(presbytery)를 말한다. 장로교회 정치가 가장 중요시하는 각 노회란 성경을 근거로 하는 성경적 교회임을 증명하는 셈이다. 신약시대에 이미 오늘날 말하는 대회가 존재하고 있었다는 사실을 사도행전 15장을 통해서 알 수 있다.

바울과 바나바가 안디옥 교회에 있을 때, 이방인이 유대교로 개종하여 유대인의 관습과 의식을 준수하지 않으면, 그리스도 교인이 될 수 없는가, 라는 문제에 봉착하였을 때, 그들은 이 문제를 가지고 예루살렘 교회회의에 가져가 토론하고 결정했다. 이 회의는 오늘날 장로교회의 대회 또는 총회와 비슷한 것이었다.

4장 - 장로의 자격

1. 성경에 명시된 자격

1) 디모데전서 3:2-7

1. 책망할 것이 없음

'책망할 것이 없다' 는 것은 감독의 대표적 자격 요건이다. 감독은 교리사상에 있어서 책망할 것이 없어야 한다. 그는 바른 교훈에 굳게 서서 바른 말만 하고 다른 말을 하지 않는 자이어야 한다.

-딤전 1:3, "내가 마게도냐로 갈 때에 너를 권하여 에베소에 머물라 한 것은 어떤 사람들을 명하여 다른 교훈을 가르치지 말며"

-딤전 3:10, "이에 이 사람들을 먼저 시험하여 보고 그 후에 책망할 것이 없으면 집사의 직분을 맡게 할 것이요."

또한 그는 윤리생활에 있어서도 책망할 것이 없어야 한다. 한 마디로, 그것은 흠 없는 인격을 말한다.

2. 한 아내의 남편

'한 아내의 남편이 된다' 는 것은 창세기 2장에 최초의 남녀 창조와 결혼제정에서 나타난 일부일처(一夫一妻)의 하나님의 뜻을 반영한다. 감독은 결혼서약대로 부부생활의 의무와 성결을 지키는 자이어야 한다. 건전한 부부관계는 건전한 인격의 중요한 증거가 된다. 또한 이 자격요건은 독신자가 감독으로 부적합하다는 뜻을 내포하는지도 모른다.

3. 절제

'절제한다' 는 원어의 의미에는 '절제한다' 는 뜻 외에 옛날 영어성경이 번역한 대로 '깨어 있다' 는 뜻을 가진다.

4. 근신

'근신한다' 는 말은 '건전한 정신을 가진다, 조심스런 마음을 가진다' 는 뜻이다. '절제하며 근신한다' 는 이 두 자격요건은 비슷한 뜻을 가지는 것 같다. 이 둘은 감독이 무엇보다 건전한 정신을 가지고 깨어 있는 인격자가 되어야 함을 보인다. 양무리를 돌보는 감독자는 자신이 먼저 바른 정신을 가지고 깨어 있어야 한다.

5. 아담

'아담하다' 는 원어는 9절에도 사용된 말로서 '품위 있다, 단정하다, 존경할 만하다' 는 등의 뜻을 가진다. 인격의 흠이나 결함이나 부족이 없는 모습을 묘사하는 것이다.

6. 대접

'나그네를 대접한다' 는 것은 인색하거나 이기적이지 않고 후한 마음을 나타낸다. 감독은 양무리를 위한 선한 목자로서 마땅히 후한 마음의 소유자가 되어야 한다.

7. 가르침

'가르치기를 잘 한다' 는 것도 필요한 자격요건이다. 이런 자가 되려면 먼저 자신이 진리의 지식, 곧 성경지식에 정통해야 한다. 무엇보다 그는 성경을 많이 읽어야 한다. 그 다음에 그는 분명한 논리와 사리판단력을 가져야 하며 이를 위해 편협함과 성급함을 버리고 남을 이해하려고 노력해야 한다. 거기에 더하여, 넓은 식견도 도움이 될 것이다.

8. 술을 즐기지 않음

'술을 즐기지 않는다' 는 것은 인간의 부패성에 술을 즐기려 하는 성질이 있음을 증거한다. 그러나 술은 취하게 하며 중독성을 가진다. 이 점에 있어서 오늘날의 대부분의 술은 옛날의 것보다 더하다. 술에 취함은 건전한 정신을 잃게 하고 방탕과 실수의 원인이 되며 인격자를 비인격자 혹은 심지어 마귀적 인격자로 만든다.

-고전 6:10, "도적이나 탐욕을 부리는 자나 술 취하는 자나 모욕하는 자나 속여 빼앗는 자들은 하나님의 나라를 유업으로 받지 못하리라."

-잠 23:31, "포도주는 붉고 잔에서 번쩍이며 순하게 내려가나니 너는 그것을 보지도 말지어다."

9. 구타하지 않음

'구타하지 아니한다' 는 것은 인간의 죄악성 속에 구타하는 성질이 있음을 보인다. 그러나 폭력은 나쁜 것이다. 우리는 남을 때릴 권한이 없다. 특히 남편은 아내를 때릴 권한이 없다. 물론 아내도 남편에게 대항해서는 안 된다.

10. 더러운 이를 탐하지 않음

그 다음에, 전통적 사본에는 "더러운 이를 탐하지 아니하며" 라는 말씀이 있다. 더러운 이는 시험거리이며 거기에 넘어지면 판단력이 더욱 더 흐려지게 될 것이다. 뇌물은 사람의 눈을 어둡게 한다. 성도는 정당한 이익만을 추구해야 한다. 장사하는 자나 사업하는 자는 범사에 정당하게 하고 거짓으로 하지 말아야 한다. 국가에 내는 세금까지도 속이지 말고 정당하게 다 내어야 한다.

11. 관용

'관용하다' 는 원어는 '온유하다, 부드럽다' 는 뜻이다. 거칠고 편협함은 인격의 부족이요 결함이다. 그러나 온유하고 부드러움은 좋은 인격의 덕성이다. '다투지 않는다' 는 것도 좋은 인격의 한 증거이다. 온유와 인내심을 가진 자만이 그럴 수 있을 것이다. 물론 진리문제, 신앙문제에 관해서는 선한 싸움이 필요하다.

12. 돈을 사랑하지 않음

'돈을 사랑치 않는다' 는 것도 참된 신앙인격의 한 증거이다. 돈은 세상주의의 대표이다. 세상을 사랑하는 자는 돈을 사랑한다. 우리는 하나님과 재물을 겸하여 섬기지 못한다.

-마 6:24, "한 사람이 두 주인을 섬기지 못할 것이니 혹 이를 미워하고 저를 사랑하거나 혹 이를 중히 여기고 저를 경히 여김이라 너희가 하나님과 재물을 겸하여 섬기지 못하느니라."

세상을 사랑하는 자는 하나님을 사랑할 수 없다. 돈 사랑은 신앙에 시험거리이며 올무이다. 돈을 사랑함이 일만 악의 뿌리이다. 성도가 거기에 걸려 넘어지면 불의와 불법, 부정과 불결에 빠진다.

13. 집을 잘 다스림

감독은 자기 집을 잘 다스리는 자이어야 한다. 집은 사회의 기본단위이다. 사람이 자기 집을 잘 다스릴 줄 알아야 하나님의 집인 교회도 잘 다스릴 수 있을 것이다. 작은 단체를 잘 다스려야 큰 단체도 잘 다스릴 수 있는 것이 이치에 맞다. 집을 잘 다스리는 것은 자녀들이 부모의 바른 말에 얼마나 단정하게 복종하는가에서 나타난다. '단정함' 이라는 원어는 '진지함, 품위' 등의 뜻을 가진다.

14. 새로 입교한 자는 안 됨

새로 입교한 자는 장로후보에서 제외시키라고 말씀한다. 그 이유는 그가 교만에 떨어지지 않게 하기 위해서이다. 교만은 마귀의 죄이다. 그것은 신앙에 결정적 저해요인이다. 신앙훈련은 겸손훈련과도 같다. 영적 성숙은 자신이 부족한 자임을 깨닫는 과정이다. 성숙한 신앙인은 겸손히 하나님만 의지하고 하나님만 높이게 된다. 그래서 신앙의 선진들은 그리스도인의 최고의 덕을 겸손이라고 말해왔다. 겸손의 훈련을 위해서는 믿음을 지키고 사는 시간의 세월이 필요하다.

15. 외인의 선한 증거

'외인' 은 교회 밖에 있는 자들 곧 세상 사람들을 말한다. 감독 후보자는 교회 밖의 사람들에게서도 선한 증거 곧 좋은 평판을 얻은 자라야 한다. 그것은 그가 그들의 비난과 마귀의 올무에 빠지지 않게 하기 위해서이다. 그들의 비난은 하나님의 영광과 교회의 명예를 손상시킬 것이다.

2) 디도서 1:6-8

디도서 1:6-9에서는 장로의 자격에 대하여 언급하고 있다. 이것은 디모데전서 3장의 말씀과 더불어 장로의 자격에 대해 가르치는 말씀이다.

1. 무흠한 사람

무엇보다, 장로 후보자는 책망할 것이 없는 자이어야 한다. 이것은 사상적으로나 행위적으로 온전한 인격을 의미한다. 그는 사상에 있어서 성경적으로 바른 사상에 서 있어서 책망할 것이 없어야 하고, 행위에 있어서도 책망할 것이 없어야 한다. 남을 인도할 자는 자신이 남들보다 나은 인격, 곧 온전한 인격자이어야 한다.

2. 일부일처의 사람

장로 후보자는 또한 한 아내의 남편이어야 한다. 이 말씀은 일부일처가 하나님의 뜻임을 암시한다. 맨 처음에 하나님께서 한 남자와 한 여자를 만드신 사실에서도 하나님의 뜻이 드러난다. 결혼한 자는 부부관계와 결혼 서약에 성실해야 한다. 바른 인격은 가정에서부터 나타난다. 부부관계에서 불성실한 자는 바른 인격자가 아니다.

3. 믿는 자녀를 둔 사람

장로 후보자는 또한 신실한 자녀를 둔 자라야 한다. 이것은 하나님의 말씀대로 자녀를 신앙으로 바르게 양육한 자라야 한다는 뜻이다. 바른 자녀 교육은 믿음의 한 증거이다. 하나님의 뜻을 순종하는 부모라면 자녀들을 성경 말씀과 믿음 안에서 바르게, 성실하게 가르치며 양육했을 것이다. 그러므로 그의 자녀를 보면, 그 부모된 자가 얼마나 모범적인 신앙생활을 했는가를 알 수 있을 것이다.

'믿는' 이라는 헬라어는 '믿는' 이라고도 번역될 수 있지만, 더 빈번히 '신실한, 성실한, 믿을 만한' 이라고 번역되는 말이다. 그리하여 디도는 "방탕하다 하는 비방이나 불순종하는 일이 없는 믿는 자녀"라고 표현하였다. 방탕은 자신의 의무나 책임, 삶의 목표 등을 잊어버리고 술과 음행 등 육신의 쾌락에 빠진 것을 말한다.

불순종한다는 것은 하나님의 말씀이나 부모의 말씀에 다 적용된다. 참된 믿음은 순종으로 나타나며 그 결과는 경건함과 거룩함, 성실함과 단정함이다. 바른 신앙 교육은 이런 자녀들을 만들 것이다.

4. 하나님의 청지기로서 합당한 사람

'하나님의 청지기' 라는 말은 '하나님의 교회를 관리하는 자' 라는 뜻이다. 그것은 단지 재산이나 재정을 관리하는 것뿐만이 아니다. 물론 그것도 관리이다. 그러나 그것은 작은 일이다. 교회의 관리는 일차적으로 교인들의 관리, 영혼 관리이다. 교인들이 믿음 안에서 바르게 생활하도록 돌보는 것이다. 이것이 더 크고 중요한 일이다.

5. 고집을 부리지 않는 사람

장로 후보자는 또한 제 고집대로 하지 않는 자라야 한다. 바른 신앙인은 제 뜻대로 말하거나 행동하지 않는다. 자기 주관이나 의견이나 생각대로 무엇을 주장하거나 고집하지 않는다. 그는 하나님의 뜻을 찾으려 하고 성경대로 하려 할 것이다. 또 그는 다른 교우들과 뜻을 같이 하려 할 것이다.

6. 성급하게 화를 내지 않는 사람

장로 후보자는 또한 급히 분내지 않는 자이어야 한다. 사람의 성내는 것이 하나님의 의를 이루지 못한다.

-약 1:20, "사람이 성내는 것이 하나님의 의를 이루지 못함이라."

사람은 성냄으로 실수하기 쉽고 선한 일을 어그러뜨리기 쉽다. 이 말씀은 사람이 전혀 분내지 말라는 뜻은 아니다. 성도에게 있어서 정당한 의분은 필요하다. 비진리와 불의를 볼 때 분노하는 것은 정당한 일이다. 그러나 생각하고 또 생각한 후에 분노해야 하며, 오직 진리와 의를 위해서만 그러하고 단순히 자기 이익을 위해서 그러하지 않아야 할 것이다.

7. 술을 즐기지 않는 사람

장로 후보자는 또한 술을 즐기지 않는 자이어야 한다. 술을 즐기는 자는 술에 취하게 될 것이다. 술은 사람을 무책임하고 불성실하게 만든다. 술에 취함은 사람으로 실수하고 범죄하게 한다. 성경은 술에 취함을 명백히 정죄한다.

-갈 5:21, "투기와 술 취함과 방탕함과 또 그와 같은 것들이라 전에 너희에게 경계한 것 같이 경계하노니 이런 일을 하는 자들은 하나님의 나라를 유업으로 받지 못할 것이요."

-엡 5:18, "술 취하지 말라 이는 방탕한 것이니 오직 성령으로 충만함을 받으라."

8. 구타하지 아니하며 더러운 이를 탐하지 않는 사람

장로 후보자는 또한 구타하지 않는 자이어야 한다. 구타와 징계는 다르다. 징계는 부모가 자녀를 바르게 교육하는 한 방법이다. 성경은 징계를 허용할 뿐 아니라, 오히려 명령하고 있다.

-잠 13:24, "매를 아끼는 자는 그의 자식을 미워함이라 자식을 사랑하는 자는 근실히 징계하느니라."

-잠 22:15, "아이의 마음에는 미련한 것이 얽혔으나 징계하는 채찍이 이를 멀리 쫓아내리라."

-잠 23:13-14, "아이를 훈계하지 아니하려고 하지 말라 채찍으로 그를 때릴지라도 그가 죽지 아니하리라 네가 그를 채찍으로 때리면 그의 영혼을 스올에서 구원하리라."

그러나 그런 경우에도 격한 감정을 가지고 아무 곳이나 또 비열한 방식으로 때리는 것은 정당하지 못하다. 예를 들어, 부모가 자녀를 주먹으로 얼굴을 치거나 머리를 때리는 것은 옳은 방식이 아니다. 징계는 감정을 가라앉히고 종아리나 손바닥 등을 때리는 것이어야 할 것이다.

-골 3:21, "아비들아 너희 자녀를 노엽게 하지 말지니 낙심할까 함이라."

부모가 자녀를 때리는 것은 허용되지만, 남편이 아내를 때리는 것은 허용될 수 없다. 남편은 아내를 때릴 권한이 없다. 결혼은 남녀의 주종의 관계가 아니다. 사랑과 순종은 자발적이고 인격적인 관계이지 강요될 성질의 것이 아니다. 두 사람이 동등한 인격이므로 남자가 여자보다 힘이 더 있다고 해서 구타한다면 그것은 죄악이다.

성도는 자기의 아내 뿐 아니라, 누구라도 때려서는 안 된다. 자기 자녀는 예외이다. 또 자기가 가르치는 학생들의 경우는, 만일 부모가 허락한다면, 매를 때릴 수 있을 것이다. 그러나 그 외에는 누구도 때리는 자가 되어서는 안 된다. 폭력은 악이다. 성도는 자신의 노를 참고 인자와 온유의 심정으로 악한 자를 교훈할 수 있어야 한다. 결코 구타하는 일이 있어서는 안 될 것이다.

-마 5:39, "나는 너희에게 이르노니 악한 자를 대적하지 말라 누구든지 네 오른편 뺨을 치거든 왼편도 돌려 대며."

장로 후보자는 또한 더러운 이를 탐하지 않는 자이어야 한다. '더러운 이' 는 정당하지 않는 소득을 말한다. 성도는 고리대금업을 해서는 안 된다. 성도는 투기성 소득을 바라서도 안 된다. 특히 명백히 사회적 악인 땅 투기, 집 투기 등에 관여해서는 안 된다.

우리는 정당한 노동의 대가만을 받으려 해야 한다. 놀면서 먹으려

하지 말고 무엇인가 부지런히 일하는 자가 되어야 한다. 교회 직분자들이 교회의 헌금을 취급할 때도 극히 조심해야 한다. 헌금을 부당하게 개인의 일을 위해 유용하는 자는 큰 벌을 면치 못할 것이다. 우리는 돈에 대하여 깨끗하고 분명한 자가 되어야 한다.

9. 나그네를 대접하는 사람

장로 후보자는 또한 나그네를 대접하는 자이어야 한다. 이 말씀은 그가 이기적이거나 개인주의적이지 않고 남과 나눌 줄 아는 인격자이어야 함을 의미한다. 이것이 사랑이며 선이다.

10. 선을 좋아하는 사람

장로 후보자는 또한 선을 좋아하는 자이어야 한다. 온전한 인격은 좋은 인격, 선한 인격이며 선을 좋아하는 인격이다. 좋다는 말은 선하다는 말이다. 선행은 참 믿음의 열매이다.

11. 근신하는 사람

장로 후보자는 또한 근신하며 의로우며 거룩하며 절제하는 자이어야 한다. 근신하는 것은 깨어 있는 것, 정신 차리는 것, 조심하는 것을 말한다. 이것은 좋은 인격자의 모습이다.

12. 의로우며 거룩하며 절제하는 사람

의로운 것은 공명정대하고 정정당당한 것이다. 성도는 항상 정의로운 인격자이어야 한다.

13. 거룩한 사람

거룩한 것은 죄와 불결을 버리고 깨끗한 것을 말한다.

14. 절제하는 사람

절제하는 것은 일차적으로는 술의 절제를 의미하지만, 기타 모든 육신적 쾌락에도 적용될 것이다. 비록 선한 것이라도 거기에 지나치게 빠지면 좋지 않다.

15. 말씀을 지키는 사람

장로 후보자는 또한 하나님의 바른 말씀을 굳게 붙드는 자이어야 한다. 하나님의 바른 말씀은 신실한 말씀, 믿을 만한 말씀이다. 우리는 그 말씀을 굳게 붙들어야 한다.

장로 후보자가 특히 그렇게 해야 하는 이유는 두 가지다.

첫째, 다른 이들을 바른 교훈으로 권면할 수 있기 위해서이다. 바른 교훈을 본인이 믿고 실천해야 남에게도 권면할 수 있다. 자기가 믿지도 않는 것이라면 남에게 어떻게 가르치며 권면할 수 있겠는가?

둘째, 바른 교훈을 거스려 말하는 자들을 책망할 수 있도록 하기 위해서이다. 세상에는 하나님의 바른 진리를 거스려 말하는 자들이 항상 있다. 사탄은 그들의 대장이다. 하나님의 택한 백성들은 그 진리에 대하여 아멘으로 화합하지만, 그것을 부정하고 불신하고 대항하는 교만한 자들이 있다. 그들을 책망하려면 바른 말씀을 굳게 믿는 자이어야 한다.

성경에 명시된 장로의 자격 요건들은 한 마디로 영적 성숙이다. 그 내용을 요약해보면 다음과 같다.

첫째, 원만한 가정생활이다. 감독 후보자는 부부관계가 바르고 원만해야 하고 자녀들을 바르게 양육하는 자이어야 한다.

둘째, 건전한 정신과 깨어 있는 마음이다. 술은 이런 마음을 흐트러뜨리므로 피해야 한다.

셋째, 온유와 겸손이다. 감독 후보자는 아담하고 나그네를 잘 대접하고 구타하거나 다투지 않는 인품을 가진 자이어야 한다. 또 그는 겸손훈련을 잘 받아 교만에 떨어지지 않는 자이어야 한다.

넷째, 돈을 사랑하지 않는 것이다. 그는 하나님께만 소망을 두고 정당한 이익만을 취하는 자이어야 한다.

2. 헌법에 규정된 자격

1) 대한예수교장로회(합동측)-'제 3 조' 항목

만 35세 이상 된 남자 중 입교인으로 흠 없이 5년을 경과하고 상당한 식견과 통솔력이 있으며 딤전 3:1-7에 해당한 자로 한다.

2) 대한예수교장로회(통합측)-'제 40 조' 항목

장로의 자격은 상당한 식견과 통솔의 능력이 있는 자로 무흠 세례교인(입교인)으로 7년을 경과하고 40세 이상 된 자라야 한다.

3) 기독교대한감리회

① 신앙이 돈독하고 전도할 능력과 열심이 있는 권사로 5년 이상 연임하고 35세 이상 된 이로 가족이 교회에 나오는 이

② 기획위원회의 공천을 받아 당회에서 2/3 이상의 찬성으로 신천장로로 피택된 이

③ 장로과정고시에 합격하고 지방자격심사위원회의 심사를 거쳐

지방회에서 2/3 이상의 찬성으로 성품 통과를 받고 장로증서를 받은 이

(장로안수를 받을 자격: 【114】제17조)

장로안수를 받을 자격은 다음 각 항과 같다

① 장로증서를 받고 2년의 장로 연수과정을 4년 이내에 수료한 이

② 2년의 장로 연수과정을 수료할 때까지 지방자격심사위원회의 심사를 거쳐 지방회에서 2/3이상의 찬성을 받은 이

4) 기독교대한성결교회

① 연령이 35세 이상되는 자(97)로, 교인의 의무를 다하고 그 생업이 정당하며 그 가정이 교회생활에 성실하며 덕망이 있는 자

② 은혜의 경험이 명확하고 성결한 생활을 하는 자

③ 해 지교회의 집사 근속 시무 7년, 안수집사는 근속 2년 이상 된 자로 주일을 성수하고 십일조 의무를 이행하는 자. 단, 타 지교회에서 동등자격으로 전입한 자는 해 지교회 집사 시무 2년을 경과하여야 하며, 타 복음주의 교파에서 동등 자격으로 전입한 자는 해 지교회 집사 시무 3년을 경과하여야 한다.

④ 성품이 원만한 인격자

⑤ 성경지식과 임직에 상당한 사명이 있으며 대중을 통솔할 만한 능력과 학식이 있는 자

⑥ 파산받을 만한 부채가 없는 자

⑦ 소송 또는 징계중에 있지 아니한 자

⑧ 배우자와 직계가족이 이단사이비교파에 관계되지 않은 자

5) 헌법적 자격의 요약

장로는 교회를 돌아보고 교인들을 보살피는 직분자들이다. 장로의 자격은 교파마다 차이가 있으나 대략 다음과 같이 요약할 수 있다.

첫째, 상당한 식견과 통솔의 능력이 있는 자이어야 한다. 장로는 목사와 협력하여 교회의 행정과 권징을 하며 교인의 신령상 관계를 살펴야 할 직무가 있기 때문에 상당한 식견과 통솔의 능력이 있어야 한다. 장로는 교회의 신령한 형편과 새로운 상황에 대처할 수 있는 정신과 능력이 있어야 한다.

둘째, 무흠 입교인으로 7년을 경과한 자이어야 한다. 세례를 받은 교인으로 교회의 권징 조례에 의해 징계를 받은 일이 없이 7년을 지난 교인이어야 한다. 이러 저러한 풍설이 있은 것으로는 흠이 있다고 할 수 없고, 7년이란 기간은 어느 한 교회에서 7년을 흠없이 지내야 된다는 것은 아니다. 장로의 자격으로 입교인의 의무인 공동 예배의 출석과 헌금과 교회 치리에 복종하였는가를 생각해 보아야한다. 세례 받은 지 7년을 지내야 한다는 것은 새로 입교한 자도 말지니 교만하여져서 마귀를 정죄하는 그 정죄에 빠질까 함이라는 바울의 교훈에 근거한 것이다(딤전 3:6).

셋째, 40세 이상 된 자이어야 한다. 장로는 교회의 어른이요, 지도자요 교회를 다스리는 자이므로 연령이 40세 이상은 되어야 한다는 것이다. 남자가 30세 이상이 되는 나이는 이것은 레위인이 성전 봉사를 시작하는 연령이다. 다윗이 왕위에 오른 연령이었고, 산헤드린 회원 자격이 되는 연령이었고, 예수님께서도 가르치기를 시작하실 때의 나이였다. 그러나 지금은 시대가 다변화됨에 따라 상향 조정되었다.

5장 - 장로의 직무

1. 헌법에 규정된 직무

1) 대한예수교장로회(합동측)-'제 4 조 장로의 직무' 항목

① 교회의 신령적 관계를 총찰한다.

치리 장로는 교인의 택함을 받고 교인의 대표자로 목사와 협동하여 행정과 권징을 관리하며, 지교회 혹은 전국 교회의 신령적 관계를 총찰한다.

② 도리 오해나 도덕상 부패를 방지한다.

주께 부탁 받은 양무리가 도리 오해나 도덕상 부패에 이르지 않기 위하여 당회로나 개인으로 선히 권면하되 회개하지 아니하는 자가 있을 때에는 당회에 보고한다.

③ 교우를 심방하되 위로, 교훈, 간호한다.

교우를 심방하되 특별히 병자와 조상자를 위로하며 무식한 자와 어린 아이들을 가르치며 간호할 것이니 평신도보다 장로는 신분상 의무와 직무상 책임이 더욱 중하다.

④ 교인의 신앙을 살피고 위하여 기도한다.

장로는 교인과 함께 기도하며, 위하여 기도하고 교인 중에 강도의 결과를 찾아본다.

⑤ 특별히 심방할 자를 목사에게 보고한다.

병환자와 슬픔을 당한 자와 회개하는 자와 특별히 구조 받아야 할 자가 있는 때에는 목사에게 보고한다.

2) 대한예수교장로회(통합측)-'제 39조 장로의 직무' 항목

① 장로는 교회의 택함을 받고 치리회의 회원이 되어 목사와 협력하여 행정과 권징을 관장한다.

② 장로는 교회의 신령상 관계를 살핀다.

③ 장로는 교인들이 교리를 오해하거나 도덕적으로 부패하지 않도록 교인을 권면한다.

④ 장로는 권면하였으나 회개하지 않는 자가 있으면 당회에 보고한다.

3) 대한예수교장로회(기장측)-'제 21조 장로의 직무' 항목

1. 목사와 협력하여 행정과 권징을 관리하는 일.
2. 목사를 도와 복음전파(전도)사역을 협력하는 일.
3. 교인을 심방, 위로, 권면, 교훈하는 일.
4. 목회에 필요한 제반사항을 목사에게 알리는 일.

4) 기독교대한감리회-'116, 제19조 장로의 직무' 항목

장로의 직무는 다음 각 항과 같다.

① 감리사의 파송을 받은 교회에서 담임자를 도와 예배, 성례, 기타

행사 집행을 보좌한다.

② 담임자를 도와서 교회 임원들의 활동을 지도한다.

③ 교인들을 심방하며 신앙을 지도한다.

④ 교회의 재정유지에 적극 참여한다.

⑤ 담임자가 부재하거나 유고시 담임자 또는 감리사가 위임한 범위 내에서 담임자의 직무를 대행할 수 있다

⑥ 지방회의 회원이 된다.

⑦ 당회, 구역회, 지방회의 임원이 되며 평신도 연회대표로 선출될 수 있다.

⑧ 직무수행 결과를 당회, 구역회, 지방회에 보고한다.

5) 기독교대한성결교회

(권한과 직무)

① 장로는 교인의 대표로 목사와 협동하여 행정과 권징을 치리하는 치리회원이다.

② 장로는 각급 치리회에서 목사와 같은 권한으로 회무를 처리한다.

③ 교인의 영적상태를 돌보아 심방하며, 도리상 오해나 도덕상 부패를 방지하기 위하여 위로 권면한다.

④ 장로는 사회에 대하여도 성직이니 미신자에게 전도하며 우환질고와 낙심 중에 있는 자를 찾아 권면한다.

⑤ 장로는 예배인도와 설교가 주임무는 아니나 담임교역자의 위임에 의하여 예배를 인도할 수 있다.

2. 교회적인 직무

1) 교회의 행정과 권징을 관리

교회는 교회의 목적과 의사를 실현시키고 맡겨진 과업을 수행하게 위해 교회를 다스리는 행정이 있고, 교회의 진리를 보호하며 그리스도의 권위와 교회의 질서를 유지하기 위해 교회를 치리하는 권징이 있다. 교인들의 선택으로 교인의 대표가 된 장로는 목사와 협력하여 교회의 행정과 권징을 관리한다.

목사는 가르치는 직무 외에 치리하는 직무가 있으므로 목사와 협력하지 않고 장로가 단독으로 행정과 권징을 할 수 없다. 치리회에서 목사와 장로의 권리는 같으나 목사가 주체가 되고 장로는 협력체가 되는 이유는 교회의 모든 일은 말씀 증거가 중심되어야 하기 때문이다. 장로는 치리권을 행사하는 자이므로 치리자의 품위를 보존해야 한다. 장로 자신이 치리를 받을 비행을 저지르거나 비방을 받을 만한 부도덕한 일을 해서는 안 된다.

2) 교회의 신령상 관계를 살핌

신령상 관계란 교회법에 의한 관계요 국법에 의한 관계는 아니다. 교회법은 신앙 관계, 즉 신령한 문제를 다스리고 국법은 육적인 관계를 다스린다. 그러므로 장로는 목사와 협력하여 신앙 관계, 즉 영적인 문제를 다스려야 한다. 교회의 신령상 문제를 살피려면 장로 자신이 먼저 신령해야 하고 교회적인 관심이 다른 사람보다 특별히 깊어야 한다. 교회의 신령상 관계를 살펴야 할 장로는 신령한 눈이 뜨인 사람이어야 한다. 신령한 눈이 있어야 자신이 어떤 사람인가를 살필 수 있고 교회를 바로 살필 수 있다.

장로가 교회의 신령상 관계를 살피려고 하면 첫째는 교인들을 심방해야 한다. 교인들의 실정을 알지 못하고 교인들의 영적 생활을 지도할 수 없다. 둘째는 교인의 신앙을 살피고 기도하여야 한다. 장로는 교인들의 신앙 성장을 주의 깊게 살펴서 그들과 함께 기도하며 그들을 위해 기도해야 한다. 장로는 교회의 신령상 관계뿐만 아니라 교회의 일반적인 형편도 잘 살펴야 한다. 교회의 관심도가 적은 사람은 교회 일에 방관하기 쉬우므로 장로로서는 합당치 않다.

3) 교인을 선도

장로는 교인의 인도자이며 권위자이다. 교인들이 교리를 오해하거나 도덕상으로 부패됨을 막기 위해 지도하며 권면해야 하다. 그러기 위해서, 첫째, 장로는 지도력이 있어야 하고, 둘째, 장로는 분별력이 있어야 한다. 장로가 지도력이 없으면 무능해서 교인들의 잘못에 끌려가기 쉽고 분별력이 없으면 교인들을 바르게 인도할 수 없다. 그러므로 장로는 교회의 신앙 노선과 교인의 여론과 교회의 분위기를 바르게 판단하여 건전하고 은혜스러운 방향으로 지도하여야 한다.

3. 장로의 권한

교회의 권한은 신령적 권한이다. 그리스도께서 선지자, 제사장, 왕의 권한이 있음과 같이 교회는 가르치는 권한과 다스리는 권한과 섬기는 권한이 있다. 강도와 교훈은 그의 전무 책임은 아니나 각 치리회에서 목사와 같은 권한으로 각항 사무를 치리한다.

1) 장로와 목사의 권한이 같은 점

장로는 치리회에서 목사와 동등한 권한이 있다. 장로회 정치는 목사의 성직권과 장로의 대표권을 동등하게 하여 서로 견제함으로써 교회의 건전한 발전을 도모한다. 장로의 치리권이 약해지면 조합 정치나 자유 정치가 된다.

2) 장로와 목사의 권한이 다른점

초기 교회에 "가르치는 장로"와 "다스리는 장로"(딤전 5:17)로 구분되었는데 사도들이 세상을 떠난 후 사도직의 역할을 맡은 장로들을 "가르치는 장로", 사도직의 역할을 협조하는 장로들은 "다스리는 장로"라고 했다. 교회에서 설교와 치리를 맡은 자를 목사라 하고 치리만 맡은 자를 장로라고 한다. 목사와 장로의 권한이 다른점을 살피면 다음과 같다.

첫째, 자격과 택하는 회가 같지 않다. 즉 목사와 장로의 자격이 다르고, 목사는 지역총회에서 안수하고, 장로는 지방회에서 안수한다.

둘째, 맡은 일이 다르다. 목사는 설교와 성례와 축복의 권한이 있으나 장로는 이러한 권한이 없다.

셋째, 명칭과 직분이 다르다. 목사는 하나님의 사자, 그리스도의 사신이라고 부르나, 장로는 교인의 대표라고 부른다. 장로의 직분은 목사를 도와 함께 일하는 것이다.

4. 치리회의 직무

교회의 치리권은 개인에게 있지 않고 단체(치리회)에 있다. 치리권이 개인에게 있으면 소신대로 신속히 다스릴 수 있는 장점도 있지만, 치리권자 개인의 실수와 과오를 범할 단점도 있다. 그러나 치리권이 단체(치리회)에 있으면 여러 회원이 뜻을 모아 치리권을 행사하므로 잘못을 범하는 일이 적다고 볼 수 있다. 교회의 치리권은 당회, 노회, 총회에 있고 그 치리회에 장로는 회원이 되어 치리권을 행사한다.

1) 당회

① 당회의 조직

당회는 지교회에서 시무하는 목사, 부목사, 장로로 조직한다. 당회장은 노회로부터 당회장권을 임명 받은 목사이다. 당회장이 신병이나 기타 사정이 있을 때 당회의 결의로 노회에 있는 목사를 대리 당회장으로 세울 수 있고, 시무 목사가 없는 교회에서는 당회장이 그 교회 모든 일을 처리한다. 대리 당회장이나 미조직 교회의 당회장(치리회장)은 은퇴 목사에게도 맡길 수 있다.

② 당회의 성수

당회는 당회장과 당회원 과반수의 출석으로 개회할 수 있다. 장로 두 명이 있는 당회는 당회장과 장로 1명 출석으로 개회할 수 있고, 장로 3명이 있는 당회는 목사와 장로 2명 출석으로 당회를 개회할 수 있다.

③ 직무

당회가 하는 일을 다음과 같이 몇 가지로 분류할 수 있다.

-교인의 신앙과 행위를 살핀다.

당회는 교인의 신앙적인 지식과 행위를 항상 살펴야 한다. 학습·세례, 입교할 자를 문답하며 세례식과 성찬식을 관장한다. 당회는 교인의 이명 증서를 교부하며 접수한다. 이명증서를 접수하면 즉시 발송

할 당회에 접수 통지를 보내야 한다.

-예배를 주관하고 소속 기관과 단체를 감독한다.

당회는 모든 예배의 시간, 장소, 설교자에 대해 주관하며 소속 기관과 단체의 신령적 유익을 도모하도록 감독해야 한다.

-직원의 임직

당회는 장로, 집사, 권사를 임직하는 일을 주관한다. 당회는 직원을 선정할 때 교회의 유익과 발전을 위해 신중히 하여야 한다.

-각종 헌금의 수집과 실시

재정에 관한 일반 수지 결산은 제직회의 직무이지만 각종 헌금을 수집하는 방안과 실시는 당회의 직무로 규정하였다. 그 이유는 헌금은 교인의 신앙문제와 관계가 깊은 신령적 문제이기 때문이다.

-총대 파송과 범죄자 심문

당회는 노회에 파송할 총대를 선정하며 교회 상황을 보고하며 청원권을 제출한다. 당회는 범죄자를 소환 심문하고 증인의 증언을 청취하며 범죄자를 권징도 한다.

-부동산 관리

당회는 지교회의 부동산을 관리한다. 지교회의 재산은 원칙적으로 노회재단에 가입하고 당회가 관리한다.

④ 당회의 회집

당회는 1년에 1번 이상 회집한다. 당회장이 필요하다고 인정될 때나 당회원 중에서 반수 이상이 요청할 때 또는 상회가 소집을 지시할 때 회집한다.

⑤ 당회가 비치할 장부명

당회록은 회집 시일, 장소, 결의안건 등을 자세히 기록하여 연 1차씩 노회의 검사를 받아야 한다. 당회에는 학습교인, 입교인, 유아세례교인, 책벌 및 해벌교인, 실종교인, 이명교인, 혼인, 별세 등 여덟 가지 명부를 비치하여야 한다.

2) 노회와 총회

노회와 총회는 목사와 장로로 구성된 치리회이다. 노회에 파송된 총대 장로는 노회 서기가 접수 호명하므로 회원권이 성립된다. 총회는 노회에서 파송한 총대목사와 장로로 구성된 최고 치리회이다. 목사와 장로는 노회와 총회에서 동등한 회원권이 있다.

장로회 정치는 주권이 교인에게 있는 민주 정치이며 교인의 대표로 선택된 장로들에 의해 치리되는 공화정치이다. 교회 통치의 권한이 첫째로 당회에 있고, 그 다음이 노회, 그 다음이 총회에 있다. 장로회 치리회는 위계적으로 조직되어 동일한 사람에게만 맡겨 처리하지 않고 상급 치리회로 재심하여 신중을 기하도록 제도적으로 규정하고 있다.

6장 - 장로의 임직과 사임

1. 장로의 선출

1) 청원

장로는 교인의 대표자이므로 세례교인 30명 단위로 선거할 수 있다. 교회에서 장로를 선거하려면 당회에서 결의하여 노회에 장로 선거를 청원하여야 한다. 세례 교인수를 따라 선거할 장로 수를 당회에서 결의하되, 장로될 만한 사람이 있는지도 살펴야 한다.

2) 선거

노회에 제출한 장로 선거 청원이 허락되면 당회는 공동의회 모일 것을 공고 하여야 한다. 장로 선거는 중요힌 인긴이므로 장로의 자격, 선거 방법 등을 널리 알려 세례 교인들이 장로 선거에 참여하도록 힘써야 한다.

장로의 선거는 투표수의 3분의 2 이상의 찬성표를 받아야 한다. 장로의 선거는 입후보하거나 추천하는 것이 아니기 때문에 교인이 많은 큰 교회에서는 첫번에 당선되기 어려운 실정이다. 그러므로 큰 교회에서는 공동의회에서 배수 공천한 것을 당회에 일임하기도 한다.

3) 고시

장로로 피택된 사람은 6개월 이상 당회 지도 아래 교양과 훈련을 받은 후 노회가 시행하는 장로 고시에 응시하여 합격하여야 한다. 노회에서 시행하는 장로 고시 과목은 교파에 따라 약간 다르지만 대략 다음과 같다. 성경, 장로회 헌법, 성경 및 요리문답, 일반 상식, 구술 등이다.

4) 임직

노회에서 장로 고시에 합격한 사람은 당회에서 주관하여 장로로 임직한다. 장로 임직식은 중요한 행사이므로 임직식이 정중하고 엄숙하게 진행되도록 준비 하여야 한다. 장로 임직식의 중요한 순서는 다음과 같다.

첫째, 서약이다. 임직받는 사람과 교인들이 하나님과 교회 앞에 서약한다.

둘째, 안수 기도이다. 안수 위원들이 임직받는 사람의 머리 위에 오른 손을 얹고 당회장이 기도한다. 안수가 가지는 의미는 이 직분이 위로부터 내려온 영적인 것이며, 따라서 그 직분을 올바르게 수행하기 위해서는 위로부터의 은사를 계속적으로 간구해야 한다는 사실을 상징적으로 보여주는 것이다(안수: επιτίθημι, 위에 놓다).

셋째, 공포. 안수가 끝나면 당회장이 다음과 같이 공포한다. "대한예수교 장로회 ○○ 교회 당회장인 나는 ○○○ 씨가 본 교회 장로된 것을 성부 성자 성령의 이름으로 공포하노라, 아멘" 당회장의 공포와 동시에 신임 장로는 당회원권을 보유한다.

넷째, 악수. 당회장과 안수 위원들이 신임 장로를 악수로 환영하며 축하한다.

다섯째, 권면. 장로와 교우에게 각각 권면하여 평생을 두고 장로로서 명심하여 교회를 봉사토록 한다.

2. 장로의 사임

장로는 항존직이다. 그러나 다음과 같은 세 가지 경우에는 시무를 계속할 수 없다.

1) 정년

교파마다 다르지만 장로의 연령이 만 70세가 되면 정년 은퇴한다. 교인들은 은퇴 장로를 정당한 예절로 존경해야 한다.

2) 사임

장로가 시무를 계속하기 어려울 때에는 정년 전이라도 장로 시무를 사임할 수 있다.

① 자의사임: 장로가 부득이한 사유로 시무사임을 원하여 당회에 사임서를 제출한 경우 당회의 허락을 받아 사임케 할 수 있다.

② 권고사임: 장로가 교회에서 불미스러운 행위를 한 사실이 확인된 때에는 당회 및 공동의회의 결의에 의하여 시무사임을 권고할 수 있다. 권고에 따라 당사자가 사임서를 제출하면 당회는 처리한다.

3) 사직

장로가 범법하지 않았지만 노혼하거나 교회에 덕을 세우지 못한 줄로 알면 자의로 사직할 수 있고 또 당회가 사직을 권고할 수 있다. 사임은 시무를 사면하는 일이요 사직은 장로직을 사퇴하는 일이다. 장로가 장로직의 사직을 위해 당회에 사직서를 제출하는 경우에 당회는 이를 심사하여 사직케 할 수 있다.

3. 기타-장로의 구분

1) 무임 장로

무임 장로는 장로의 직무를 사면한 장로를 가리킨다. 장로로 추임하기까지는 장로 권한이 없다. 장로는 항존직이므로 장로의 명예는 보존된다.

2) 협동 장로

무임 장로 중에서 당회 의결로 협동장로로 선임하고 당회의 언권회원이 된다.

3) 휴직 장로

휴직 장로는 장로로 장립을 받은 본 교회에 여러 장로가 있어서 장로 직무를 윤번제로 시무키로 정한 규례가 있어서 그 순번에 따라 직무를 쉬는 장로이거나 사정에 의해 직무를 사면한 장로이다. 지교회의 당회에서 특별한 청함이 없으면 휴직 장로는 당회에 참여할 필요와 권리가 없다.

4) 은퇴 장로

은퇴 장로는 정년이 되어 시무를 면한 장로이다.

5) 원로 장로

동일한 교회에서 20년 이상 시무하던 장로가 연로하여 시무를 사임할 때 그 교회가 그의 명예를 보존하기 위하여 공동의회의 결의로 원로 장로로 추대할 수 있다. 단, 당회의 언권회원이 된다.

02

장로의 목회동역

7장 _ 은사로 섬기는 장로

1. 은사에 대한 정의

은사라고 하면 하나님께서 하나님의 백성들에게 주시는 은혜의 선물을 모두 포함한다는 광의의 은사 개념과 하나님의 백성들에게 주시는 봉사의 수단인 협의의 은사 개념으로 구분한다. 여기에서, 광의의 은사 개념은 하나님의 창조, 하나님의 선택, 하나님의 종들, 하나님의 구원까지도 모두 은사로 보는 것이다. 하나님의 구원의 은혜를 받기 전까지는 '나의 것' 이었던 우리의 탄생과 경험이 하나님의 은혜 안에서는 '하나님의 선물' 이 된다는 것이다.

이런 의미에서우리가 탄생하면서부터 받은 가족, 외모, 재능, 가능성, 고향, 조국, 성(姓), 이름, 유전인자 등 모든 것들이 하나님의 은혜 안에서 하나님의 선물이 되며, 우리가 성장해 오는 동안의 모든 경험들, 부모의 양육, 질병, 사고, 교육, 학교, 학위, 훈련, 신앙체험 등 모든 것들도 하나님의 은혜 안에서 하나님의 선물이 된다.

그러므로 하나님의 구원의 은혜를 받은 그리스도인들은 그 존재 자체가 하나님의 은사요, 하나님의 계획이요, 하나님의 작품이다. 하나님은 비록 우리 생각에는 모자라는 부분이 많을지라도 그러한 것들을 합력하여 선을 이루게 하실 것이다. 하나님께서는 그의 백성들에게 개인적으로 은사를 주셨는데, 그것은 그리스도를 위하여 봉사할 수 있는 능력을 가리킨다.

1) 가르침

다른 사람들을 세우기 위하여 그들에게 진리를 설명해주어 깨닫도록 하는 능력이다.

-엡 4:11, "그가 어떤 사람은 사도로, 어떤 사람은 선지자로, 어떤 사람은 복음 전하는 자로, 어떤 사람은 목사와 교사로 삼으셨으니."

2) 인도

다른 사람들의 영적인 생활을 지키며 그들을 영적인 성숙함으로 인도하기 위하여 가르치고, 인도함으로써 그들의 영적인 필요를 돌보는 능력이다.

3) 전도-복음의 증거

믿지 않는 자들에게 명확하고 의미 있게 복음을 제시하여 그들로부터 반응을 얻는 능력이다.

4) 지도력

앞날에 대한 전망과 돌아보는 관심을 갖고 어느 집단을 잘 인도하는 능력이다.

-롬 12:8, "혹 위로하는 자면 위로하는 일로, 구제하는 자는 성실함으로, 다스리는 자는 부지런함으로, 긍휼을 베푸는 자는 즐거움으로 할 것이니라."

5) 창조력

음악, 연극, 디자인, 글, 그림, 조각 등의 창조적인 능력을 통하여 하나님을 섬기는 능력이다.

-출 35:31, "하나님의 영을 그에게 충만하게 하여 지혜와 총명과 지식으로 여러 가지 일을 하게 하시되."

6) 행정

그리스도를 위한 계획이 실행되어 나가기 위하여 사람들의 활동을 조직하고 인도하는 능력이다.

-고전 12:28, "하나님이 교회 중에 몇을 세우셨으니 첫째는 사도요 둘째는 선지자요 셋째는 교사요 그 다음은 능력을 행하는 자요 그 다음은 병 고치는 은사와 서로 돕는 것과 다스리는 것과 각종 방언을 말하는 것이라."

7) 분별력

어떤 사람이나 행동이 하나님 편에 있는가를 알기 위하여 진리와 거짓을 구별하는 능력이다.

8) 격려

격려하는 말을 통하여 그리스도인의 삶을 살도록 동기를 부여하는 능력이다.

9) 자비

상처받은 사람들과 하나가 되며 그들을 적극적으로 돕는 능력이다.

10) 예언

하나님의 진리를 선포하고 적용하여 신자들이 교화되며, 격려 받으며, 위로 받으며, 믿지 않는 자들을 설득하는 능력이다

-고전 12:10, "하나님이 교회 중에 몇을 세우셨으니 첫째는 사도요 둘째는 선지자요 셋째는 교사요 그 다음은 능력을 행하는 자요 그 다음은 병 고치는 은사와 서로 돕는 것과 다스리는 것과 각종 방언을 말하는 것이라."

-고전 12:28, "하나님이 교회 중에 몇을 세우셨으니 첫째는 사도요 둘째는 선지자요 셋째는 교사요 그 다음은 능력을 행하는 자요 그 다음은 병 고치는 은사와 서로 돕는 것과 다스리는 것과 각종 방언을 말하는 것이라."

11) 봉사

다른 사람들을 실제적으로 돕는 능력이다(롬 12:7).

12) 접대

손님들이나 처음 오신 분들을 친절하게 맞이하는 능력이다(롬 12:8).

13) 중보기도

다른 사람들을 위하여 성실하게 기도하며 또한 그러한 기도들의 응답을 아는 능력이다.

14) 자선-구제

하나님의 일을 위하여 자원하는 마음으로, 시기에 맞추어 물질을 공급하는 능력이다(롬 12:8).

15) 믿음

하나님께서 원하시는 것을 알며 그것에 대한 확실한 증거가 없을지라도 기도에 응답하여 하나님께서 역사하실 것을 믿고 확신하는 능력이다.

2. 은사로 섬기는 방법

1) 영적 은사로서의 가르침

가르침의 은사는 성경에 명확하게 나와 있는 은사이다. 신약에 나와 있는 세 성경 구절을 본다면, 고린도전서 12:38에 가르침의 은사는 사도와 선지자의 은사와 함께 나와 있다. 에베소서 4:11에서는 목회자의 직무와 밀접하게 연관되어 있다. 또한 고린도전서 12:8에 나와 있는 성령을 따른 "지식의 말씀"의 은사는 바로 이 가르침의 은사를 말함이다.

가르침의 은사는 교회에 매우 중요한 은사이다. 복음서와 서신서들에 쓰여 있는 대부분의 것들은 바로 이 가르침의 은사를 가진 사람들로부터 나온 것이다. 신약에 나와 있는 실제적인 그리스도인의 삶을 위한 권면의 말씀들은 바로 이 가르침에 의한 것들이다. 가르침의 은사는 교회 안에서 그리고 가정과 사회에서 중요한 은사로 남아 있다.

A. 가르침의 은사를 가진 사람들의 특성

① 만일 내가 이 은사를 계발시키고 있다면?

-성경 말씀이나 그리스도인의 삶을 설명할 때 다른 사람들이 이해하거나 진리를 명확하고 정확하게 전달할 수 있으며, 내가 가르치는 것들에 대하여 나 자신이 관심을 갖는다.

② 만일 내가 가르치는 잠재력을 가지고 있다면?

-성경 원리를 다른 사람들에게 전달하려는 욕망을 갖고 있거나 성경이 가르치는 것들을 다른 사람들이 배우도록 도와주기를 원하며 하나님의 말씀으로부터 지식을 얻는 것에 대해 열정적이다.

B. 가르침의 은사들을 사용하는 방법

① 개인적인 또는 비공식적인 사용

-자신의 자녀에게 성경 진리를 가르치거나 친구를 성경 공부를 통해 인도하며, 종교적인 논쟁점들을 명확하게 이해한다.

② 교회 안에서의 사용

-주일학교 교사로 봉사하거나 성경공부를 인도하며, 강단을 통해서 가르친다.

③ 그리스도를 위한 지역사회 봉사

-기독교 학교에서 가르치거나 인생을 풍요롭게 하기 위한 프로그램을 통해서 가르친다.

C. 가르침의 은사의 오용(잘못 사용할 위험)

-머리로만 지식을 받아들이고 마음으로는 받아들이지 않을 때

-자신의 지식에 대한 우월감을 가질 때

-가르침을 받고 있는 사람보다도 지식 그 자체에 대해 더 관심이 많을 때

2) 영적 은사로서의 인도

에베소서 4:11에서 목사는 영적인 은사로 나와 있기 때문에 인도 또한 영적 은사에 속한다. 목사의 헬라어의 뜻은 목자(Shepherd)이다. 종종 이 은사는 목회의 은사로도 불린다. 우리가 여기서 인도

(Shepherding)라는 단어를 사용한 것은 목회자의 직분(Office)과 구별하기 위함이다. 이 은사를 가지 사람을 아마 안수 받은 목회자일지도 모른다. 그러나 신학적으로 훈련받거나 안수 받은 목회자가 아닐지라도 이 은사를 가질 수 있다. 여자도 남자와 같이 이 은사를 가질 수 있다.

인도의 은사를 가진 사람이 장로나 감독의 직분을 가질 수도 있다. 목사나 장로, 감독의 단어들은 성경에서 서로 연관이 있게 쓰여지고 있다. 위의 세 단어들은 같은 목회의 일의 세 가지 면을 제공하여 주고 있다. 장로라는 단어는 교회에서 존경받는 위치를 가리키며 감독의 단어는 그 일을 어떻게 수행하는가를 말해 준다.

인도의 은사를 가진 사람은 반드시 양을 먹이고(행 20:28, 벧전 5:2), 인도하고(사 40:11, 요 21:16), 그리고 보호하는 일(행 20:28)을 하여야 한다. 양을 먹인다는 것은 "교사"(딤전 3:2, 엡 4:11)가 된다는 것을 의미한다.

-딛 1:9, "미쁜 말씀의 가르침을 그대로 지켜야 하리니 이는 능히 바른 교훈으로 권면하고 거슬러 말하는 자들을 책망하게 하려 함이라."

이 은사를 받은 사람들은 다른 사람들을 교화하여 그들이 영적인 성숙함에 이르도록 인도해야 한다(엡 4:11). 이 은사를 받은 사람은 권위로서가 아니라, 열심히 자원하는 마음으로 본을 보임으로 이 은사를 행하여야 한다(벧전 5:1-3).

이 은사는 공적인 면 외에도 비공식적인 면으로도 사용될 수 있다. 일대일(one-to-one)의 훈련을 잘 시키는 사람은 아마 이 은사를 갖고 있을 것이다. 성도들을 위한 상담자에게도 이 은사가 필요하다. 교회를 떠나서도 이 은사를 가진 사람들은 구제기관, 교육기관, 병원, 형무소나 그밖에 여러 기관에서 자원하여 일할 수 있을 것이다. 전문적으로 이 은사를 갖고 있는 사람은 전문적인 상담자나 병원 원목의, 즉 학교 학장 또는 (물론) 교회 목회자로 일할 수 있다.

A. 인도의 은사를 가진 사람들의 특성

① 만일 내가 이 은사를 계발시키고 있다면?

-성도들의 영적인 삶에 책임을 지어 왔거나 성도들이 잘못된 길을 갈 때 책임감을 느껴 왔으며, 주님께서는 성도들을 인도하고 지켜보며 영적인 성숙을 가져오도록 양육하는 데 나를 사용하셨다.

② 만일 내가 인도의 잠재력을 가지고 있다면?

-성도들의 영적인 필요에 관심이 있으며 개인적으로 양육하고 훈련하는 일에 가담하기를 원하거나 영적인 상담이 필요한 그리스도인을 볼 때 목자적인 본능을 느끼며, 목회적인 일을 위하여 성도들을 돕는 위치에서 일하기를 원한다.

B. 인도의 은사를 사용하는 방법

① 개인적인 또는 비공식적인 사용

-새로 그리스도인이 된 자를 훈련시킨거나 한 방의 친구나 이웃 사람들을 영적으로 인도하며, 나의 가정의 신앙생활을 책임진다.

② 교회 안에서의 사용

-중 · 고등부를 위한 상담자가 되거나 장로로서 봉사하며, 제자화 훈련을 인도한다.

③ 그리스도를 위한 지역사회 봉사

-형무소에서 상담자로 봉사하거나 병원에서 봉사자로 일하며, 학교나 직장에서 성경공부 모임을 인도한다.

C. 모든 그리스도인의 책임으로서의 인도

목자는 양무리를 인도하는 사람이다. 그는 양을 먹이고, 인도하고, 양을 돌본다. 모든 그리스도인은 목자의 소명을 받았다. 우리 모두는 서로 돌보며, 서로를 인도하며, 서로 이웃을 기쁘게 하고, 그리고 목자가 자기 양을 먹이듯이 양을 먹여야 한다(가르친다). 양들은 특별한 관심을 필요로 한다(마 10:42). 부모들은 자기 자녀들의 목자다. 그러나 일부 그리스도인들은 이 목자적인 일에 특별히 은사를 받고 있다.

3) 영적 은사로서의 전도

전도의 은사는 에베소서 4:11에 복음 전하는 자로 나타나 있다. 그러나 신약 성경에는 이 은사의 기능이 여러 방면으로 나타나 있다. 디모데는 전도인의 일을 할 것을 격려하고 있다(딤후 4:5). 빌립은 전도자라 불린다(행 21:8). 다음 성경 구절들은 전도자들이 어떻게 노력하였는가를 보여준다(행 8:5-6, 14:21).

이 은사는 한 사람을 대상으로 하여(행 8:26-39) 또는 무리를 대상으로 하여(행 8:5-13, 40) 사용될 수 있다. 에베소서 4:11, 12을 자세히 읽어보면 전도자는 전도의 일 뿐 아니라, 성도를 온전케 하며 그리스도의 몸을 세우는 책임이 있음을 알 수 있다.

A. 전도의 은사를 가진 사람들의 특성

① 만일 내가 이 은사를 계발시키고 있다면?

-예수님을 모르고 있는 사람들에게 그리스도에 관해 이야기하고 싶거나 다른 사람들이 그리스도를 믿도록 인도해 왔으며, 불신자들에게 복음을 명확하게 전달하는 능력이 있다.

② 만일 내가 전도하는 잠재력이 있다면?

-불신자들에게 효과적으로 복음을 전하는 능력을 갖기를 원하거나 믿지 않는 친구들이나 이웃으로 인해 마음이 편하지 않으며, 예수님을

모르고 살아가는 사람들을 볼 때 마음이 아프다.

B. 전도의 은사를 사용하는 방법

① 개인적인 또는 비공식적인 사용

-일대일 전도에 가담하거나 효과적으로 복음을 전하는 전도전략에 관심을 가지며, 어린아이들을 그리스도에게 인도한다.

② 교회 안에서의 사용

-교회 심방에 참여하거나 전도를 위한 성경 공부 모임을 인도하며 자원적으로 모이는 전도 그룹에서 봉사한다.

③ 그리스도를 위한 지역사회 봉사

-노방 전도에 참여하거나 제 사업을 통해 전도하며, 복음 전도 대회에서 신앙 상담자로 일한다.

C. 모든 그리스도인의 책임으로서의 전도

전도한다는 것은 믿지 않는 자들에게 그리스도의 구원의 기쁜 소식을 전하는 것이다. 모든 그리스도인들이 다 전도자는 아니지만, 우리 모두는 복음을 전할 의무를 갖고 있다. 우리 모두는 하나님의 명령을 수행하여야 할 책임이 있다(마 28:18-20). 우리는 땅 끝까지 복음을 전해야 한다(행 1:8). 우리 모두는 어느 곳에 있든지 복음의 기쁜 소식을 전해야 한다(행 8:4).

4) 영적 은사로서의 지도력

지도력의 은사는 로마서 12:8에 나와 있다("다스리는 자"). 지도력은 다른 사람을 인도하고, 지도하고, 다스리는 것을 의미한다. 즉 이 말은 보살피는 것을 말한다. "보살피는 것"은 지도자의 주요 일로 결코 권위와 연관 지어져서는 안 된다.

지도자라는 단어는 데살로니가전서 5:12에서 교회의 다스리는 자로 사용된다. "주 안에서 너희를 다스리는 자들을 .... 가장 귀히 여기며..." 이 구절은 또한 다스림을 받는 사람들에 대한 태도를 나타내 준다. 디모데전서 5:17에 의하면 교회의 장로들이 이 은사를 사용한다. 교회 안에서 다스리는데 피택된 사람들은 먼저 자기 집에서 이 능력을 잘 사용하여야 한다(딤전 3:4).

이 은사는 가정이나 작은 소집단 또는 위원회의 한 일원으로서 비공식적으로 사용될 수도 있으며, 교회 안에서 목사나 장로 또는 집사의 직분을 가지고 공식적으로 사용 될 수도 있다. 또한 이 은사는 기독교 학교나 기독교 단체, 그밖에 기독교 사회봉사 단체 같은 곳에서 사용될 수도 있다. 그밖에도 이 은사는 그가 하는 일과 그 하는 이유와 누구를 위하여 하는지를 아는 한, 기독교 단체는 아니지만 지역사회의 조직체를 통하여서도 사용될 수도 있다.

A. 지도력의 은사를 가진 사람들의 특성

① 만일 내가 이 은사를 계발시키고 있다면?

-사람들을 성경적인 주제로 관심을 이끌거나 사람들을 그리스도를 위하여 봉사하도록 격려하고 인도하는 것을 좋아하며, 지도자로서의 책임을 받아들여 왔고, 사람들이 어느 목표를 향하여 가는 것을 성공적으로 도와 왔다.

② 만일 나에게 지도하는 잠재력이 있다면?

-교회와 하나님 나라의 사역을 위하여 미래 지향적으로 생각하거나 다른 사람들을 주님의 사역을 위하여 인도하고 지도하고 동기를 부여하기를 좋아하며, 속해 있는 그룹이 자신의 "운명을 점치는 일"을 하는 것을 볼 때, 그것에 대해 무엇인가 하기를 원한다.

B. 지도력의 은사를 사용하는 방법

① 개인적인 또는 비공식적인 사용

-가정을 잘 다스리거나 장기 계획을 세우는 친구들을 도와준다.

② 교회 안에서의 사용

-위원회를 운영하거나 새로운 운동의 선두에 서든지, 교회의 장기 계획을 세우는 데 협조한다.

③ 그리스도를 위한 지역사회 봉사

-학교 운영 위원회에서 일하거나 은퇴한 사람들을 위한 운영 위원회에서 일한다.

C. 모든 그리스도인의 책임으로서의 지도력

지도자는 한 발자국 먼저 앞서는 사람이다. 지도자는 미래를 향하여 목표를 세우고 사람들로 하여금 그 목표를 향해 나가도록 동기를 부여하는 사람이다. 모든 그리스도인은 지도하고 다스리는 일을 한다. 부모는 가정을 다스리고, 가장은 집안을 인도하고, 성숙한 그리스도인은 아직 어린 그리스도인을 인도한다.

모든 그리스도인들의 미래를 바라보고 그들의 영적인 성숙을 위해 목표를 세워야 한다. 미래를 위해 계획을 세우는 것의 중요성은 예수님의 비유, 즉 누가 망대를 세우고자 할진대 자기의 가진 것이 준공하기까지에 족할는지 먼저 앉아 그 비용을 예산하지 아니하겠느냐(눅 14:28)고 하신 말씀 속에서 찾아 볼 수 있다.

푯대를 향하여 예수 안에서 하나님이 위에서 부르신 부름의 상을 위하여 좇아가노라(빌 3:14)고 말하였을 때 바울은 목표를 향해 나아가는 그리스도인의 생활을 나타낸 것이다. 바로 이와 같은 의미에서 모든 그리스도인들은 지도력의 책임이 있다.

5) 영적 은사로서의 창조력

어떤 사람들은 특별한 창조적인 능력을 갖고 있다. 예를 들면, 브살렐과 오홀리압은 성령에 의해 특별한 능력을 부여받았다. 그의 은사는 하나님의 성전을 건축하고 하나님의 뜻을 나타내기 위하여 주어졌다.

-출 35:30-31, "모세가 이스라엘 자손에게 이르되 볼지어다 여호와께서 유다 지파 훌의 손자요 우리의 아들인 브살렐을 지명하여 부르시고 하나님의 영을 그에게 충만하게 하여 지혜와 총명과 지식으로 여러 가지 일을 하게 하시되."

다윗 왕 또한 음악가였고(삼상 23:1), 구약 시대에는 많은 사람들이 그들의 창조적인 능력으로 말미암아(대상 16:41-42, 대하 5:12-13, 7:6) 여러 위치에 임명되었다. 다윗의 뛰어난 시적 재능은 하나님의 성전에서 예배를 드릴 때 사용되었고, 오늘날에 이르기까지 많은 신자들을 감동시키고 있다.

이 은사는 신약 성경에서 특별히 은사로 나와 있지는 않지만, 우리는 하나님께서 그의 사역을 위하여 특별한 창조적인 능력을 주시고 계심을 확신한다. 신약의 교회는 구약의 교회와 하나이며, 하나님은 어제나 오늘이나 내일이나 동일하신 분이시다.

A. 창조적인 능력을 가진 사람들의 특성

① 만일 내가 이 은사를 계발시키고 있다면?

-그리스도의 몸을 세우는데 도움이 되기 위하여 글, 그림, 드라마 같은 창조적인 능력을 사용해 왔거나 하나님의 나라를 위하여 사용하고 있는 음악, 드라마, 글, 그림, 조각과 같은 창조적인 능력을 갖고 있으며, 다른 사람들이 나의 창조적인 능력을 통하여 은혜를 받은 것을 알고 있다.

② 만일 나에게 창조하는 잠재력이 있다면?

-음악, 드라마, 시 등과 같은 예술적인 표현을 통하여 하나님을 섬기기를 원하거나 교회를 세우는 데 사용 될 수 있는 창조적인 재능의 잠재력을 갖고 있으며, 하나님의 나라를 위하여 사용될 수 있는 창조적인 능력을 갖고 있음을 알고 있다.

B. 창조적인 능력의 은사를 사용하는 방법

① 개인적인 또는 비공식적인 사용

-가정 예배 때 음악을 동원하거나 가족의 전기나 역사에 대한 글을 쓰며, 예술적인 소질이 적은 사람을 도와주기도 한다.

② 교회 안에서의 사용

-교회의 성가대에서 봉사하거나 예배시간에 사용될 표제를 디자인하기도 하며, 예배의식을 위하여 창조력을 발휘한다.

③ 그리스도를 위한 지역사회 봉사

-종교적인 글을 쓰거나 지역사회의 축제를 도와주며, 자원 봉사자로 예술적인 활동을 한다.

C. 모든 그리스도인의 책임으로서의 창조 능력

그리스도인들은 세상을 정복하고 다스리라는 부름을 받았다. 이것은 혼란 가운데 질서를 가져오기 위한 매일 매일의 노력을 필요로 한다. 하나님께서는 하나님의 봉사자로 쓰일 수 있는 많은 자연적인 능력들을 주셨다(출 31:6-11). 우리가 할 수 있는 일은 말하고, 드라마를 만들고, 음악을 작곡하고, 그림을 그리고, 요리를 하는 등 많이 있다. 그리스도인들은 그들의 모든 생활 분야에서 창조적인 능력을 사용하도록 부름을 받고 있다.

6) 영적 은사로서의 행정

성경에서 행정의 은사가 나와 있는 유일한 곳은 고린도전서 12:28이다. 이 단어에 대한 헬라어 원래의 뜻은 "목표를 향해 인도하고 지도하는 사람"을 의미한다. 또한 이 단어는 그 당시에 배를 조종하는 선장을 나타내기도 하였다.

행정의 능력(고전 12:25)은 지도력(롬 12:28)과는 다르다. 지도자는 목표를 정하고 그 목표를 향해서 인도해 나가고, 권위와 사랑으로 그룹을 인도해 나가는 사람이다. 그러나 행정가는 다른 사람들이 세워 놓은 목표 위에 그 목표를 실천해 나갈 계획을 세워서 수행해 나가는 사람이다. 그는 교회와 주님의 나라에서 여러 활동들을 활성화시키는 사람이다. 그러나 주로 이 은사를 가진 사람은 지도력의 은사도 겸비하고 있다.

행정의 은사를 가진 사람을 본래 사람들을 조직하는 사람이다. 그는 사람들을 인도하고, 동기를 부여하고, 협조함으로써 일을 성취시킨다. 느헤미야는 능력 있는 행정가였다. 행정의 능력은 여러 면으로 사용될 수 있다.

이 은사를 가진 사람은 개인적인 경건의 생활, 가정생활, 소그룹 성경 공부 등을 규모 있고 조직적인 방법으로 인도할 수 있다. 또한 교회생활에서 이 은사를 가진 사람은 위원회나 계획을 짜는 일, 그리고 일을 협조하고 지도하는 일 등에서 귀하게 쓰임 받을 수 있을 것이다. 또한 이 은사를 가진 사람은 그리스도를 위한 지역사회를 통하여 봉사할 수 있다.

A. 행정의 은사를 가진 사람들의 특성

① 만일 내가 이 은사를 계발시키고 있다면?

-그리스도를 위한 봉사를 위하여 어떤 계획이나, 임무, 사람들, 그리

고 시간 계획을 조직하거나 목표를 성취시키기 위하여 효과적인 계획을 할 수 있으며, 적절한 시기와 장소에 적절한 사람들을 배치하는 능력이 있다.

② 만일 내가 행정의 잠재력이 있다면?

-계획하는 일을 돕기를 좋아하거나 중요한 교회 정책을 설정해 나가는데 도움을 주기를 원하며, 계획이 어떻게 그리고 언제 더 잘 조직되어야 하는지를 알 수 있는 능력이 있다.

B. 행정의 은사를 사용하는 방법

① 개인적인 또는 비공식적인 사용

-가정에서 경건 생활을 조직하거나 예산을 세우려는 친구들을 도와주며, 직장에서 성경 공부를 조직한다.

② 교회 안에서의 사용

-주일학교를 맡아보거나 프로그램을 지도하며, 위원회의 일을 맡아본다.

③ 그리스도를 위한 지역사회 봉사

-자금을 모금하는 운동을 조직하거나 노인들을 위한 위원회에서 일을 하며, 여러 대회(Rally)를 조직한다.

C. 모든 그리스도인의 책임으로서의 행정

행정가는 효과적인 계획을 고안하여 그것을 성취시키기 위하여 나아가는 사람이다. 모든 사람들은 자신의 삶에 대한 행정가이다. 예수님께서는 지혜롭고 효과적으로 계획을 짜라고 말씀하신다. "오직 너희를 위하여 보물을 하늘에 쌓아두라"(마 6:20). 예수님께서는 그리스도인들이 그 집을 반석 위에 짓는 자처럼 지혜로운 생활을 하라고 말씀하신다. 주님을 떠난 생활에 대하여 경고하고 있다(약 4:13-15).

7) 영적 은사로서의 분별력

바울은 분별력의 은사를 고린도전서 12:4-11에서 "영들 분별하는 능력"이라고 칭하고 있다. 이 구절은 하나님의 영과 하나님의 영이 아닌 것을 분별하는 초능력을 의미한다. 분별력의 은사는 위와 같은 초능력적인 방법 이외로도 쓰인다. 히브리 저자는 선악을 분별하는 능력은 장성한 그리스도인의 특색이라 말하고 있다(히 5:14).

예수님께서는 수난을 당하시기 위하여 예루살렘으로 가는 자신을 막는 베드로에게 "사단아 내 뒤로 물러가라"고 말씀하심으로 분별력의 능력을 행사하셨다(마 16:23). 바울은 디모데에게 속이는 영들과 거짓 선생들을 경계하라 주의하였다. 베뢰아 신도들은 바울의 가르침이 그러한가하여 날마다 성경을 상고하였다(행 17:10-12). 그러므로 이 분별력은 거짓 영을 분별하는 초능력으로써 뿐만이 아니라, 진리와 거짓을 분별하는 능력 그리고 참된 사람과 거짓 사람들을 구별하는 능력을 의미한다.

초대 교회의 성도들은 이 은사를 대단히 필요로 하였다. "택하신 백성을 미혹케 하는" "노략질하는 이리"인 거짓 선지자들과 선생들이 많이 있었다(마 7:15, 막 13:22-23). 사도 베드로는 말하기를 "민간에 또한 거짓 선지자들이 일어났었나니... 이로 인하여 진리의 도가 훼방을 받을 것이요...."(벧후 2:1-3)라고 했다. 교회는 정사와 권세에 대항하여 싸우고 있다(엡 6:12).

거짓의 선조 사탄은 진리를 왜곡시키려 하고 있다. 분별력의 은사는 거짓 선지자와 거짓 선생들로부터 교회를 지키는 데 필요하다. 분별력의 은사가 없이는 교회는 거짓 교리와 잘못된 실행에 말려들기 쉬울 것이다.

분별력의 은사는 오늘날의 교회에도 필요하다. 사탄은 여전히 거짓과 속임의 씨를 뿌리고 있다. 새로운 사이비 종교가 등장하고 있으며,

믿음이 약한 성도들은 여러 가지 거짓 교훈에 밀려 요동하고 있다. 자기 백성을 지키시기 위하여 하나님께서는 성경 말씀을 주셨으며 교회의 일부 신자들에게 분별력의 은사를 주셨다. 이 은사를 받은 사람들은 특별히 잘못된 교훈과 거짓 진리로부터 교회를 지킬 책임이 있다.

A. 분별력의 은사를 가진 사람들의 특성

① 만일 내가 이 은사를 계발시키고 있다면?

-영적인 진리와 거짓을 구분 할 수 있거나 다른 사람들이 알지 못할 때에도 위선자들과 거짓 교훈을 식별하였으며, 현재의 세상에서 선과 악을 구별하는 능력을 계발시켜 오고 있다.

② 만일 내가 분별하는 잠재력이 있다면?

-교회 안에 거짓 가르침과 풍습이 들어오는 것을 볼 때 심각함을 느끼거나 겉으로 드러나지 않은 사람들의 동기를 알아차리며, 가장하고 있는 사람들을 알아차린다.

B. 분별력의 은사를 사용하는 방법

① 개인적인 또는 비공식적인 사용

-친구들에게 잘못된 가르침을 경계시키거나 가정에서 일부 텔레비전 프로그램에 주의하며, 위선자들의 잘못된 동기를 파악한다.

② 교회 안에서의 사용

-진리가 아닌 것을 드러내거나 성경공부의 자료를 검토하며, 조사위원회(Pastoral Search Committee)로 일한다.

③ 그리스도를 위한 지역사회 봉사

-사탄의 유혹에 빠진 사람들을 상담하거나 사회 속에 침투해 있는 악의 구조를 분별한다.

C. 모든 그리스도인의 책임으로서의 분별력

요한일서 4:1-3, 6에서, 저자는 모든 그리스도인들이 진리와 거짓을 분별하여야 한다고 권고하고 있다. "사랑하는 자들아 영을 다 믿지 말고 오직 영들이 하나님께 속하였나 시험하라 많은 거짓 선지자가 세상에 나왔음이니라." "하나님께 속한 영"과 "세상에 속한 영"과는 차이가 있다. "진리의 영"과 "거짓의 영"을 분별하는 것은 가능하다. 사도 바울은 데살로니가전서 5:20-21에서 "예언을 멸시치 말고... 범사에 헤아리라..."고 말하고 있다. 모든 그리스도인은 분별할 필요가 있다. 오늘날의 세상은 여러 가지 많은 설들이 나돌고 있다. 그러나 우리가 진리와 거짓을 분별하는 능력을 잘 행한다면 기독교 사회는 사탄의 꼬임에 빠지지 않을 것이다.

8) 영적 은사로서의 격려

격려 또는 권위는 로마서 12:8에서 영적 은사로 나와 있다. 이 단어의 특성은 긍정적인 데 있다. 그러나 권위 또는 격려는 훈계하는 특성을 배제하지 않는다. 격려의 특성은 다른 사람에게 확신을 주며 용기를 주며 위로하는 것, 즉 다른 사람으로 하여금 자기의 최선을 다하도록 도와주고 격려하는 데 있다. 이 은사는 때로는 상담의 은사로도 통한다.

많은 신약의 사람들이 이 은사를 행사하였다. 예를 들면 사도 바울은 "제자들의 마음을 굳게 하여 이 믿음에 거하라 권하고"(행 14:22), 사도 베드로는 예수님으로부터 "네 형제를 굳게 하라"(눅 22:32)고 명함을 받았으며, 교회의 장로들을 권하였다(벧전 5:1, 2). 바나바는 그 중에서도 뛰어난 권위자였다. 그는 마가와 사도 바울을 권위 하였으며 "권위자"(행 4:36)란 칭함을 받았다.

이 은사는 공적 또는 사적으로 사용 될 수 있다. 목회자나 장로들이 개개인으로 상담하는 것 또한 중요하다. 이 은사는 개인적으로 뿐만이 아니라 그리스도의 지체로서 지역사회를 위하여 사용될 수 있다.

A. 권위의 은사를 가진 사람들의 특성

① 만일 내가 이 은사를 계발시키고 있다면?

-사람들이 그리스도인의 삶을 살도록 격려해 왔거나 상담과 격려를 통하여 서로 그리스도인들이 사랑하고 선을 행하도록 인도해 왔으며, 사람들이 나에게 도움이나 위로 또는 격려나 상담을 부탁할 때 기꺼이 응하였다.

② 만일 내가 이 은사에 대한 잠재력이나 가능성을 갖고 있다면?

-고통을 받고 있는 사람들에 대해 민감하며 그들을 향하신 하나님의 선하신 계획이 그들 삶 속에 나타나도록 돕고 싶거나 말씀을 통한 상담이나 교훈을 통하여 사람들의 영적 성숙을 갖고 올 수 있다고 믿으며, 매주 일정한 시간을 상담하는 일에 할애할 용의가 있다.

B. 권위의 은사를 사용하는 방법

① 개인적인 또는 비공식적인 사용

-문제를 가진 친구들을 상담하거나 상처받은 사람을 위로하며, 새로 그리스도인이 된 사람을 격려한다.

② 교회 안에서의 사용

-믿음이 약한 형제를 방문하거나 결혼 상담이나 결혼 생활을 잘 영위하도록 사람들을 인도하며, 청소년을 위한 후원자가 된다.

③ 그리스도를 위한 지역사회 봉사

-범죄자들을 위한 상담소에서 봉사하거나 구제 사업소에서 상담하며, 전화 상담원으로 일한다.

C. 모든 그리스도인의 책임으로서의 권위

격려하고 권위 하는 것은 말을 통하여 다른 사람들이 그리스도인의 삶을 살도록 동기를 부여하는 것이다. 사도 바울은 이것에 관하여 말하기를 "피차 권면하고 피차 덕을 세우기를 너희가 하는 것 같이 하라"(살전 5:11)고 말씀하셨다. 모든 그리스도인들에 대한 책임이 히브리서 10:24, 25에 잘 나타나 있다. "서로 돌아보아 사랑과 선행을 격려하며... 오직 권하여 ... " 우리 모두는 서로 권위 하는 책임을 갖고 있다.

9) 영적 은사로서의 자비

자비의 은사는 상처받은 사람들과 하나가 되며 그들을 위로하는 하나님께서 주신 능력이다. 이 은사는 우리 인간의 위로나 심지어 그리스도인의 위로를 초월하는 깊은 사랑이다. 로마서에는 긍휼을 베푸는 자는 즐거움으로 할 것이라 말하고 있다(롬 12:8).

긍휼을 입는 자는 주로 환자나, 정신적인 문제가 있는 사람, 신체 장애자, 사업에 실패한 자, 그리고 다른 여러 가지의 어려운 상황에 있는 자들이다. 예수님 시대 당시에는 장님, 절름발이, 귀머거리, 문둥병 환자, 그리고 이 모양 저 모양으로 문제가 있던 사람들이 긍휼과 자비를 필요로 하였다.

이 은사를 가진 사람은 동정심만 느낄 뿐 아니라 언제든지 그의 동정심을 행동에 옮길 자세가 되어 있다. 야고보는 동정심은 행함과 연관되어야 한다고 말한다(약 2:15-16). 베드로에 의해 다시 살아난 도르가는 "선행과 구제하는 일이 심히 많았다"(행 9:36).

A. 자비의 은사를 가진 사람들의 특성

① 만일 내가 이 은사를 계발시키고 있다면?

-동정심을 구제하는 일과 연관시켰거나 육체적, 정신적, 또는 정서

적인 어려움을 가진 사람들과 같이 일 하기를 즐겼으며, 환자나 실패한 자, 그리고 절망에 빠진 사람들이 나의 도움으로 축복을 받았다.

② 만일 내가 자비나 긍휼의 잠재력이 있다면?

-육체적인 또는 정신적인 문제를 갖고 있는 사람들을 돕고 싶거나 인생의 비참한 광경을 볼 때마다, 나는 상처받은 사람들에게 하나님의 사랑을 표현할 수 있는 길을 모색하고 싶으며, 사람들이 상처받고 있을 때를 감지하는 센스가 있다.

B. 자비의 은사를 사용하는 방법

① 개인적인 또는 비공식적인 사용

-몸이 불편한 이웃을 돕거나 어려움을 당한 사람들에게 의미 있는 카드나 편지를 보내며, 운전할 수 없는 사람들에게 차량 편의를 제공한다.

② 교회 안에서의 사용

-몸이 불편한 사람들에게 병원 시설을 제공하거나 헌 옷을 모아 필요한 사람에게 제공하며, 급한 사람이 사용할 수 있도록 식량 저장소를 마련한다.

③ 그리스도를 위한 지역사회 봉사

-정신과 병원에서 자원 봉사자로 일하거나 양로원에서 도우며, 문제가 있는 부모의 어린아이들을 임시로 양육한다.

C. 모든 그리스도인의 책임으로서의 자비

성경의 많은 부분에서 자비는 모든 그리스도인의 의무라 말하고 있다. 예수님께서도 말씀하시기를, "긍휼히 여기는 자는 복이 있나니, 저희가 긍휼히 여김을 받을 것임이요" (마 5:7), "너희 아버지의 자비하심과 같이 너희도 자비하라" (눅 6:36). 선한 사마리아인의 비유에서 예수님께서는 자비는 상처 입은 사람들을 즉각 도와주는 것이라고 말씀하시면서, 가서 모두 이와 같이 하라고 말씀하셨다(눅 10:37).

10) 영적 은사로서의 예언

예언의 은사는 성경에 가장 잘 나타나 있는 은사 중의 하나이다. 바울은 이 은사를 가장 귀중한 은사라고 하였다. 왜냐하면 예언의 은사로 말미암아 사람에게 덕을 세우며 권면하며 안위하며 교회의 덕을 세우기 때문이다(고전 14:3-5). 모든 은사가 바람직한 것인 반면, 예언의 은사는 더욱 그러하다(고전 14:1).

예언에 관하여 세 가지를 명료하게 할 필요가 있다.

첫째, 근원(Source)에 관한 것이다. 선지자의 예언은 직접적으로 전달되었는가, 아니면 간접적으로 전달되었는가? 성경이 완성되기 전에는 선지자들은 주로 직접 계시를 받았다. 그러나 구약 시대의 선지자들도 종종 이전의 계시(모세의 율법)를 새로운 환경에 적용하였으며, 신약 시대의 사도들과 예언자들은 예수님을 통한 계시를 해석하였다. 그 후로 예수님에 대한 직접적인 증거는 더 이상 계속되지 않았다. 오늘날 예언적 말씀의 최고의 근원은 성경이다. 예언적인 말씀은 반드시 성경 말씀으로부터 나와야 한다. 물론 예언자로서 말을 할 때에는 마음속에서 성령님의 역사 하심이 있어야 한다. 이것과 동떨어진 예언의 은사는 없다.

둘째, 예언을 말하는 사람의 권위에 관한 것이다. 오늘날 어떤 사람들은 "예언의 말씀"을 성경 말씀과 동등하게 간주한다. 이것은 옳다고 할 수 없다. 왜냐하면, 하나님께서 "아들로 우리에게 말씀하셨기" 때문에 예수 그리스도께서만이 결정적인 하나님의 말씀이다. 모든 예언의 말씀은 그리스도와 성경에 부합하여야 한다. 성경의 권위는 절대적인 것이며 우리는 언제나 성경 말씀에 순종해야 한다. 어떠한 영적인 예언의 말씀도 성경 말씀에 부합되어야 한다.

셋째, 예언에 관한 것이다. 구약과 신약의 선지자나 예언자들은 미래의 사건을 이야기하였다. 미래의 사건에 대하여 말하는 것이 아직도 선지자나 예언자의 기능인가? 미래의 사건에 대한 예언은 절대로 예언의 첫 번째의 요소가 아니었다. 그것은 단순히 예언의 한 부분에 속하였다. 왜냐하면 하나님께서 그들로 하여금 선포하라고 주신 계시의 말씀이 미래의 것을 포함하였기 때문이다.

그러나 오늘날의 예언의 초점은 살아 계신 하나님의 말씀(계 19:10)인 예수님께 있다. 그리고 성령님께서 아가보를 통하여 하셨던 것과 같이(행 11:28, 21:10 이하) 예언의 은사를 받은 사람을 인도하신다는 것 또한 받아들여야 한다. 그러나 이와 같은 직접적인 예언의 인도는 흔한 것이 결코 아니며 성경의 절대적인 권한과 같은 권위를 가지고 있지 않다. 또한 예언은 성경의 가르침에 부합하는지 성도들의 지혜로 살펴보아야 한다.

A. 예언의 은사를 가진 사람들의 특성

① 만일 내가 이 은사를 계발시키고 있다면?

-교회에 또는 세계를 향하여 하나님의 말씀을 호소하였거나 하나님의 말씀으로부터 임박한 메시지를 선포했으며, 하나님께서는 나로 하여금 영적인 것을 말하도록 하심으로 다른 그리스도인들을 일으켜 세우고, 격려하고, 위로하는 데 나를 사용하셨다.

② 만일 내가 예언의 잠재력을 갖고 있다면?

-나로 하여금 말을 하도록 하는 사람들이나 논쟁점들에 대하여 성경으로부터 영적인 통찰력을 갖고 있거나 기회가 주어진다면, 나는 하나님의 말씀을 설명하는 설교자가 되고 싶으며, 좀 더 많은 그리스도인들이 낙태, 자유 성교, 인종 차별주의 등과 같은 도덕적인 문제들에

대해 침묵만 지키지 말고 무엇인가 말을 해야 한다고 생각한다.

B. 예언의 은사를 사용하는 방법

① 개인적인 또는 비공식적인 사용

-친구들에게 하나님의 말씀의 진리를 강조하거나 고통 중에 있는 가정들에게 하나님의 인도하심을 보도록 한다.

② 교회 안에서의 사용

-설교하거나 현 사회적인 문제들을 연구하는 시간을 인도한다.

③ 그리스도를 위한 지역사회 봉사

-중요한 논쟁점들에 대하여 공식적으로 말하거나 현재의 중요한 정치적인 논쟁점들에 대하여 성경적인 관점을 연구한다.

C. 모든 그리스도인의 책임으로서의 예언

어떤 의미에서 모든 그리스도인들은 모두 선지자이다. 선지자의 문자적인 해석은 "앞서 비춤"(Shining Before)을 의미한다. 즉 이 말은 하나님의 진리를 "앞서 말하여" 다른 사람들이 인도되도록 하는 것이다. 이것은 모든 그리스도인의 책임이다. 요엘 선지자는 하나님께서 그의 영을 만민에게 부어 주실 것을 예언하였다. "너희 자녀들이 장래 일을 말할 것이며... 내가 또 내 신으로 남종과 여종에게 부어 줄 것이며"(욜 2:28-29).

사도 베드로는 말하기를 "너희 속에 있는 소망에 관한 이유를 묻는 자에게는 대답할 것을 항상 예비하되."(벧전 3:15)라고 함으로써 성도들의 예언에 대한 의무와 책임을 강조하였다. 사도 바울은 말하기를 "나는 너희가... 특별히 예언하기를 원하노라"(고전 14:5)고 하면서, 또한 모든 사람들이 예언을 하는 예배에 관하여 두 면을 말하였다(고전 14:24, 31).

11) 영적 은사로서의 봉사

우리 가정과 교회나 지역사회에는 우리의 손길을 필요로 하는 많은 일이 있다. 이 일들 중의 많은 일들이 어떠한 특별한 능력을 요구하기 보다는 그 일을 하려는 우리의 마음과 태도를 요구하고 있다. 봉사는 특별히 교회에서 아주 절실하게 요구되는 귀한 은사다.

때때로 신약에서 봉사(Diakonia)를 말할 때는 말씀 전하는 일(행 6:4)과 구제(행 6:1)와 연관되어 있다. 그러나 영적 은사로서의 은사는 다른 사람을 위하여 자신을 희생하며 도움을 주는 사람에게서 가장 잘 나타난다. 봉사의 은사는 서로 돕는 것으로 나타난다(고후 12:28). 도와준다는 것은 "무거운 짐을 다른 사람에게 전가시키지 않고 자기 자신이 지는 것" 을 의미한다.

봉사의 은사는 절대로 말씀 전하는 일이나 지도력 같이 어떠한 특별한 기술을 필요로 하지 않는다는 이유로 인해 경시되어서는 안된다. 스스로 일을 발견하여 행하는 봉사의 은사는 그 자체가 인기가 없고 하찮게 보일지라도 교회를 위하여 매우 귀한 은사이다.

A. 봉사의 은사를 가진 사람들의 특성

① 만일 내가 이 은사를 계발시키고 있다면?

-다른 사람들이 교회 안에서 일하는 것을 도와주기를 즐겨 하거나 그리스도의 몸을 세우는데 도움이 되는 사소하게 보이는 일들을 하기를 좋아하며, 다른 사람들을 위하여 실제적으로 도움이 되는 일을 하며 이 일들로부터 만족을 얻는다.

② 만일 내가 봉사하는 잠재력을 가지고 있다면?

-다른 사람들이 도움이 필요한 때를 감지 할 수 있으며 언제든지 도와 줄 준비가 되어 있거나 다른 사람들이 그들의 임무를 잘 감당하도록 도와주고 싶어 하며, 좀 더 많은 사람들을 도와주어 그들이 교회에

서 좀 더 효과적으로 일하기를 원한다.

B. 봉사의 은사를 사용하는 방법

① 개인적인 또는 비공식적인 사용

-선한 사마리아인이 되거나 배우자 없이 자녀를 데리고 힘들게 살아가는 사람들을 도와주며 특별히 과부가 되어 혼자 사는 사람들의 집안의 수리할 것이나 고장난 것 등에 신경을 쓴다.

② 교회 안에서의 사용

-유아실의 일을 돕거나 부엌일을 돕거나 난민이나 어려운 사람들을 돕는 일에 참여한다.

③ 그리스도를 위한 지역사회 봉사

-낡은 성경책을 수선하거나 핸디캡을 가진 가정을 돕는다.

C. 모든 그리스도인의 책임으로서의 봉사

모든 그리스도인은 "섬김을 받으려 함이 아니라 도리어 섬기려고" (마 20:28) 오신 예수님을 본 받아야 한다. 모든 그리스도인은 힘이 없는 자들을 붙들어 주어야 한다. 바울은 "우리 각 사람이 이웃을 기쁘게 하되 선을 이루고 덕을 세우도록 할지니라" (롬 15:2)고 권면하였다.

12) 영적 은사로서의 접대

성경에서 접대(Hospitality)는 어떤 은사의 한 부분으로서 명확하게 나타나 있지는 않다. 그러나, 베드로전서 4:9-10에서 접대는 그리스도의 몸을 세우기 위하여 성령님께서 교회에 주시는 은사로 나타나 있다.

접대는 "낯선 자들에 대한 사랑" 을 의미한다. 대접하는 사람은 친구들이나 친척들 뿐만 아니라, 낯선 손님들에게까지 사랑을 베풀고 그들을 편안하게 해 주는 사람이다. 거짓 선생들은 대접을 받을 자격이 없다(요이 10-11). 디오드레베는 접대하지 아니한 이유로 책망을 받았다(요삼 10). 신약성경은 특별히 장로들과 과부에게는 접대를 할 의무가 있다고 말하고 있다(딤전 3:2, 5:10).

A.접대의 은사를 가진 사람들의 특성

① 만일 내가 이 은사를 계발시키고 있다면?

-손님들께 안식처를 제공하는 것을 즐겨 하며, 생각지 않았던 방문자들을 전혀 부담스러워 하지 않거나 처음 오신 손님들을 나의 집이나 교회에서 편안하게 해 주는 기지가 있으며, 나의 집은 언제나 필요로 하는 사람들을 위해 열려 있다.

② 만일 내가 자비나 긍휼의 잠재력이 있다면?

-방문하신 분들, 처음 오신 분들에게 친절을 베푸는데 빠르거나 손님들의 필요를 나 자신의 필요보다 앞세우며, 내가 봉사하는 모든 손님들에 대해 감사하는 마음을 갖고 있다.

B. 접대의 은사를 사용하는 방법

① 개인적인 또는 비공식적인 사용

-처음 오신 분들에 대해 마음을 열고 받아들이거나 우리 집으로 초대하며, 학생들이나 여러 모양으로 수고하는 사람들을 나의 가정으로 인도한다.

② 교회 안에서의 사용

-안내자로 일한다든지 처음 오신 분들에게 환영 전화를 하며, 새로 온 사람들이 곧 친숙해 질 수 있도록 도와준다.

③ 그리스도를 위한 지역사회 봉사

-양로원에서 안내자로 일하거나 외국에서 유학을 온 학생들에게 친

절을 베풀며, 어려운 사람들을 돕는데 협조한다.

C. 모든 그리스도인의 책임으로서의 접대

모든 그리스도인은 대접하는 사람이어야 한다. 바울은 로마서 12:13에서 "손 대접하기를 힘쓰라" 고 명하고 있다. 베드로는 "서로 봉사하라" 고 권면한다(벧전 4:10). 히브리서 저자는 "손님 대접하기를 잊지 말라" 고 하였다(히 13:2).

13) 영적 은사로서의 중보기도

은사로서의 중보기도는 신약 성경에 그렇게 명확하게 나와 있지 않다. 그러나 중보기도 그 자체에 관하여는 성경에서 찾아 볼 수 있다. 우리 주님의 기도는 최고의 예가 된다(요 17:1-26). 바울의 교회를 위한 중보기도 또한 좋은 예다(골 1:9-12).

A. 중보기도의 은사를 가진 사람들의 특성

① 만일 내가 이 은사를 계발시키고 있다면?

-다른 사람들의 기도 요청에 귀를 기울이며 그들을 위해 계속하여 기도하거나 다른 사람들을 위한 기도의 힘을 인식하며 그들을 위하여 기도하며, 기도를 통하여 다른 사람들을 봉사한다.

② 만일 내가 중보기도를 할 수 있는 잠재력이 있다면?

-다른 사람들의 기도 요청에 민감하며 그들을 위하여 기도하거나 하나님께서 기도에 응답하신다는 확신이 있으며, 기도를 통하여 다른 사람들을 돕고 싶어 하며, 교회를 위하여 일하는 어떤 사람이 나에게 기도의 짝이 되길 원한다면 기꺼이 응할 것이다.

B. 중보기도의 은사를 사용하는 방법

① 개인적인 또는 비공식적인 사용

-친구나 가정 또는 다른 사람들을 위하여 신실하게 기도하거나 특별한 어려움이 있는 사람들을 위하여 기도하며, 직장에서 기도 모임을 조직하여 인도한다.

② 교회 안에서의 사용

-교회를 위하여 일하는 봉사자들의 기도의 짝이 되거나 단체 기도를 인도하며, 기도 조직표를 계발시킨다.

③ 그리스도를 위한 지역사회 봉사

-지역사회와 나라를 위해 기도하거나 성경공부 단체를 위하여 기도하며, 교사들과 선교 단체를 위하여 기도한다.

C. 모든 그리스도인의 책임으로서의 중보기도

모든 그리스도인은 다른 사람들을 위하여 기도하여야 한다. "서로 기도하라" 고 말한 후에 야고보는 더하기를 "의인의 간구는 역사 하는 힘이 많으니라" (약 5:16)라고 하였다.

14) 영적 은사로서의 자선

자선을 베푸는 것은 모든 그리스도인의 책임에 속하기 때문에, 어떤 그리스도인에게 특별히 자선의 은사가 주어졌다는 사실은 믿어지기가 쉽지는 않은 것 같다. 그러나 이것은 사실이며, 시도 바울도 로마서 12:5-8에서 은사의 목록을 들 때 자선의 은사를, 다른 가르친다거나 자비를 베푸는 은사와 같이 열거하고 있다.

이 은사는 특별히 부유한 사람들에게만 속하는 것은 아니다. 마게도니아 그리스도인들은 가난한 자들이었지만, 하나님께서는 그들에게 구제에 힘쓰는 영을 주셨고 그들은 자기가 가지고 있는 그 이상으로 구제하는 일에 힘썼다. 다른 말로 말하면, 자선은 그 크기나 분량에 달려 있지 않고, 오히려 자선은 그 자선하는 태도나, 인식, 희생하는 정신에 달린 것이다(눅 21:1-3).

A. 자선의 은사를 가진 사람들의 특성

① 만일 내가 이 은사를 계발시키고 있다면?

-교회나 지역사회의 경제적인 문제의 책임을 담당하여 왔거나 사람들이 기대하는 그 이상으로 자원하는 마음으로 주는데 힘써 왔으며, 정규적인 기부를 해서 이웃이나 하나님의 일을 돕고 있다.

② 만일 내가 자선하는 잠재력을 가지고 있다면?

-하나님의 일이 경제적인 어려움을 당할 때 도와주고 싶은 마음이 일어나거나 하나님의 일을 위하여 절약하며 살 용의가 있으며, 소유하고 있는 모든 것이 하나님의 것임을 인정하며, 또 하나님의 나라를 위하여 선한 청지기가 되기를 원한다.

B. 자선의 은사를 사용하는 방법

① 개인적인 또는 비공식적인 사용

-경제적으로 어려운 사람을 돕거나 다른 그리스도인이 구제하는 일을 하도록 인도하며, 돈을 무이자로 다른 사람들에게 빌려준다.

② 교회 안에서의 사용

-교회의 재정을 돕거나 기대하는 그 이상을 기부하며, 청지기에 대한 성경 공부를 인도한다.

③ 그리스도를 위한 지역사회 봉사

-정기적인 기부로 기독교 봉사 기관을 돕거나 기독교 사회에 융통될 수 있도록 자원금을 기부하며, 기독교 학교를 위한 자원을 기부한다.

C. 모든 그리스도인의 책임으로서의 자선

모든 그리스도인은 구제에 힘써야 한다. 구약에서 말씀하시기를 "각 사람이 네 하나님 여호와의 주신 복을 따라 그 힘대로 물건을 드릴지니라"(신 16:17)라고 하였다. 신약에서는 말씀하시기를 "할 마음만 있으면 있는 대로 받으실 터이요 없는 것을 받지 아니하시리라"(고후 8:12)고 하였다.

15) 영적 은사로서의 믿음

믿음의 은사에 관한 부분은 성경에 극히 적게 나와 있다. 만일 고린도전서 12장에서 믿음의 은사에 관한 것을 언급하지 않았다면, 아마 우리는 믿음은 은사가 아닐 것이라 생각 할 것이다. 그러나 믿음은 은사이다. 성령님께서는 교회를 세우시기 위하여 교회 안에 이 은사를 주셨다. 믿음의 은사를 가진 사람은 어떠한 상황 속에서도 하나님의 무한하신 능력을 믿고 신뢰하는 특별한 능력을 갖고 있다. 예수님께서 이 산더러 들릴 것이라 말씀하셨을 때에 예수님께서는 바로 이 믿음의 은사를 말씀하신 것이다.

바울은 이 믿음의 은사를 갖고 있었다. 그가 고린도에 있었을 때 그가 당한 여러 어려움에도 불구하고 하나님께서는 그가 계속하여 말씀을 전파할 때 하나님께서 함께 하실 것이라는 확신을 주셨다. 또한 하나님께서는 그레데를 떠난 배가 풍랑을 만나 어려운 지경에 이르렀을 때에도 바울과 배에 탄 사람들이 안전하리라는 확신을 주셨다(행 27:21-26). 스데반은 기사와 표적을 행할 수 있었다(행 6:8). 나사로의 무덤 앞에서 예수님께서 "아버지여 내 말을 들으신 것을 감사하나이다..."(요 11:41-42)라고 하신 것은 바로 믿음에서 나온 말씀이셨다.

하나님께서는 자신의 영광을 나타내도록 하시기 위하여, 교회로 하여금 하나님께서는 응답하시는 분임을 믿도록 인도하시기 위하여, 그리고 교회나 개개 신자들이 어려움을 잘 감당하도록 하시기 위하여 믿음의 은사를 사용하신다. 그러나 무엇보다도 중요한 것은 믿음의 은사가 사랑 안에서 사용되지 않는다면 그것은 아무것도 아니라는 점이다(고전 13:2).

A. 믿음의 은사를 가진 사람들의 특성

① 만일 내가 이 은사를 계발시키고 있다면?

-확실한 증거가 없는 상황에서도 하나님의 뜻을 확신한 경험을 갖고 있거나, 하나님께서는 어떤 특별한 상황 속에서 우리가 이해할 수 없는 방법으로 역사 하실 것이라는 확신을 주셨으며, 하나님께서 분명히 역사 하실 것에 대한 믿음을 계속하여 가질 수 있다.

② 만일 내가 믿음의 은사에 대한 잠재력이 있다면?

-하나님의 약속을 액면 그대로 받아들이며 아무런 의심 없이 그 약속을 주어진 상황에 적용시키거나 "믿음의 기도"가 필요한 순간을 감지하는 능력을 갖고 있으며, 예수님께서 "너희가 만일 믿음이 한 겨자씨만큼만 있으면 이 산을 명하여 여기서 저기로 옮기라 하여도 옮길 것이요 또 너희가 못할 것이 없으리라" 하신 말씀을 이해한다.

B. 믿음의 은사를 사용하는 방법

① 개인적인 또는 비공식적인 사용

-나의 가족을 위한 하나님의 약속을 믿거나 믿음의 기도를 통하여 하나님의 치유의 손길을 가져오도록 한다.

② 교회 안에서의 사용

-하나님께서 원하신다고 확신할 때 교회 개척에 선도를 서거나 좌절되는 상황 속에서 계속하여 희망을 가지도록 격려한다.

③ 그리스도를 위한 지역사회 봉사

-지역사회를 위한 하나님의 뜻을 안다.

C. 모든 그리스도인의 책임으로서의 믿음

믿음은 일부 그리스도인들이 갖고 있는 은사이긴 하지만, 믿음 그 자체는 그리스도인이 되기 위한 가장 기본적인 것이다. 예수님께서는 우리 모두가 믿어야 하며(요 6:29, 14:1) 믿음으로 구원을 얻는다고 말씀하셨다. 그리스도인들은 그 은혜를 인하여 믿음으로 구원을 얻는다(엡 2:8).

8장 _ 장로와 예배

1. 우리에게 오신 하나님

우리는 하나님을 예배한다. 예배는 사람에 의한 것이 아니라 하나님에 의한 것으로서 하나님의 계시에 근거한 응답이다. 하나님께서는 스스로 계시며(출 3:14-15), 인격적인 분이시며, 창조자이시고 의로운 분으로서 인류를 사랑하시는 분이시다. 따라서 예배는 생명이 있는 종교가 가지는 유일하고 충분한 증거라고 말할 수 있다.

예배의 출발은 하나님이 인간을 죄의 상태에서 구속하시려는 주권적 구속사역에서부터 시작된다. 하나님 자신이 예수님을 통하여 인간에게 오셨고 인간의 온전한 경의와 감사와 신뢰를 받으실 만한 가치가 있는 분으로 나타나셨기 때문이다. 이에, 예수님으로 말미암아 인간을 구원하시는 하나님의 행동에 대한 인간의 응답을 예배로서 나타내는 것이다.

1) 일반적인 이해

대부분의 한글사전에서는 예배에 대한 설명을 '신에게 경배하는 행위' 로 풀이하고 있다. 그리고 종교적인 설명에 의하면, '자기가 만든

신 앞에 경배하는 것' 이라고 풀이한다. 이에 따라 예배를 기독교적으로 해석한다면 예배는 자신을 하나님께 드리는 행위이며 허리 굽혀 경배하는 행동이라고 말할 수 있을 것이다. 그러므로 예배는 우리를 지으신 창조주 하나님 앞에 나아와 그에게 무릎을 꿇고 경배하는 것이며 하나님을 만나는 행동이다.

1549년부터 영국국교도의 결혼식에서 신랑과 신부는 서로에게 '나는 그대를 내 몸으로 존경(worship)합니다' 라는 맹세를 하였다. 이 맹세는 한 사람이 몸으로 다른 사람을 존경하고, 그의 가치를 높인다는 뜻이 담겨 있다. 신랑과 신부가 서로를 향해서 존경한다고 말할 때 쓰인 낱말이 오늘날 예배를 나타내는 영어의 명사가 되었다.

예배의 영어 낱말 Worship은 본래 가치나 존경을 의미하는 앵글로 색슨어의 weorthscipe, wyrthscipe에서 유래되었다. 이 낱말에 '어떤 상황 등을 유발시키다' , 또는 '만들다' 를 가리키는 scipe가 붙어 Worthship으로 썼다. 그리고 다시 Worship이란 단어로 변화되었다. 이 낱말의 명사적 의미는 '가치를 돌린다' , '어떤 사람에게 가치 혹은 존경을 주다' 라는 것이다.

2) 신앙적인 이해

예배에 있어서 worship의 기본 개념은 하나님께 하나님이 받으실 합당한 가치를 드린다는 의미다. 그리고 예배자들이 하나님을 예배를 받으시기에 당연한 분으로 존경함을 표시한다는 의미가 들어있다. 즉 인간이 하나님께 예배하는 것은 그에게 최상의 가치를 돌린다는 것이다. 이 말의 뜻을 좀 더 구체화하면 하나님께 최상의 가치를 돌리는 것이라는 뜻이다.

예배는 존경과 존귀를 받을 만한 최고의 가치를 지니신 하나님께 대하여 존경하는 마음과 복종하는 마음과 경배하는 마음으로 하나님의 이름에 합당한 최상의 가치를 돌리는 행위다. 이때, 마땅히 하나님을 향해서 굴복하는 것, 자신을 엎드린다는 뜻이 들어 있어야 한다. 사람이 하나님 앞에서 완전히 복종해야 할 존재임을 나타내는 것이다.

예배의 독일어 낱말은 Gottesdienst로서, 이 명사를 영어로 표현하려면 7 개의 단어가 필요하다. 곧 '하나님의 인간에 대한 은혜적 봉사와, 하나님께 대한 우리의 봉사' (Gods service and our service to God)다. 우리에게 주신 하나님의 은혜에 대한 응답으로서 '하나님께 봉사한다' , 또는 '하나님께 헌신한다' 는 의미다. 우리는 이 낱말이 예배의 다른 면인 인간의 하나님에 대한 응답, 곧 하나님의 역사에 대한 답변을 나타내고 있음을 알게 된다. 예배는 하나님의 역사하심에 대한 인간의 헌신적인 대답이라는 것을 의미한다.

2. 예배에 대한 정의

예배는 사람이 창안한 것이 아니다. 하나님께서 우리에게 예배하도록 제정해주신 것이다. 하나님께서는 인격적인 교제로 자신을 제공하시고 사람은 이에 응답한다. 하나님은 사랑을 제공하여 예배 행위에서 인간으로 하여금 응답하게 하신다. 우리의 예배를 통해 하나님께서는 어린이 · 청소년들의 공동체 가운데 임재하신다. 그리고 그들은 중보자 예수 그리스도에 의하여 하나님과 만나게 된다. 여기에서 기쁨으로 그의 백성들은 하나님과의 교제를 맛보게 되는 것이다.

1) 성경에 나타난 정의

성경에서 개인적 예배는 가인과 아벨의 제사에서 볼 수 있으나 공적 예배의 시작은 셋의 시대부터였다(창 4:26). 아브라함은 하나님의 임재가 있었던 곳에 제단을 쌓고 여호와의 이름을 불렀다(창 13:3). 이렇게 하나님의 나타남이 있는 곳에 제단을 쌓고 하나님을 경배한 것을 족장들의 생활에서 볼 수 있다. 그러나 하나님 경배가 제도화된 것은 모세의 시대였다.

① 구약

하나님을 만나는 기회가 시내산 예배에서 이루어졌고, 이 시내산 예배에서 죄인된 사람이 어떻게 거룩하신 하나님과의 만남이 이루어졌는가를 살펴볼 수 있다. 여기에서 예배의 의미로 사용된 명사가 있는데, '샤하아' 와 '아바드' 였다.

'샤하아' 의 뜻은 예배를 드리는 사람들이 마음과 몸을 가지고 최대한으로 존경하는 태도를 보이는 것을 말한다. 시편 기자는 "어서 와 허리 굽혀 경배 드리자, 우리를 지으신 여호와께 무릎을 꿇자, 그는 우리 하나님, 우리는 그의 기르시는 백성, 이끄시는 양떼" (시 95:6-7)라고 하였다.

'아바드' 는 성전에서의 봉사를 의미하였다. 이 말의 일반적인 뜻은 '일한다' , '섬긴다' 로 쓰여졌는데, 성전에서 드리는 공적 예배에 대해서 사용되었다. 그것은 성전에서 봉사한다는 뜻이 있기 때문이었다. 또한, 노예나 고용된 종들을 의미하였다. 이 말이 하나님을 섬기는데 사용되면서부터 제물을 드리는 봉사와 레위인들의 회막에서의 봉사를 의미하는 말로 사용되었다.

② 신약

헬라어로 기록된 신약에서는 예배라는 표현이 세 가지 용어로 나타나고 있다.

1. 프로스퀴네오(προσκυνεω)

이 낱말의 문자적인 뜻은 '누구의 손에 입 맞추는 것' 또는, '존경의 표시로 다른 사람 앞에 자신을 엎드린다' 는 의미를 갖고 있다. 유대교에서는 이 단어를 이스라엘의 하나님이나 혹은 거짓 신들에 대한 숭배와 관련되어 사용하기도 했으나, 신약에서는 신성한 대상에만 관련하여 사용하였다.

2. 라트레이아(λατρεια)

이 낱말은 일차적인 뜻이 '보상을 위한 봉사' 다. 그리고 신앙적인 의미에서 신들을 섬김이라는 뜻을 가지고 있다. 신약에서 다섯 가지로 라트레이아가 사용된 실례를 볼 수 있다. 여기에서 세 가지는 희생제사 사역을 언급하고 있다.

-로마서 9:4, "저희는 이스라엘 사람이라 저희에게는 양자 됨과 영광과 언약들과 율법을 세우신 것과 예배와 약속들이 있고."

-히브리서 9:1, "첫 언약에도 섬기는 예법과 세상에 속한 성소가 있더라."

-히브리서 9:6, "이 모든 것을 이같이 예비하였으니 제사장들이 항상 첫장막에 들어가 섬기는 예를 행하고."

로마서 12:1에서는 내적인 생활과 외적인 행위의 산 제사를 말하고 있다. 즉, 인간의 이성과도 일치하며, 또한 그분 안에서 하나님의 이성도 역사하시는 하나님께 대한 예배를 말한다.

3. 레이투르기아(λειτουργια)

이 낱말이 가리키는 뜻은 섬김과 봉사다. 이 말이 예배와 관련되어서 예배식(Liturgy)이라는 말이 만들어졌다. 성경의 사람들에게 이 낱말은 제사장들과 레위인들이 행한 바 특별한 봉사를 나타낼 때에 사용되었다. 그들의 제사장적 기능들은 모두가 예배적인 것들이었다.

신약 시대에 이 말은 그리스도의 직분(히 8:6)과 교회의 예배(행 13:2)를 표시하였다. 사도 바울은 더 나아가 예루살렘 교회를 위해 모은 헌금과 빌립보 교회가 자기를 위해 준 선물에 대해서도 적용하여 사용하였다. 바울에게 있어서 참된 레이투르기아는 성령의 열매로 나타나는 믿음의 생활이었다.

2) 예수님과 관련된 정의

구약의 창조주와 이스라엘과의 언약을 지키시는 하나님은 신약에서 자신을 충분히 계시하시고 인간을 위하는 그의 사랑을 예수님의 사역으로 나타내시고, 갈보리 십자가의 죽으심은 구약에서 제사로 예배되었던 것을 나타내셨다. 따라서 신약의 예배는 주님의 지상의 생활에서 충분하고 완전한 예배의 생활을 맛보는 것이었으며, 예수님의 죽으심을 통하여 과거를 기념하고 구속의 은총을 고백하는 예배였다.

예수님과 관련해서 예배를 나타내는 신약의 용어들에는 다음과 같은 것들이 쓰여 졌다.

① 무릎을 꿇다

무릎을 꿇을 때나 완전히 부복하여 엎드렸을 때에 사용하는 말인데, 겸손과 자기의 부족감과 존경과 복종과 숭배의 표현이다. 마태복음 17:17, 마가복음 1:40, 10:17 등에서 나타나고 있다.

② 절을 하다

어원적인 의미는 우상의 형상에 절하는 것이다. 예수님이 사탄으로부터 유혹을 받으셨을 때, 주님이 “주 너희 하나님께 경배하고 다만 그를 섬기라” (마 4:10)라고 하신 말씀 속에 나타난다. 요한계시록 5:14에서도 사용되고 있다. 이 낱말은 가장 보편적으로 헬라인들이 사용하였던 말이다.

③ 봉사하다

종교적으로 사용되어서 주로 신에 대한 예배숭배, 제사예배에 사용되는 낱말이다. 원어적인 의미는 일이나 보상, 일반적인 봉사의 뜻으로서 그 일에 대한 대가를 바라는 개념은 전혀 없고, 노예의 일에 비하여 보다 포괄적인 뜻을 띠고 있다. 예수님께서는 사탄을 물리치시기 위하여 '다만 그분만을 섬기라' 고 하실 때 쓰셨다. 이 낱말이 내포하고 있는 의미는 종으로서 자신의 상전만을 섬겨야 할 신분을 확신시키는 것이다. 여기에서 목회자들을 가리켜 '주의 종' 이라고 하는 표현의 언어적 근원을 찾아볼 수 있다.

3. 예배의 신학적 의미-계시와 응답

기독교인으로서 예배를 드리기 위해 예배당에 앉아 있는 사람은 무엇 때문에 내가 이 자리에 와 있으며 어떠한 하나님을 위하여 경배할 것인지를 반드시 알아야 한다. 그렇지 못할 때, 그 예배자는 맹종적인 신앙인이 되기 쉽고 또 그런 상태에서는 하나님과 깊은 만남을 가질 수가 없다.

그러므로 예배자는 예배 가운데서 생각되어져야 할 신학적인 초점들에 대하여 전체적인 이해가 필요하다. 신학이 없는 예배는 감상적이고 유약하며, 예배가 없는 신학은 냉랭하고 그 자체가 생명력이 없다. 그래서 건전한 신학은 예배의 교정자로서, 참 예배는 신학의 원동력으로서 이바지하게 된다. 실제로 예배는 하나님과 의식적으로 사귀는 경험이고, 신학은 그 경험의 뜻을 설명하려고 하는 노력이다.

① 계시와 응답으로서의 예배

기독교 예배는 예수 그리스도 안에 나타난 하나님 자신의 인격적인 계시에 대한 인간의 인격적인 믿음 안에서의 응답으로 이루어진다. 하나님은 그의 아들 예수 그리스도의 인격 속에서 우리에게 자신을 계시하셨다. 하나님은 예수 그리스도와 더불어 가지는 인격적인 경험에서, 나와 너(I-Thou)의 관계로 인간을 직면 하시는데, 예배는 은혜를 통해서 하나님의 사랑이 인간에게 제공되고 믿음을 통해서 인간의 사랑이 하나님께 응답되는, 그리스도 안에서 하나님과의 인격적인 교제다.

이와 같은 예배는 우리 인간들의 목적에서부터 시작되는 것이 아니라 하나님의 목적에서부터 시작된다. 또한 우리가 하나님께로 갈 수 있는 것은 하나님께서 예수님 안에서 우리에게 오셨기 때문이다. 우리가 드리는 예배는 본질적으로 응답인바 곧 하나님의 은혜의 말씀과 하나님과 우리 인간들과 우리의 구원을 위하여 행하신 일에 대한 응답이다.

예배의 중심부에는 반드시 자신을 인간에게 알게 하사 성육과 십자가와 부활로 절정을 이루신 예수님으로 말미암아 이러한 위대한 하나님의 구원행위에 대한 선포가 있어야 한다. 그러나 예배가 그리스도인의 예배가 되기 위해서는 예배자의 눈앞에 하나님의 계시의 위대한 역사적 사실을 구체적으로 제시함으로써 예배하는 자들이 참회와 감사와 헌신과 찬양으로 응답 할 수 있도록 해야 하는 것이다.

② 하나님 중심적인 예배

예배의 대상은 인간이 아니며 어떤 사물도 아니다. 예배는 참 하나님을 경배하는 것으로서 하나님은 항상 예배에 있어서 알파(alpha)이며 오메가(omega)가 되신다. 그러므로 기독교 예배는 하나님을 중심하고 있는 것이다.

하나님께서는 자기와 더불어 교제할 사람을 창조함으로써 예배에

솔선하셨으며 존재의 근거로서 생명의 원천이며 보존자가 되신다. 그는 최고의 통치자로서 사람과 만나고 또한 사람을 심판하시고 요구하신다. 그리고 예배를 통해 사람이 응답할 때, 하나님께서는 그의 선하심과 사랑을 새롭게 들어내서서 사람으로 그것을 경험하게 하시는 것이다.

우리가 예배하는 하나님은 한 이상이나 생활철학이나 형이상학적인 원리가 아니라, 사람과 인격적인 관계를 맺으시는 인격적이고 영적인 존재이시며 초월적인 분이시다. 또한 하나님은 사람의 생활에 끊임없이 임재하시사 풍성한 사랑과 용서를 하신다.

이에 대해서 사도 바울은 "하나님은 우리 각 사람에게서 멀리 떠나계시지 않는다."(행 17:27)고 했으며, 시편 기자는 "하늘에 가도, 음부에 가도, 바다 끝에 가도 하나님은 거기 계시다고 했고 흑암 중에서도 주에게는 숨기우지 못한다."고 했다(시 139:7-12). 결국 우리가 하나님께 예배하는 것은 우리가 하나님을 붙잡고 있기 때문이 아니라 하나님께서 우리를 향하여 예배하기를 요구하시기 때문인 것이다.

③ 기독론적인 예배

예배는 기독론에 기초해서 예수 그리스도 안에서, 그리고 예수 그리스도를 통하여 드려야 한다. 신약성경에 의하면 예수 그리스도의 생애 그 자체가 어떤 의미에서는 예배적인 생(生)이었고, 좀더 적절한 표현을 택한다면 제사장적인 삶을 살았던 것이다. 예수 그리스도께서 이 땅위에서 하나님을 참으로 영화롭게 하셨다는 사실은 완전한 예배라고 할 수 있고, 이것은 예수 그리스도께서 공생애에서 완성하신 것이다.

그러므로 기독교의 예배 의식(Christian cult)은 예수께서 성육신에서 승천까지 이르는 그동안에 이룩하신 완전한 예배 행위인 그의 직무에 근거를 들 수 있다. 이처럼 십자가와 승천에서 절정을 이루신 예배의 완전한 행위는 예수께서 위대한 대제사장으로 하늘의 지성소에 들어가심으로(히 8;2) 성취하셨다.

그러므로 우리는 기독교 예배의 기독론적인 근거를 확인하려고 할 때, 예배의식은 다만 예수께서 "이것을 행하여 나를 기념하라"(고전 11:25)고 명령하신 말씀에 근거한다. 그리고 예수님께서 희생제물이 되신 것은 하늘의 예배를 반영하는 것이며, 기독교 예배가 예수 그리스도께서 영원한 대제사장으로서 영원한 하늘의 제사를 드리신 것을 반영하는 것이다. 따라서 모든 진정한 기독교 예배는 예수 그리스도 중심적이고 그리스도 안에서만 이루어져야 한다.

④ 성령이 임재하시는 예배

"하나님은 영이시니 예배하는 자가 신령과 진정으로 예배할지니라."(요 4:24)고 하신 말씀에 따르면 신약의 예배는 의식과 형식의 예배가 아닌 영적인 예배임을 알 수 있다. 그러나 예배가 영적이라고 해서 예배의 형식이나 의식이 필요 없다는 의미가 아니라 예배적 형식 위에서 성령의 능력을 통하여 예배자들이 그리스도의 자기 봉헌과 연합하는 것을 의미한다.

하나님께서는 구원의 역사를 그리스도를 통하여 실현시키셨고 오순절 이후부터 재림까지는 성령을 통하여 완성하기 때문에 현재 우리가 드리는 예배 속에서 성령의 내적 증거를 통하여 예배자의 마음에 파고든다. 그래서 예배를 드리는 순간에 얻는 감동과 변화는 모두가 성령의 역사를 통해서 이루어지는 것이다.

성령은 사람들로 하여금 범죄 행위를 확신케 하고(요 16:8), 그리스도의 진리를 사람들에게 분명히 하고(요 16:14-15), 하나님의 은혜의 활동으로 사람들을 변화시키신다. 또한 사람은 성령의 능력을 통하여 그리스도 안에서의 삶을 살 수 있는 것이다(갈 2:20). 초대 교회가 예배할 때에 하나님께서 선물로 보내신 성령의 임재하심을 의식했던 것과 마찬가지로 오늘의 예배에 있어서도 성령의 감동하심이 모든 기도의 근원이 되고(롬 8:26, 요 14:1-16, 히 7:25), 성령은 교회에게 봉사할 동기를 부여하신다.

⑤ 공동체적 행위로서의 예배

기독교 예배는 본질적으로 공동체적 행위다. 즉, 예배는 기독교인 개인의 개별적 행위가 아니라 하나님의 백성으로서의 교회 전체의 공동체적 행위인 것이다.

신약성서에서 교회를 '에클레시아'(ἐκκλησια)라고 부른 것은 히브리어인 '카할'(קהל)에서 번역 되었는데, 이 낱말의 뜻은 백성들이 함께 모이는 회합 또는 어떤 목적을 위하여 소집되는 것을 의미하는데 애굽에서 구원받은 백성의 공동체가 하나님의 공동체였고, 에클레시아라는 용어도 구속받은 사람들의 사귐을 의미한다. 그러므로 교회는 예배해야 한다.

4. 예배의 성격-만남의 축제

예배란 일반적으로 하나님께 대하여 경배하며 공동으로 말이나 행동에 의하여 표현하는 것을 말한다. 우리는 영원자 앞에서 피조자로서 응답하는데, 이것이 바로 예배다. 죤 맥카드(John Macarthur)는 말하기를, "예배는 최상의 존재에게 표하는 경의다. 그것은 최상의 존재에게 존경, 경의, 찬양, 영광을 드리는 것이다. 따라서 예배는 드리는 행위다. 하나님께 그분이 받으시기에 합당한 영광을 드리는 것이다. 이를 위하여 우리는 주일에 모인다"라고 하였다.

-하나님에 대한 사람의 응답

구속함을 받은 어린이 · 청소년들이 모두 하나님의 은혜에 대한 응답으로 몸, 마음, 물질을 드려 예배하는 것은 마땅하다. 예배는 교회의 예수님 안에서 하나님의 위대하신 구속적 행위와의 단결된 교회의 응답으로 정의할 수 있다.

-하나님에 대한 순종의 행위

예배자는 은혜의 대속을 믿는 표현으로 하나님을 바로 섬길 도리를 배웠다. 또한, 하나님께서 규정하신 구원의 방편을 받아들였다. 이에, 자기 자신의 방편을 만들어 내려 하지 않음에서 예배는 하나님의 뜻에 순종한다는 것이다. 신앙을 행동으로 표현하는 것이 순종이다.

-하나님에 대한 찬송, 숭경과 감사

창조주와 구속주이신 하나님께 드리는 사람의 응답으로서 인간은 생명과 모든 선한 은사가 하나님께서 온다는 것을 인정하여 그 앞에 찬송, 성경, 감사로 경배하는 것이다. 특히, 여호와를 찬송하라, 송축하라, 노래하라, 주 안에서 항상 기뻐하라 등의 표현은 성경적 예배행위를 연결한다.

-하나님을 숭배하는 예배

예배의 대상은 오직 하나님뿐이시다(민 4:10). 하나님 한 분에게만 드려야 한다. 예배는 하나님께만 최고의 존경을 표하고, 하나님 한 분께 마음을 다하고 목숨을 다하고 뜻을 다하여 사랑해야 한다. 우리는 예배할 때, 하나님을 나의 이익으로 삼는 도구에 초점을 두면 안 된다. 예배를 드림은 사람을 위함이 아니고 오직 하나님을 위함에 있다. 찬송과 감사, 존중과 헌물 등이 하나님을 기쁘게 하는 일에 초점을 두고 드리는 것이 되어야 한다.

예배를 하나님께 영광을 드리는, 하나님과 사람의 만남이라 말할 때, 우리는 교회의 예배가 '열려 있는' 예배여야 한다는 사실에 주목하지 않을 수 없다. 하나님께서는 예배하는 그들로부터 존경과 영광을 받으셔야 하고, 회중 공동체는 하나님께서 베풀어 주시는 자비로우심의 복에 동참해야 되기 때문이다. 그러므로 정성구는 '만남' 이라는 구체적인 사건으로 예배를 정의하면서 그 성격을 다음과 같이 말한다.

"예배는 개인적이고 정신적인 활동의 영역이 아니고 명상도 아니다. 명상은 매우 고상한 종교적인 행위이다. 그러나 예배는 그러한 종교적 명상과는 차원을 달리하는 인격과 인격의 만남이다. 하나님께서 십자가에서 외아들을 희생시키셔서 이룩하신 신비스런 구속을 통해서 인간과 만나도록 하신 것이다." 아브라함 카이퍼는 예배를 '화목된 공동체로서 하나님과의 만남' 이라고 표현했다.

1) 개인적이며 집단적 만남

개인적이고 은밀하며 경건한 경험들도 일종의 예배라고 말할 수 있겠다. 그러나 엄밀히 말해서 그것은 예배일 수 없다. 예배는 공동체로서 하나님의 말씀을 듣는 일과 기도로서 하나님께 아뢰는 예배행위를 말한다. 그러므로 개인적인 헌신, 몇몇 사람들끼리의 헌신, 또는 경험이나 간증을 나누는 것 등이 집단적 예배일 수는 없다.

2) 규칙에 따르는 집단적 만남

예배에서 규칙에 따른다는 것은 무슨 시간이나 장소 등을 의미하지 않고, 일정한 질서와 규범을 좇아서 행하여지는 것을 의미한다. 이러한 예배의 질서를 이른바 예배의식이라고 부른다. 예배의식은 마치 요리법과 같다. 좋은 요리사는 좋은 요리법을 갖고 있듯이 모든 교회들에게 자신들의 예배의식이 있다. 그래서 개혁파 교회는 나름대로의 예배의식을 갖게 되는 것이다. 따지고 보면 예배의식은 예배를 좀 더 바르게 하기 위한 조력자에 불과한 것이다. 그래서 예배의식과 예배는 구별되어야 하나, 그 둘을 서로 나눌 수는 없다.

3) 하나님과 그의 백성 사이에 일어나는 만남

예배라는 말을 대화로 생각하는 이들이 있다. 예배 순서에는 하나님께서 말씀하시는 순서도 있고, 회중들이 응답하는 순서도 있어서 예배를 대화로 생각하게 된다. 그러나 예배가 곧 대화라는 말은 불완전하기 짝이 없다. 예배는 하나님의 초청에 의해서 하나님의 백성된 자들이 드리는 것이다. 대화는 이것저것 생각나는 대로 지껄이는 것이지만 예배는 그런 것이 아니고, 하나님과 그의 백성들이 규칙을 따라서 만나는 것이어야 한다.

4) 하나님께 찬양을 드리는 만남

찬양은 예배에 있어서 가장 중요한 목적이며 필수적 내용이다. 시편에서는 예배의 성격을 나타내는 근본적인 단어로 찬양이라고 쓰고 있다. 또 다른 성경에서는 예배의 특징을 짓는 말로서 여호와 하나님을 노래하고 그에게 영광을 돌리는 것을 의미한다. 그런데 이런한 찬양과 영광을 돌리는 예배는 예배자가 제멋대로 하는 것이 아니다. 경건한 두려움으로 죄를 고백하면서 하나님의 놀라운 구속의 은총을 바라보면서 예배한다.

5) 축복된 교회 안에서의 만남

성도들은 예배를 통해서 하나님께 모든 것을 드릴 뿐 아니라 받기도 한다. 그의 백성에게 주시는 하나님의 복은 교회에서 드리는 예배를 통한 결과이다. 그리고 하나님의 말씀은 예배를 통해서 받는 축복의 원천이다. 예배시간에 받은 하나님의 말씀은 자체가 축복이 되는 것이다.

예배시간에 하나님의 말씀은 네 번 정도 청중들에게 선포된다.

-예배가 시작될 때 성도들에게 문안의 말씀이 되고,

-죄의 고백에 따른 용서의 말씀이다.

-설교 시간에 성도들을 위로하고 감화하며, 깨닫도록 하며 하나님께 헌신하게 하는 교훈의 말씀이다.

-한 주간 동안 승리의 생활을 하도록 그의 백성에게 약속하시는 축복의 말씀이다.

5. 예배의 순서

모든 예배가 통일성 있고 신령과 진정으로 드리는 영적 예배가 되기 위해서는 예배의 제 요소에 대한 이해가 절실히 필요하다.

1) 전주

예배는 주보 위에 기록된 전주곡을 연주함과 동시에 시작된다. 이것은 예배가 시작되기 전(약 3분 내지 5분 정도)에 예배를 준비하기 위하여 하는 오르간이나 피아노 연주로서, 예배자로 하여금 하나님께 명상과 기도를 드리도록 도와주는 역할을 한다. 그러므로 이때의 전주곡은 하나님의 임재(성령)를 상징하는 의미가 부여되는 곡이 좋을 것이다.

2) 예배의 선언(예배에의 부름)

이 순서에는 개회선언(예를 들면, "이제 다 같이 마음과 정성을 다하여 살아 계신 하나님께 예배를 드립시다.") 또는 적절한 성구를 낭송한다(예를 들면 요 4:24의 "하나님은 영이시니 예배하는 자가 신령과 진정으로 예배할지니라"). 그리고 이에 대한 성가대의 화답송 등으로 진행되는 것이 보통이다. 하나님의 명령에 따라 예배 드리는 분위기를 형성하는 순서로 온 회중으로 하여금 하나님과의 교통의 시작을 느끼게 하는 시간이다.

3) 개회 찬송(경배의 찬송)

하나님께 공동으로 드리는 찬양으로, 예배에 부름을 받은 회중들이 죄인된 자신들을 거룩한 존전에 예배하도록 불러주신 하나님께 찬양으로 응답하는 순서다. 개회 찬송을 선곡할 때에는 신중하게 판단하여 가사나 음악이 즐겁고 경건하며 강한 느낌을 주는 것으로 선택해야 한다. 이 순서에서 부를 찬송은 예전적으로 하나님께 드리는 경배와 찬양의 뜻이 담긴 찬송이 바람직하다.

4) 예배의 기원

예배 시작에 드리는 기도는 예배의 인도자나 회중이 예배 가운데 성령으로 임재하신 하나님의 현존을 깨닫게 해달라는 단순한 기원의 성격을 띠어야 한다. 하나님의 높으신 경륜을 감사하고 예배를 통하여 오직 하나님께서만 영광을 받으시도록 기원하는 내용이어야 한다. 죄의 고백이나 간구 하는 내용의 기도는 이 부분에서 예배 순서상 피하는 것이 좋다.

5) 참회의 기도

예배 가운데 하나님께 죄를 고백하는 일은 매우 중요하다. 예배자들이 죄악된 사연을 그대로 품은 채 거룩하신 하나님을 만나는 것은 불가능하기 때문이다. 예배자의 죄의 고백은 신학적으로 하나님과의 교통을 위한 전제조건이다. 예배자가 하나님의 거룩한 존전에 서 있는 한 실존으로서 허물진 자신의 모습을 내놓고 하나님의 용서와 임재를 간구 하는 것은, 하나님께서 받으시는 합당한 예배가 되기 위해서 예배의 구성상 절대적으로 필요한 순서다.

6) 사죄의 선언

이 순서는 예배자들이 앞서 행한 참회의 기도에 대해 하나님의 용서와 그 용서의 보증을 성경 말씀을 통해 선언하는 것이다. 그러나 예배 인도자는 이러한 선언이 결코 면죄를 선언하는 것이 아님을 명심해야 할 뿐만 아니라, 인도자 자신의 권위로 용서하는 것이 아니라 용서의 주인이신 하나님의 말씀을 들려줌으로써 예배자가 용서의 은혜를 깨닫게 하는 순서임을 잊지 말아야 한다.

7) 신앙고백(사도신경)

사도신경에 의한 신앙 고백은 하나님의 부르심에 대한 교회적 응답이다. 예배 중에 이와 같은 신앙 고백을 하는 것은 교회의 역사와 전통을 현재와 연결하는 면에서 중요하며, 동시에 이 순서는 예배 참여자들에게 신앙의 대상으로서의 삼위 일체 하나님에 대한 자신의 신앙을 확인하는 의미를 지닌다.

8) 성시 교독

회중과 인도자가 하나님의 말씀을 함께 교독하는 순서로서, 회당 예배로부터 물려받은 성서 교독(눅 4:16 참조)과 맥락을 같이 한다고 볼 수 있다. 한국 교회는 찬송가 뒤에 첨부되어 있는 교독문을 교회력이나 그 날의 설교 내용과는 상관없이 차례대로 사용하고 있는데 이러한 예배의 준비 자세는 재고되어야 한다. 그 날의 예배 성격과 맞는 성시 교독을 위해서는 목회자가 손수 성경에서 찾아서 준비해야 한다. 찬송가 뒤에 있는 교독문은 어디까지나 참고용이지 예배의 필수용은 아니다.

9) 찬송

이때의 찬송은 예수 그리스도를 통한 속죄의 은혜를 감사하는 찬송이 좋다. 또는 하나님의 사랑과 은총을 감사하는 찬송이나 그 날의 설교와 관련된 하나님의 은혜를 바라는 찬송이 적합하다.

10) 목회기도

목양적 책임을 가진 목사가 목회 전반에 걸쳐 하나님의 도우심과 보호를 기원하는 제사장적 기능을 수행하는 부분으로서 예전의 원리에 따라서 교회의 목사가 하는 것이 좋다. 만약 장로가 이 순서를 맡게 된다면 다음의 몇 가지 사항에 대한 예전적인 주의가 있어야 한다.

첫째, 죄 고백에 대한 기도는 반복하지 않도록 하고, 교회의 전반적인 일들을 일일이 기도하기보다는 범사에 돌보시는 하나님의 은혜에 감사하게 하는 것이어야 한다.

둘째, 기도는 간략하게, 회중들이 쉽게 공감하고 이해하는 내용과 언어로 해야 한다.

셋째, 즉흥적인 기도가 아닌 준비된 기도이어야 한다.

11) 성가대의 찬양

성가대의 찬양은 전체 회중을 대표하여 하나님께 찬양을 드리는 것으로, 이때 회중도 함께 하나님께 찬양을 드리는 마음가짐을 지녀야 한다. 특별히 성가를 부르는 대원들은 하나님의 영광을 위하여 찬양을 하는 것이므로 마음으로부터의 깊은 신앙의 표현으로 불러야 한다.

12) 말씀(설교)

설교는 개혁교회 예배의 심장부와 같다. 설교 없이는 예배일 수가 없다고 할 정도로 설교의 위치는 오늘까지 예배에서 중히 다루어지고 있다. 설교는 설교자가 하나님의 말씀을 회중들에게 그들의 언어로 해석해주고 생활 속에 구체적으로 현장화 시키는 예배에서 가장 활력 있는 순서이다.

이때, 설교자는 하나님의 말씀만을 가감 없이 증거 한다는 분명한 인식을 가져야 한다. 혹시 만에 하나라도 하나님의 이름을 빌려서 설교자가 자신의 생각을 전한다면 그것은 기독교 예배의 본질상 결코 용납될 수 없는 일이다.

13) 설교 후의 기도와 찬송

설교 후에 설교자는 간단한 기도를 한다. 이것은 받은 바 말씀의 은혜에 대한 회중의 감사와 헌신을 위한 결단의 기도이다. 그리고 이 기도와 함께 회중 찬송이 진행된다. 이때의 찬송은 역시 말씀을 통하여 받은 바 은혜에 감사하는 찬송과 순종에 대한 결심을 돕는 찬송이 적합하다.

14) 헌금

하나님의 은혜에 감사하는 순서이다. 하나님께서 예배를 통하여 베푸시는 은혜뿐만 아니라 범사에 베푸신 은혜에 감사하는 것은 그리스도인들의 삶의 책임이다(살전 5:18). 헌금은 이러한 책임을 구체적으로 실천하는 하나의 거룩한 수단이다. 헌금에 대한 감사기도는 예배 인도자인 목사가 해야 하는데, 헌금을 드린 회중들을 호명하거나 하나하나 거명하면서 하나님께서 복 주시기를 비는 기도는 기독교 예배의 본질과 맞지 않으므로 삼가야 한다.

14) 교회의 소식(성도의 교제)

초대 교회로부터 내려온 전통적인 순서로서 성경에 보면 "거룩하게 입맞춤으로 모든 형제에게 문안하라"(살전 5:26)고 하였다. 예배자들은 이 교제의 순서를 통하여 가벼운 안부와 인사를 나누고, 인사가 끝나면 예배 인도자가 한 주간 있었던 혹은 있을 교회 안의 일과 계획을 안내하는 순서를 갖는다.

-고전 16:20,

-고후 13:12,

15) 축도

축도의 근본적인 취지는 두 가지다.

첫째, 세상 속으로 나아가는 회중들에게 하나님을 위한 사명적인 존재로서의 삶을 살아가는 것을 독려하는 것이다.

둘째, 그러한 삶을 살아가려는 자들에게 성 삼위 하나님께서 함께 하시겠다는 확약의 선언이다.

9장 _ 장로의 평신도사역

1. 평신도에 대한 정의

1) 평신도의 성서적 의미

평신도를 가리키는 '레이' (Lay)는 구약성서의 '선택된 하나님의 백성' 을 표현하는 말에서 유래되었다. 구약에서 '하나님의 백성' 에 대한 표현은 출애굽기 19:4-6, 신명기 7:6-11 등에서 사용되었고, 베드로전서 2:5-9에 "택하신 족속이요, 왕같은 제사장들이요, 거룩한 나라요, 그의 소유된 백성이라" 고 나타나 있다.

신약성서에 나타난 평신도에 관한 표현은 다음의 세 가지다.

첫째, 평신도는 '하나님의 백성' 이다. 평신도가 된다고 하는 것은 하나님의 백성으로서의 그의 뜻을 준행하기 위해서이다.

둘째, 평신도는 '그리스도의 사절' 이다. 즉 평신도는 선교적 사명을 위해 부름을 받은 것이다.

셋째, '왕같은 제사장' 이다.

이와 같이 성서는 평신도가 사명을 받아 부름받은 하나님의 백성임을 말해주고 있으며 하나님의 용서와 부르심 앞에 모든 인간이 동등하며 평등하다고 본다. 그러므로 '하나님의 백성' 으로서의 각 지체들의 차이란 신분적 계급이 아니고 교역자와 일반신도를 구분하여 기능에 따라, 교역자는 하나님의 백성을 보살피는 일을 맡고 평신도는 이웃에 봉사하도록 불리움을 받은 '하나님의 백성' 이다.

신약성서에서 평신도들을 지칭해서 자주 사용한 'Laos' 는 사람들로서 구분하여 사용되었다. 사도 바울은 이러한 공동체(gemeinde), '하나님의 사람들' (Volks Gottes)이라는 특별한 새로운 종류의 인간 공동체로 생각하였다. 새 이스라엘, 새로운 피조물, 새 사람 등으로 표현하였고 이 공동체는 세속적인 표준을 따라 존재하지 않고 예수 그리스도의 가르침을 따라 살아가는 집단임을 주장했다. 이것은 기본적으로 개방공동체(open community)를 이상으로 삼고 있었다.

유대인이나 헬라인이나 남자나 여자나 종이나 자유인이나 전혀 구별이 없이 모두가 예수 그리스도 안에서 하나요 동등이 되는 공동체였다. 동시에 이들 'Laos' 는 종말론적인 의식 속에서 이 세상을 단순하고 욕심이 없는 심정으로 살아가는 집단이었다.

그들은 비록 많은 박해를 받았어도 역사 속에서 하나님의 나라를 전파하는 증인들로서 또한 하나님 나라의 징표(sign)로서 유랑하는 공동체였다. 전체적인 통제가 유지된 상태에서 자립(self-support), 자치(self-governer) 그리고 자력으로 전도하는 예수님의 공동체 핵심적인 구성원들이었다.

2) 평신도의 교회사적 의미

초대 교회는 우선 그리스도 자신이 유대교적인 제사장 계급이 아니라 평신도적인 성격과 위치를 가진 분이셨다. 그리고 예수의 12사도 역시 평신도였다. 다만 특별히 소명을 받은 평범한 사람들로서 구성된 사도들로부터 시작되어 초대교회는 형성되었던 것이다. 그리하여 신자간에는 구별이 없이 '부름받은자', '성도', '제자', '형제' 라는 이름으로 불렀다. 그러나 성령강림과 복음전도로 인하여 성도의 수가 날로 격증했으므로 교회는 신앙을 지도할 교직자 뿐만 아니라 봉사의 일을 담당할 사람들이 요구되었다(행 6:1-7).

초대 교회에서는 누구나 회개한 사람은 전도하고 가르치고 사람들을 권고할 수 있었다. 그 후, 3세기에 걸쳐 혹심한 박해와 핍박 속에서 지내다가 4세기 초 콘스탄틴(Constantin)대제가 기독교를 인정하고 로마 제국의 국교로 받아들이면서 교회는 교직자 중심이요 하나의 종교적인 제도가 되어 건물과 교직자와 정치적 책임과 체면을 갖는 거대한 제도가 된 것이다.

중세시대는 교회생활과 방향의 원천이 성서적인 형태보다는 사제 중심의 권위의 형태로 발전하였다. 교역자와 평신도는 현저하게 분리되었고 구분되어졌다. 가장 괄목할 만한 사실은 로마 감독의 권위가 교황이라는 최고의 권위자로 군림한 사실이며 종교재판, 파문 등으로 세속 군주의 세력을 압도하기까지 하였다. 특히, 고해성사는 교역자와 평신도 간격을 상하로 구분시킨 결정적인 것이 되었다. 그리하여 교역자도 일종의 지배계급화 했던 것이다.

그러나 12세기 이후 평신도의 의미가 크게 강조되었고 특히 14세기에 위클리프(Wycliffe)를 통한 개혁운동은 '교회적-계급적' 교회의 노선에 대하여 '성서적' 주장으로서 하나님의 말씀 밑에서 교회를 지탱하려고 정면으로 대항하였던 것이다. 16세기에 마틴 루터(Martin Luther)의 종교개혁의 근본사상은 평신도의 위치를 근본적으로 변화시켰는데, 그는 평신도들을 각성시켜 로마 교황과 항쟁하며 '만인 제사론'을 주장하면서 성직주의의 철폐와 강력한 평신도의 옹호와 회복을 주장하였다.

종교개혁 이후, 18세기에 요한 웨슬레(John Wesley)는 교회내의 평신도에 대하여 성서적으로 깊이 연구하여 교계에 선포하였다. 웨슬레는 개인의 구원, 사회적 구원, 사회적 개혁을 인정하고 교회와 평신도 그리고 평신도와 사회를 연구하고 평신도 설교자의 필요성까지 주장하게 되었다.

현대에 이르러서 교회의 평신도에 대한 재인식이 세계적인 경향으로 대두되어, 1948년 W.C.C(세계교회협의회) 암스텔담 회의 도중 '평신도' 라는 용어가 신학적인 의미를 갖게 되었고 한 분과 위원에서 '평신도' 문제로 주제토의를 갖게 되었다. 또한 세계 각국의 N.C.C 안에서도 평신도 기관을 설치하고 1962년에는 한국기독교연합회 안에도 설치되었다. 평신도운동은 이러한 역사를 거쳐서 신학의 중심문제로 부각되었고 교회성장에 있어서는 중요한 위치를 차지하게 된 것이다.

2. 평신도사역의 의미

베드로는 그의 서신에서 성도를 가리켜 '하나님의 거룩한 백성' (벧전 2:9-10)이라고 하였다. 하나님의 백성은 하나님을 믿고 그의 아들 예수 그리스도를 주와 구주로 믿는 모든 사람을 의미한다. 그러므로 교회의 제도 안에서 목사, 제직, 그리고 신자는 모두가 다 하나님의 백성, 곧 성도들이다. 초대교회, 즉 오순절 후에 시작된 교회에서는 사도들도 이 성도에 포함되어 있었다.

그러나 그들이 지닌 특별한 점은 예수 그리스도의 부르심을 받고 3년 동안 따라다니며 그리스도의 사역을 배우고 그분의 임명을 받아 후계자로 지명되어 그분이 하시던 사역을 계속한 것이다. 이것이 기독교 사역의 원형이다. 즉 사도들은 예수의 제자로서 예수께서 하시던 사역을 했는데 그 사역은 설교자로서, 세례와 성찬을 베푸는 사제로서, 또 교회를 다스리는 행정가로서, 그리고 섬기는 자로서 사역한 것이다.

이것이 오늘날의 목사가 하는 사역이 되었다.

사도들이 세상을 떠날 때가 가까웠을 때 그들은 후계자를 임명하여 자기들의 일을 계승하게 하였다. 이렇게 해서 예수님의 사역을 사도들이 이어받고 다시 그 사역을 후계자들에게 이어주었는데, 이것이 초대 교회의 사역의 계승이었다.

그러다가 나중에 교회사무가 복잡해지고 세계선교와 함께 박해가 심해지자 교회는 사역의 통일성과 효과를 위하여 평신도 가운데서 피택된 장로가 교회의 책임을 지게 했고, 좀 더 지나서는 장로들 가운데 대표를 뽑아 '감독' 이라고 불렀다. 이렇게 해서 교회의 역사가 흘러감에 따라 사역은 사무적으로 제도화하여 갔던 것이다. 안수 받은 사역자(성직자)와 사역을 맡지 않은 교인(평신도)의 구별이 생기게 되었고, 결국 사역은 감독과 신부와 목사들에게 넘어가서 신도들은 그들의 사역의 대상이 되었다.

중세의 로마 가톨릭 교회에서는 성직자가 교회와 사회에서 특권을 누리고 일반 신도들과는 계급적으로 달랐다. 평신도는 신부의 지도에 전적으로 복종하였고 교회는 성직 계급제도로 변모하였다. 그런데 중세 말기부터는 성직자들의 부패와 타락이 심하여 신도들은 그들을 불신하게 되었고 교회개혁운동이 일어나기 시작하였다.

루터와 깔뱅 같은 종교개혁자들이 이룬 큰 업적은 신약성서의 초대 교회의 사역을 가능한 한도까지 복구시킨 것이었다. 요컨대 교회는 하나님의 백성, 곧 신도들의 모임인 바, 이 말은 사도들이 예수 그리스도의 사역을 이어받아서 사역을 하는 동시에 교회를 연속시키는 사람이라는 뜻이다. 목사는 전문적인 사역을 위임받은 사람이며, 신도들 각자는 여전히 그리스도로부터 이어받은 사역과 교회의 연속의 책임을 지고 있다는 것을 명심해야 하겠다.

그러므로 교회의 구조가 '목사 의존구조' 에서 '전 교인 참여구조' 로 변화되어야 한다. '목사 의존' 혹은 '목사 중심구조'는 특별히 두 가지 면에서 부정적인 의미를 가지고 있다. 첫째는 '종교적 고용인으로서의 목사중심'이라는 뜻이다. 목사는 전문적으로 교회 일을 하기 위해 훈련받고 또 그 일에 대한 보수를 받고 일하는 고용인이니 교회의 모든 일은 목사가 책임지고 담당하는 것이 마땅하다는 생각이다. 이러한 관점에서, 평신도의 최고의 임무는 목사를 도와주는 역할뿐이다. 이 경우에 대체로 목사가 얼마나 일을 잘하는지 관람하고 감독하는 것이 된다.

또 하나의 부정적 모습은 교회를 카리스마적 존재인 목사의 무대로 보는 점이다. 이런 경향은 소위 보수적인 교회일수록 그 정도가 더욱 심한데, 기도에 능력이 있고, 신유의 은사도 있는 설교를 잘하는 영력이 있는 목사는 '하나님의 대리인'으로 절대적인 권위를 갖게 되며 교인들은 무조건 그를 따라야 한다. 여기에서 평신도의 최선의 역할은 추종자가 되는 것이며 이 경우 대체로 슈퍼스타와 같은 목사의 연기를 관람하며 감정적 만족을 얻는 것으로 자족하게 생각한다. 이런 구조에서는 목사가 하나님의 역할을 하고 교인들을 위해 모든 결정을 다 해준다. 이와 같은 잘못된 '목사중심' 교회구조는 피동적이며 이기적이고 개인주의적인 교회의식을 만들어내고 있다.

오늘날의 한국 교회는 근본적으로 개혁되어야 한다. 목사와 평신도의 차이는 그 기능과 역할상의 차이이지 결코 신분상의 차이가 아니다. 물론 목사는 하나님의 말씀을 설교하고 성례전을 거행하는 공직목회를 위해 교회를 통하여 하나님의 부르심을 받고 훈련을 마치고 안수를 받은 사람으로 그의 평생을 하나님의 일을 위해 전적으로 바친 사람이며 따라서 전문적 신앙지도자요, 일꾼이다.

그러므로 목사는 영적 지도력과 그 전문성에 있어서 권위와 순수성을 가지고 평신도들을 인도하고 가르치는 책임을 가지고 있으며, 평신도들은 교회를 잘 인도하고 말씀과 가르침에 수고하는 목사를 배나 존경하고 사랑하며 지원할 책임이 있다(딤전 5:17).

그러나 목사는 영적 은사나 리더십을 독점한 사람도 아니며 교인들의 고용인이나 대리인이 아니다. 목사는 교인들로 하여금 기독교 신앙과 가치관을 그들의 삶에서 분명히 발견하고 그것을 반영하며 나누고 또한 승화할 수 있도록 도와주고 촉진하며 필요한 것들을 제공하고 장비를 갖추어주는 역할을 해야 한다.

종교개혁자 마틴 루터는 사도적 교회의 사역을 강조해서 "모든 그리스도인은 제사장의 직분을 가진다"고 하였다. 모든 성도들은 스스로 예수님을 힘입어 하나님 앞에 나갈 수 있을 뿐만 아니라 모두가 그리스도 안에 나타난 하나님의 용서와 사랑의 도우심과 화해를 전할 사명이 있다. 그러기 위해 평신도는 먼저 목사의 목회와 신앙적 지도를 충실하게 받아야 하며, 그런 후 평신도는 목사의 목회를 받는 대상만이 아니라 목사의 목회를 지원하고 협력하는 동시에 맡겨진 섬김의 직분을 수행하는 평신도 사역자가 되어야 한다.

3. 교회를 섬기는 장로

장로가 예수님의 몸된 교회를 섬기는데 있어서 본받고 실천해야 할 가장 좋은 역할과 자세는 교회의 머리되신 그리스도께서 보여주신 종의 모습이요, 종된 지도자 상이다. 서로 높아지려고 했던 제자들에게 예수님께서는 종으로 오신 자신의 사명을 분명히 밝히셨다.

막 10:44-45, "너희 중에 누구든지 으뜸이 되고자 하는 자는 모든 사람의 종이 되어야 하리라 인자가 온 것은 섬김을 받으려 함이 아니라 도리어 섬기려 하고 자기 목숨을 많은 사람의 대속물로 주려 함이니라."

1) 조직, 기관으로서의 교회의 지도력

① 지도자는 사람들 위에 있다.

② 목적: 지도자들이 목적을 정한다. 조직의 과업을 달성하는 것과 교회의 프로그램이나 활동(청소년, 음악, 전도, 제자훈련 등)을 제공하는 것이 목적이 된다.

③ 계획: 목표를 정하고 예산을 짜며 필요한 시설과 인적 자원을 계획하며 집행한다.

④ 조직: 책임과 권위가 피라미드식으로 체계화되며 조직을 통제하는 과정과 조직을 발전시킨다.

⑤ 인사문제: 능률과 전문성, 교육과 기술에 기초하여 사람을 채용하여 교회의 일을 기능적으로 수행하게 한다.

⑥ 통제: 잘 짜여진 명령체계를 따르며 주어진 책임과 권위의 한계에서 기능적으로 활동할 것을 요구한다.

⑦ 명령과 지시: 조직체의 일을 수행하기 위해 상부에서 결정하고 그 방향을 지시하며 통신의 수단을 유지하며 조직의 성원들을 이끌어 간다.

2) 예수님의 몸된 교회의 지도력

① 지도자는 사람들 가운데 있다.

② 성경이 목적을 정한다. 그리스도가 주신 생명을 유지하고 양육하는 것, 사람들로 하여금 그리스도를 본받아 섬기고 살도록 훈련하고 인도하는 일이 목적이다.

③ 사람들의 관계를 세우는 일을 우선한다. 교인들이 사랑과 지원의 관계를 갖도록 인도하며 서로의 은사를 발견하고 활용하도록 격려한다.

④ 상호 협력하는 사역을 발전시킨다. 신자들로 하여금 성령이 그

들의 삶을 변화시키고 서로 섬길 수 있도록 능력을 주시는 분임을 강조하며 서로를 위해 봉사하도록 훈련하며 격려한다.

⑤ 기도와 예배가 교회와 신앙생활의 중심에 있도록 한다. 교회의 모임이나 활동에서 기도와 예배를 격려하고 하나님을 찬양하는 것을 강조한다.

⑥ 헌신과 충성을 격려한다. 예수 그리스도에게 충성하도록 교인들의 믿음을 격려한다. 목사, 장로 등 교회의 지도력은 그리스도를 섬기기 위한 직책상의 것임을 분명히 한다.

⑦ 모범을 보인다. 교인 상호간에 친밀하고 서로 마음 문을 연 교우관계를 갖도록 하며 피차간 모범이 되도록 격려한다.

⑧ 성경적인 권위가 행사하도록 한다. 약한 자를 돌보며, 하나님의 말씀으로 서로 격려하고 권고하며 가르친다. 언제나 그리스도께서 사람들 가운데 능력으로 일하시도록 의지한다.

⑨ 모범을 보인다. 교인 상호간에 친밀하고 서로 마음 문을 연 교우관계를 갖도록 하며 피차간 모범이 되도록 격려한다.

⑩ 성경적인 권위가 행사하도록 한다. 약한 자를 돌보며, 하나님의 말씀으로 서로 격려하고 권고하며 가르친다. 언제나 그리스도께서 사람들 가운데 능력으로 일하시도록 의지한다.

⑪ 신뢰하는 의사소통을 활발히 한다. 다른 사람들에 대한 강한 신뢰를 보이며 그리스도께서 그들을 통하여 일하고 계심을 확신하며 체험한다.

⑫ 자유롭다. 사람들이 그들의 지도력과 결단을 위해 그리스도를 바라보도록 돕고 조직체의 통제를 결코 행사하지 않는다.

3) 예수님을 따르는 종의 지도력

예수님께서는 말씀만 하시지 않고 제자들의 발을 씻겨주심으로 섬기는 종으로서의 지도자상을 친히 행동으로 보여주셨다(요 13:3-5). 주님께서는 제자들에게 "내가 주와 또는 선생이 되어 너희 발을 씻겼으니 너희도 서로 발을 씻기는 것이 옳으니라. 내가 너희에게 행한 것 같이 너희도 행하게 하려 하여 본을 보였노라"(요13:14-15)고 권고하고 명령하셨다.

교회의 지도자인 장로는 종의 자리에서 주님의 몸된 교회를 섬기고 다른 사람들의 발을 씻겨주는 사람이다. 교회의 지도자들은 다스리는 자가 아니라 섬기는 자이다. 이 섬김의 모범으로 교회 지도자는 다른 사람들이 그리스도를 따라 함께 섬기도록 인도한다.

그리스도를 본받아 철저하게 섬기는 종의 모범을 보인 바울 사도의 모습은 교회 지도자들의 귀감이 된다. 바울이 로마 옥중에 있을 때 그는 빌립보 교회에 세력다툼이 있다는 소식을 듣게 되었다. 바울은 이 안타까운 사정을 듣고 분쟁을 해결하기 위해서 급히 편지를 써서 빌립보 교회에 보냈다. 그는 빌립보서 2:5-11에서 자기를 비워 종의 형체를 가지고 사람들과 같이 되신 그리스도의 섬김의 모범을 감동적으로 말하면서 빌립보 교회가 하나가 되어 겸손하신 주님을 본받아 섬길 것을 호소하였다.

바울은 갈라디아, 에베소, 골로새, 고린도 교회에 보낸 편지에서 인사할 때는 자신을 사도라고 소개하였다. 그런데 빌립보 교회에 보낸 편지에서는 사도란 말 대신 '그리스도의 종 바울'이라고 자기를 소개하였다. 그는 여기에서 교회의 직분이 가지는 권위가 아니라 직분이 수행해야 할 섬김과 봉사를 분명히 강조한 것이다.

바울은 주님의 종으로서 섬기신 모범을 따라 그가 친히 세운 교회들이지만 특권을 요구하거나 지배하려는 마음을 품지 않고 겸손한 마음으로 섬겼다. 그리고 문제가 생긴 교회에서 사도로서 명령할 권한이 있었겠지만 사랑으로 호소하고, 말씀으로 가르치며, 순리적으로 이해시키고 설득하였다. 빌레몬에게 보낸 편지에서 우리는 이와 같은 바울의 자세를 잘 볼 수 있다. 바울은 빌레몬에게 오네시모를 받아주도록 명령할 권한과 권위가 있었지만 그렇게 하지 않고 사랑으로 간구했다(몬 1:8). 이처럼 종으로 오신 그리스도의 모습을 본받아 바울은 지배하고 다스리는 지도력을 배격하고 돕고 섬기는 지도력을 택하였다(고후 1:24).

오늘의 교회 지도자들은 주님과 사도가 보여주신 섬기는 종으로서의 지도자상을 따라야 한다. 그리스도께서는 교회의 회중을 통해 지도자들을 뽑아 교회를 섬기도록 하셨다. 섬기는 지도자는 교인들에게 권위나 권세를 행사하지 않는다. 오늘날 많은 교회의 지도자들은 자신들이 교회를 다스리고 운영하기 위해 선출된 것으로 잘못 알고 있다. 특별히 장로교제도에서 치리장로는 문자 그대로 다스리는 장로이다. 그러나 치리, 곧 다스림은 어디까지나 종으로 섬기는 일을 통해 나타나야 한다.

4) 장로의 역할 모델의 비교

섬기는 장로는 단순히 다른 교인들이 피동적으로 그에게 의존하고 봉사의 수혜자가 되도록 해서는 안 된다. 교회의 섬김과 봉사는 어디까지나 서로 함께 받은 바 은사를 나누고 활용해서 함께 섬기며 봉사하는 상호적인 것이다. 그러므로 장로는 성도들의 발을 씻어주는 섬김과 봉사를 통해서 교회 전체가 서로의 발을 씻어주는 섬김의 공동체가 될 수 있도록 추진하는 적극적인 역할을 해야 한다. 이렇게 해서 그리스도의 몸된 교회의 모든 지체들이 서로 의존하고 서로 돌보는 종된 지도자들의 공동체가 되어야 한다.

서로가 종된 신앙공동체의 지도자들은 밀어붙이는 지도력을 행사하는 것이 아니라 감동과 감화로 인도한다. 다른 사람을 조작하는 것이 아니라 의욕을 불러일으켜 섬기게 한다. 종된 지도자로서의 교회의 제직은 하나님의 통치를 바라보는 비전을 가지고 다른 사람들과 이 비전을 함께 나누며 그래서 모두 함께 하나님의 나라를 위해 헌신하며 이 비전의 실현을 위해 함께 기도하고 함께 목표를 세우며 함께 계획하고 실천하며 헌신하도록 노력해야 한다.

4. 장로의 사역의 내용

장로의 교회에서의 사역에는 두 가지 역할이 있다. 제사장적 역할과 예언자적 역할이 그것이다. 제사장적 역할에는 세 가지 내용, 곧 전통을 보전하는 일(가르침), 의식을 거행하는 일(예전), 그리고 공동체를 모으는 일(친교)이 있다. 예언자적 역할로는 두 가지 내용, 곧 사람들의 마음에 변화를 추구하는 복음을 전하는 일(복음 선포)과 자신들의 재산을 팔아 필요한 사람들을 돕는 일(봉사)이 있다.

주님께서는 그를 믿는 모든 사람들에게 제사장적이며 예언자적인 사역의 사명을 맡기셨다. 이러한 사역을 맡은 자는 어떤 개인이 아니라 교회 전체에게 위탁된 것이다. 그러므로 모든 그리스도인은 마땅히 자기 자신들을 그리스도의 일꾼이요, 하나님의 비밀을 맡은 자로 여겨야 한다(고전 4:1).

1) 제사장적 사역

제사장적 사역과 예언자적 사역을 구성하는 다섯 가지 사역의 내용을 보면 교회 안을 중심으로 하는 사역과 교회 밖을 중심으로 하는 사역으로 균형을 이루고 있다. '모이는 교회' 를 중심으로 하는 사역들은 교육과 예배와 친교이며, '흩어지는 교회' 가 치중하는 사역들은 복음

선포와 봉사이다. 그러면 먼저 교회 안에서의 평신도의 사역에 대해 생각해 보기로 하자. 이 사역들은 그리스도의 몸된 교회를 세우기 위한 사역이다.

① 교육을 위한 사역

교육은 교회의 교역에 있어서 불가결한 요소로서 우리 몸의 구조에 비유한다면 마치 골격을 세우는 것과 같다. 교회는 이 가르치는 사역의 사명을 바로 해야 튼튼하게 설 수 있다. 교회는 성서와 교리와 그리스도인의 영적 성장과 책임 있는 신앙생활에 필요한 모든 것을 가르쳐야 한다.

교회의 교육적 사역은 전통적으로 말씀의 사역자인 목사가 주로 가르치는 것으로 인식되어 왔다. 물론 말씀을 가르치는 것이 목사의 사역의 중심인 것은 사실이다. 그러나 우리가 분명히 알아야 할 것은 교회의 교육적 사역의 사명은 어느 개인에게 속한 것이 아니라 공동체의 것이라는 사실이다. 교육은 '전체 교회가 전체 교회를 가르치는 일' 이다. 가르치는 자나 가르침을 받는 자나 다같이 그리스도인의 공동체에 속한다. 그러므로 평신도들은 교육의 대상자요, 목사만 가르치는 자라는 인식을 가져서는 안 된다. 목사와 평신도들 모두가 배우는 일에 힘써야 한다.

나아가 교인들도 가르치는 교사가 되어야 한다. 가르치는 일이 목사의 일로만 끝날 수 없다. 성숙한 교회는 평신도 교사가 많은 교회다. 말씀을 가르치는 유능하고 헌신적인 교사가 많은 교회는 언제나 활기에 차며 생동하는 것을 본다. 교회의 장로가 되려면 이 가르치는 교사의 책임을 수행할 수 있어야 한다. 직분자들만 아니라 모든 교인은 그들의 가정에서 기독교교육의 사명을 수행해야 한다. 교회교육의 중요한 장은 교회뿐만 아니라 각 가정이다. 가정에서 자녀들을 신앙적으로 교육하는 일은 모든 그리스도인 부모들이 맡을 필수적인 사역이다.

② 예배를 위한 사역

예배야말로 교회의 중심이다. 예배는 우리 몸의 신경조직과 같다. 예배를 통해 우리는 하나님께서 우리와 함께 계심을 체험하게 된다. 제사장된 백성으로서 그리스도인들이 함께 모여 하나님을 예배하는 일은 모든 회중에게 속한 일이지 결코 목사만의 일이 아니다. 물론 우리 개신교의 예배에서 목사의 설교가 예배의 중심으로 강조되어 온 것은 사실이다. 그래서 다른 순서들을 설교의 전주곡과 후주곡으로 생각하기 쉽다. 그러나 이것은 예배의 근본 의미와 성격을 무시하는 큰 오해이다.

예배는 하나님의 백성 전원이 참여하여 드리는 것으로서 오케스트라의 연주와 같은 것이다. 연주자들 전원은 각각 자신이 가진 악기로써 각자가 연주해야 할 악보에 따라 연주해서 아름답고 감동적인 음악을 연주해야 한다. 이러한 의미에서 예배의 모든 순서는 목사의 지휘를 받으면서 예배를 예배답게 연주하는 평신도들의 사역적 임무를 기다리고 있는 것이다.

목사의 설교는 목사의 중요한 교역적 임무이다. 그러나 그의 설교는 그의 독백이거나 독단적 주장이어서는 안 되며 말씀을 듣는 평신도들과의 대화이고 또한 목사 자신도 그 설교된 말씀의 대상이 되는 것이다. 그러므로 설교가 청중과의 대화가 되지 않을 때 그 설교는 실패라고 보아야 할 것이다. 이 실패의 원인은 지휘자인 설교자에게만 있는 것이 아니라 청중, 곧 연주자인 교인들에게도 있는 것이다. 설교자는 기도와 깊은 성서연구와 영성으로 말씀을 준비하여 효과적으로 전달해야 하며, 교인들은 말씀에 대한 기대와 사모함을 가지고 기도하는 마음으로 진지하게 들어야 한다.

그밖에도 예배의 모든 순서와 준비에 있어서 평신도의 참여 없이 되는 것은 하나도 없다. 평신도들은 예배의 안내, 찬양, 찬송, 기도, 헌금 등 모든 면에서 정성과 지혜와 정열을 쏟아서 예배가 예배답게 되도록 목사 못지 않게 힘써야 한다.

③ 친교를 위한 사역

교회 공동체에서 경험되는 친교는 우리 몸의 혈관조직과 같다. 몸은 피가 통해야 사는 것처럼 교회도 성도의 교제가 원활해야 활기를 갖게 된다. 약한 지체를 돌보고 위로하며 상처를 치료하고 서로의 삶을 주 안에서 축하하는 친교의 사역은 교회의 사역의 성패를 결정하는 중요한 요소이다. 이처럼 친교는 중요한 것인데 이 친교를 성공시키는 주체적 책임자는 역시 평신도들이다.

교회의 친교의 성공을 위해서는 먼저 일체의 계급의식이나 지위의식이나 차별의식이 없어야 한다. 왜냐하면 교회는 '하나님의 백성' 이기 때문이다. 여기 '백성' 이란 말의 헬라어는 'laikos' 인데 이 말은 '평신도' 란 뜻으로 '평등한 시민', 또는 '서민' 을 의미한다. 우리는 하나님 앞에서 다 같은 서민이라는 동류의식을 가져야겠다.

교회의 친교는 인간적, 사회적 성질로 되어질 수 없다. 교회의 친교는 우리의 구주되시는 예수 그리스도의 은혜와 하나님의 사랑과 성령의 은사를 받아 그것을 중심으로 서로 나누는 친교라야 한다. 신앙 중심이 아닌 세속적 친교는 교회의 친교의 가장 큰 적이다.

교회의 친교적 사역의 중요한 요소 중의 하나는 교인들이 다른 형제들을 돌보고 위로하고 봉사하는 일이다(갈 6:10). 그리스도인들은 그리스도의 멍에를 같이 맨 동역자들로서 서로의 짐을 나누어야 한다(갈 6:2). 모든 그리스도인은 각자가 받은 은사대로 선한 청지기 노릇을 하는 것이다(벧전 4:10).

평신도의 친교적 사역의 중요한 무대는 '구역제도' 이다. 구역제도는 교인들의 거주지를 중심해서 지역적으로 조직하는 것이므로 교양과 사회적 신분의 차이나 또 교회 직분의 유무와는 관계없이 모이고 예배드리고 친교하고 서로 돕고 섬길 수 있는 조직이다. 이 구역제도의 성패는 결정적으로 평신도들에게 달렸다.

2) 예언자적 사역

신약성서는 그리스도인들이 세례를 통해 하나님의 백성인 교회의 일원이 되어 복음의 말씀을 듣고 함께 떡을 떼며 서로 도우며 신앙의 훈련을 받은 다음에 그리스도의 사신과 종이 되어 세상 속으로 들어간다는 사실을 전하고 있다(고후 5:20). 그러므로 교회는 그리스도를 따라 증거와 봉사의 삶을 살아야 한다(막 10:45). 그리스도를 따르는 자는 "나를 따르라" 하신 주님의 초대에 응답할 뿐만 아니라 또한 "가서 복음을 전하고 섬기라" 하신 말씀에 순종하는 사람이다(요 20:21).

복음의 선포와 봉사는 교회 내적인 면보다 교회 밖, 즉 세상을 위한 사역의 성격을 더 많이 가지고 있다. 사역의 초점이 교회 안의 삶의 울타리를 넘어 세상에 맞추어진다. 세속과 불신의 사회를 향해 그리스도의 복음을 증거하고 영적, 정신적, 신체적으로 상처받고 신음하는 이웃을 치료하고 돌보는 섬김과 봉사의 삶을 사는 예언자적 사역의 역할은 이제 평신도의 중요한 사역이 된다.

모이는 교회의 사역을 위한 평신도의 사역도 중요하지만 흩어지는 교회의 사역은 거의 전적으로 평신도들이 수행하지 않으면 안 될 사역이다. 하나님께서는 평신도들을 설교단 앞에나 성찬상 앞에만 세우시지 않고, 그들을 사람들이 일하고 놀고, 먹고 마시고 잠자며, 웃고 울며, 살고 죽는 세상 한 가운데 세워 놓으셨다.

① 복음증거를 위한 사역

하나님의 백성된 교회는 예수 그리스도의 구원의 기쁜 소식을 땅끝까지 전파하고 증거하는 전도의 사명을 가지고 보내심을 받은 공동체이다(행 1:8). 전도는 예수 그리스도를 세상의 유일한 구주와 주로 전하고 증거하며 사람들로 하여금 예수 그리스도를 영접하여 하나님께서 주시는 구원을 받도록 초대하고 하나님을 섬기도록 부르는 일이다. 물론 전도에는 여러 가지 방법과 전략이 있다.

그런데 우리가 세상에 나가 그리스도를 전하고 봉사할 때 우리가 가져야 할 자세는 우리가 다만 어디에 음식이 있고 건강하게 되는 비결이 있는지를 알고 체험하고서 이 기쁜 소식을 다른 동료 거지들에게 알리러 간다는 자세이다. 우리가 그리스도의 복음을 전파하는 것은 우리 자신의 영적, 도덕적 성취를 보여주기 위함이 아니라 사람들에게 예수 그리스도를 보여주며 그리스도께서 주시는 구원과 참 생명을 증거하기 위함이다.

평신도 사역자들은 복음증거에 대한 자발성을 가지고 부끄러워하지 않고, 종교적이거나 독단적인 자세가 아니라 기쁨과 선한 의지와 심령을 사랑하는 깊은 사랑과 확신과 열정을 가지고 인내로써 복음전도에 힘쓰는 전도자들이 되어야 하겠다.

② 봉사를 위한 사역

예수님께서는 복음을 전파하시는 일과 함께 병들고 압제 당하고 외롭고 가난한 백성들을 치료하시고 위로하시고 친구가 되시며 먹을 것을 주시는 봉사의 일을 하셨다. 제자들도 이것을 본받았으며 초대교회는 말씀전파와 봉사를 다함께 힘썼다. 이 봉사의 사역은 다른 모든 사역보다 가장 예언자적인 사역으로 우리는 이를 '선교' 라고 부르기도 한다.

봉사의 사역은 최전선의 사역이라고 볼 수 있다. 그것은 삶의 현장에서 수행하는 사역이기 때문이다. 본회퍼는 “크리스천은 단순히 하나님에 대해 말하는 사람이 아니라 세상을 위해 당하는 고통에 동참하는 사람이다”라고 하였다. 우리는 이웃과 잘못된 주위와 환경과 법 때문에 억압받고 억울함과 불행을 당하고 있는 사람들을 돌볼 뿐만 아니라 그런 불행과 고통을 만드는 요인을 시정하는 일까지 최선을 다해 힘써야 한다.

평신도의 봉사(선교)사역을 말할 때, 직업과 관련하여 수행한다는 점을 빠뜨릴 수 없다. 소명은 전문적인 목회자에게만 한정되는 말이 아니다. 모든 그리스도인은 그의 직업에 있어서 소명을 받았다. 하나님은 모든 그리스도인에게 각각 직업과 신분과 삶의 자리를 주셨으며, 모든 사람은 그의 삶의 자리에 있어서 하나님 앞에서 평등하다. 그리고 그리스도인은 그의 직업과 신분을 통해 하나님께 영광을 돌리고 이웃을 섬기도록 부르심을 받았다. 마틴 루터는 이 소명의 평등성에 대해 이렇게 말했다.

“마루를 닦기 위해 무릎을 꿇고 일하는 하녀나 제단에서 기도하기 위해 무릎을 꿇는 사제나 다 하나님을 기쁘시게 한다.”

깔뱅은 직업을 이웃과 세상을 섬기며 사랑을 실천하는 방법으로 해석하였다. 평신도의 세상을 위한 사역은 그가 가진 구체적인 직업을 통해서 수행됨을 명심해야 한다. 평신도가 그의 직업생활에서 성실하고 정직하고 충성스러울 때, 그리고 그의 직업을 통한 생산과 결과를 이웃들을 위해 바로 사용할 때 그는 소명을 완수하는 것이 된다. 반대로 교인들이 직업에 태만하고 불성실하여 실패하거나 부정한 방법으로 직업을 수행할 때 그의 소명과 사역은 실패하는 것이고 하나님과 교회의 영광을 가리는 일이 된다.

10장 _ 당회원으로서의 자세

1. 당회의 의의

교회는 머리이신 예수 그리스도의 뜻을 실천하기 위하여 치리회로서 당회를 조직하여 운영한다. 당회는 지교회에서 시무하는 목사와 시무 장로들로 구성하는 치리회다. 당회는 지교회의 평화와 질서를 유지하기 위해서 교파의 헌법과 성경의 교훈을 따라 교회의 행정과 상벌을 시행한다.

치리회는 당회, 노회, 총회로 구분하는데 각급 치리회는 헌법에 규정하는바에 의하여 자체의 규칙을 제정할 수 있다. 시무 장로가 한 사람 있어도 당회 있는 교회라 하고, 시무 장로 없는 교회를 미조직 교회라 한다.

2. 당회의 성수

당회에 장로 2인이 있으면 장로 1인과 목사의 출석으로 성수가 되고, 장로 3인 이상이 있으면 장로 과반수와 목사 1인이 출석하여야 성수가 된다. 장로 1인만 있는 경우에도 모든 당회 일을 행하되 그 장로 치리 문제나 다른 사건에 있어 장로가 반대할 때에는 노회에 보고하여 처리한다.

3. 당회장

당회장은 그 지교회의 담임 목사가 될 것이나 특별한 경우에는 당회의 결의로 본 교회 목사가 그 노회에 속한 목사 1인을 청하여 대리회장이 되게 할 수 있으며 본 교회 목사가 신병이 있거나 출타한 때에도 그러하다.

4. 당회의 임시 회장(임시 당회장)

당회장은 목사가 되는 것이므로 어떤 교회에서든지 목사가 없으면 그 교회에서 목사를 청빙할 때까지 노회가 당회장 될 사람을 파송할 것이요, 노회의 파송이 없는 경우에는 그 당회가 회집할 때마다 임시 당회장 될 목사를 청할 수 있으나 부득이한 경우에는 회장될 목사가 없을지라도 재판 사건과 중대 사건 외에는 당회가 사무를 처리할 수 있다.

5. 당회의 직무

1) 성도들의 신앙과 행위를 총찰

당회의 직무는 신령상 모든 사무를 처리하는 것이므로(히 13:17) 지교회에 소속되어 있는 성도들의 지식과 신앙상 행위를 총찰한다.

2) 성도의 입회와 퇴회

학습과 입교할 자를 고시하며 입교인 된 부모를 권하여 그 어린 자녀로 세례를 받게 하며, 유아세례 받은 자를 고시하여 성찬에 참여하게 하며 주소 변경한 교인에게는 이명증(학습, 입교, 세례, 유아세례)을 접수 또는 교부(交附)하며 제명도 한다.

3) 예배와 성례의 거행

목사가 없을 때에는 노회의 지도로 다른 목사를 청하여 강도하게 하며 성례를 시행한다.

4) 장로와 집사의 임직

장로나 집사를 선택하여 반 년 이상 교양하고 장로는 노회의 승인과 고시한 후에 임직하며 집사는 당회가 고시한 후에 임직한다.

5) 각 항 헌금 수집하는 일을 주장

당회에서는 각 항 헌금 수집할 날짜와 방침을 작정한다.

6) 권징하는 일

지교회 중 범죄자와 증인을 소환 심사하며 필요한 경우에는 본 교회 회원이 아닌 자라도 증인으로 소환 심문할 수 있고, 범죄한 증거가 명백한 때에는 권계, 견책, 수찬의 정지, 제명, 출교를 하며 회개하는 자를 해벌한다(살전 5:12-13, 살후 3:6, 14-15, 고전 11:27-30).

7) 신령적 유익을 도모하며 각 기관을 감독

당회는 교회의 신령적 유익을 도모하며, 교인을 심방하고 성경 가르치는 일과 주일학교를 주관하며, 전도회와 면려회와 각 기관을 감독한다.

8) 노회에 총대를 파송하며 청원과 보고

노회에 파송할 총대 장로를 선정하며 청원을 제출하며 교회 정황을 노회에 보고한다.

6. 당회의 권한

당회는 예배 모범에 의지하여 예배 의식을 전관하되 모든 회집 시간과 처소를 작정할 것이요, 교회에 속한 토지 가옥에 관한 일도 관리한다.

7. 당회의 회집

당회는 1년 1회 이상을 정기회로 회집하며, 본 교회 목사가 필요한 줄로 인정할 때와 장로 반수 이상이 청구할 때와 상회가 회집을 명할 때에도 소집하되, 만일 목사가 없는 경우에는 필요에 응하여 장로 과반수가 소집할 수 있다.

8. 당회의 회록

당회록은 회집일시, 장소, 회원, 결의 안건 등을 기록하고 당회장과 서기가 날인하여야 한다. 회록과 재판 회록은 1년 1차씩 노회 검사를 받는다.

9. 당회가 작성해 둘 명부

당회는 아래와 같은 명부록을 비치한다.

1 .학습인 명부(학습 년 월 일 기입)

2. 입교인 명부(입교 년 월 일 기입)

3. 책벌 및 해벌인 명부(책벌, 해벌 년 월 일 기입)

4. 별 명부(1년 이상 실종된 교인)

5. 별세인 명부(별세 년 월 일 기입)

6. 이전인 명부(이명서 접수 및 발송 년 월 일 기입)

7. 혼인 명부(성혼 년 월 일 기입)

8. 유아 세례 명부(세례 및 성찬 허락 년 월 일 기입)

성명은 호적대로 기록하되 여자와 아이는 친족의 성명도 기입한다.

03

장로의 교회봉사

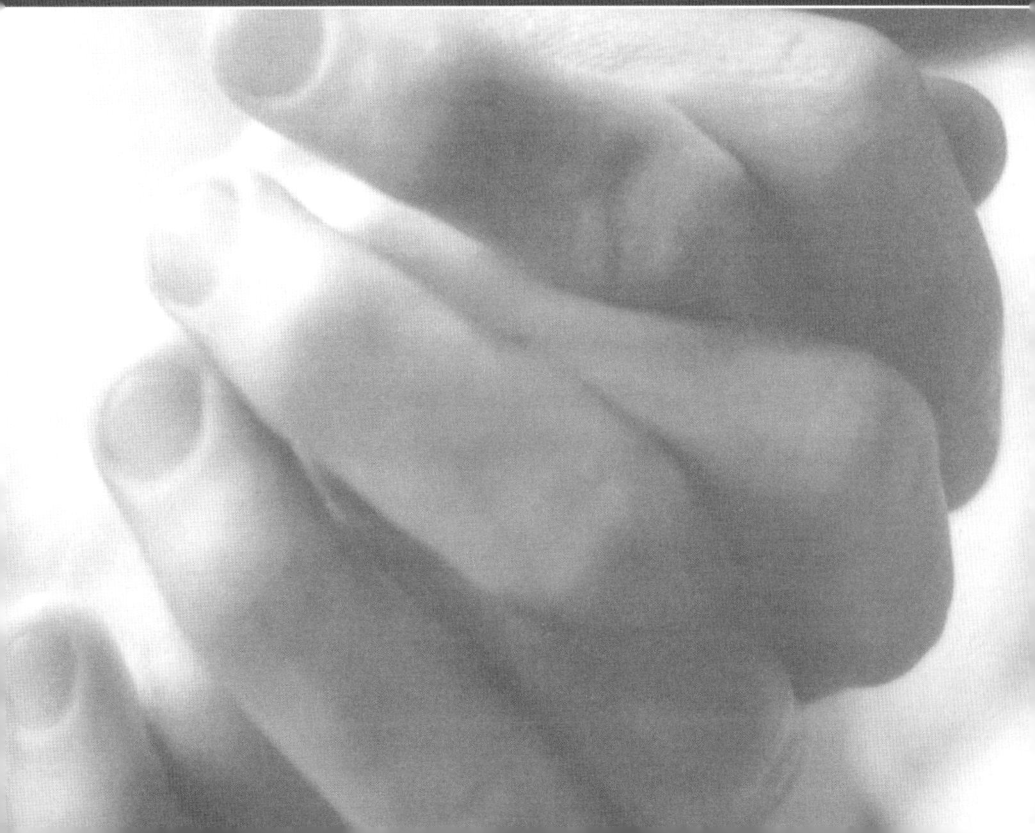

11장 _ 장로의 대표기도

1. 예배순서에서의 목회기도

오늘날 한국 교회의 예배의식에서 간구되는 기도는 두 가지의 성격을 띠고 있다. 그것은 목회자가 담당하는 간구와 예배공동체의 대표로서 평신도가 담당하는 간구다. 예배의 기원, 예물봉헌의 간구, 축도 등은 목회자가 담당하고, 설교에 앞서 드리는 간구를 평신도가 담당한다.

1) 대표기도의 의미

교회 전통에서 이 간구는 예배를 인도하는 목사가 하나님 앞에 모여 예배드리는 무리를 위하여 사제적인 기능을 펴는 부분이 되었다. 하나님의 백성들을 위탁받아 섬기고 살피는 책임을 가진 목양자로서 신자들이 살고 있는 상황에서 발생된 죄와 허물의 용서를 구함은 물론 전쟁과 질병과 가난과 억눌림의 세계로부터의 해방을 간구하는 것까지 하나님께 아뢰고 구하는 기도이다.

교회에서 드려지는 예배는 우리의 삶에 개입하시는 여호와의 손길에 대한 고백이다. 우리는 한 사람의 개인적인 삶과 교회공동체에 역사하시는 하나님의 손길에 대하여 예배로써 응답하고 있다.

어느 예배에서건 대표기도의 위치는 중요하다. 목회자에게 평생 설교가 어려운 것이라면, 평신도에게는 대표기도가 어려운 일이라 할 수 있다. 교회 공동체 안에서 이루어지는 크고 작은 일에는 언제나 평신도가 그 모임의 대표로서 간구한다. 이때, 대부분의 경우에는 평신도 지도자들의 몫이 된다.

'예배모범' 에 따르면, 주일 예배에서의 기도를 이렇게 설명하고 있다: "교회당 공식 예배를 시작할 때는 간단한 기도로 함이 옳으니 겸비한 태도로 영생하신 하나님의 무한한 권위를 숭배하며 우리가 육정으로 인해 하나님께 멀리 떠났던 것과, 죄인이 되어 공로 없는 것을 고하고 그의 은혜롭게 임하심을 겸손한 마음으로 간구하며 예배에 대하여 성령의 은조와 우리 주 예수 그리스도의 공로로 우리를 용납하시기를 구하라."

예배 중에 간구하는 기도는 매우 중요한 예전이 된다. 이때 드리는 간구의 내용에는 범사를 돌보시는 하나님의 은혜에 감사하고, 예배를 허락하신 하나님께 찬양과 영광을 돌리며, 목양적인 책임을 담당할 목회자를 위한 기도와 그날의 예배와 말씀의 은혜에 대한 소원을 아뢰는 것으로 간략한 것이 좋다. 예배 중의 대표기도에 대해서 김영재는 다음과 같이 제시하고 있다.

"회중이 모두 함께 참여할 수 있도록 짧게, 분명한 말씀으로 기도해야 한다. 기도는 하나님 아버지 앞에 기도하는 것이므로 겸손하게 해야 한다. 혼자 간절히 기도할 때나, 혹은 위급한 상황에 처했을 때 큰 소리로 울부짖으며 기도할 수 있다. 그러나 공적인 예배에서는 아들이 아버지 앞에서 조심스레 말씀을 드리듯이, 혹은 신하가 임금 앞에서 머리를 조아리며 아뢰듯이 정중하고 겸손하게 기도해야 한다."

개혁주의 교회에서는 공적 예배를 드릴 때, 설교에 앞서 간구하는 기도를 매우 중요시 한다. 왜냐하면, 그 기도는 그날의 예배를 주관하실 하나님께 구하는 것인 동시에 말씀 중심의 신학을 기초로 하는 개혁주의 예배의 중심이기 때문이다. 설교에 앞서 드리는 간구를 예배의 예전에서는 목회기도라 불렀다. 목회기도는 목회자(목사, 교역자)가 교회의 전반적인 문제를 가지고 하나님께 공적으로 간구하는 것이다. 웨스트민스터 예배예식에서는 목사가 목회기도를 하도록 되어 있다. 그러므로 주일 예배의 목회기도는 목회자가 담당하는 것이 바람직하다.

"목회기도는 서구 교회들에서 모두 예배인도자인 성직자가 담당한다. 그리고 예전의 원리에 따라 볼 때도 교회의 목사가 하는 것이 옳은 것이다. 왜냐하면, 목회전반의 중요한 내용의 기도 제목을 잘 파악하여 하나님의 뜻을 구하며, 하나님의 도우심을 간구하는 일은 장로보다는 목사가 하는 것이 올바른 질서로 보여지기 때문이다."

그런데 목회기도의 순서를 평신도가 담당한다면, 우리는 이를 대표기도라 해야 한다. 대표기도에서는 지난 한 주간 동안 "예수님처럼 초대교회 교인처럼" 살지 못한 것을 회개하고, 말씀을 주실 목사님과 말씀받기에 합당한 심령이 되기 위하여 간구한다.

예배공동체를 대표하여 기도하는 사람은 자신이 한 번뿐인 이 예배에서 회중을 대표해서 하나님 아버지께 간구한다는 자세를 잊지 말아야 한다. 그러므로 예배공동체의 성도들 전반에 관계된 일을 간구의 내용으로 삼아야 한다. 그는 혹시라도 자기 자신의 개인적 사항을 거기에 포함 시켜서는 안 된다. 대표기도자는 회중들이 하나님께 기도하고 싶은 공동 관심사에 대해서 이를 대표하는 입장에서 기도해야 하며, 그 예배 모임의 성격과 목적에 따라 간구해야 한다.

2) 대표기도의 원리

예수님의 기도의 교훈은 복음서에 언급되어 있다. 주님께서는 기도를 가르치시면서 무엇보다도 '간구하는 자세'에 대하여 말씀하셨다. 그것은 간구의 자세에 따라 하나님께 상달될 수 있는 기도가 되고, 아니면, 하나님께서 응답하시지 않는 중얼거림에 지나지 않는 것이 있기 때문이다.

예수님의 말씀에서도 기도의 자세를 하나님의 응답과 연결시키셨다. 가령, 외식하는 사람의 기도에 대하여 이르시기를, '이미 자기 상을 받았다' 고 하신 것이다(마 6:5).

① 외식하는 자세를 버림

하나님과 대화를 하려는 사람에게는 합당한 정신과 마음이 갖추어져 있어야 한다. 우리의 마음과 정신을 가다듬어야 한다. 참으로 하나님을 바르고 순수하게 묵상하지 못하게 만드는 육적인 염려나 생각에서 벗어나 기도에만 마음을 기울일 뿐 아니라 가능한 한 자기를 초월하여 마음을 높이 들도록 해야만 한다.

그것은 어떠한 불안으로도 찔림을 받거나 괴로움을 당하지 않을 정도로 마음이 초연하기를 요구하는 것은 아니다. 도리어 심각한 근심거리로 인하여 기도할 열심을 가지게 하는 것이 마땅하다는 것이다.

"또 너희가 기도할 때에 외식하는 자와 같이 되지 말라 저희는 사람에게 보이려고 회당과 큰 거리 어귀에 서서 기도하기를 좋아하느니라 내가 진실로 너희에게 이르노니 저희는 자기 상을 이미 받았느니라 너는 기도할 때에 네 골방에 들어가 문을 닫고 은밀한 중에 계신 네 아버지께 기도하라 은밀한 중에 보시는 네 아버지께서 갚으시리라" (마 6:5-6).

외식하는 자의 기도의 특징은 첫째, 사람에게 보이려는 것이다. 예수님께서는 이러한 기도를 '사람 앞에서 의를 행하려고 하는 것' (마 6:1)으로 규정하셨다. 이와 같은 외식의 기도는 의도하는 바대로 이미 사람들로부터 자기 상을 받았기 때문에 하늘에 계신 아버지께로부터는 상을 얻지 못한다. 하나님은 은밀한 중에 하는 기도에 응답하신다.

② 중언부언하지 않음

"또 기도할 때에 이방인과 같이 중언부언하지 말라 저희는 말을 많이 하여야 들으실 줄 생각하느니라 그러므로 저희를 본받지 말라 구하기 전에 너희에게 있어야 할 것을 하나님 너희 아버지께서 아시느니라"(마 6:7-8).

기도에 있어서 중언부언하지 말라는 말은 아무런 뜻도 없는 중얼거림에 대한 것이다. 중얼거림이란 '무의미한' 혹은 '쓸데없는' 이란 뜻을 가진 아람어에서 유래되었는지, 아니면 일종의 의성어인 '말더듬이' 에서 유래했는지 잘 알 수 없다. 그러나 이 말은 생각이 없이 말을 많이 하거나, 뜻도 모르고 같은 말을 반복하는 것을 가리킨다. 그런데 예수님은 길게 기도하는 것이나 반복적인 기도 자체를 금하시지 않으셨다. 주님께서는 자신이 길게 기도를 하셨고(마 6:12), 반복하는 기도도 하셨다(마 26:44).

주님께서 금지하신 중얼거림은 길게 하는 기도가 효력을 보장한다는 이교도들의 주문형식의 기도를 금하신 것이다. 우리의 기도가 효력이 있는 것은 주문형식의 무의미한 반복에 있는 것이 아니라, 오직 주님의 약속을 신뢰하는 믿음에 있다. 예수님은 바리새인들의 외식적인 기도와 이방인들의 중언부언의 기도를 강력하게 금하시고, 하나님께서 우리의 필요를 이미 아신다는 것을 기억하라고 하면서 구하라고 가르치셨다.

기도는 하나님께서 나의 사정을 다 아시는 것을 전제로 하고 간구하는 일로, 우리 자신에 대한 무능력함의 고백이요, 그 도움은 오직 하나님 외에는 다른 어떤 것으로부터 찾을 수 없다는 것과 하나님 외에는 어떤 것으로부터도 그 도움을 찾지 않겠다는 공언된 포기다. 바로, 이 고백과 승인이 하나님께 영광이 되는 것이요, 우리를 하나님의 자녀가 되게 하는 것이다.

③ 믿음으로 간구함

"내가 진실로 너희에게 이르노니 누구든지 이 산더러 들리어 바다에 던지우라 하며 그 말하는 것이 이룰 줄 믿고 마음에 의심치 아니하면 그대로 되리라 그러므로 내가 너희에게 말하노니 무엇이든지 기도하고 구하는 것은 받은 줄로 믿으라 그리하면 너희에게 그대로 되리라"(막 11:23-24).

우리는 하나님께 간구할 때, 기도의 응답에 대한 의심을 해서는 안 된다. 믿음으로 간구한다는 것은 나의 기도를 하나님께서 들으신다는 확신으로 말미암아 요청해야 한다는 가르침이다. '산을 명하여 바다에 던지우라' 는 말씀은 그와 같은 기적적인 일, 즉 인간으로서는 불가능하나 하나님으로서는 가능한 일들이 이루어질 수 있다는 확신을 가지라는 교훈이다.

우리는 참으로 겸손한 마음에 정복되고 압도되더라도, 동시에 우리의 기도에 대한 응답이 있으리라는 확고한 소망을 품고 기도하도록 용기를 내어야 한다. 그러므로 간구는 우연히 나오는 것이 아니라 믿음의 인도를 따른다는 것이 기도를 위한 한 법칙이며, 이 법칙을 확립하는 것이 기도의 본질과 잘 조화되는 것이다.

주님께서는 우리가 모두 이 원칙에 유의하도록 우리의 주의를 환기시켜 주신다. "내가 너희에게 말하노니 무엇이든지 기도하고 구하는 것은 받은 줄로 믿으라. 그리하면 너희에게 그대로 되리라"(막 11:24; 참고, 마 21:22, 약 1:5-6). 그러므로 기도가 허락된다는 확신을 부정해서는 절대로 안 된다.

④ 겸손히 회개하는 마음으로 간구함

"또 자기를 의롭다고 믿고 다른 사람을 멸시하는 자들에게 이 비유로 말씀하시되 두 사람이 기도하러 성전에 올라가니 하나는 바리새인이요 하나는 세리라 바리새인은 서서 따로 기도하여 가로되 하나님이여 나는 다른 사람들 곧 토색, 불의, 간음을 하는 자들과 같지 아니하고 이 세리와도 같지 아니함을 감사하나이다 나는 이레에 두 번씩 금식하고 또 소득의 십일조를 드리나이다 하고 세리는 멀리 서서 감히 눈을 들어 하늘을 우러러 보지도 못하고 다만 가슴을 치며 가로되 하나님이여 불쌍히 여기옵소서 나는 죄인이로소이다 하였느니라 내가 너희에게 이르노니 이 사람이 저보다 의롭다 하심을 받고 집에 내려갔느니라 무릇 자기를 높이는 자는 낮아지고 자기를 낮추는 자는 높아지리라 하시니라"(눅 18:9-14).

예수님은 하나님께 나아오는 사람의 겸손을 강조하셨다. 주님께서 아버지 하나님께 겸손하셨던 것처럼, 그분의 자녀들은 겸손히 아버지를 찾아야 한다. 여기에서 강조되는 것은 기도를 응답받는 원리와도 연관된다. 하나님의 응답은 우리가 율법의 규정들을 그대로 다 지킨다는 사실에 있는 것이 아니다. 오히려 그런 규정들을 다 지키지 못하였다 하더라도 자신의 죄인 됨을 통감하고, 하나님의 긍휼을 구하는 자의 기도에 응답하신다는 것이다. 이것은 하나님 앞에 나아가는 자들이 가져야 할 기도의 영적인 자세다.

2. 대표기도의 세 가지 형태

오늘날 교회의 예배에서 드려지는 대표기도에서는 일반적으로 세 가지의 유형이 있다. 그것은 이미 정해져 있는 기도문을 낭독하는 간구, 즉석에서 자유롭게 기도하는 간구, 간구할 내용을 미리 준비한 뒤에 드리는 간구다.

1) 의식적인 간구

희랍 정교회, 로마 가톨릭 교회 등에서는 오래 전부터 예배 시에 의식적(Liturgical)인 기도를 해오고 있다. 이 기도는 회중이나 대표자가 고정된 기도문, 미리 준비된 기도문을 낭독하는 간구를 가리킨다. 이런 형태의 간구는 개신교에서도 볼 수 있다. 성공회와 루터교회에서는 물론 일부 개신교파 교회들 중에서도 연도형식을 빌려서 간구하는 내용을 대표기도의 한 형태로 드리고 있다.

의식적인 간구의 명확한 장점의 하나는 이 기도가 예배에 임하는 성도들의 신앙분위기가 간구자의 성품이나 기분에 좌우되는 것으로부터 벗어날 수 있다는 점이다. 간구의 내용이나 방식에 있어서도 객관성과 보편성, 통일성을 갖게 된다.

그러나 우리의 간구에 성령님께서 감동하시고, 성령님께서 간구를 주도하셔야 한다는 사실에 한계가 있다. 이 기도는 모든 것이 엄밀하게 규정되어 있기 때문에 성령님께서 임의적으로 내재하여 말씀하실 여지가 부족하다.

의식적인 기도에는 모든 것이 엄밀하게 규정되어 있다. 거기에는 성령님께서 임의로 말씀하실 여지가 없다. 형식화된 기도문을 낭독하다보면 문구에 대한 문자의 나열에 불과한 생동감을 잃어버린 습관적인 기도 상태에 빠지기 쉽다는 것이다.

2) 즉석 또는 자유 간구

즉석(Extemporary) 기도, 자유로운 간구라 불리는 이 기도는 의식적인 기도와는 상반되는 형태의 간구를 가리킨다. 예배를 드릴 때, 대표로 기도하는 사람이 자신이 간구하고자 하는 것을 정해진 기도문에 의하지 않고, 간구하는 것이다. 대표기도자의 생각과 감정에 따라 자유롭게 즉흥적으로 즉석에서 드리는 간구다. 이 기도에 대한 성경적인 근거는 로마서 8:26에서 찾는다. "성령이 우리를 위하여 친히 간구하시느니라" 이다.

그런데, 즉석 기도는 예배를 드리는 교회에 많은 문제점을 나타내기도 한다. 성령님의 감동에 따라서 간구한다고 하지만, 대표기도자의 생각이나 기분에 도취되어 즉흥적으로 간구되는 경우가 많기 때문이다. 개인의 사적인 간구는 결코 대표기도라 할 수 없다. 예배를 드리는 전체 회중을 대표해서 간구하는 것이어야 한다고 할 때, 이 기도는 문제가 많다.

예배공동체를 대신해서 드리는 간구는 회중의 대표적인 성격을 지녀야 한다. 그 기도의 내용, 언어, 양식, 시간, 태도에 있어서 보편성과 객관성을 가져야함은 물론 신학적으로도 맞아야 한다. 부정적인 면에서 한국 교회에서는 충분히 기도에 대하여 사전 교육을 받지 못한 사람이 대표기도를 인도하고 있기 때문에 예배의 질적 하락을 면치 못하고 있다는 것을 보게 된다.

3) 준비된 뒤에 드리는 즉석 간구

예배를 논의하는 학자들 사이에서 기도의 모범을 구하는 작업이 많이 시도되었다. 의식적인 간구의 가슴이 없는 문자의 나열을 지양하고, 즉흥적인 간구의 자아도취를 배제하는 간구의 형태를 찾는 작업이 시도된 것이다. 그래서 논의된 기도가 간구의 내용을 대표기도자가 미리 준비하고, 즉석에서 간구하도록 제시하였다.

이 기도의 방법은 의식적 기도와 즉흥적 기도에서 결여되기 쉬운 점을 보완해 준다. 즉 대표기도자의 자발성과 계획성과 객관성과 보편성이 있어서 대표기도를 온 회중과 함께 공동의 간구로서 기도하게 된다. 또한 기도를 준비하는 과정에서 신앙훈련이 적절히 실천됨으로써 대표기도에 대한 성도들의 긍정적인 감정을 부여해 줄 수 있다.

성령의 인도로 자유롭게 기도한다고 해서 준비가 없이 간구한다는 것은 결코 있을 수 없다. 대표기도자가 성경을 읽고, 모범적으로 제시된 기도문의 내용을 참고해서 대표기도에 임하는 것은 바람직하다. 계획된 기도에 대표기도자의 자유가 합쳐지면 실수를 피하게 된다. 성경과 여러 가지의 내용을 참고로 해서 계획된 간구는 대표기도자로 예배공동체의 희망을 한데 모아 표현할 수 있게 한다.

이 때, 준비된 뒤에 드리는 즉석 기도는 계획된 기도에 자유가 합쳐지는 것을 의미한다. 이렇게 되면 이 기도는 훌륭한 양식과 내용을 갖출 뿐만 아니라, 성령님께서 임의적으로 역사하신다는 확신을 갖고 기도에 임할 수 있다.

3. 대표기도자의 자세

1) 거듭난 심령

예배공동체를 대신해서, 예배의 예전으로 드리는 간구는 아무나 담당할 수 없다. 대표로 기도하는 자에게 있어서 우선적인 상태는 중생한 심령이어야 한다. 만일, 대표기도자가 구원의 계획을 모르고 기도한다면 거룩하신 하나님을 모욕하는 것이 된다.

예수님께서 죽으시던 때, 성소의 휘장이 찢어짐으로써 우리는 하나님께로 나아가게 되었다. 성소의 휘장이 찢어진 것은 주님의 무한한 희생이 우리로 하여금 하나님께 자유롭게 나아가는 권한을 주셨다는 사실을 상징하는 사건이다. 주님은 우리에게 기도의 중보자가 되셨으며, 기도의 약속도 주셨다.

2) 성령의 지배

참된 기도는 언제나 성령께서 원하시는 선 안에서 하나님께 간구해야 한다. 그것은 곧 무시로 깨어서 성령의 지배를 받는 상태를 가리킨다(엡 6:18). 예배하는 공동체를 대표해서 간구로 하나님께 나아가는 사람은 성령님의 충만하심 아래로 들어가야 한다.

그는 간구하는 순간에 성령님을 의지하도록 힘써야 한다. 바울은 사람들을 권하여 영과 또는 마음으로 기도하게 하였다(고전 14:15). 기도가 계획이 되어 있을 때는 성령님께서 대표로 기도하는 자의 심령을 인도해주심에 더욱 활동하실 여지가 있다.

3) 깨어 있는 심령

기도하는 사람은 늘 하나님께로부터 응답을 받을 마음으로 자신을 준비해야 한다. 하나님의 응답을 기다리지 않는 사람은 하나님께 간구할 수 없다. 한 교회의 예배공동체를 대신해서 간구하려는 사람은 그 공동체에 임하는 하나님의 역사를 기다려야 한다. 아울러, 자신의 간구에 응답하시는 하나님의 손길이 성도들 한 사람 한 사람에게 나타나는 것을 믿어야 한다.

하나님께 대하여 깨어있는 사람은 항상 받을 준비가 있는 심령을 유지하고 있다. 그는 하나님의 은혜를 항상 기다리는 자요, 예수님의 재림을 기다리는 자요, 기도의 응답을 기다리는 자라고 볼 수 있다.

4) 준비된 순종

하나님께로 나아가는 사람은 언제나 그분의 계명을 지키면서 그분 앞에서 기뻐하시는 것을 행한다. 하나님의 기쁨이 자신의 소망인 사람만이 여호와의 이름을 부른다. 하나님을 기다리는 사람은 자신의 심령을 깨끗하게 지켜서 경건한 단장을 한다. 하나님의 뜻대로 살기를 소망하게 되는 것이다.

우리가 하나님을 기쁘시게 할 일들을 행할 준비가 될 때 하나님은 우리를 기쁘게 할 일을 해 주신다. 만일, 우리가 하나님께 의식적으로 불순종한다면 아무것도 기대할 수 없다.

5) 겸손한 심령

겸손은 하나님이 거하시는 곳이 된다. 겸손한 자와 함께 하시고 그들의 영을 소생케 하시며, 기죽은 자에게 살 길을 주시며, 괴로워하는 자들에게 용기 주시는 하나님께서 거하시는 곳이 된다. 겸손한 자의 소원은 들어주시고 또 그러한 자를 높이신다. 겸손한 마음이야말로 기도하는 자가 가져야 할 귀한 자세이다.

6) 감사하는 마음

하나님 앞에서 사는 자에 대하여 바울은 "범사에 우리 주 예수 그리스도의 이름으로 감사하라" (엡 5:20)고 하였다. 하나님의 자녀는 마땅히 아버지이신 하나님께 감사해야 한다. 예수님은 우리에게 감사함의 모범이 되어 주셨다.

예배공동체의 대표자가 되어 간구하려면, 그의 심령이 감사로 열려 있어야 한다. 기도의 응답은 염려하지 않고, 오직 기도하되 감사함으로 아뢰는 자에게 온다고 하였다.

7) 숭경하는 태도

대표기도자는 하나님과 회중 앞에서 기도하는 것이므로 하나님을 숭경하는 자세로 임해야 한다. 그의 숭경은 예배공동체의 회중들에게 예절 바름과 경건함과 본이 되는 자세를 보여주는 것으로 나타나야 한다. 대표로 간구하는 사람의 숭경적인 자세는 기도자의 음성에서도 발견되어야 한다. 하나님을 향한 숭경은 함께 예배하는 성도들을 향해서도 동일해야 하는 것이다.

정확한 음성으로 부드럽고 정중하되 회중이 알아들을 수 있어야 하며, 사용하는 언어는 성경적이고 고백적이며 호소성이 있어야 하고, 회중의 심령을 위로할 수 있는 부드러움과 영적 감동에 젖어 있어야 한다. 그리고 지나치게 전문적인 용어나 불경건한 용어, 불신앙적인 용어는 사용하지 말아야 한다.

4. 간구의 순서와 내용

1) 하나님께의 영광

하나님께 영광을 드리는 간구는 대표기도에서 빼놓을 수 없는 중요한 요소다. 기도의 신학적인 본질은 하나님을 찬양하고 그의 영광을 높이는 일에 있다. 하나님께서 세상을 창조하시고 권고하시는 중에 나타내시는 것과 성경 말씀 가운데 분명하고 완전하게 나타내신 영광과 완전하심을 존중하는 간구를 한다. 기도는 인간의 간구와 하나님의 영광과 그의 나라를 위한 찬양과 감사로서의 영광의 찬양이 포함된 것이라 할 수 있다.

하나님 중심으로 기도할 때는 반드시 찬양과 감사의 고백이 따른다. 찬양과 감사는 우리의 기도를 영화롭게 하고 하나님의 사랑과 은혜를 풍성케 한다. 찬양을 통하여 생명이 들어오고, 영적 기쁨과 감사가 들어온다. 또한 찬양은 기도의 문을 넓게 확장 시켜줌으로써 그 기도가 더욱 풍성한 간구가 되게 한다. 찬양을 통한 기도, 기도를 통한 찬양은 하나님과의 영적 교류를 넓게 하고 풍성하도록 해준다. 하나님은 찬양을 기뻐하신다. 우리가 찬양할 때, 하나님의 영광은 다음과 같이 나타난다.

① 하나님의 이름이 높아짐

마틴 루터는 "하나님을 하나님되게 하라" 고 하였다. 찬양은 하나님의 이름을 만방에 선포하는 것이다.

-히브리서 13:5, "이러므로 우리가 예수로 말미암아 찬미의 제사를 하나님께 드리자 이는 그 입술의 증거하는 열매니라."

-호세아 14:2, "우리가 입술로 수송아지를 대신하여 드리이다."

-시편 51:15, "주여! 내입술을 열어 주소서 내 입이 주를 찬송하며 전파하리이다."

② 하나님의 역사의 고백

찬양은 하나님의 이름을 높이실 뿐만 아니라 하나님의 역사를 찬송하는 것이다. 하나님의 가장 위대한 역사는 우리를 죄악에서, 멸망에서 구원하셨다는 사실이다. 찬양은 우리의 감정 때문이거나 아니면 우리가 즐거워서 하는 것이 아니다. 오로지 우리를 구원하신 하나님의 역사에 감사하면서 고백하는 것이다.

-시편 98:1, "새노래로 여호와께 찬양하라. 대저 기이한 일을 행하사 그 오른 손과 거룩한 편 팔로 자기를 위하여 구원을 베푸셨도다"

③ 하나님과 영적 교류가 일어나는 문

찬양은 하나님과의 영적인 교류가 일어나는 문이다. 이 문이 열려야 한다. 이 문을 통하여 하나님의 영감이 들어오고 영적 기쁨과 구원의 즐거움이 들어온다. 찬양을 통하여 영적인 지배가 우리의 마음속에서 이루어진다. 혼란된 마음이 가라앉고, 우리 내면의 영적 질서가 정리되며 성령의 지배를 경험하게 된다.

찬양하면서 우리의 죄가 고백되고 강퍅했던 우리의 심령이 녹아지며 용서하지 못한 굳은 마음에 부드러운 성령님의 마음이 되게 된다. 또한 무거웠던 인생의 수고와 짐이 내려지게 되고, 참 평안을 느끼게 된다. 이것은 바로 찬양의 문이 하나님과의 영적 교류가 일어나는 통로이기 때문이다.

하나님의 은혜를 찬송할 때, 우리의 소리를 높이는 것이기도 하지만 하나님이 공급하시는 성령의 기쁨을 받는 교류의 역사가 일어난다. 하나님께 영광과 존귀를 우리는 입술로 고백하지만 영적으로는 하나님께로부터 영감과 계시와 기쁨을 받는다.

-시편 100:4, "감사함으로 그 문에 들어가며 찬송함으로 그 궁정에 들어가서 그에게 감사하며 그 이름을 송축할지라."

2) 감 사

우리는 예배의 기회를 통하여 하나님께서 주신 각양의 은혜를 사례해야 한다. 보통 은혜와 특별 은혜와 신령적인 은혜와 육체적 은혜와 단체적 은혜와 개인적 은혜를 감사하는 간구를 한다. 이 때, 모든 은혜 위에 초월한 은혜 곧 말할 수 없는 선물이 되신 예수 그리스도와 그로 말미암아 영생의 소망을 얻는 것과 성령을 보내주심과 성령의 역사하시는 것을 크게 감사하는 간구를 한다.

① 하나님의 존재에 대한 감사

하나님에 대한 감사로 기도의 문을 열어야 한다. 내가 무엇을 소유해서 감사하는 것이 아니라, 하나님의 자녀가 된 것을 감사한다. 우리는 하나님의 자녀가 되어서 구원받았음을 감사해야 한다.

이런 감사는 내 기도를 들으시고 응답했기 때문에 드리는 감사가 아니다. 기도하는 자체에 대한 감사다. 이것은 절대적 감사요 무조건적인 감사다. 이런 감사를 드릴 때, 기도는 하나님을 영화롭게 하고 우리의 마음은 평강으로 채워진다.

-시편 107:1, "여호와께 감사하라 그는 선하시며 인자하심이 영원함이로다"

② 하나님의 약속과 응답에 대한 감사

기도는 하나님이 들으신다는 약속이다(대하 7:11-16). 우리는 하나님의 약속을 믿고 감사하면서 부르짖어야 한다. 그러면 그 기도에 확신이 서게 되고, 능력있는 간구가 된다. 기도에 전제된 하나님의 약속은 우리를 구원하시겠다는 약속(사 41:8-14)이며, 해결해 주시겠다는 약속(렘 33:2-3)이다. 성경에는 하나님의 약속이 가득 차 있다.

③ 감사할 내용과 사건을 영적으로 살핌

우리의 간구가 구체적인 기도가 되기 위해서는 감사할 내용을 영적으로 찾아야 한다. 나의 삶에서 일어난 일들 가운데에서 감사할 내용을 발견하고 기도해야 한다. 그때, '범사에 감사하라' 하신 그 기도를 드릴 수가 있다(살전 5:18).

-생활 속에서 일어난 일들

-사건 속에서 일어난 일들

-자녀들 가운데 일어난 일들

-사업 속에서 일어난 일들

3) 회개-자복

기도를 많이 하는 사람도 이 고백의 기도를 하지 못하면 기도가 새로워지지 않고, 삶을 변화시키는 기도의 응답(복)을 받지 못한다. 요한일서 1:9에서 "만일 우리가 죄를 자백하면 저는 미쁘시고 의로우사 우리 죄를 사하시며 모든 불의에서 우리를 깨끗게 하실 것이요"라고 고백의 중요성을 말씀하고 있다. 기도자는 자신의 죄를 슬퍼해야 한다. 우리에게는 행위의 죄가 있고 영적인 죄가 있다. 죄를 고백하지 않으면 하나님과의 영적인 교통과 대화가 막힌다.

이때, 기도자는 예배공동체를 대표해서 원죄와 자기가 범행한 죄를 자복해야 한다. 기도를 통해서 함께 예배하는 모든 사람으로 하여금 죄라는 것은 그 성질이 하나님에게 분리되는 것임을 깨닫도록 돕는다. 또한 죄의 뿌리에서 나는 각 죄에 대하여 회개하고 용서를 구해야 한다.

중점적으로는 하나님을 거역하는 죄와 이웃을 해하는 죄와 자기를 해하는 죄와 생각과 말, 행동으로 범하는 죄와 은밀한 죄와 참람한 죄와 우연히 범하는 죄와 습관으로 범하는 죄며 또 죄에 죄를 더하는 것에 대한 간구를 한다. 가령 짐짓 범하는 죄와 분별할 도리가 있는데 범하는 죄와 특별한 자비를 받고 범하는 죄와 특권을 받은 후 범한 죄와 맹세한 후 범한 죄들에 대하여 구체적으로 회개하는 간구를 한다.

기도는 감정에 대한 반응이 아니다. 우리의 간구는 기분에 따라 부르짖는 것이 되어서는 안 된다. 오직 자신을 돌아보고, 자신의 삶과 자기의 인격을 변화시키는 고백의 기도가 되어야 한다. 그러므로 철저하게 자신의 죄에 대한 고백이 있어야 한다.

-시편 34:18, "여호와는 마음이 상한 자에게 가까이 하시고 중심에 통회하는 자를 구원하시도다."

4) 예배를 위한 간구

예수님께서는 우리에게 신령과 진정으로 드리는 예배를 요구하셨다. 신령이라는 것은 영적으로 교통하는 예배요, 그것은 하나님의 말씀이신 진리로 예배해야 한다는 것이다. 말씀과 성령의 충만함으로 드려지는 예배를 위해서 간구해야 한다. 말씀을 통해 거듭난 성도들은 기사와 이적을 통해 신령한 세계에 대해 관심을 가질 수 있게 되었고, 하나님께서는 예배를 통해서 성도들과 더 깊은 관계를 원하게 되셨다.

또한 요한계시록 7:11-12에 보면 거기에 간단한 예배의 정의가 있는데. '엎드려 절하다' 는 뜻이다. 구약에서 가장 많이 쓰인 단어도 '엎드려 절한다' 이다. 대표기도를 드리는 사람은 예배공동체를 대신해서 하나님 앞에 엎드리는 예배가 되도록 간구해야 한다.

물론, 우리의 몸으로 엎드려 절하기도 해야 하지만 마음과 의지가 굴복해야 한다. 결국 예배란 하나님 앞에서 엎드려 자신을 낮추는 것이다. 이것이 경배이다. 따라서 왕 중의 왕이신 하나님 앞에 엎드리는 것, 그분의 요청에 굴복하는 예배가 되도록 간구해야 한다.

5. 교회공동체의 간구

여러 가지 간구할 것이 있으니 곧 구속하신 보혈의 공로로 죄사함을 받는 것과 하나님으로 더불어 화평을 얻는 것과 거기에서 발생하는 중대하고 쾌락한 결과요 또 사람을 성결하게 하시는 성령과 우리의 직임을 성취하기 위하여 만족할 능력 주심과 인간이요 죄인인즉 마땅히 받을 고난 중에서 권고하시며 안위하심이 있기를 간구한다. 나아가서 이 비참한 세상을 지내기 위하여 적당한 자비를 베푸시기 위하여 기도해야 한다.

이 모든 것을 간구할 때에 이 은혜는 하나님의 언약하신 사랑에서 나는 것이요 우리의 신령적인 생활을 보호하며 진보하게 하시기 위하여 주시는 것으로 알고 간구한다.

6. 간구할 근거의 고백

기도할 때에 우리의 간구하는 바를 응답하실 연고는 온 신구약에 모든 허락한 원리와 우리의 부족함과 하나님의 풍성하심과 예수의 공로와 우리를 위하여 간구하심과 자기 백성의 위로와 희락에 나타낸 하나님의 영광을 위함이다.

사랑을 입은 자녀가 아버지 하나님께 드리는 간구에는 반드시 요청이 있어야 한다. 죄를 고백하고 영적으로 자신을 살펴보면, 얼마나 부족함이 많은지를 발견하게 된다. 자신의 가정과 교회를 살펴보면, 채워야 할 것이 얼마나 많은지를 깨닫게 된다. 부모가 자녀들을 영적으로 살펴보면, 얼마나 채워야할 지혜와 있어야 할 용기와 결단 등, 필요한 것이 많은지를 알게 된다.

예수님께서 제자들에게 가르치신 기도의 원칙은 구함에 대한 기도의 원리였다-"구하라! 찾으라! 두드리라!"(마 7:7). 그러므로 우리는 구체적으로 간구하는 기도를 해야 한다. 기도를 추상적으로 하는 사람은 응답을 받지 못하고, 기도가 새로워지지 못한다. 현실적으로 필요한 것, 당장 해결해야 할 과제, 부딪히는 문제를 가지고 구체적으로 간구해야 한다.

7. 다른 사람을 위한 기도-도고

다른 사람 곧 세계 모든 인류를 위하여 기도할 것이니 모든 인류에게 성령을 부어 주실 것과 하나님의 교회의 화평과 정결과 흥왕함을 위하여 기도하며 여러 목사와 각처에 있는 선교사를 위하여 기도한다. 나아가 의를 인하여 핍박을 받는 모든 사람과 비참한 사정을 당한 사람과 가난하고 궁핍한 자와 나그네들을 위하여 간구한다.

12장 _ 장로의 헌금

1. 헌금에 대한 자세

헌금은 감사의 표현이다. 하나님이 우리에게 주신 은혜에 대해 전체 생활을 드리는 감사의 표로서 예배를 통하여 바치는 제물이다. 헌금은 하나님이 주신 모든 은혜에 대한 감사인 동시에 하나님을 전적으로 믿는 신앙고백의 실제적인 행위이다. 헌금은 주의 은총에 대한 응답으로 드리는 것이다.

헌금은 신앙의 표현이다. 그리스도인은 하나님의 무한한 은혜에 대하여 감사하는 마음이 있다. 이 감사의 마음을 물질로 나타내는 것이 헌금이다. 헌금은 재물을 아까워하거나 마지못해서 드리는 것이 아니라 기쁜 마음으로 드리는 신앙의 표현이다(고후 9:7).

헌금은 헌신의 표현이다. 그리스도인은 교회와 사회와 하나님께 대하여 어떤 의무를 다하기 위한 실천 행위의 하나이다. 헌금만이 헌신의 표가 되는 것은 아니지만 헌금은 헌신을 나타내는데 매우 구체적인 방법이 된다. 헌금은 보답의 표현이다. 헌신은 말로만 되는 것이 아니다. 우리가 가진 것 중의 하나인 물질을 하나님께 드림으로써 우리의 헌신을 나타내는 것이다. 그리스도인은 하나님께로부터 많은 은혜를 받았다. 받은 은혜에 대한 보답으로 드리는 것이 헌금이다.

헌금은 예배의 일부로서 드리는 예배행위이다. 하나님의 거룩하신 일에 참여하는 정신으로 드리는 것이 헌금이다. 제직은 각종 소득이 있을 때마다 하나님께 받은 은혜를 보답하는 정신으로 헌금해야 한다.

1) 헌금의 원리

① 헌금의 성경적 원리

아브라함은 멜기세덱에게 축복을 받고 그 보답으로 소득의 십분의 일을 드렸고(창 14:20), 야곱은 벧엘에서 십분의 일을 하나님께 드리기로 약속하였다(창 28:22).

토지 소산의 십일조를 드려서 봉헌자와 레위인이 함께 먹으며 즐거워하였으니(신 14:22-29) 이는 친교를 위한 봉헌이었다. 매 3년마다 소산의 십일조를 드려 레위인과 고아와 과부에게 주어 먹어 배부르게 하라(신 26:12)고 하셨으므로 헌금은 구제 사업과 사회 복지를 위해 사용되었다는 것이다.

또한 십일조를 레위 자손에게 주어서 그들이 회막에서 하는 일을 갚았으니(민 18:21, 6-28) 헌금은 성직자의 보수로 사용되었고, 성전 관리와 종교 행사의 운영과 관리를 위해 헌물되었다(느 10:32-39).

예언자 시대에도 헌금과 헌물을 하였고(암 4:4, 말 3:8-10), 예수 시대에도 헌금하였고(막 12:17, 눅 21:1-4), 초대 교회에서도 구제와 봉사를 위해 헌금을 하였다(고후 8:1-5, 행 24:17, 롬 15:26-27).

소득의 십분의 일을 헌금하라고 강조해야 할 필요성에는 몇 가지가 있다.

첫째, 그리스도인은 청지기라는 정신에 기초하고 있다는 점이다. 그리스도인이 되었다는 것은 자기 삶을 그리스도에게 바쳤다는 것이다. 진실한 그리스도의 제자라면 그 지도와 안내를 받아야 한다.

둘째, 십일조는 성경적 근거가 있을 뿐 아니라 청지기는 하나님 나라를 위해 헌금할 의무가 있다.

셋째, 그리스도인들이 헌금하는 습관을 조직적으로 들이지 않을 때에는 청지기 직분에 심각한 위험을 던져 준다. 교인을 돌보아야 할 교회로서는 교인을 주 안에서 성장하도록 지도해야 한다.

② 헌금에 대한 성경의 교훈

기쁜 마음으로 드려야 한다. 헌금은 자신의 소득의 일부를 바쳐서 헌신을 구체화하는 데 의의가 있다. 자신의 자유로운 재물을 지혜롭게 관리하여 기쁜 마음으로 드려지는 예배의 한 순서가 되어야 한다. 자발적으로 전 수입과 헌금 액수와의 비율을 신앙에 의해서 정해서 드리되 여기에는 기쁨의 표현이 되어야 한다.

-대하 31:10, "사독의 족속 대제사장 아사랴가 그에게 대답하여 이르되 백성이 예물을 여호와의 전에 드리기 시작함으로부터 우리가 만족하게 먹었으나 남은 것이 많으니 이는 여호와께서 그의 백성에게 복을 주셨음이라 그 남은 것이 이렇게 많이 쌓였나이다."

-고후 9:11, "너희가 모든 일에 넉넉하여 너그럽게 연보를 함은 그들이 우리로 말미암아 하나님께 감사하게 하는 것이라."

여기에서 우리는 헌금을 드림에 대한 구체적인 자세를 보게 된다.

첫째, 전부를 드림이 되어야 한다. "하나님은 바쳐진 헌금의 액수보다 돈궤에 남겨진 금액을 보고 계신다"는 말이 있다. 두 렙돈을 바침으로써 생활비의 전부를 헌금했던 가난한 과부를 향해서 예수님은 칭찬하셨다. 사람들은 다 자기들의 넉넉한 데서 돈을 넣었으나 그녀는 구차한 데서 가지고 있는 생활비 전부를 넣었기 때문에 누구보다 더 많이 넣었다고 하신 것이다.

-고후 9:6-7, “이것이 곧 적게 심는 자는 적게 거두고 많이 심는 자는 많이 거둔다 하는 말이로다 각각 그 마음에 정한 대로 할 것이요 인색함으로나 억지로 하지 말지니 하나님은 즐겨 내는 자를 사랑하시느니라.”

둘째, 규칙적, 계획적으로 미리 준비해야 한다. 다른 선한 일과 마찬가지로 헌금도 각자가 자기의 기준에서 규율 있게 해야 한다. 헌금은 예산과 계획에 맞추어서 드려야 한다. 이스라엘 백성들이 성소의 성막을 만들기 위해 가져온 헌금품이 남았을 때, 그것은 중지되어졌다(출 36:5-7). 그러나 반대로 예산액이 부족하면 추가가 재촉되어졌다(대하 36:5-7). 이때, 인색함이 없는 후한 헌금이 되어야 한다. 많은 추수를 기대하는 사람은 파종에 인색해서는 안 됨을 기억해야 한다.

-고전 16:2, “매주 첫날에 너희 각 사람이 수입에 따라 모아 두어서 내가 갈 때에 연보를 하지 않게 하라.”

2) 헌금의 표준

어느 종교 의식이든 공통적인 것은 노래와 춤과 헌물이다. 신앙심이 있는 사람은 자기가 믿는 대상 앞에 보은과 감사의 생각을 물질로 표현하고 있다.

① 구약시대의 십일조

히브리 민족은 하나님 중심의 민족으로 저들의 전수입의 십일조를 성별하여 하나님께 바쳤다. 아브라함은 연합군을 격파하고 전승하였을 때 축복해주는 살렘 왕 멜기세덱에게 그 얻은 것 중에서 십분의 일을 주었다(창 14:1-20). 야곱은 아버지와 형을 속이고 도망하다가 오르락 내리락하는 하나님의 사자를 보고, 자신에게 주신 모든 것에서 십분의 일을 내가 반드시 하나님께 드리겠다(창 28:22)고 약속하였다.

레위기에는 땅의 십분의 일 곧 곡식이나 나무 과실의 십분의 일이나 가축의 십분의 일을 곧 곡식이나 나무 과실의 십분의 일이나 가축의 십분의 일도 여호와의 것(레 20:30-32)이라고 하였다. 그런데 그 규정이 일정하지 않아 일년 수확의 십분의 일을 하나님께 드리는 십일조(신 12:6-19, 14:22-27)와 3년마다 레위인과 과부와 고아와 나그네를 위해 드리는 십일조(신 14:28-29, 26:12-15)가 있었다. 말라기 선지자는 이르기를, 하나님의 백성이 십일조와 헌금을 드리지 않는 것은 도적질하는 것이라(말 3:8)고 지적하였다.

우리는 십일조 헌금을 역설하면서 주의해야 할 점이 있다.

첫째, 받기 위해 낸다는 사상이다. 축복은 어떤 보상이 아니다.

둘째, 금전의 십일조만이 제일이 아니다. 청지기는 십일조를 냄으로 책임을 다 한 것이 아니다. 재능과 시간과 노력도 바쳐야 한다.

셋째, 인색함으로 드리지 말아야 한다. 많이 받은 자에게 많은 것을 요구하신다(눅 12:48)는 것이다.

② 신약시대의 헌금

예수께서는 단 두 번의 십일조를 언급하셨는데, 하나는 바리새인과 세리의 기도에서이고(눅 18:12) 또 다른 하나는 외식하는 서기관과 바리새인에 대한 질책에서이다(마 23:23). 십일조에 대한 예수님의 의도를 두고 학자들 간에는 의견이 있으나 마땅히 해야 한다는 말씀이다. 바울은 기독교 공동체의 헌금 행위를 강조하면서 교회와 교회 활동을 지원뿐만 아니라 멀리 있는 가난한 교회도 후원해야 한다고 하였다(고후 8:1-5, 9:12-13). 바울은 고린도 교회로부터 금전적 보조 받기를 거절하였다(행 18:3, 고전 9:18). 그러면서도 그는 복음으로 말미암아 생활하는 것이 사역자들의 정당한 권리(고전 9:14)라고 주장하였다.

성경학자들은 헌금에 대하여 교회가 다음의 몇 가지 계획을 발전시킬 만한 근거가 성경에 있다고 주장한다.

-얻은 대로 수입에 비례하여 내는 헌금

-정규적으로 주일 헌금

-처음 작정한 대로 헌금하기

-즐겁게 하는 헌금

-타인의 곤궁을 돌보려는 의무감에서 하는 헌금

-하나님의 사랑에 응답하여 온 마음을 다 바치는 헌금.

3) 헌금의 관리

바울은 "맡은 자에게 구할 것은 충성이니라"(고전 4:2)고 하였다. 교회의 헌금을 맡은 관리자가 불충성해서는 아무 것도 안 된다. 가룟 유다는 돈을 맡아 자기 유익을 위해 사용한 불의한 청지기였다.

① 하나님의 뜻대로 집행

교회의 재정을 맡아 다스리는 관리자이면 헌금의 사용을 집행할 때, 하나님의 영광을 생각해야 한다. 주인이신 하나님께 결산보고가 되도록 재정을 사용해야 한다. 주인의 달란트를 받아 땅을 파고 감추어 둔 종은 한 푼도 쓰지 않았으나 악하고 게으른 종이라고 책망을 받았다(마 25:26). 어리석은 부자는 많은 소출을 저축만 하고 사용하기도 전에 세상을 떠났으나 경제적이라고 하지 않고 "어리석은 자"라고 했다(눅 12:20).

교회에서 재정을 맡은 관리자는 아끼는 것만을 생각하는 것은 버려야 한다. 주님은 우리에게 모든 것을 후히 주사 누리게 하시는 하나님이심을 기억하여야 한다(딤전 6:17). 재정을 올바르게 사용하여 즐기는 것이 하나님의 뜻이다. 교회는 어떻게 돈을 적게 들여서 운영할까가 아니고 어떻게 하나님의 뜻대로 훌륭하게 경비를 사용할까를 고려해야 한다.

② 공동체의 뜻대로 집행

교회의 재정은 성도들의 결의기관인 공동의회에서 결정된다. 그러면 교회의 재정은 공동체의 총의인 공동의회에서 결의한 예산안에 따라 사용되어야 한다. 헌금자의 뜻에 반하여 그 이외의 용도에 관리자가 임의로 지출되어서는 안 된다. 즉 예산안을 대폭으로 수정함에는 공동의회를 소집하여 경정예산이 결의되어야 한다.

재정을 집행하는데 있어서는 지정된 용도에만 사용되어야 한다. 재정부원이나 회계는 자신이 헌금을 충실히 해야 한다. 다른 교인들이 정성으로 드린 헌금을 취급하는 관리자가 헌금에 충실하지 않으면 그 헌금을 취급할 자격이 없다.

교회의 재정에서 집행되는 교역자의 생활비는 사례금이나 구호가 아니다. 교역자는 그것을 받을 권리를 갖는다(고전 9:1-14). 따라서 교회와 신자들은 지급해야 할 의무가 있다(갈 6:6). 교역자에게 사례를 하는 경우에는 인색함이 없이 드려서 교회 공동체에 풍성한 복을 받도록 도모함이 옳다(왕하 4:9-10).

③ 분명하게 취급되는 집행

바울은 관리자로서의 명예를 손상시키지 않기 위해 또 헌금자가 안심하고 헌금을 위탁하도록 하기 위해 여러 가지 배려를 하였다. 고린도 교회 대외 봉사비를 모금하기 위해 디도와 다른 한 사람을 추가해서 파견했다. 바울은 예루살렘 교회에 송금할 때도 재물을 신중하게 집행하였다.

-고후 8:20-21, "이것을 조심함은 우리가 맡은 이 거액의 연보에 대하여 아무도 우리를 비방하지 못하게 하려 함이니 이는 우리가 주 앞에서 뿐 아니라 사람 앞에서도 선한 일에 조심하려 함이라."

안디옥 교회도 예루살렘 교회에 보낼 구제금을 “바나바와 사울의 손에 맡겨서” 보내었다(행 11:30). 이렇게 충실한 관리가 보증됨으로써 안심하고 헌금을 내게 된다고 하겠다. 그러므로 교회의 재정은 지출할 경우 될 수 있는 한 영수증을 받아야 한다. 물품의 구입 등은 가능하면 두 사람이 맡아야 한다. 매달 제직회에 보고하며 연말에는 반드시 감사를 받아야 한다.

13장 _ 장로의 전도

1. 멸망에 이르지 않게 하시는 하나님

우리들이 예수님 안에서 구원을 얻는 것은, 오직 저를 '구주로 믿는' 믿음으로 말미암는다. 여기에서 예수님을 믿는 그 믿음은 사람에 의한 것이 아니요, 오직 하나님의 선물이다.

1) 하나님의 예정

예수님을 믿고 구원을 얻는 것은 하나님의 사랑으로 말미암는다는 것이다. 이로써 우리는 사람에게 하나님의 구원하시기로 예정된 사랑이 나타났음을 깨닫게 된다. 이는, 사도행전 13:48을 읽으면 확실해지는데, "이방인들이 듣고 기뻐하여 하나님의 말씀을 찬송하며 영생을 주시기로 작정된 자는 다 믿더라"고 했으니 여기에서의 '다'는 영생을 주시기로 작정된 자 전부를 의미한다. 그러므로 하나님의 예정의 실제적인 증명은 전도를 해 봄으로써 알게 된다.

만일, 누구든지 믿어서 구원에 이른다면 하나님의 예정은 부정된다. 또한 누구든지 믿지 않는다면 예정이 부인된다. 그러나 지금 우리 곁에는 믿는 사람이 있는 것이 아니다. 믿지 않는 이들도 우리와 더불어 살아가고 있다. 따라서 전도하는 사람은 누가 예정된 사람인지 모르기 때문에, 우리는 누구에게나 복음을 전해야만 한다.

로레인 뵈트너는 전도와 예정과의 관계에 대해서 다음과 같이 말하였다. "선택의 작정은 비밀에 붙어 있는 것이다. 회중 가운데서 누가 택함을 입을 자인지 알 수 없기 때문에 택함을 받은 자에게만 복음을 전하는 일은 불가능하다. 그러므로 그는 그저 누구에게나 복음을 전할 것 밖에 없다. 누가 택함을 입었는지 그것을 구별하려고 하지 않고 전도를 듣는 사람들을 희망으로 보고 그들이 모두 선택을 받은 자들 가운데서 하나가 되기를 기도해야 한다. 또한, 비피택자에게도 복음전도가 전연 무용한 것은 아니다. 저들이 복음의 광명을 인하여 이 세상에서 범죄하지 않게 되는 일이 많다. 즉 비록 구원을 못 얻는다고 해도 복음의 도덕적 영향을 많이 입는다."

2) 전도자를 세우시는 하나님

하나님께서는 예정하신 자들을 구원해 주시려고 전도자들을 보내신다. 장로는 자신이 증인으로 선택되었다는 사실에 대하여 얼마나 감격하고 얼마나 기쁜 마음으로 교회와 이웃을 섬기고 있는가를 점검해야 한다. 한 가지 꼭 지적하고 싶은 것은 교회의 사역 자체가 하나의 일이라는 '일주의' 에 빠져버리면 교회 내에 여러 가지 부작용 내지 역기능들이 나타난다는 사실이다.

-나는 과연 하나님의 부르심을 받았는가?

-나는 과연 하나님의 부르심에 올바로 응답하고 있는가?

우리는 자신을 향해서 끊임없이 물어야만 한다. 이같은 자세야말로 진실된 하나님의 종으로서 하나님 앞에 서있는 장로의 '어전의식' 이다. 언제나 새롭게 되는 가능성은 이러한 자기 질문으로부터 시작되는 것이다. 만약 장로가 일주의를 벗어나지 못하면, 그의 사역은 매우 부끄럽고 동시에 힘들게 끌려가는 노예와 같은 삶의 연속이 되고 말 것이다.

예수님께서 사람들을 보신 것만큼, 우리가 아이들을 볼 수만 있다면, 우리에게는 소망이 있다. 바울은 그리스도께서 사람들에게 각각 직분을 주신 것이라고 하였다. 그래서 어떤 사람은 사도가 되고 어떤 사람은 예언자가 되었으며, 또 어떤 이는 전도자가 되었다.

2. 성경이 말하는 전도

성경에는 명쾌하게 '전도'라고 번역할 수 있는 낱말이 없다. 그렇지만 전도의 개념과 명령은 성경의 구조에 있어서 빠뜨릴 수 없는 근본적인 것이었음을 알 수 있다. 그것은 신약의 몇몇 단어들이 전도의 의미를 분명하게 해주기 때문이다.

1) 전도를 가리키는 신학적인 용어

① 전파하다—설교하다

전도의 의미를 밝혀 주는 낱말 가운데, 좋은 소식과 관련해서 만족할 만한 용어가 있는데, 그것은 "전파하다"로 번역되는 단어다. 이 말의 원어는 '유앙겔리조'로서, "좋은 소식을 알리다"라는 의미를 지니고 있다. 그리고 "복음을 전파하다"라고 해석될 수 있는 의미를 포함한다. '전도하다'라는 단어는 실제로 이 헬라어의 음역인 것이 분명하다.

사도행전 21:8에서 빌립은 전도자로 불렸다. 이는 빌립의 사역이 복음을 전하는 동시에 설교하려고 돌아다니는 것이었음을 의미한다. 초대 교회의 전도자들은 구원의 좋은 소식을 전파하는 사람들이었다.

행 13:32, "우리도 조상들에게 주신 약속을 너희에게 전파하노니."

② 전파하다

복음을 전하는 것과 관련해서, 신약 성경에서 우리가 만나게 되는 낱말이 있다. 그것은 '전하다' 또는 '전파하다' 는 의미로 사용되어지는 낱말로 '케루소' 다. '케루소' 의 기본 개념은 왕의 명령을 전달하는 행위를 뜻한다. 고대 왕국에서 '왕으로부터 그에게 주어진 메시지를 전달하는 선포자' 에 대하여 이 낱말이 쓰여졌다.

왕의 메시지를 받은 선포자는 마을의 가장 한 가운데서 나팔을 불어 백성들이 왕의 말을 듣도록 하였다. "선포자는 자신의 의견을 피력하는 것이 아니라 오직 그에게 맡겨진 왕의 메시지만을 전해야 한다." 이 낱말이 강조하는 것은 진리의 단순한 나타냄에 있다. 듣는 사람이 어떻게 반응하느냐에 있는 것이 아니다. 만일, 누가 케루소의 의미로 전하면, 그는 복음을 선포하고 있는 것이다. 우리는 이 뜻을 다음의 말씀들에서 확인할 수 있다.

③ 가르치다

헬라어의 '디다스코' 는 예수님의 지상 사역에서 행해진 전도를 묘사할 때 쓰여졌다. 사복음서 기자들은 모두 예수님에게 이 말을 드리고 있다. 이것은 가르치기 위해 다른 사람들과 담화하는 것을 가리키며, 그 의미는 '가르치다' 이다. "예수께서 모든 성과 촌에 두루 다니사 저희 회당에서 가르치시며" (마 9:35).

예수님에게 있어서 가르침이란 것은 진리를 선포하는 것 이상의 의미를 가지고 있다. 가르침은 명료하게 하고 설명도 해준다.

④ 증거하다

헬라어의 '마르투레오' 는 "증거하다" 를 의미한다. "너희가 ...내 증인이 되리라" (행 1:8). 엄격한 의미에서 증인은 진리의 증거나 실증을 준다. 예수 그리스도에 대하여 증거하는 자들은 그리스도의 메시지가 진실된다는 실증을 제공한다.

순교자라는 말도 이 단어에서 유래한다. 순교자는 자기가 복음을 믿는 증거로써 자기 생명을 내어놓은 사람이다. 증인은 다른 모든 사람들에게 생명도 불사하고 증거하는 사람이다.

⑤ 제자를 삼다

전도를 말할 때, 헬라어의 '마타테우오' 가 종종 쓰여진다. 이 말이 가리키는 의미는 "제자를 삼는다는 것" 이다. 예수는 그의 제자들에게 다른 사람들을 제자로 삼으라는 임무를 주셨다. "그러므로 너희는 가서 모든 족속으로 제자를 삼아" (마 28:19). 이 말은 회개란 개념을 내포하고 있다. 이 용어는 마지막 결과들과 관련된다. 교육을 통해, 회심한 사람은 학습자 혹은 학생이, 즉 제자가 된다.

전도는 저주 가운데 사는 죄인이 회개를 통하여 천국을 얻는 것이며, 어둠의 자식을 하나님의 자녀로 만드는 일(요 1:12-13)이요, 예수의 새로운 제자를 양육하는 것(마 18:19)이다.

2) 전도와 복음

전도가 복음을 전하는 일일진대, 우리는 복음의 개념과 의미를 파악하고 있어야 한다. 신약의 둘째 책인 마가복음은 '복음' 이라는 말로 시작하고 있다: "하나님의 아들 예수 그리스도복음의 시작이라" (막 1:1). 신약에는 네 개의 긴 본문들이 '복음' 이란 말을 사용하면서 복음의 내용을 정의하고 있다. 그것들은 사도행전 10:36-43과 13:32-39 그리고 로마서 1:1-7 및 고린도전서 15:1-8이다.

우리는 신약에서 쓰여지고 있는 몇몇 낱말들의 배경에서 복음의 의미를 이해할 수 있다. 고린도전서 15:1-8에서 바울은 그가 이전에 고린도 사람들에게 몸소 전달해 주었던 복음의 메시지를 재진술하고 있다. 3-5절은 그 본문의 핵심으로서, 다음과 같이 요약될 수 있다. "내가 (복음), 곧 '그리스도께서 우리 죄를 위해 죽으셨고 다시 살아나셨다' 는 소식을 너희에게 전해 주었다." 이것이 복음 메시지에 대한 바울의 정의다. 복음에 대한 바울의 진술에는 네 가지 개념이 들어 있다. 죄-영적 죽음, 하나님과의 분리, 신적 대속, 부활이다.

우리는 복음에 대한 바울의 정의에서 직접 연유되는 이와 같은 네 개념들을 다음의 진술에서 확인할 수 있다.

1. 나는 죄인이다

-나는 거룩하신 하나님을 외면하였고 불순종하였으며 범죄하였다.

*성경-로마서 3:10-12, 시편 14:22-3, 전도서 7:20, 야고보서 4:17

2. 나는 하나님으로부터 분리되었다

-나는 나의 죄의 결과와 형벌을 받고 있다.

*성경-이사야 59:2, 로마서 6:23, 에베소서 2:1-3, 데살로니가후서 1:8, 9

3. 신적 대속

-하나님의 죄가 없으신 아들 예수 그리스도께서 나의 죄 때문에 죽으셨다. 그분은 내가 당해야 할 형벌—성부 하나님으로부터의 분리—을 당하심으로 내가 하나님과 연합할 수 있게 하셨다.

*성경-로마서 5:8-9, 베드로전서 2:24, 히브리서 7:26, 이사야 53:4-6

4. 부활

-예수 그리스도는 부활하셨다.

*성경-사도행전 2:32-33

여기에서 우리는 복음에 대한 정의를 이렇게 말할 수 있다. 그것은 먼저, 하나님의 나라에 대한 복음이다. 성경에서 하나님의 나라를 말할 때, 그것은 왕의 권위와 다스림을 가리킨다. 왕이신 그리스도의 다스리심에는 성도들로 하여금 그에게 복종할 것을 명령하시는 의미가 포함되어 있다. 그리고 그리스도께서 세상을 다스리시며, 우리들 개개인의 삶마저도 지배하고 계신다는 사실이다.

또한, 하나님의 복음이다. 하나님의 복음이라 말할 때, 그것은 하나님에 대한 복음, 하나님께로서 온 복음을 말한다. 하나님에 대한 복음은 외아들을 우리를 위해서 내어 주시기까지 세상을 사랑하시며, 우리와 더불어 화목하기를 바라시고, 그의 성령을 우리에게 보내 주심으로써 우리에게 아버지가 되시기를 원하시는 인격적인 하나님을 알려 주시는 것이다.

3) 복음의 능력

하나님의 말씀은 전도현장에서는 생명을 살리는 능력을 나타낸다. 우리들이 복음을 전할 때, 성경은 어떤 역사를 하게 되는가? 이에 대하여, 미국 복음주의 교사양성협회가 '주일학교 전도에 있어서의 성경의 능력' 이라는 주제로 잘 설명해 주고 있다. 조금은 긴 글이지만, 함께 읽어 보기 원한다.

① 죄를 깨닫게 하심

-히 4:12-13, "하나님의 말씀은 살아 있고 활력이 있어 좌우에 날선 어떤 검보다도 예리하여 혼과 영과 및 관절과 골수를 찔러 쪼개기까지 하며 또 마음의 생각과 뜻을 판단하나니 지으신 것이 하나도 그 앞에 나타나지 않음이 없고 우리의 결산을 받으실 이의 눈 앞에 만물이 벌거벗은 것 같이 드러나느니라."

죄에 대한 자각은 성경을 통해 온다. 죄의식은 하나님 보시기에 자기가 얼마나 부패했는가를 깨닫기 전에는 오지 않는다. 이 부패성의 자각은 성경을 통해 오기 때문에 교사는 마땅히 성경에 익숙한 사람이 되어야 한다.

② 회개하도록 감동하심

-시 19:7, "여호와의 율법은 완전하여 영혼을 소성시키며 여호와의 증거는 확실하여 우둔한 자를 지혜롭게 하며 여호와의 교훈은 정직하여 마음을 기쁘게 하고 여호와의 계명은 순결하여 눈을 밝게 하시도다."

회개는 사람 속에 변화된 생명이 있는 증거요 이 변화된 생명의 근원은 하나님의 말씀이다. 회개한 사람(소성한 사람)은 하나님께 얼굴을 향하고 하나님을 바라본다. 우리의 논리적인 변증이나 이성적인 제시나 비유 등이 그 영혼을 소성케 하는 것이 아니라, 하나님의 말씀이 죄를 깨닫게 하고 회개하게 하는 것이다.

4) 영생을 주심

-벧전 1:23, "너희가 거듭난 것은 썩어질 씨로 된 것이 아니요 썩지 아니할 씨로 된 것이니 살아 있고 항상 있는 하나님의 말씀으로 되었느니라."

하나님은 성경을 사용하셔서 죽을 수밖에 없는 이들에게 영원에 이르는 생명을 주신다.

5) 깨끗하게 하심

-요 15:3-4, "너희는 내가 일러준 말로 이미 깨끗하여졌으니 내 안에 거하라 나도 너희 안에 거하리라 가지가 포도나무에 붙어 있

지 아니하면 스스로 열매를 맺을 수 없음 같이 너희도 내 안에 있지 아니하면 그러하리라."

6) 믿음을 갖게 하심

-롬 10:17, "그러므로 믿음은 들음에서 나며 들음은 그리스도의 말씀으로 말미암았느니라."

성경은 믿음이 설 수 있는 기반이다. 말씀이 없는 곳에 믿음의 기반은 없다. 그가 성경을 듣고 깨닫지 않는 한 말씀을 자기 믿음의 기반으로 삼을 수 없다. 그 말씀이 자기 속에 역사되기 위해서는 말씀을 믿고 받아들여야 한다. 어린이들의 신앙의 견고성은 바로 기록된 말씀에 기초를 두는 데 있다.

7) 거룩함에 이르게 하심

-요 17:17, "그들을 진리로 거룩하게 하옵소서 아버지의 말씀은 진리니이다."

성화는 죄악에 대한 분리를 뜻한다. 예수님이 자신을 교회에 주신 목적은 말씀으로 깨끗하게 하사 거룩하게 하심이라고 하였다. 그러므로 교사들은 성경을 알아야 하고 자기의 생활에서 능력으로 체험해야 하며 그 말씀이 모든 읽는 자에게 구원을 주시는 하나님의 능력이심을 확신해야 한다. 우리는 성경을 틀림이 없는 하나님의 말씀이며 권위 있는 말씀으로 받아들여야 한다.

3. 전도자가 지녀야 할 자세

전도는 하나님의 자녀가 예수님을 닮아가며, 따라가는 삶의 과정이다. 우리를 하나님의 자녀라 할 때, 아버지 하나님의 말씀을 들어야 한다. 그리고 '그리스도인' 이라 부를 때, 우리에게는 그리스도를 닮아야 할 의무가 있다. 주님께서 하셨던 일을 오늘날 우리에게도 명하셨으므로 우리는 순종함으로 복음을 전해야 한다.

전도는 사람의 절대적인 필요를 채우는 일이다. 지옥으로 갈 수밖에 없는 한 사람의 영혼을 하나님의 나라로 인도하는 것이며, 저주스러운 삶에 갇혀있는 사람을 불러내어 그리스도 안에서 복된 삶을 누리도록 하는 일이다. 더 나아가, 그에게 전해진 복음을 통하여 그의 가족까지 구원받아 결국에는 세상을 바꾸는 것이 된다.

1) 명령에의 순종

성경을 읽다 보면, 우리들은 예수님의 명령 가운데 세 가지 특징이 있음을 발견할 수 있다. 그것은 오라, 배우라, 가라는 세 단어이다. 그러면 따로 따로 떼어서 살펴보도록 하자.

-오라: "수고하고 무거운 짐진 자들아 다 내게로 오라 내가 너희를 쉬게 하리라" (마 11:28).

-배우라: "나는 마음이 온유하고 겸손하니 나의 멍에를 메고 내게 배우라 그러면 너희 마음이 쉼을 얻으리니 이는 내 멍에는 쉽고 내 짐은 가벼움이라 하시니라" (마 11:29-30).

-가라: "열한 제자가 갈릴리에 가서 예수의 명하시던 산에 이르러 예수를 뵈옵고 경배하나 오히려 의심하는 자도 있더라 예수께서 나아와 일러 가라사대 하늘과 땅의 모든 권세를 내게 주셨으니 그러므로 너희는 가서 모든 족속으로 제자를 삼아 아버지와 아들과 성령의 이름으로 세례를 주고 내가 너희에게 분부한 모든 것을 가르쳐 지키게 하라 볼찌어다 내가 세상 끝 날까지 너희와 항상 함께 있으리라 하시니라" (마 28:16-20).

요한복음에서 예수님은 말씀하시기를, "아버지가 나를 보내심같이 나도 너희를 보낸다"고 하셨다. 논쟁의 여지도 없이 예수님께서 사도들이나 교회에 주신 명령은 정확하다. 그것은 사도행전 1:8의 기록처럼, "오직 성령이 너희에게 임하시면 너희가 권능을 받고 예루살렘과 온 유대와 사마리아와 땅 끝까지 이르러 내 증인이 되리라 하시니라"는 것이다.

유감스럽게도 이 명령이 제대로 받아들여지지 못하고 있다. 어린이들이 주일학교에서 맨 처음으로 경험하는 것이 무엇인지 되돌아보기만 해도 알 수 있는 것이다. 주님께서는 우리에게 전도를 명령하셨는데, 우리가 하는 일이란, 공과를 배우자고 아이들을 앉혀놓는 것이다.

제임스 패커(J. I. Packer)는 그의 훌륭한 책인「전도와 하나님의 종주권'」(Evangelism and Sovereignty of God)에서 쓰기를, "복음전파의 임무는 사도들에게 국한된 것도 아니며 오늘날에 있어서 교회의 전도자에게 국한된 것도 아니다. 그것은 전체 교회에게 주어진 것이므로 모든 그리스도인 각자에게 수임된 바인 것이다."라고 하였다. 그렇다. 모든 하나님의 백성은 빌립보 사람들이 한 것처럼 일하라고 보냄을 받은 것이며, 빛과 같이 세상을 비추고 생명의 말씀을 전해야 한다.

복음증거에 대한 주님의 명령이 갖는 의미는 명백하다. 그것은 우리에게 순종을 요구한다. 만일 우리가 그리스도인으로서 증인의 임무를 취하려 하지 않는다면 태만이다. 그리고 주님께 대한 반역이 된다. 우리가 전도하라는 주님의 명령에 유의하지 않는다면, 그것은 예수님의 주인되심에 대한 입술의 봉사를 기피하는 것일 뿐이다.

예수님의 명령에서 알 수 있는 특징은, 그 명령을 받는 사람이 순종해야 한다는 사실이다. 주님의 명령은 어물쩡거릴 수 없는 것이다. '순종이냐, 그렇지 않으면 불순종이냐' 일 뿐이다. 그리고 주님의 명령은 '가라' 는 것으로 완료되고 있음을 알게 된다. 달리 말하자면, 우리 예수님께서는 우리를 세상으로 보내시기 위하여 '오라' 고 부르셨으며, '배우라' 고 강권하셨다는 사실이다.

마가는 그의 복음서를 끝내기 전에, "또 가라사대 너희는 온 천하에 다니며 만민에게 복음을 전파하라 믿고 세례를 받는 사람은 구원을 얻을 것이요 믿지 않는 사람은 정죄를 받으리라"(막 16: 15-16)고 쓰면서, 복음을 전하라는 명령이 여기에서 끝나지 않고 계속되고 있음을 깨닫게 한다.

누가는 그의 복음서에서 예수님의 명령을 보다 구체적으로 썼다.

"또 이르시되 이같이 그리스도가 고난을 받고 제 3일에 죽은 자 가운데서 살아날 것과 또 그의 이름으로 죄 사함을 얻게 하는 회개가 예루살렘으로부터 시작하여 모든 족속에게 전파될 것이 기록되었으니 너희는 이 모든 일의 증인이라. 볼찌어다 내가 내 아버지의 약속하신 것을 너희에게 보내리니 너희는 위로부터 능력을 입히울 때까지 이 성에 유하라 하시니라"(눅 24 :46-49).

2) 구원의 확신

세일즈맨은 자신이 소개할 상품에 대하여 자신과 확신을 가지고 나아간다. 설혹 자신이 소개하는 제품에 하자가 있거나 결함이 있다 할지라도 자신있게 소개해야 소비자가 설득을 당할 것이다. 전도하러 간다는 것은 예수님을 소개하여 그가 주님을 구주로 소유하도록 하는 것이다.

때때로 세일즈맨은 상품의 판매를 위하여 거짓된 사실을 말하기도 한다. 은근히 상품의 우수성을 포장하여 소개하기도 하는 것이다. 그러나 전도자의 복음은 속이거나, 하자가 있거나, 꾸며낸 것을 전하는 것이 아니다. 확실한 생명의 구주, 하나님의 본체이신 예수님을 전하러 간다. 누구든지 믿고 영접하면 구원을 주시는 놀라운 비밀을 선물로 가져가는 것이다.

만약 우리가 전해주는 이 비밀을 알기만 한다면 그것을 전달해 준 사람을 영원히 잊지 못할 것이다. 전도자는 증거를 위한 영적 준비를 갖추어야 한다. 그러므로 우리는 우리가 전하는 복음에 대한 확신을 가져야 한다, 그것이 전도인이 지녀야 할 가장 큰 자세다.

우리가 복음을 전하기 위해서 가장 우선으로 준비할 것은 구원의 확신이다(요 3:11). 불확실한 구원은 호소력이 없다. 복음 전도자가 되려면 무엇보다도 죄로 인한 인간 현실의 비참함과 구원의 필요성을 느껴야 한다. 그리고 오직 예수 그리스도로 인한 구원의 가능성, 그리스도의 피로 인한 구원의 확신이 있어야 한다.

3) 사람의 영혼에 대한 사랑

구원의 확신, 전도의 확신이 있는 사람이라면 당연히 타인에 대한 책임을 느낄 것이다. 우리가 굳이 전도해야 할 이유가 있다면 우리의 생명이 귀중한 것처럼 타인의 생명과 영혼도 귀중하다는 것을 고백하는 것이다. 예수님을 주로 고백하고 그와 함께 동행하는 삶을 산다면 그리스도께서 우리의 내면에서부터 사람의 영혼을 사랑할 마음을 주실 것은 너무나도 당연하다.

성령께서는 친히 우리를 인도하신다면 분명히 구원받을 영혼을 만나게 하신다. 그리고 그들을 사랑하게 하신다. 우리들이 예수를 믿기 전에 받았던 그 모든 수모와 고난, 그리고 불행한 날들을 묵상한다면 결단코 고난당하고 무지한 죽은 영혼들에 대하여 사랑하고자 하는 마음이 생기지 않을 수 없을 것이다.

사랑의 눈으로 사람의 모습을 보아야 한다. 무리를 보시며 민망히 여기시는 예수 그리스도의 시선을 가질 수 있어야 하며, 인간의 외적인 형편이 아니라 본질적인 영혼의 상태를 보는 눈이 있어야 한다. 그

눈으로 인간 영혼에 대한 지극한 사랑이 있어야 한다. 그러한 사랑의 마음으로 지속적이며 간절한 기도를 할 때, 하나님의 역사가 나타난다. 전도는 영혼에 대한 전도자의 불타는 사랑의 마음에서 시작된다.

우리는 교회 밖에 있는 불신의 사람들까지도 '하나님의 백성' 으로 보아야 한다. 그들은 지금 버려진 상태에 있을 뿐이다. 그들은 누구인가? 하나님께서는 그들을 지으셨고, 저들의 반역에도 불구하고 여전히 사랑하신다. 우리는 이 사랑을 하나님의 일반 은총이라 말한다. 그들이 이제, 예수님을 구주로 영접하면, 하나님의 특별한 은혜, 곧 아들의 은혜를 누리게 된다.

주님께서는 불신자들을 가리켜, '이스라엘의 잃어버린 자들' 이라고 하셨다. 우리에게는 주님께서 '나의 다른 양들' 이라고 하신 이들을 찾아내어서 주님의 양떼 속으로 인도할 책임이 있다. 하나님께서 사랑하시는 불신자들을 사랑하자.

우리가 가져야 할 사랑의 모습은 요한일서 3:17-18에 묘사되었으니, "누가 이 세상 재물을 가지고 형제의 궁핍함을 보고도 도와줄 마음을 막으면 하나님의 사랑이 어찌 그 속에 거할까 보냐 자녀들아 우리가 말과 혀로만 사랑하지 말고 오직 행함과 진실함으로 하자"라는 것이다.

4) 성경을 아는 지식

전도자는 그가 전하는 복음의 내용에 대한 지적인 준비가 되어 있어야 한다. 말씀에 대한 지식이 있어야 한다(엡 6:17, 히 4:12). 전도는 결국 예수 그리스도의 복음의 내용을 전하는 것이다. 따라서 성공적으로 증거하기 위해서는 성경에 예리하고 강력한 힘이 있음을 알아야 하며, 복음에 대한 바른 이해가 필수 요소다.

전도자는 복음을 완전히 이해하고 깨달아 전해야 할 내용을 정확히 알고 있어야 한다. 복음에 대한 철저한 이해, 곧 인간의 죄성, 하나님의 은혜, 구속의 원리를 제대로 알 때 전도에 힘이 생긴다. 복음의 정확한 메시지를 가지고 있을 때 생명의 역사가 나타나는 것이다. 생명의 씨를 가진 자만이 생명의 씨를 뿌릴 수 있는 것이다.

성경을 많이 알아야 한다. 성경은 하나님의 말씀에 힘이 있다고 하였다. 하나님의 말씀은 바로 칼이다(엡 6:17). 우리의 지혜나 지식이 아무리 크다 해도 결코 그들을 감동시키거나 거듭나게 할 수 없다. 오직 말씀만이 사람들의 생각을 집어내고 그들의 상태를 보게 하고 죄의 심각성과 죽음을 깨닫게 하며 예수 그리스도를 의지하게 한다.

-성경을 많이 읽어야 한다. 그래서 전체적인 성경의 주제인 복음에 대하여 능통해야 한다.

-성경을 많이 공부해야 한다. 성경은 각각 그 짝이 있어서 필요한 말씀이 서로 맞물려 있다. 그러므로 성경공부를 통하여 말씀에 정확해야 한다.

-성경을 많이 외워야 한다. 무기로 가장 적절하게 쓰이려면 적당하게 사용할 수 있도록 장전이 되어 있어야 한다. 그처럼 되도록 유효 적절하게 사용하려면 말씀을 외워야 한다.

"또 나를 위하여 구할 것은 내게 말씀을 주사 나로 입을 벌려 복음의 비밀을 담대히 알리게 하옵소서 할 것이니"(엡 6:19).

5) 구령에 대한 기도

성령을 의지하는 기도의 사람이어야 한다. 왜냐하면 전도는 하나님이 하시기 때문이다. 전도하기 전에 전적으로 성령을 의지하는 기도에 힘써야 한다. 우리의 전도 사역 가운데서 역사하시는 분은 성령이기에, 성령에 대한 의지가 있어야 가능하다.

전도를 위한 힘을 주시고 지금도 나와 함께 계시며 나의 능력이 되시는 성령의 충만함이 있어야 한다(행 2:4). 그러므로 전도자는 전도의 문이 열리게 해 달라고 기도하여야 한다. 전도 자체를 위하여 기도해야 한다. 전도하는 자신과 전도할 대상을 위하여 기도하고, 전하여야 할 말씀을 얻기 위해 기도해야 한다.

매일 아침 우리가 빠뜨리지 않고 기도해야 할 내용이 있다면 전도의 문이 열려져서 불신자들에게 복음을 담대히 전할 수 있게 해 달라고 하는 일일 것이다. 주님은 어떤 기도 중에서도 '먼저 그의 나라와 그의 의를 구하라' 고 명령하셨다. 우리는 주기도문으로 간구할 때마다 전심으로 "나라이 임하시도록" 기도해야 한다.

전도자는 그들의 영혼이 구원에 이르기를 기도하면서, 모든 사람에게 열린 마음의 자세를 가져야 한다. 우리가 그들의 영혼을 불쌍히 여길 때, 하나님께서 우리를 보내신다. 그러므로 기도하는 가운데, 언제 어디에서든 누구에게나 복음을 전할 준비가 되어 있어야 한다. 우리는 언제 어디서 누구를 만나더라도 전도할 마음의 태세를 갖추고 있어야 한다. 그것은 하나님 말씀에 순종하는 것으로만 가능하다.

전도자의 올바른 마음 자세는, 누구든지 그리스도의 보혈로 용서받을 수 있으며 예수님의 능력은 어떠한 사람도 변화시킬 수 있다는 사실을 믿는 것이다. 그러한 믿음을 바탕으로 하여 누구에게든지 사랑의 눈으로 바라보는 부드러운 마음, 인자한 마음, 재치 있는 자세, 용납의 마음을 가져야 한다. 곧, 상대방을 이해하고 수용하는 마음을 소유해야 한다.

6) 복음 메시지의 준비

각 전도 훈련 기관이나 선교 단체마다 나름대로 정리한 전도 메시지를 가지고 있는데, 그 내용이 전반적으로 유사하다. 이는 성경이 말하는 복음의 핵심이 분명하기 때문이다. 그리고 실제 전도를 할 때 시간 제약을 받기 때문에 가능한 복음의 내용을 짧게 전해야 하기 때문이다.

① 원래의 인간 모습을 전한다. 하나님의 형상대로 창조된 인간, 하나님의 백성으로 누려야 할 복을 알려 주어야 한다(창 1:27-28)

② 인간의 죄와 현실, 죄와 결과를 분명히 전한다. 하나님과 단절된 인간의 삶, 고통스러운 인간의 삶 등을 현실감 있게 전한다.

③ 인간의 해결 노력과 무능함을 깨우쳐 준다. 즉, 인간의 원죄로 인하여 인간 스스로의 구원은 불가능함을 알게 하여(롬 3:23), 인간의 노력은 헛됨을 증거한다.

④ 이러한 죄인을 향하신 하나님의 사랑이 있음을 증거한다(롬 5:8).

⑤ 하나님께서 주신 유일한 해결책을 소개한다.

-예수님의 오신 목적(요일 3:8)

-예수님을 믿음으로 얻어지는 결과(요 14:6, 롬 8:1-2, 요 1:12)

⑥ 구원을 얻는 유일한 비결을 알려준다. 죄를 시인하고 그리스도를 영접하는 것이다(롬 10:9-10, 요 3:16, 요 1:12).

⑦ 구원받는 자가 누리는 복된 삶에 대해 가르쳐 준다. 영생을 얻으며, 하나님의 자녀로서 특권을 누리며 살게 됨을 증거한다.

이상의 내용들을 간추리거나 더 보태어 전하는 것은 상관없으나, 이러한 기본적인 흐름을 가지고 전할 때 복음의 능력이 나타나게 된다. 분명한 복음의 내용을 가지고 전도 현장이나 대상자에게 가장 적절한 방법을 간구하면 효과적인 열매를 맺게 되는 것이다.

7) 성령의 충만한 상태

전도의 동기는 성령을 받는 데서 비롯된다. 내 힘으로, 내 의지로 전도해야 되겠다고 해서 되는 것이 아니다. 기도하는 중에 이와 같은 성령의 능력을 받아야 한다. 그래서 그 능력이 나가서 복음을 증거하게 한다. 만일, 성령이 충만하게 되면 그곳에 성령의 능력이 나타난다. 또한, 복음을 증거하지 않고는 견딜 수 없게 되는 것이다.

초대 교회의 성도들이 가는 곳마다 복음을 증거 했던 이유가 무엇인가? 성령의 능력을 충만히 받았기 때문이다. 교사인 우리들이 먼저 성령의 은혜와 능력을 충만히 받아 전도자들이 되어야 한다. 교사라면, 한 사람도 빠짐없이 전도하는 일에 동참하도록 해야 한다.

이에, 우리에게는 계속적인 성령의 충만함이 유지되는 상태가 되어야 한다. 전도를 할 계획으로 전도 대상자에게 막상 다가가면 두렵고 불안한 마음이 엄습해 올 때도 있기 때문이다. 그리고 전도를 나가기 전까지는 전도에 대한 회의가 찾아온다.

우리는 전도자의 마음을 짓누르는 부정적인 것들에 속아서는 안 된다. 그것은 우리를 속이려는 사단의 최후 간섭이다. 사단은 어떻게 하든지 우리가 복음을 전하지 못하도록 우리를 갖가지의 방법으로 방해하며 우리 마음을 짓누르는 것이다.

그러면 이러한 부담을 어떻게 이길 것인가? 그것은 기도를 통한 성령 충만을 요구하는 길 밖에 없다. 현재의 상태를 솔직히 고백하고 성령께서 나 자신을 주장하여 성령의 말하게 하심에 따라 담대하게 말할 수 있게 해달라고 기도할 때, 성령은 사단의 악랄한 공격을 완전히 차단시켜 주실 것이다.

14장 _ 장로의 도고(중보기도)

1. 도고란 무엇인가

우리는 신약의 서신서들을 통하여, 한 사람을 그리스도의 사람으로 세우기 위해 기도하는 바울의 모습을 대할 수 있다. 그는 교회를 위한 기도를 자신의 사역 일부로 간주하고 있었다. 오늘날도 주일학교 현장에는 바울과 같이 기도하는 사역자가 필요하다.

1) 도고의 뜻을 알게 해 주는 이야기

1940년 9월 처칠(Sir Winston Leonard Spencer Churchill)은 나치의 공습이 임박했다는 첩보를 받았다. 나치의 군수공장들은 영국의 공장들보다 더욱 빨리 전투기를 만들 수 있었기 때문에 영국의 공군비행대가 수적으로 열세인 것은 의심의 여지가 없었다. 그 결과 200대 이상의 나치 폭격기들이 영국을 공격하기 위해 날아오고 있었다. 단지 26대의 비행중대만이 이들에 대항하기 위해 영국 땅에서 발진하였다.

그런데 갑자기 거대한 나치 비행군단이 뒤로 물러가는 것이었다. 185대의 비행기가 연기 속에 격추되었고, 나머지 비행기들은 퇴각하고 있었다. 모든 이론적인 가능성을 물리치고 영국의 비행대가 기적적으로 전투에서 승리한 것이었다.

영국군 수사관들이 여러 명의 독일군 조종사들에게 "단지 2대의 전투기가 공격해오고 있는데 퇴각한 이유가 무엇입니까?" 라고 물었을 때 그들은 추락한 전투기의 나치 조종자들로부터 놀라운 이야기를 들었다.

"두 대라고요?"

한 조종사가 말했다.

"수백 대였어요."

다른 독일측 장교는 매우 당혹해 하면서 "도대체 영국 상공에 나타난 이 많은 전투기들은 다 어디서 나온 것입니까?" 라고 궁금해 하였다. 이 사건을 조사하던 영국군 수사관들도 놀라움을 숨기기가 힘들었는데 그 이유는 사실상 독일군들이 만난 비행기는 단지 몇 대의 작고 낡은 모델인 스피파이어와 허리케인 파이터 뿐이었던 것이다. 그런데 하늘이 영국 공군비행대의 전투기로 가득 차 있었다니...

나중에 포로가 된 한 나치 수사대 장교는 독일군 조종사들을 혼동시킨 신기루의 신적인 근원을 밝혀내는데 거의 접근했다. 나치 장교는 영국군 수사 장교에게 말했다.

"매일 저녁 빅벤 시계탑의 시계가 9시를 알리는 종을 치면 당신들은 우리가 이해할 수 없는 비밀 무기를 사용합니다. 그것은 너무 강력해서 우리는 어떤 무기로도 그에 대항할 수가 없었습니다."

그가 한 말은 옳았다. 바로 빅벤 시계가 9시를 치면 강력한 무기가 작동하게 되어 있었다. 그것은 전심으로 하는 기도로부터 나오는 국가적인 강력한 힘으로, 여기에 대항하여 이길 가망이 있는 것은 아무것도 없었다. 국회의사당 건물의 시계탑에 있는 빅벤 시계가 9시를 알리는 매일 밤, 전능하신 창조주 하나님께 기도하는 나라 대영제국과 멀리 떨어져 있는 영국령에 살던 하나님의 사람들은 그 유명한 침묵 기도시간을 위해 하던 일을 모두 멈추었던 것이다.

이 크고 위대한 일을 행하신 능력의 하나님께 감사의 박수를 보낸다.

2) 도고의 어원적인 이해

도고는 "간구자가 어떤 사람의 유익 또는 그 밖의 어떤 것의 유익을 위해 하나님께 요청하는 것" 이다. 일반적으로 말해서, 기도는 사람이 하나님께 말씀을 드리는 것이다. 그리고 도고는 기도자가 어떤 사람을 위한 감정을 갖고 그를 대신해서 하나님께 나아가는 것이다. 따라서 모든 도고는 하나님께서 받으실 만한 기도가 된다.

도고를 뜻하는 영어의 단어 '인터세션' (intercession)은 라틴어 '사이에' 라는 뜻을 가진 '인터' (inter)와 '나아간다' 는 뜻을 가진 '쎄데르' (cedere)의 합성어다. 그러므로 중보란 두 사이에 서서 나아가는 행위를 말한다. 선지자 에스겔을 통해 여호와께서 말씀하셨다. "이 땅을 위하여 성을 쌓으며 성 무너진 데를 막아 서서 나로 하여금 멸하지 못하게 할 사람을 내가 그 가운데에서 찾다가 찾지 못하였으므로" (겔 22:30). 이것이 바로 도고자의 모습이다.

그러므로 신학적으로 설명한다면, 도고란 "하나님 앞에서 어떤 어려운 사람을 위한 자비를 얻기 위하여 그 일을 할 수 있는 권리를 가지고 간구하는 행위" 로 정의된다. 이 정의에서 우리는 하나님 앞에 서는 것이 가장 중요하다는 것을 알 수 있다.

구약의 히브리어나 신약의 헬라어에는 남을 위해서 기도를 하는 것을 나타내는 명사들이 많다. 우리는 이들 낱말을 살펴봄으로써 도고의 의미에 접근할 수 있다.

① 테필라

기도를 나타내는 히브리어 단어는 수십 가지나 된다. 그 가운데에서 '테필라' 는 기도라는 의미로 사용되는 가장 보편적인 단어인데, 이 용어에 '중보하다' 라는 뜻이 들어 있다. 사무엘상 2:25에, "이 사람이 여호와께 범죄하면 누가 (그를) 위하여 간구하겠느냐" 에서 '간구하다' 는 말이 '여호와께 죄 지은 자를 위해 중보의 간구를 한다' 는 뜻으로 사용된 것이다.

성전봉헌을 위한 솔로몬의 기도에서도, "그러나 내 하나님 여호와여 주의 종의 기도와 간구를 돌아보시며 이 종이 오늘 주 앞에서 부르짖음과 비는 기도를 들으시옵소서" (왕상 8:28)에서, 처음의 '종의 기도' 와 마지막의 '비는 기도' 에 동일하게 '테필라' 가 사용되었다.

성전을 완공한 후에 드린 솔로몬의 이 기도는 기근과 전쟁, 범죄함으로써 인해 곤궁에 처하게 될 때 자기의 백성들을 도와달라는 간구다. 이는 이스라엘 민족을 위한 통치자로서의 전적인 도고다. '테필라' 에 대하여 바렌틴(S. E. Balentine)은 "다른 사람을 위해 기도한다는 의미로 구약에 총 79회 나타나며, 그 중 16번은 '...를 위해 중재하다' 로 쓰였다" 고 주장하였다.

② 파가

테필라와 비슷한 의미로 쓰이는 히브리어 단어가 있는데, '파가' 다. '파가' 의 원뜻은 '(생각이) 떠오르다' 였으나 '만나다' , '도달하다' , '도고하다' , '탄원하다' 라는 뜻으로 구약에 44회 나타난다. 이 용어는 인간(룻1:16, 창 23:8, 렘 15:11, 36:25, 사 53:12, 59:16)과 하나님(렘 7:16, 27:18, 욥 21:15)에 대한 중재의 상황 안에서 사용되었다.

예레미야 선지자는 하나님께로부터 "그런즉 너는 이 백성을 위하여 기도하지 말라 그들을 위하여 부르짖어 구하지 말라 내게 간구하지 말라 내가 네게서 듣지 아니하리라" (렘 7:16)는 말씀을 듣는다. 여기에 사용된 '...를 위하여 조르다 혹은 간청하다' 는 것은 중보기도를 말한다. 하나님께서 중보기도를 금지시키시는데도 불구하고 예루살렘의 구원을 위해 지속적으로 기도하던 선지자는 드디어 하나님으로부터 응답을 받는다(렘 42:1-27).

③ 엔툭시스(ἐντευξις)

디모데전서 2:1, 4:5에 사용된 '도고'에 해당하는 헬라어 '엔툭시스'(ἐντευξις)는 '경건한 태도로 다른 사람의 필요를 채워 주시라는 간구'의 뜻을 갖고 있다. 바울은, 천상에서의 그리스도의 중보기도의 실제와 인간의 도고를 다같이, '~의 유익을 위해 하나님께 간청한다'는 같은 입장에서 보았다. 그러므로 우리는 로마서 8:34과 히브리서 7:25의 그리스도의 기도를 중보로 이해하고, 디모데전서 2:1을 근거로 하여서 남을 위한 우리의 기도를 도고라고 말한다.

도고는 사람과 세계를 바꾸어 놓는다. 교사의 도고는 주일학교의 사역에 선한 역사가 이루어지도록 한다. 왜냐하면 기도야말로 하나님의 뜻을 이루며 더 나아가서 하나님의 최고의 복을 가져오기 때문이다. 하나님께서는 우리의 기도를 사용하여 하나님의 뜻을 이루어 가시는 것이다. 이것이 바로 구약과 신약의 메시지일 뿐만 아니라 시대 시대마다 하나님의 백성들이 경험했던 산 체험이다. 성경에서 우리를 만나주시는 하나님은 자기 백성들의 기도에 의해서만 이루어질 수 있도록 계획하셨다.

2. 예수님의 가르침

예수님께서 보여주신 공생애의 삶은 기도의 시간들이었다. 주님께서는 늘 기도를 가까이 하셨고, 기도하시기 위하여 따로 한적한 곳으로 가시기를 즐겨하셨다. 주님의 기도는 자기 자신을 위하시는 것보다 하나님의 뜻을 이루시기 위한 것들로 가득 채워졌다. 그리고 제자들을 위해서도 기도에 힘쓰셨다.

우리는 복음서에서 기도에 대한 주님의 교훈을 자주 받을 수 있다. 특히, 누가복음에서는 도고에 관한 예수님의 가르침을 대할 수 있다.

1) 모욕하는 자를 위해 기도하라

유대인들은 자기 민족만 사랑함으로써 '네 이웃을 사랑하라' 는 하나님의 계명(레 19:18)을 제한하였으나 예수님께서는 이런 잘못에서 벗어나 원수까지도 사랑하라고 말씀하셨다. 자기를 부당하게 대하고 폭행을 한다 해도 복수할 것이 아니라 오히려 축복하고 위하여 기도하라고 하셨다. '저주하는 자' 와 '모욕하는 자' 는 우리를 핍박하는 자다. 예수님께서는 이런 자를 위한 도고를 부름 받은 하나님의 사람들의 마땅한 행위로 보신 것이다.

"너희를 핍박하는 자를 위하여 기도하라" (마 5:44)는 말씀은 선택의 여지가 없는 주님의 준엄한 명령이다. 그러므로 기독교인은 그들을 위해 중보하기를 쉬지 말아야 한다. 베드로도 그의 서신에서 성도들이 악을 악으로, 욕을 욕으로 갚지 말고 도리어 복을 빌라고 함으로써 주님의 교훈을 반사하고 있다.

2) 이웃의 필요를 위해 기도하라

예수님이 가르쳐 주신 기도는 크게 두 부분으로 나뉜다. 앞부분은 '하나님을 위한 기도 세 가지' 이고, 뒷부분은 '우리를 위한 세 가지 간구' 로 되어 있다. 후자의 세 간구는 '양식' , '용서' , '시험' 을 위한 것이다.

여기에서 세 간구는 "나" 만을 위한 것이 아닌, 나를 포함한 "우리"

를 위한 것이라는 사실이다. 즉 여기에는 타인을 위한 기도가 들어있다는 것이다. 그러므로 이러한 간구는 바로 중보에 대한 가르침이다. 나 외에 타인에게 양식이 있기를 기도하는 것이며, 이웃의 죄를 용서해 달라는 간청임과 동시에, 또 다른 지체가 시험에 들지 않기를 대신 간구하는 것이다.

3) 친구를 위해 기도하라

"또 이르시되 너희 중에 누가 벗이 있는데 밤중에 그에게 가서 말하기를 벗이여 떡 세 덩이를 내게 꾸어 달라 내 벗이 여행중에 내게 왔으나 내가 먹일 것이 없노라 하면 그가 안에서 대답하여 이르되 나를 괴롭게 하지 말라 문이 이미 닫혔고 아이들이 나와 함께 침실에 누웠으니 일어나 네게 줄 수가 없노라 하겠느냐 내가 너희에게 말하노니 비록 벗됨으로 인하여서는 일어나서 주지 아니할지라도 그 간청함을 인하여 일어나 그 요구대로 주리라"(눅 11:5-8).

이것은 자신을 위해 떡을 빌린 것이 아니라 여행 중에 방문한 친구를 위해서이다. 주님께서 이와 같이 벗을 위해서 목마름과 주림의 자리에 대신 서는 예를 말씀하심은 우리도 이렇게 하기를 바라시는 것이다.

4) 자녀를 위해 울라

"나를 위하여 울지 말고 너희와 너희 자녀를 위하여 울라"(눅23:28)는 말씀은 주님께서 십자가를 지고 골고다를 오르실 때 주위에서 그리스도의 고난을 슬퍼하며 울면서 따라오는 여인들을 향해 하신 말씀이다. '자녀를 위해 울라'는 주님의 말씀을 '자녀를 위해 기도하라'는 의미로 이해해도 틀림이 없다.

부모를 비롯한 모든 어른들은 자녀들을 위해 기도해야 할 의무가 있고 자녀들은 이들의 기도를 받아야 할 당연함이 있다. 이와 같은 도고로 인하여 어린이들은 하나님의 뜻을 이루며, 그리스도 안에서 사회에서의 빛과 소금의 역할을 다할 수 있는 것이다.

특히 도덕적 타락과 세속적 문화의 범람으로 인해 갈 바를 알지 못하는 청소년들을 위해 기도하는 부모의 사역은 현 시대를 볼 때 긴급히 요청되는 사항이다. 비록 자신들의 육적인 자녀가 아니라 할지라도 교회 안에 있는 신앙이 어린 자녀들을 위해 우는 것이 절실히 요구된다.

예수님께서는 누가를 통하여 이웃의 필요를 위해, 모욕하는 자를 위해, 친구를 위해, 그리고 자녀를 위해 중보하라고 가르치신다. 이것은 그 당시 제자들에게만 교훈하신 것이 아니라 현재 우리들을 위한 것이기도 하다. 왜냐하면 지역과 시대를 초월하여 그리스도 안에 있으며, 그의 뜻을 행하는 자는 다 그의 제자로 불리기 때문이다.

예수님의 제자된 우리들은 주님의 모범 ― 제자들의 신앙고백을 위하여, 그들의 믿음이 떨어지지 않기 위해서, 저들의 하나됨을 위해서, 충만한 기쁨을 위해서, 악으로부터의 보호를 위해서, 성결을 위해서, 또한 미래의 공교회를 위해서 기도하심 ― 과 교훈을 본받아 중보에 힘쓰는 자가 되어야 한다.

4. 도고의 원리

1) 마음가짐

① 동일시

성도들을 위하여 도고하는 장로는 그들이 기도해 주는 사람들에 대해 동일시하는 감정이나 연민을 갖는다. 때때로 그런 동일시는 그들이 기도하는 사람들의 사역이나 지위에 대한 존경에서 시작된다. 그리고 이러한 밀접한 느낌이나 연민은 대개 좀 더 개인적인 차원으로 깊어진다.

존 맥스웰(John Maxwell)의 기도 동역자들 가운데 프렛 로우는 매일 새벽 출근하는 차 안에서 기도한다. 그는 스카이라인 교회에서 주최한 기도 동역자 조찬 기도회에 한 번 참석한 이후로 맥스웰과 교회를 위해 기도하기로 헌신하게 되었다. 언젠가 한번은 그가 기도하던 중 주체할 수 없이 눈물이 쏟아졌다. 그러다가 하나님께 그 이유를 물었다고 한다. 하나님의 음성이 느껴지길, "네가 그렇게 우는 이유는 바로 존에 대한 내 마음을 네게 보이는 거란다."라는 것이었다. 그 이후로 프렛은 놀라운 기도 조력자로 맥스웰뿐만 아니라 다른 목사들을 위해서도 더욱 힘차게 기도하게 되었다.

② 희생

중보 기도하는 사람들은 기도해 주는 사람들을 위해 자신의 희생도 감수하는 자라야 한다. 왜냐하면 다른 사람들을 위해 자신의 시간을 내어 하나님께 간구해야 하기 때문이다.

모세를 보라. 금송아지 사건이 일어난 직후 온 이스라엘 백성들을 위해 간구했다. 그는 자신의 목숨도 그들을 위해 기꺼이 바칠 각오가 되어 있었다. 그는 하나님께 간구했다. "합의하시면 이제 그들의 죄를 사하시옵소서. 그렇지 않사오면 원컨대 주의 거룩하신 책에서 내 이름을 지워 버려 주옵소서"(출 32:32). 모세는 대단한 인내심으로 이스라엘 백성을 인도했을 뿐만 아니라 그들에 대한 책임감 또한 컸다. 이런 이스라엘을 위해 모세는 많은 시간을 하나님 앞에서 기도하며 보냈다.

2) 지불해야 할 대가

도고가 꼭 필요하고 좋다는 것은 알지만 많은 이들이 도고를 못하고 있다. 그것은 영적 무지, 훈련을 받지 못하였고, 지나친 개인주의, 두려움, 영적 교만, 거짓 겸손 등과 같은 여러 요인들이 있기 때문이다. 특히, 도고에는 지불해야 할 대가가 있기 때문에 하기가 힘이 든다는 사실을 잊지 말아야 한다.

그러나 그 대가는 우리가 누리게 될 특권과 보람에 비하면 아무 것도 아니다. 어떤 대가가 요구되는가?

1. 시간: 유익하고도 소용될만한 여러 가지 일들을 포기하는 것. 중보 기도를 우리의 우선순위로 삼아야 한다.

2. 에너지: 타는 듯한 간절한 소망. 중보기도는 통곡, 신음, 영혼의 진통, 그리고 금식을 동반할 수 있다(사 64:7).

3. 수면: 제자들이 깨어 있지 못했을 때, 예수님께서는 "너희가 나와 함께 한 시간도 깨어 있을 수 없더냐"라는 책망의 말씀을 하셨다(마 26:40).

4. 순수한 동기: 도고는 대부분 은밀하게 이루어진다(마 6:6).

5. 큰 믿음: 기도의 결과가 즉시 나타나는 일은 거의 없다. 수년 동안 기다려야 하거나 어쩌면 끝까지 응답받지 못할 수도 있다. 그러므로 중보기도를 하는 데에는 대부분의 다른 사역들보다 더 큰 믿음이 요구된다.

도고가 일반적으로 인기가 없고 등한시되는 이유는 이와 같은 많은 대가가 요구되기 때문이다. 그러나 이와 같은 사람들의 선택에 대한 하나님의 반응에 주목하는 것은 의미심장한 일이다. 하나님께서 중보자가 없음을 보시고 놀라고 이상히 여기신다. 사람들의 행사 가운데 성령님의 폭발적인 능력이 나타나도록 퓨즈에 불을 붙이는 것이 바로 기도임을 창세기에서 계시록까지 분명히 나타내셨기 때문이다.

그러므로 왜 우리들이 중보기도를 우선순위로 삼지 않는지 하나님이 이상히 여겨 황당해하심은 당연한 일로 볼 수 있다. 너 깊은 중보기도로 들어가고자 하는 소원의 첫 번째 신호는, 다른 이들이 기도를 마친 후에도 자신의 마음의 부담감으로 인해 하나님께 더 매달리고자 하는 데서 찾을 수 있다.

개인과 교회, 그리고 도시와 나라들을 위한 우리의 중보기도의 효력은 두 가지 요소에 달려 있다.

-하나님의 개입을 얼마나 절실하게 바라는가?

-하나님의 성품을 얼마나 잘 알고 있는가?

도고를 하는 데는 인내와 끈기, 그리고 열심이 필요하다. 특히 부흥을 위한 중보기도에는 즉각적인 응답이란 없다. 부흥과 영적 각성에 대해 하나님이 주신 비전과 부담을 가지게 되면 하나님께서 응답하실 때까지 계속 기도하라. 중도에 포기하는 것은 생각할 수도 없는 일이다! 영적으로 타락하고 메말라서 가장 어두운 시간은 종종 하나님의 주권적인 역사의 물결이 밀려오기 직전에 찾아온다.

3) 열 가지 원칙

도고는 우리의 의지로 우리의 뜻을 관철시키는 것이 아니라 성령의 능력과 기름 부음을 통해 하나님의 뜻을 이루어 드리는 것이다. 도고를 통해 굳게 닫힌 문의 빗장을 열고 나아가며 빽빽한 먹구름이 걷히고 찬란한 태양이 비추게 하기 위해서는 야곱과 같이 골방에서 씨름하며 주님의 때를 기다릴 필요가 있다.

예수전도단의 조이 도우슨(Joy Dawson)은 능력있고 효과적인 도고를 위한 열 가지 원칙을 정리하였다. 다음에 소개하는 그의 아이디어를 우리들이 늘 마음에 두고 묵상할 때 하늘 문이 열리며 보좌에 상달되는 도고를 드리는데 도움이 되리라 믿는다.

1. 찬양

하나님을 찬양하라. 하나님을 예배하는 찬양을 통해 성령의 능력이 나타난다(대하 20:22).

2. 죄의 자복

성령의 인도하심에 따라 고백하지 않은 숨은 죄가 있는지 보여 주시도록 기도하며 숨은 죄를 자복하여 청결하고 깨끗한 마음을 주시도록 기도하라(시 139:23-24).

3. 성령님의 도우심을 바람

성령님의 도우심과 조명하심이 없이는 효과적으로 기도할 수 없음을 인정하라(롬 8:26).

4. 성령님의 인도하심을 구함

성령께서 당신을 온전히 주장하시도록 기도하라(엡 5:18).

5. 내려놓음

무엇 무엇을 기도해야겠다고 생각했던 부담감이나 욕망 그리고 자신의 상상력 등을 버리라(사 55:8-9).

6. 하나님을 향한 신뢰

이제부터 갖게 될 놀라운 기도 시간에 대해 믿음으로 하나님께 찬양하라(히 11:6).

7. 사탄을 대적함

원수를 강력하게 대적하라. '성령의 검' 인 하나님의 말씀과 주 예수 그리스도의 권세있는 이름으로 공격하여 대적하라(약 4:7).

8. 하나님을 기다림

하나님의 인도하심에 대한 기대를 갖고서 잠잠히 그 앞에 귀 기울이며 기다리라(미 7:7).

9. 성경으로 말미암는 확신

성령님께서 말씀을 통하여 당신의 기도를 인도하시거나 확신을 주실 수 있도록 항상 성경을 펼쳐놓고 기도하라시(119:105).

10. 감사와 찬양

하나님께서 인도하시는 대로 기도를 마쳤을 때 놀라운 기도의 시간을 주신 것을 감사드리며 찬양으로 마치라(롬 11:36).

5. 도고의 순서

1) 정보를 얻으라

도고의 폭은 넓다. 개인, 교회, 국가와 세계가 포함된다. 광의적 기도내용에 관한 정확한 정보가 있어야 마음이 가는 기도를 할 수 있다. 그러므로 주위에서 기도제목을 잡을 수 있도록 정보를 얻어야 한다. 가령 국가와 세계를 위한 기도제목을 찾으려면 신문이나 T.V.에 주의해야 한다. 바르트가 '설교자는 한손에 성경을, 다른 한손엔 신문을' 들어야 한다고 했듯이 중보기도자도 그래야 한다.

웨슬리 듀웰(Wesley L. Duewel)은 이렇게 말을 한 적이 있었다. "나는 신문을 통해 인도를 위해 기도할 제목을 찾고, T.V.를 통해 아프리카를 위해 기도할 거리를 찾는다." 실제로 그는 그렇게 하고 있었다. 존스톤(P. Johnstone)이 지은 「세계기도정보」(Operation World)라는 책의 매 페이지에서도 의미 깊은 기도제목을 찾을 수 있을 것이다.

교회를 위해서는 주보나 광고를 참고하면 된다. 거기에 이사한 사람, 입원한 사람, 소천한 사람의 가족들, 출산한 사람 등의 사연이 나타난다. 하지만 주보와 광고로도 정말 기도해야 할 시급한 교회의 문제가 알려지지 못할 때가 있다. 그것들은 주로 영적인 필요와 문제들이다. 그러므로 교사는 늘 깨어서 이것에 유념하는 것이 좋다.

개인의 중보제목을 알기 위해서는 서로 교제가 있어야 하나 제 삼자를 통해서도 정보는 얻을 수 있다. 개인의 기도거리에 관해서는 피중보자가 중보자에게 정보를 제공하는 것이 가장 바람직하다.

이렇게 하여 정보를 얻었으면 이것을 노트에 기록한다. 되도록 시급하고 위급하다고 판단되는 것을 우선순위로 적을 수도 있고, 아예 위급한 기도와 장기적인 기도란을 따로 만들어 놓고 기록하는 것도 지혜롭다.

2) 기록한 것을 암기하라

암기해야 할 이유가 있다. 기도를 눈 뜨고 하나하나 해 나갈 수 있으나 보통은 눈을 감고 연이어 하기 때문이다. 또 다른 한 가지 이유는 쓴 것을 펴 놓고 기도할 수 없는 환경이 되기도 하기 때문이다. 길을 걸으면서 간구를 할 때도 있다. 이 경우에는 노트를 펼 수는 없다.

기도의 제목을 암기하는 것이 바람직하나 외우지 못했다고 해서 간구를 못하는 것은 아니다. 피중보자의 정보를 생각하며 머리에 떠오르는대로 기도할 수 있다.

3) 골방을 찾으라

기도할 수 있는 정해진 장소가 있다는 것은 복이다. 산과 들판을 찾을 수도 있겠으나 정기적으로 갈 수는 없을 것이다. 예배당이 무난하지만 가정의 마루나 다락방도 될 수 있다. 도고의 불을 밝힐 수 있는 골방이 있어야 한다.

4) 간구의 시간을 정하라

가급적 하루 중 가장 조용한 시간을 선택해야 한다. 다른 사람에게도 나에게도 방해되지 않는 시간이라야 한다. 처음부터 많은 시간을 잡지 않는 게 좋다. 하다가 너무 힘겨워지면 시간이 자기에게 올무가 되어 기도의 기쁨을 잃을 수도, 또한 형식에 빠질 수도 있기 때문이다.

정해놓은 그 시간이 즐거워야 되고 기다려져야 한다. 처음에는 20분 내지 30분에서 시작했다가 점점 늘려 가면 좋을 것이다. 한 번 정하면 그 시간을 누구에게도 주지 말고 무엇과도 바꾸지 말라. 그 시간은 하나님의 뜻이 밝혀지는 시간이자 나를 통해 타인을 향한 하나님의 섭리가 성취되는 소중한 시간이다.

5) 찬송으로 접근하라

찬송은 기도의 한 유형이기도, 그렇지 않기도 하다. 찬송가 안에는 상당수의 가사가 인간의 소원을 주께 아뢰는 내용으로 되어 있기 때문에 기도의 한 형태라고 말할 수 있다. 제목 분류에서 '성도의 생애' 부분은 그 가사의 상당량이 사람들의 간구로 되어있다.

예를 들면 웨슬레가 노랫말을 쓴 찬송가 372장 "나 맡은 본분은"의 가사는 찬송자의 소원으로 구성되었다.

"나 맡은 본분은 구주를 높이고 뭇 영혼 구원 얻도록 잘 인도함이라 / 부르심 받들어 내 형제 섬기며 구주의 뜻을 따라서 내 정성 다하리 / 주 앞에 모든 일 잘 행케 하시고 이후에 주를 뵈올 때 상받게 하소서 / 나 항상 깨어서 늘 기도 드리며 내 믿음 변치 않도록 날 도와 주소서 아멘."

그러나 이와 같은 간구형의 가사가 아닌 삼위일체 하나님께 대한 숭경의 내용이 있다. 30장의 1절과 4절, 6장, 40장의 4절은 좋은 찬양에 속한다. 이것들은 순수한 찬양이라 할 수 있다. 주님의 높고 위대하심을 노래하는 것이며 구속과 은총을 소리 높여 외치는 것이다. 소원의 간구로 되어있는 가사는 주로 기도회나 전도집회시에 사용될 수 있고, 숭경의 찬송은 공예배의 앞 부분과 성가대의 찬양에 사용될 수 있을 것이다.

개인 중보기도시의 찬송은 마음의 소원을 곡조에 담아 드릴 수 있는 것이면 족하다. 복음성가도 유익하다. 여기서의 찬송은 기도 그 자체로 이해되기도 하며 또한 기도를 위한 수단이 되기도 한다.

6) 마음을 토해 놓으라.

찬송과 기도는 입술로 하는 것이기보다는 마음으로 하는 것이다. 마음이 열려지고 그래서 그 가운데 있는 것이 쏟아져 나와야 한다. 마치 한나가 알아들을 수 없는 신음으로 자신의 고통스러운 문제를 하나님 앞에 토해 놓듯이. 그러므로 기도할 때 마음에 감동이 오기 전에 입술을 여는 것은 가식이 될 수 있다.

도고는 타인의 형편, 처지 그리고 심정을 아뢰는 것이기 때문에 그것들이 나와 일체가 되지 않으면 형식에 빠지기 쉽다. 심정의 토로가 되어야 한다. 암기한 것들을 머리에서 하나하나 끄집어 내면서 구체적으로 기도하라. 겟세마네 동산에서의 주님의 기도가 열정적이고 마음을 쏟아부은 기도였음은 '떨어지는 땀방울이 핏방울처럼 되었다' 는 말씀이 증거하지 않는가.

그런데, 준비된 내용에 따라 기도하는 중간에 우리교회의 어떤 사람이 계속하여 생각나게 되면(또 어떤 일일 수도 있다) 그것은 기도하라고 말씀하시는 하나님의 방법이라고 생각해도 된다. 하나님은 얼마든지 우리의 생각과 스케줄(schedule)을 뛰어 넘어 일하실 수 있으며, 우리의 우선순위와 그분의 우선순위가 전혀 다를 수가 있음을 인정해야 한다. 이것은 기도에 있어서 성령의 주권을 인정하는 것이며 그분의 선하신 개입을 수납하는 것이다.

7) 말씀으로 확신하라

의심이 없이 믿음으로, 또한 규정대로 기도했다면 하나님이 응답하셨음을 확신하는 단계이다. 말씀을 되새기면서 그 약속을 전적으로 신뢰하는 것이다.

-마 21:21-22, "예수께서 대답하여 이르시되 내가 진실로 너희에게 이르노니 만일 너희가 믿음이 있고 의심하지 아니하면 이 무화과나무에게 된 이런 일만 할 뿐 아니라 이 산더러 들려 바다에 던져지라 하여도 될 것이요 너희가 기도할 때에 무엇이든지 믿고 구하는 것은 다 받으리라 하시니라."

이와 같은 말씀들을 읽거나 암송하면서 확신하는 것이다. 말씀을 전적으로 신뢰하는 자를 하나님은 결코 실망시키지 않으실 것이다. 하나님은 실언하는 분이 아니시며 약속을 더디 갚는 분도 아니시다. 확신 이후는 기도한 것이 어떻게 현실화되는지를 바라보며 하나님의 역사를 기대하며 사는 것이다.

15장 _ 장로의 구제

1. 교회와 구제

전 교회사를 통해 보아도 오늘날처럼 그리스도인들의 돈에 대한 필요가 증대된 때는 없었다. 수많은 간행물, 편지, 많은 사업들, 라디오와 TV방송 선교, 문자 그대로 우리는 수많은 좋은 그리스도인들의 단체나 사업을 도와야 할 필요성에 직면해 있다.

1) 선교적인 차원에서의 구제

약자를 직접적으로 섬기는 구제는 개인이나 가족에 대한 서비스뿐만 아니라 사회제도의 강화나 수정 및 변화에 대한 노력까지 포함한다. 구제의 개념은 한정적으로 사회적 약자에 대한 다각적 원조나 서비스를 의미하며, 보편적 욕구에 대한 공동적 책임을 의미한다.

지상에서 인류가 경험할 수 있는 대부분의 모든 사회 서비스의 뿌리는 종교조직에서 시작되었다. 특히 기독교가 사회사상의 주류를 이루었던 유럽 사회에서는 모든 사회적인 서비스의 주체는 교회였다. 그러므로 교회는 사회사업의 모태로 간주할 수 있다. 니버(R. Niebuhr)는 "기독교는 사회복지를 낳고 길러준 어머니"라고도 하였다. 현대 사회는 급변하는 사회 속에서 날마다 쏟아져 나오는 새로운 정보의 홍수에 빠져 사는 시대가 되었다. 이러한 사회는 빈익빈 부익부의 차별을 더욱 극심하게 하며 정보의 빈곤이 소득격차로 이어져서 상대적 빈곤감을 느끼는 소외계층을 더욱 양산해 내고 있다.

현대 사회에서 구제가 차지하는 비중은 매우 크고 중요하다고 할 수 있다. 모든 인간이 추구하는 사회적인 노력은 사회의 복지다. 요컨대 사회복지란 전 생애에 걸쳐서 행복하고 안정되며 바람직한 삶을 추구하는 인간의 사회적 노력이라고 정의할 수 있다.

교회의 구제에 대한 개념은 원조로부터 시작되는 사회복지 서비스를 말한다. 즉 성경의 진리에 근거하여 기독교 신앙이 사회복지 실천의 동기가 되는 것이 일반 사회복지의 개념과 다른 점이다. 기독교 사회복지는 모든 개인이 성장하여 변화할 수 있다는 믿음에 그 역점을 두고 있다.

교회의 구제를 시행하는 사회봉사는 일반적인 사회복지의 개념을 포괄하고 서비스 전개 방법, 기술과 대상을 어느 정도 공유하고 있으나 그 특성은 다르다고 말할 수 있다.

첫째, 구제를 위한 활동의 실천 주체가 교회, 성도, 교단 등에 의해 성경과 교리에 의해 실시되고, 일반적인 사회복지 서비스는 인본주의적 가치와 방법에 의하여 수행된다.

둘째, 교회의 구제는 근본적으로 서비스 대상자의 욕구 충족이라는 일반 사회복지 서비스의 목표를 넘어서 영혼의 구원과 하나님 나라의 확장이라는 궁극적인 목표를 지향하고 있다.

셋째, 일반 사회복지 서비스의 관심은 서비스 수혜 대상자의 욕구 충족에 있다면, 교회의 구제의 관심은 서비스 주체인 교인이나 교회, 교단 등의 사명감과 하늘의 상급, 사회복지 서비스를 통하여 얻는 온전한 믿음과 인격에 있으며, 이것을 위해서 구제가 실시된다.

2) 교회의 구제 기능

구제라는 말의 헬라어의 뜻은 도움이 필요한 자들에 대한 이득이 없는 기부를 의미한다. 헬라어 동사 엘레오('eleeo')는 "자비를 베풀다, 괴로움 가운데 있는 사람에게 원조하다, 불쌍한 사람을 돕다" 또는 "불쌍한 사람을 구출하다"라는 의미를 가지고 있다. 이 동사는 어떤 마음가짐이 아니라 행동을 말한다. 이것은 어떤 감정이나 가난한 자를 돕고자 하는 마음을 뜻하는 것이 아니라(달리 말해, 동정, 감정, 자비, 호감) 행동 그 자체를 의미한다.

이것은 육적인 마음에 느끼기는 하면서도 행동으로 옮기지 못하는 그런 약한 동정심이 아니다. 또한 악한 성품이나 잘못된 양심에서 나오는 거짓 친절이 아니다. 이것 또한 물론 어떤 면에서 진실은 있으나 실제적인 행동이 없는 피동적인 미약한 경건도 아니다. 구제는 실질적인 행동이다.

교회가 이웃의 약자들을 위해서 구제사역을 할 때, 사회적으로 끼칠 수 있는 영향은 사람의 삶의 현장에 그대로 반영된다. 우리는 교회의 구제 기능을 세 가지로 구분할 수 있다.

① 완화적 기능(alleviative function)

구제를 통해서 빈곤, 장애, 노령, 이혼, 부모사망 등으로 인해 사회적으로 열악한 처지의 사람들이 겪는 고통을 덜어주는 기능을 한다.

② 치료적 기능(curative function)

구제를 통해서 빈곤의 악순환을 막거나 스스로 자립할 수 있도록 도와주는 기능을 한다. 가령, 선교원, 공부방, 탁아소, 야학, 독서실, 직업훈련, 취업알선, 무료진료, 소득사업 등이 이에 속한다.

③ 예방적 기능(preventive function)

구제를 통해서 사람들이 노령, 질병, 장애, 이혼, 실업 등에 대비해서 이를 예방하는 기능을 수행할 수 있다. 가령, 신협을 통한 저축사업, 가족상담사업, 노동상담 등이 이에 속한다.

그런데 현재 한국 교회는 완화적 기능과 치료적 기능은 효과적으로 수행하고 있는 반면, 예방적 기능은 금융기관이나 의료시설의 미비 등으로 인해 효과적으로 수행하지 못하고 있다. 그러나 적극적인 봉사활동의 차원에서 이같이 직접적으로 예방적 기능을 수행할 수 없다면 대상기관과 수혜자를 연결해주는 매개체로서의 역할을 할 수 있다.

3) 구제를 통한 교회의 사회적인 위상

① 그리스도의 참 교회

발을 씻기는 섬김의 의미를 모르고, 또한 남의 더러운 발을 씻겨 주는 섬김을 행할 줄 모르면 그리스도의 제자도 아니고 그리스도의 교회도 아니다. 예수님께서 제자들의 발을 씻길 때 베드로가 이를 사양하자 "내가 제 발을 씻기지 아니하면 너는 나와 아무 상관이 없느니라"라고 하셨다(요 13:8). 그리스도와 상관이 있는 교회, 다시 말해서 그리스도의 참 모습을 보여주는 교회는 섬기며 봉사하는 교회임을 말한다.

② 으뜸가는 교회

이웃을 섬기고 종의 도리를 감당하는 교회는 큰 교회이며 으뜸가는 교회다. 예수님께서 말씀하시는 큰 교회의 척도는 교세나 시설에 있는 것이 아니라 섬김에 있다. 교회를 판단하는 예수님의 기준은 물량적인 것이 아니라 나눔과 섬김과 봉사의 자세와 실천에 있다는 뜻이다.

③ 매력적인 교회

봉사하는 교회가 되면 지역사회의 매력적인 교회가 된다. 지역사회로부터 칭송과 존경을 받게 된다. 안으로는 교인들에게 매력적인 교회가 된다. 가령, 성도들에게 '우리 교회의 장점이 무엇인지 다섯 가지만 적어 보라'는 설문의 항목에 대해서 대부분의 성도들은 교회의 지역사회 봉사라는 것을 쓴다. 특히, 청년들을 비롯해서 일반 성도들의 경우에는 봉사하는 자기 교회에 대해서 크게 자부심을 갖고 참여하는 것을 볼 수 있다.

④ 성장하는 교회

지역사회의 구제사역을 통해서 감동을 받고 교회에 출석하고, 주님을 영접하는 사람들이 많이 있다. 또한 구제를 통해서 교회의 좋은 소문이 퍼지고 복음이 직접, 간접으로 전파되어 교회 성장에 도움이 되고 있다. 마땅한 교회를 찾지 못해서 방황하는 이주 교인들이 교회의 봉사 사역에 공감을 하고 등록하는 경우도 많이 있다.

2. 구제의 진리

1) 창조주의 축복

① 하나님과 재물

우리는 먼저 다음과 같은 사실을 아는 데서부터 시작해야 한다. 하나님께는 인간의 돈이 필요하지 않으시다. 하나님은 당신을 창조하시기 전에 당신의 돈의 도움 없이도 세상을 창조하셨다. 하나님께서는 세상에 사람들이 하나도 없었을 때에 동전 몇 개도 들이지 않고서 온 세상을 움직이셨다는 것을 아는가?

그러므로, 하나님을 위해 큰 인심을 쓰고 있다고 생각지 말라. 하나님은 자신의 나라를 더 넓힐 수 있을까 하고 하늘나라의 은행 장부를 살펴보시는 분이 아니다. 즉, 하나님은 우리들의 자비에 매여 있지 않으신다.

② 축복의 순환

우리가 반드시 알아야 할 것 한 가지는 당신의 돈을 드려야 한다는 것이다. 바울은 본질적으로 이와 같은 것을 빌립보 성도들에게도 말했다. "나는 여러분들의 선물에 감사를 보냅니다. 내가 그것이 필요하지는 않았지만 하나님의 축복 속에 여러분이 들어가기 위해서는 여러분들의 그와 같은 구제를 하는 일이 필요했습니다"(빌 4:14-19). 구제는 오로지 축복을 얻고 축복을 받는 것이다. 하나님께서는 당신에게 더 풍성히 갚아 주시기 위해서 구제하라고 하시는 것이다. 문제는 바로 이 축복이다. 이 축복에는 순환의 원리가 있다.

-잠 11:24-25, "흩어 구제하여도 더욱 부하게 되는 일이 있나니 과도히 아껴도 가난하게 될 뿐이니라 구제를 좋아하는 자는 풍족하여질 것이요 남을 윤택하게 하는 자는 자기도 윤택하여지리라."

여기에 바로 그 원리가 있다. 당신이 구제하면 할수록 당신은 더 받게 되는 것이다. 26절에서는 곡식을 붙들고 내지 아니하는 자에게 그 원칙을 적용하고 있다. 만일 어떤 농부가 곡식을 심지도 않거나 또는 다시 파종할 씨앗을 살 수 있는 돈을 마련하기 위해 곡식을 팔지도 않고 붙들고만 있다면 그는 주려 죽게 될 것이다. 여기에 바로 그 순환의 원리가 있다.

우리는 곡식을 심고 가꾸어 수확해서 팔고 그 돈으로 또다른 씨앗을 사서 심는다. 그것을 다시 수확해서 팔고 또 다른 씨앗을 심는다. 이렇게 계속해서 반복되어지는 것이다. 이 모든 순환이 씨앗을 심는 당신의 신실함에 달려 있으며 당신의 모든 자원을 내보내는 데 있는 것이다. 농부는 하나님께서 다시 그의 곡식을 축복하실 것이라는 믿음으로 그 농사를 지어간다.

우리가 구제할 때, 하나님은 복을 주신다. 하나님께서 우리의 구제에 따라 복을 주실 때, 우리는 그분의 복에 따라 또다시 구제하게 된다. 그러나 만일, 이 축복의 순환에서 벗어나 구제하지 않게 된다면 하나님께서 우리에게 복을 주실 것은 아무것도 없다. 그래서 돌아오는 것이 없으므로 우리는 당신의 소유를 더 지키려고 붙들 것이고, 그로 인하여 우리의 소유는 점점 줄어들게 되는 것이다.

모든 구제에 대한 원칙은 하나님의 축복의 순환 가운데 참여하기 위하여 구제해야 한다는 것이다. 당신이 계속해서 축복을 받은 대로 구제하게 될 때 하나님께서 당신에게 다시 갚아 주신다.

- 신 16:10, "네 하나님 여호와 앞에 칠칠절을 지키되 네 하나님 여호와께서 네게 복을 주신 대로 네 힘을 헤아려 자원하는 예물을 드리고."

여기에서도 그 순환을 볼 수 있다. 우리가 하나님께 드리면 하나님께서 복을 주시고 우리는 그 받은 복 가운데서 다시 드리게 되는 것이다. 우리가 살아가는 길은 오직 한 길밖에 없다. 그것은 곧 드리는 것이다. 왜냐하면 그 드림으로 말미암아 하나님의 그 축복의 순환 원리에 참여할 수 있기 때문이다.

2) 구제의 원칙

신약성서는 구제와 연관된 아주 쉬운 말들로써 우리에게 이 간단하고 기본적인 구제의 원리를 말해 주고 있다. 여기에 당신이 외식이 아닌 순수함으로 하나님께 드리는 데 도움이 될 수 있는 여덟 가지 간단한 원칙이 있다.

① 하나님께의 투자

지금은 곡식을 무게로 계산하지만 옛날에는 말로 되어서 계산을 했다. 그 때에는 쌀을 사거나 또 남에게 갚거나 할 때에 말을 세워 놓고 조심스럽게 곡물을 담아서 한 말을 계산했다. 그러나 하나님께서는 우리에게 그렇게 주지 않으신다.

누가복음 6:38은 "주라 그리하면 너희에게 줄 것이니 곧 후히 되어 누르고 흔들어 넘치도록 하여 너희에게 안겨 주리라"고 말하고 있다. 하나님께 드릴 때 당신은 절대로 속지 않을 것이다. 그분은 큰 축복으로 갚아 주실 것이다. 38절에 계속해서 "너희의 헤아리는 그 헤아림으로 너희도 헤아림을 도로 받을 것이니라"고 말한다.

당신이 하나님께 무엇을 투자하든지 그 투자한 것에 따라 받게 될 것이다. 고린도후서 9장 6절은 "이것이 곧 적게 심는 자는 적게 거두고 많이 심는 자는 많이 거둔다 하는 말이로다"라고 말하고 있다. 하나님께는 당신의 돈이 필요치 않지만, 당신이 그분의 축복 속에 들어가기 위해서는 그분께 투자해야만 한다. 당신은 하나님께서 당신에게 부어 주신 축복으로 인하여 마음에 부담을 가질지 모른다. 하지만 그것은 당신이 하나님께 다시 투자함으로 인하여 얻은 것이다. 구제는 하나님께 투자하는 것이다.

② 희생의 사역

구제하였을지라도 만일 희생이 포함되어 있지 않다면 이는 의문스러운 것이다. 다윗은 "값 없이는 내 하나님 여호와께 번제를 드리지 아니하리라..."고 하였다(삼하 24:24). 내게 있어 아무런 대가도 치르지 않은 구제는 하나님께도 역시 아무 것도 아니다. 당신은 하나님께 "하나님, 여기 이것이 제게 필요 없어서 하나님께 드립니다"라고 말하지 않을 것이다. 그와 같은 것은 사랑에서 우러나오는 행동이 아니다.

하나님께 드릴 때는 자신에게도 값지다고 생각되는 것을 드리라. 그러면 하나님께 제사를 드린 것이 된다. 예수님께서는 연보궤 앞에 앉으셔서 사람들이 연보하는 것을 지켜보고 계셨다. 부자들이 와서 많은 돈을 드린 다음에 어떤 과부가 와서 두 렙돈에 해당하는 동전 두 닢을 넣었다. 그것이 그녀가 가진 모든 것이었기 때문에 주님은 그녀가 다른 모든 사람들보다 가장 많이 드렸다고 말씀하셨다.

③ 소유와는 관계가 없음

사람들은 "내게 더 있기만 하다면 더 드릴 수 있겠다. 내가 돈을 더 벌게 되면 그 때는 주님께 더 드릴 수 있을 것이다"라고 말한다. 하지만 돈을 더 많이 벌게 되어도 당신은 아마 당신이 늘 해 온 것처럼 그 돈을 다른 데 써 버릴 것이다.

복음서의 기록에 따르면 "지극히 작은 것에 충성된 자는 큰 것에도 충성되고 지극히 작은 것에 불의한 자는 큰 것에도 불의하다"고 하였다. 돈을 더 갖는다고 해서 당신의 특성이 변하지는 않을 것이다. 이것이 바로 우리 자녀들에게 가르쳐야 할 교훈이며 우리들도 어린 아이처럼 배워야 할 교훈이다.

만일, 자신이 지금 가지고 있는 적은 것에 충성하는 것을 배우지 못한다면 아무리 많이 갖게 되어도 결코 충성하는 것을 배우지 못한다. 구제는 자신이 얼마나 가졌느냐가 문제가 아니고 자신의 마음이 어디에 있느냐와 자신의 헌신이 문제이다. 구제는 하나님께 투자하는 것이며 제사드리는 것이고 우리가 얼마나 가졌느냐 하는 것과는 관계가 없다.

④ 영적인 부와 연관이 있음

만일, 당신이 물질에 충성치 못하면 하나님께서는 당신에게 진정한

부를 허락하지 않으실 것이다(눅 16:11-12). 진정한 부는 무엇인가? 영혼들, 사람들, 사역...등등, 하나님께서는 돈을 다룰 줄 모르는 사람에게 그분의 중요한 사역을 맡기시지 않는다.

세상에는 돈을 잘 관리할 줄 몰라서 하나님으로부터 사역의 임무를 받지 못하는 그리스도인들이 많이 있다. 또한 세상에는 돈을 유용하게 잘 관리하지 못해서 사역을 망친 사람들도 많이 있다. 하나님께서는 그러한 자들에게 영혼을 맡기기를 원하지 않으신다.

세상에는 또한 그들에게 주어진 세상의 돈을 잘 관리하지 못하여 하나님이 영혼들을 더 맡겨 주시지 아니함으로 사역에는 참여하고 있으나 아주 소수의 무리도 물러나 있거나 힘을 잃고 있는 이들도 있다. 당신의 영적인 영향은 당신이 돈을 어떻게 관리하느냐 하는 것과 크게 관련되어 있다.

⑤ 개인적인 결정

고린도후서 9:7은 "각각 그 마음에 정한 대로 할 것이요..."라고 말하고 있다. 마게도냐 성도들은 극한 가난 속에서도 풍성한 연보를 하였다. 빌립보 성도들은 그들의 마음으로부터 원했기 때문에 드렸다. 얼마를 드려야 한다는 규칙은 없다. 그것은 오직 마음으로부터 우러나오는 자원하는 심령에서 개인적으로 결정할 일이다.

⑥ 필요에 응하여 드림

우리는 도움을 필요로 하는 자들에 대하여 민감해야 하며 그러한 소리에 귀를 기울여야 한다. 사도행전 4장에서 초대 교회를 보면 도움이 필요한 자들이 있었기 때문에 그들과 재물을 함께 나누는 것을 볼 수 있다. 바울은 예루살렘에 있는 가난한 성도들을 돕기 위하여 소아시아 지역에 있는 이방인 교회들로부터 모금을 하였다.

⑦ 율법에 의한 것이 아닌 사랑의 표현

신약성서에 얼마를 드려야 한다는 법은 없다. 우리는 어떤 율법을 이루기 위하여 구제하는 것이 아니다. 이것은 하나의 사랑의 행동이다. 그러므로 이것은 너그러운 마음에서 즐거이 드려져야 하며 인색함으로나 억지로 해서는 안 된다.

이것들은 아주 쉬운 원칙들이다. 구제는 하나님께 투자하는 것이며 제사하는 것이고 우리가 얼마나 가졌느냐 하는 것과 상관이 없으며, 영적인 부와 연관이 있고, 개인적으로 결정해야 하는 것이며, 필요에 응하여 드려져야 하고 율법이 아니다. 사랑의 표현이다. 그리고 이 모든 것들이 우리의 구제가 관대해야 함을 말해 준다.

⑧ 관대함

위의 모든 사실들로 인하여 구제에 대한 당신의 관대함이 결정될 것이다. 여기에서 말하는 요점은, 하나님이 당신의 도움이 필요해서가 아니라 드리는 것이 하나님의 모든 영적인 축복을 당신의 삶에 가져오도록 하는 것이기 때문에 당신은 드려야 한다는 것이다.

3) 구제의 정도

구약성서는 하나님의 사람들이 가난한 자들에게 구제했다는 것에 대해 아주 분명하게 보여주고 있다. 레위기 25장 35절에서는, 나그네이든 아니면 그 땅에 거하는 사람이든, 가난한 사람들을 도우라고 말하고 있다. 신명기 15:7-11에서는 가난한 사람이 이웃에 있거나 가난한 사람을 알 때에는 그 가난한 자의 필요를 도와 줘야 했던 것을 볼 수 있다. 만일 그에게 거처가 필요하거나 아니면 음식이 필요하다면 그들의 필요에 따라 도와주어야 했다. 왜냐하면 하나님의 이름을 부르는 자들은 바로 그와 같이 행해야 했기 때문이다.

바리새인들과 서기관들, 그리고 그들을 추종하는 자들이 이와 같은 원칙들을 따라 살지 않았기 때문에 주님은 이 구제에 대한 문제를 다루셨다. 그들은 자신들이 그 하나님의 축복의 순환에 참여하기 위해서 구제한 것이 아니며, 비이기적인 마음에서 드린 것도 아니었다. 그리고 그들은 자원하는 마음과 순수한 마음에서 관대하게 드리지도 않았다. 그들은 사람들에게 보이기 위하여 구제했던 것이다.

3. 구제의 실제적인 방법

1) 예배 및 위로잔치

경제적, 신체적으로 어려움에 있는 모든 노인을 초청하여 예배도 드리고 교양적인 강의와 노래, 상담 등을 해드린다. 노인들과 함께 하는 위로의 잔치자리를 마련하여 식사를 대접한다. 더불어 노인들이 필요한 것들을 준비하여 선물도 드린다. 이때는 복음성가 가수를 초청해 콘서트를 열 수도 있고, 참석 인원 동원 방법으로는 차량을 이용하거나 차량의 이용이 부적당할 경우 직접 가서 개인적으로 업고 모셔올 수도 있다.

2) 급식배달 서비스

교회나 자원봉사 성도들이 가난한 성도나 지역사회 주민들에게 식사를 가정에 배달해 주는 봉사활동이다(예: 도시락배달사업). 급식배달 서비스는 본래 영국에서 시작하여 구미 각국에 보급되었다. 공동급식 서비스와는 달리 급식배달 서비스는 노인 각자의 건강상태(당뇨나 고혈압 등)를 고려해 음식을 조리하여 자동차로 각 가정에 전달해 줄 수 있다. 최근에는 자원봉사 인력부족과 음식이 상하는 문제 등으로 인해 밑반찬 서비스로 변형되어 실시되기도 한다. 이와 같은 서비스는 정기적으로 노인들을 접촉할 수 있기 때문에 이러한 접촉을 통해 이들의 건강과 영적 상태를 점검해 볼 수 있다.

3) 공동급식 서비스

교회의 자원봉사 성도들이 가난한 노인들에게 무상으로 또는 저렴한 식비를 받고 공동급식 서비스를 교회식당을 활용하여 제공함으로써 노인들의 영양을 지켜 주도록 한다. 이들이 공동식사를 하는 과정에서 상호교제를 할 수 있는 기회도 제공해 준다. 그러나 공동식사는 다수의 노인들이 당뇨나 고혈압과 같은 질병을 갖고 있기 때문에 이들에 대해서는 식단 내용을 구성할 때 주의를 기해야 한다.

4) 주택수리 서비스

노인들은 신체가 쇠약해져 있기 때문에 일반 주택에서 거주하기가 불편한 경우가 많다. 교회 관리인이나 자원봉사 성도들을 활용해 노인들이 거주하는 주택의 출입문이나 부엌, 화장실, 욕조 등의 구조를 노인들이 생활하기 편리하게 고쳐준다. 그 밖에 수도관수리, 전기수리, 난방수리, 페인트 칠, 지붕수리, 벽재교체 등의 봉사도 한다.

5) 가정건강원조 서비스

교회는 자원봉사 성도들에게 간단한 건강관리 교육을 전문가를 통해 시키고 교육을 받은 성도들을 몸이 불편한 지역사회 노인들에게 심방을 보내 이들에게 체온측정, 혈압측정, 당측정, 투약 등과 같은 간단한 의료서비스를 제공해 주고, 필요시 병원이나 다른 의료기관에 연락하여 적절한 의료서비스를 제공받을 수 있도록 안내해 주는 동시에 이들 쇠약한 노인들이 심적으로 불안해지지 않도록 성경말씀으로 위로

해주는 서비스를 말한다. 또는 이러한 의료서비스를 의사나 공중보건의 또는 간호사들의 지시감독을 받아 행할 수도 있다. 즉 일종의 가정건강보조원의 역할을 하는 것이다.

6) 각종 행사

노인들이 함께 즐길 수 있도록 시기와 절기에 따라 행사를 개최한다. 연말이나 연초에는 함께 송년잔치나 설날을 보내고, 추석에는 함께 떡도 만들고, 어버이날이나 노인의 날을 기념하는 행사를 한다. 또한 생신을 챙겨드리거나 칠순 및 팔순 잔치를 하고, 함께 야유회를 가는 등 노인들이 느끼는 고독감과 허전함을 나눌 수 있도록 한다.

7) 결연 및 후원사업

홀로 된 노인들이나 가족이 없는 노인들에게 개인이나 다른 가정을 연결해 주거나, 단체를 연결해주고, 결연이나 후원을 위한 대상을 모집하고 관리하는 일을 한다.

8) 상담활동

신체적, 정신적 쇠약, 가족과 사회와의 갈등, 역할과 지위의 상실에 대한 자아상실, 다가오는 죽음에 따른 두려움 등에 따른 노인들의 심리적 고통을 완화시켜 주기 위해 이루어지는 원조과정이다. 노인들을 위한 상담은 가능한 상담전문가가 담당해야 하며, 교회 내에서는 목회자나 장로 등 신앙의 연륜이 있고 인생경험이 있는 사람들이 담당해야 한다.

4. 구제의 위험-외식

1) 외식에 대한 착각

그리스도인이 아닌 사람이 그리스도인인 체하는 사람을 외식자라고 말할 수 있고, 또한 기독교 안에서 외식적으로 행하는 그리스도인을 외식자라고 말할 수 있다. 주님께서 말씀하신 이 외식에 대한 말씀은 이 두 부류를 다 포함하고 있다. 첫 그룹은 서기관과 바리새인들을 의미한다. 제자들은 믿는 자들이었지만 그들의 삶에 외식을 가질 수 있었다.

2) 구제의 악용

유대인들에게 오랜 동안 조상들로부터 전해 내려오는 관습 중의 하나는 가난한 자들을 항상 돌보는 것이었다. 그들은 항상 가난한 자들을 돌보았다. 그러나 불행하게도 그들은 구제에 있어 그 중요성을 왜곡하고 악용하게 되었다.

유대인들은 돈이 많을수록 하늘나라에 들어 가기가 더 쉽다고 믿었다. 그래서 예수님께서는 "약대가 바늘 귀로 들어 가는 것이 부자가 하나님의 나라에 들어가는 것보다 쉬우니라" 고 말씀하셨다(마 19:24). 그들은 이 구제를 구원의 요소로 만들었으며 경건의 요소로 만들었던 것이다. 예수님께서는 외적인 것을 피하시고 "하나님께서 고려하시는 것은 마음이지 너희가 하는 어떤 외적인 일이 아닌데도 왜 너희는 그렇게 했느냐?" 고 말씀하셨다.

16장 _ 장로의 위로심방

1. 고난을 당하는 자

교회의 권속들 가운데는 아무런 준비 없이 위기에 처해지는 이들이 있다. 우리가 살면서 고난을 당하기를 원하지 않으나 뜻하지 않게 어려움을 만나 고통의 눈물을 흘리는 이들이 있게 마련이다. 장로는 교회의 지도자로서 어려움을 만나 성도를 찾아가 위로해 주고, 그들이 위기에서 벗어날 수 있도록 도와주는 이웃이 되어야 한다.

1) 강도를 만난 자의 이웃

한 사람이 예루살렘에서 여리고로 내려가다가 강도를 만났다. 강도는 그 사람의 옷을 벗기고 때려 거반 죽게 된 것을 버리고 갔다. 그 때, 우연히 한 제사장이 그 길로 내려가다가 그 강도 만나 죽게 된 자를 보았다. 그러나 그는 아마 자기도 피해를 당할까봐 두려워서 혹은 자기 일이 바쁘다고 스스로를 합리화 시키면서 그를 피하여 지나갔다. 한 레위인도 우연히 그 곳에 이르러 그 강도 만난 자를 보았다. 그러나 그도 앞에 간 제사장과 같이 그를 피하여 지나갔다. 제사장과 레위인은, 비록 종교적 직분과 특권을 가진 자들이었지만, 그 죽게 된 자를 돌보아주고 살려주려는 긍휼과 사랑의 마음을 갖고 있지 않았다.

한 사마리아인이 여행하는 중에 그곳을 지나다가 강도 만난 자를 보게 되었다. 그는 그를 불쌍히 여겨서 자기가 갖고 있던 기름과 포도주를 꺼내어 그의 상처에 부었다. 그것은 상처를 소독하고 부드럽게 하는 응급조치의 방법이었다. 그리고는 그 상처를 싸매고 자기 짐승에 태워 여관으로 그를 데리고 가서 돌보아 주었다. 또 그는 이튿날에 데나리온 둘을 내어 여관 주인에게 주면서 "이 사람을 돌보아 주시오. 비용이 더 들면 내가 돌아올 때에 갚아주겠소." 하고 말하였다.

예수님께서는 율법사에게 이 이야기를 들려주시면서 "네 의견에는 이 세 사람 중에 누가 강도 만난 자의 이웃이 되겠느냐" 고 물으셨다. 이에, 율법사는 "자비를 베푼 자니이다" 라고 대답하였다. 여기에서 강도를 만난 사람에게 선행을 베푼 사마리아 사람은 주님 자신을 가리키는 것이었다. 이 이야기는 예수님의 구원적 사랑을 보여준다. 우리가 바로 '강도 만난 자' 이며 우리에게 사랑을 베풀어준 사마리아사람 같으신 예수님이 우리의 이웃이라고 암시하시고 있는 것이다.

주님께서는 죄로 인하여 죽게 된 우리, 사탄과 악령들에게 강도 만난 것과 같은 우리를 긍휼히 여기셔서 자신의 생명과 몸을 우리를 위해 다 주셨다. 그는 우리를 위해 십자가에 달려 죽으셨다. 예수님의 사랑은 우리를 죄와 영원한 멸망에서 건져내어 주시는 사랑이었다. 그것은 그 일을 위해 자신의 목숨을 희생하신 참 사랑이었다. 강도를 만난 자와 같은 우리를 구원해 주신 주님은 우리의 이웃이시다.

그렇다면, 우리의 이웃이 되시는 예수님께 어떻게 해드려야 하는가? 예수님이 우리의 이웃이라면, 우리가 먼저 그를 내 몸과 같이 사랑해야 한다. 여기에 우리가 예수님을 위해서 살아야 하고 하나님께 헌신해야 하는 이유가 있다. 바울은 로마서에서 고백하기를, "우리 중에 누구든지 자기를 위하여 사는 자가 없고 자기를 위하여 죽는 자도 없도다. 우리가 살아도 주를 위하여 살고 죽어도 주를 위하여 죽나니 그러므로 우리가 사나 죽으나 우리가 주의 것이로라" 고 썼다(롬 14:7, 8).

이제, 우리를 죄와 죽음으로부터 구원해주신 예수님의 사랑은 우리에게 이웃 사랑의 동기가 되어 한 사마리아 사람의 선행을 따라야 한다. 예수님께서는 그 율법사에게 말씀하시기를, "가서 너도 이와 같이 하라" 고 하셨다. 여기에서 '이와 같이' 에 주목하자. '이와 같이' 는 예수님께서 우리에게 해주셨던 것과 같이 하라는 말씀이다.

우리는 제사장과 레위인과 같이 종교적 직분이나 특권만 구하거나 갖지 말아야 한다. 혹시 남들이 알아주는 직분은 없을지라도, 오히려 사람들에게 따돌림을 받을지라도 진정한 사랑을 실천하는 사마리아 사람처럼 되어서 어려움에 빠진 이들을 도와주어야 한다.

예수님의 사랑은 단순히 육적, 물질적 도움만을 주는 사랑이 아니고 또한 영적 도움을 주는 사랑이었다. 그것은 사람을 하나님의 영원한 형벌로부터 구원해주는 사랑이었다. 이것은 영혼 구원의 전도의 사랑을 가리킨다. 우리는 이웃의 영혼에 대한 긍휼한 마음을 가지고 시간과 수고와 물질을 다 드려서 이 사랑을 실천해야 한다.

2) 누워있게 하라!(에스겔 34장)

참 목자는 양 떼의 안전을 위하여 지키며 보호해준다. 하나님께서는 친히 "내 양의 목자가 되어 그것들로 누워있게 할지라" (15절 하반절)고 말씀하셨다. 양들은 언제나 이리의 위협을 받고 있다. 양들에게는 편히 쉴 수 있는 자리가 제공되어야 한다. 따라서 장로는 지교회의 권속들을 개인적으로 찾아보아, 그들이 평안하도록 해 주어야 한다.

양 떼는 언제나 공격의 위협을 받고 있다. 그러므로 노략질하는 이리의 공격으로부터 보호해야 한다. 양은 본래 연약하기 때문에 돌보지 않으면 악한 자들에게 쫓기며 흩어진다. 결국 양 떼는 악한 짐승들의 밥이 되고 말뿐이다. "목자가 없으므로 그것들이 흩어지며 흩어져서 모든 들짐승의 밥이 되었도다. 내 양의 무리가 모든 산과 높은 멧부리

에마다 유리되었고 내 양의 무리가 온 지면에 흩어졌으되 찾고 찾는 자가 없도다"(5-6절)

① 그 잃어버린 자를 ...찾으며(16절 상반절)

거짓 목자들은 양의 무리가 모든 산과 높은 멧부리에마다 유리되어도 찾지 않는다. 양들은 길을 잃기 쉬운 동물이다. 한 마리의 양이 양떼로부터 500미터 정도만 떨어져 있어도 그 양은 길을 잃는다고 동물학자들이 말하고 있다. 또한 양들은 양떼로부터 쉽사리 따로 떨어져 나간다고 한다.

선한 목자는 부지런히 양떼를 살펴야 한다. 만일, 게을러서 양떼를 돌보지 않으면 무리 가운데서 떨어져 나가는 양들이 있게 된다. 장로는 부지런히 양 떼를 살펴야 한다. 양들을 지키지 않으면 양무리에서 흩어져 나가는 양들이 있게 되고, 결국에는 유리하여, 방황하게 된다는 사실을 기억해야 한다.

하나님께서는 흩어진 양들을 모아 그들의 땅으로 돌아올 수 있도록 인도하신다. 그러므로 장로는 양이 흩어졌으면 그들을 찾아야 한다. 그리고 푸른 초장과 쉴만한 물가로 인도해야 한다. 사실, 성도들은 그들 나름의 시험과 고난으로 말미암아 유리방황하는 '잃은 양' 이 된 경우를 종종 본다. 이러한 처지에 있는 양들을 찾아서 다시 돌아오도록 해야 한다. 잃어버린 자를 찾아야 한다.

② 쫓긴 자를...돌아오게 하며(16절 중반절)

참 목자이신 하나님은 그의 잃어버린 백성들을 돌아오게 하신다. "내가 그것들을 만민 중에서 끌어내며 열방 중에서 모아 그 본토로 데리고 가서 이스라엘 산 위에와 시냇가에와 그 땅 모든 거주지에서 먹이되"(13절). 양들이 있어야 하는 곳, 잃은 양들이 돌아와야 하는 곳은 어디인가? 바로 양 떼의 우리다. 장로는 그 우리가 곧 교회라는 사실을 인식해야 한다. 그래서 어려움을 이기지 못해서 낙심하여 교회 공동체에서 떠나 있는 이들을 데려와야 한다.

양을 하나님의 집으로 데려와서 소생하는 은혜를 보도록 해야 한다! 그들은 주일을 지키며 하나님의 집을 중심해서 가정-학교의 생활을 영위해야 한다. 장로가 해야 될 가장 우선적인 일은 잃은 양을 우리로 데려와서 좋은 꼴, 살진 꼴을 먹도록 해야 하는 일이다. 이 꼴은 어디에서 얻는가? 예수님과 관계를 맺고 있을 때, 주님께서 베풀어주시는 것이다. "내가 문이니 누구든지 나로 말미암아 들어가면 구원을 얻고 또는 들어가며 나오며 꼴을 얻으리라" (요 10:9).

잃은 양, 쫓겨나간 양을 찾아 하나님의 품으로 데려 와야 한다. 그러면 하나님께서 그들을 먹이신다. "좋은 꼴로 먹이고 그 우리를 이스라엘 높은 산 위에 두리니 그것들이 거기서 좋은 우리에 누워있으며 이스라엘 산 위에서 살진 꼴을 먹으리라" (14절).

③ 상한 자를...싸매어 주며, 병든 자를...강하게 하려니와

양들은 상하기도 한다. 또한 그들은 병에 걸리기도 한다. 우리는 양들이 마음이 상하거나, 여러 가지 시험으로 믿음에 병이 들 때 심방해야 한다. 그들 혼자서 슬픈 일이나 근심된 일로 괴로워하지 않도록 해야 한다. 우리가 그들을 사랑하고 있다면, 즉시 찾아가서 주님의 사랑으로 위로하고 격려를 아끼지 않으며 '상처를 싸매 주어 치료해 주는' 사역을 담당해야 한다.

만일, 장로가 상한 자를 싸매어 주지 않고, 약한 자를 강하게 붙잡아 주지 않으며, 병든 자를 고쳐 주지 않으면 그 양들은 죽고 만다. 그렇게 된다면 그는 교회의 좋은 일꾼이라고 할 수 없다.

양이 병들었을 때 즉시 치료해 주는 장로가 되도록 하자. "마음 상

한 자를 고치며." 우리는 연약한 성도들을 강하게 해 주어야 한다. 사실, 그들은 하나님 앞에서 온전함에 이르도록 자라나고, 그것도 튼튼하게 성장해야만 하는 것이다. 그 성장은 예수 그리스도의 장성한 분량이 충만한 데까지 이르러야 하는 것이다. 그렇게 되어야 믿음을 지키며, 하나님의 사람으로 자라날 수 있다.

2. 형제를 돌아보는 교회

사도행전 15장의 기록을 보면 바울과 바나바가 안디옥에 머물며 여러 다른 사람들과 함께 주의 말씀을 가르치며 전파하였다는 내용이 있다. 두 사람이 안디옥 교회에서 예수님의 말씀을 성도들에게 가르쳤다. 며칠이 지나자 바울은 바나바에게 주의 말씀을 전했던 각 성으로 다시 가서 형제들이 어떠한지 방문하자고 제안하였다. 그것은 지도자로서 성도들의 형편을 살피는 '돌아봄' 의 필요성을 보여주는 말이다.

1) 서로 권면하고 격려하라

바울은 말하기를, "그러므로 피차 권면하고 피차 덕을 세우기를 너희가 하는 것같이 하라"(살전 5:11)고 하였다, '피차 권면하라' 는 말은 '서로 위로하라' 는 말과 동일하다. '피차 덕을 세우라' 는 원어는 '서로에게 유익을 주어 서로를 건립하라' 는 뜻이다. 그것은 믿음과 사랑과 소망의 말씀으로 위로하고 격려함으로써 이루어진다.

성도는 자신의 신앙성장에만 힘쓸 것이 아니고, 함께 주님의 권속이 된 다른 이들을 위로, 권면, 격려하여 서로의 신앙 성장을 힘써야 함을 보여야 한다. 믿음과 소망과 사랑의 말씀으로 서로의 신앙 성장을 위하고 서로의 신앙생활을 건립하기를 힘써야 하는 것이다.

여기에서 사도는 "규모 없는 자들을 권계하며 마음이 약한 자들을 안위하고 힘이 없는 자들을 붙들어 주며 모든 사람을 대하여 오래 참으라" (살전 5:14)고 하였다. 우리는 서로 돌아봄으로써 다른 성도들을 인격적으로 건립하고 교회를 세워나가야 한다. 이때, 우리가 돌아보아야 할 부류의 사람들은 누구인가?

① 규모 없는 자들

'규모 없는' 이라는 말은 '자기 지위를 저버린 군인' 을 가리키는 말로서 '의무를 소홀히 하는, 무질서한' 이라는 뜻을 가진다. 교회에는 성도로서의 본분을 저버리고 성경의 교훈을 무시하고 무질서하게 행동하는 자들이 있다. 그런 자들을 권계하라는 가르침이다.

'권계한다' 는 말은 '훈계한다, 경고한다' 는 뜻이다. 우리는 무질서하게 행하는 자들을 내버려두거나, 그들이 어떤 교회적 직분이나 사회적 신분을 가졌다고 해서 그들에게 아첨하지 말고, 그들을 훈계하고 경고해야 한다.

② 낙심된 자들

'마음이 약한' 이라는 말은 '낙심된, 낙담한' 이라는 뜻이다. 교회에는 마음으로나 환경적인 이유로 낙심하고 낙담하는 자들이 있다. 그런 자들을 안위하라고 본문은 말씀한다. 우리는 그들 옆에서 그들에게 위로의 말, 격려의 말을 해주어야 한다.

장로가 지교회 안에서 찾아보아야 할 이들은 성도의 의무를 다하지 못하고 무질서하게 행하는 자들, 낙심된 자들, 병약한 자들, 믿음이 약한 자들, 경제적 어려움에 처한 자들이다. 만일, 우리 주위에 이런 자들이 있다면, 그리고 우리에게 믿음과 건강과 기쁨과 사랑이 있다면, 우리는 지체하지 말고 그들을 돌아보아야 한다.

③ 약한 자들

'힘이 없는' 이라는 말은 '약한' 이라는 뜻이다. 이 단어는 몸이 연약하고 아프거나 믿음이 약하거나 심지어 경제적 어려움을 의미할 수 있다. 교회에는 몸이 병약한 자들, 믿음이 약한 자들, 경제적 어려움에 처한 자들이 있다. 그런 자들을 붙들어주라는 가르침이다.

'붙들어준다' 는 말은 '견고히 붙잡다, 열심으로 보살피다' 는 뜻을 가진다. 우리는 약한 자들을 붙들어주고 열심으로 보살펴야 한다. 이렇게 함으로써 다른 성도의 인격을 건립하며 하나님의 교회를 든든히 세워나가야 한다.

2) 하나님에게서 떨어지지 않게 하라

히브리서에는 성도들에게 "형제들아 너희가 삼가 혹 너희 중에 누가 믿지 아니하는 악심을 품고 살아계신 하나님에게서 떨어질까 염려할 것이요 오직 오늘이라 일컫는 동안에 매일 피차 권면하여 너희 중에 누구든지 죄의 유혹으로 강퍅케 됨을 면하라"(히 3:12-13)고 당부하고 있다. 옛 이스라엘 백성의 광야 생활의 역사를 생각할 때, 우리는 우리 중에 불신앙을 품고 하나님께로부터 떨어져 나가는 사람이 없도록 조심해야 한다.

'믿지 아니하는 악심' 은 불신앙의 악한 마음을 가리킨다. 하나님을 믿는 것은 인간으로서 지극히 마땅하고 기본적인 일인데, 하나님을 믿지 않으니 그것이 곧 근본적인 악이라는 의미다. 우리는 하나님을 믿고 하나님께 밀착하여 그를 붙잡고 따라가야 한다. 그러나 불신앙은 하나님께로부터 떨어져 나가는 일이다. 하나님께로부터 떨어져 나가면 그 결과는 죽음과 불행이요 영원한 멸망에 이르게 한다.

'오늘이라 일컫는 동안' 은 성도들의 현재의 상황을 가리킨다. 우리에게는 오늘이 중요하다. 어제는 이미 지나갔고 내일은 아직 오지 않았다. 오늘 우리가 무엇을 바로 할 때 그것이 우리의 좋은 과거로 기록되고 기억될 것이며, 오늘 우리가 무엇을 바로 할 때 우리의 내일도 좋아질 것이다. 오늘이 중요하다. 우리는 현재를 바르게 살아야 한다.

장로는 오늘이라 일컫는 동안에 매일 서로 권면함으로써 우리 중에 죄로 강퍅케 되는 사람이 없도록 힘써야 한다. '권면한다' 는 말에는 권면한다는 뜻과 아울러 '격려한다, 위로한다' 는 뜻도 가지고 있다. 불붙는 장작을 각각 따로 놓으면 쉽게 꺼지지만, 서로 포개어 놓으면 더 잘 붙듯이, 우리는 서로 권면하고 격려하고 위로함으로써 더욱 신앙생활을 잘 할 수 있다.

장로는 성도들이 죄의 유혹을 받아 강퍅케 되지 않도록 도와주어야 한다. '죄의 유혹' 이라는 말은 '죄의 속임수' 라는 뜻이다. 죄는 사람을 속인다. 죄는 사람에게 좋은 것, 유익한 것, 기쁘고 즐거운 것을 줄 것처럼 다가온다. 죄가 일시적으로 그런 것을 줄지도 모른다. 그러나 얼마 가지 않아 갈등과 두려움과 슬픔과 고통과 파탄을 가져온다. 죄는 행복을 주지 않고 불행만을 준다. 죄는 사기꾼이다.

죄의 속임으로 강퍅케 된다는 것은 경험적으로 사실이다. 죄는 사람을 강퍅하도록 만든다. 그러므로 죄는 즉시 회개해야 한다. 사람이 죄를 회개할 때 온유하여지고 믿음이 회복되고 순종하는 발걸음으로 나아가게 된다. 그러므로 우리는 우리 중에 죄로 인해 마음이 강퍅하게 되는 자가 없도록 매일 서로 권면하고 격려해야 할 것이다.

3) 사랑과 선행을 격려하라

히브리서의 저자는 성도들에게 "약속하신 이는 미쁘시니 우리가 믿는 도리의 소망을 움직이지 말고 굳게 잡아 서로 돌아보아 사랑과 선행을 격려하며"(히 10:23-24)라고 당부하고 있다.

장로는 교회에서 서로 돌아보아 사랑과 선행을 격려하는 것에 최선을 다해야 한다. 사랑과 선행의 이 의무를 위해 우리는 서로 돌아보며 서로 격려해야 한다. 여기에 성도의 교제의 필요성이 있다. 주님께서는 우리에게 서로 사랑하라는 새 계명을 남겨주셨다.

하나님의 구원의 목표는 우리가 이 세상에서 선한 행실의 열매를 많이 맺는 것이다. 디도서 2:14은 그리스도의 구원의 목표는 우리로 하여금 "선한 일에 열심하는 친백성이 되게 하려 하심"이라고 말씀했다. 에베소서 2:10은 우리가 그리스도 예수 안에서 선한 일을 위하여 지으심을 받은 자라고 말씀했다.

장로에게는 선한 행실의 증거가 있어야 한다. 선한 행실의 예들로서, 그는 자녀들을 양육한 일이나 나그네들을 대접한 것이나 성도들의 발을 씻긴 것이나 환난 당한 자들을 구제한 일이나 모든 선한 일을 부지런히 좇은 것 등을 들었다. 교회가 사랑의 공동체요, 우리들 각 사람이 흩어진 교회가 되어 세상으로 보내졌다면, 장로는 마땅히 사람을 불쌍히 여기는 마음을 가져야 한다.

그 대상이 교회의 권속이든, 교회의 밖에 있는 사람이든지 이웃을 불쌍히 여기는 마음을 가져야 한다. 이웃을 향한 사랑은 여기에서 시작된다. 강도를 만난 자에게 자비를 베푼 사마리아 사람은 긍휼한 마음을 가졌을 뿐 아니라, 또한 자기의 시간과 수고와 물질을 아끼지 않았다. 그는 참된 사랑을 실천하였다.

3. 심방에서의 상담

장로가 고난을 당하고 있는 성도를 찾아가 상담하려는 목표는 위기를 겪고 있는 상대방을 도와서 적어도 위기 이전 수준의 기능을 회복하도록 하는 것이며 오히려 이전보다 더 높은 수준으로 성장하도록 하는데 있다. 이 심방에 있어서는 상대방이 창조적으로 어려움을 다루어 나아가며 위기를 발생시킨 문제의 영역을 이해하기 위해 모든 노력을 기울이는 것이다.

1) 사랑의 접촉

도움을 주는 사람이 도움을 필요로 하는 사람에게서 아주 먼 거리에 떨어져 있을 때에는 효과적인 도움을 줄 수 없다. 어려움에 빠진 성도를 위한 첫 걸음은 그와 접촉하여 일종의 치유적 관계를 확립하는 것이다.

① 관심 있는 행동

관심 있는 행동이란 위기에 처한 자에게 안정되고 편안한 분위기를 조성해 주면서 관심과 흥미를 이야기하도록 도와주는 목회자의 구체적인 행동을 의미한다. 라포(Rapport)의 발전에 중요한 한 가지 관심 있는 행동은 상징적인 방법으로 내담자를 보호해주고 공급해주는 일이다.

이러한 방법의 구체적인 내용은 다음과 같다.

-상대방이 자신의 위기에 대해서 이야기하도록 질문하라.

-가능하면 언제나 상대방에게 확신감을 주라.

-악수를 한다든가, 의자를 다정하게 권한다든가, 차를 대접한다든가, 손을 잡는다든가, 어깨를 감싸주는 등의 행동을 통해 이해를 표현하라.

-상대방과 마주한 상태에서 두 눈을 응시하면서 상체를 내담자 쪽으로 약간 굽혀 간격을 좁혀 관심을 나타내라.

-조용하고 비밀이 보장될 수 있도록 방의 분위기를 조성하여 신뢰감과 솔직한 개방성을 느끼도록 해 주어라.

② 경청

장로가 상대방과의 기본적인 상담관계를 수립하는데 있어서 중요한 기술은 경청하는 것이다. 경청은 상대방의 욕구를 해소시키는 가장 용이하고도 근본적인 방법이다. 만일, 위기에 처한 사람이 말하고 있는 것에 대해서 충분하고 골똘한 주의를 기울여 들어주고 그들의 이야기를 말하도록 격려한다면, 그 경청을 통해 상대방의 용기를 북돋우어 주게 되며 그에 대한 배려와 관심을 전달하고 있는 것이다.

효과적인 경청을 하기 위한 방법은 다음과 같다.

-관심 있는 행동을 다양하게 변화 시켜서 상대방이 말하는 내용에 어울리도록 하라. 상대방이 매우 슬픈 이야기를 하고 있는데, 장로가 다른 생각을 하면서 듣는다면 상대방은 자신의 이야기를 경청하지 않음을 알게 된다.

-구체적인 목적을 가지고 경청해야 한다.

-비판하지 않는 태도로 들으며 상대방이 느끼고 경험하고 있는 것을 보살피는 마음으로 들어라.

-경청에 참여하고 공감하는 반응을 보여 줌으로써 상대방이 장로의 따뜻한 마음과 관심을 경험하도록 하라.

-위기에 처한 자가 문제로 삼고 있는 고통의 핵심을 파악하라.

-위기에 처한 자는 자기가 표현하고 싶은 것을 조리 있고 명백하게 진술하지 못함으로 이야기를 쏟아 놓도록 허용하다가 점차로 위기의 초점으로 대화를 좁혀 가라.

-활동적이고 적극적인 입장을 취하여 자신감을 주도록 하라.

대부분의 상담자들은 상담에서 상대방이 너무 많은 책임을 지지 않도록 권유하지만 위기상담의 경우는 다르다. 위기에 처한 사람은 스스로의 결단력, 조절 능력이 없이 수동적이기 때문에 장로가 적극적이고 단정적인 태도로 책임을 감당해야 한다.

2) 문제의 핵심파악

위기상담의 제 2단계는 문제의 핵심을 파악하는 것이다. 이 단계에서는 상대방의 느낌과 생각에 대해서 반응 해주고 초점을 맞추어 주는 것이 필요하다. 그리고 그 결과로 상대방에게 무슨 일이 일어났는가, 자신들이 실제로 무엇을 느끼고 있는가, 그리고 그 이유는 무엇인가 등을 스스로의 마음으로 분명히 정의할 수 있다. 문제의 핵심을 파악하는 단계는 상담자에게 반응하고 초점을 맞추는 기술을 요구한다.

① 반응

반응은 모든 일에 인간 상호관계가 지니는 근본적 차원들 중의 하나이다. 의사소통은 언어적이든, 비언어적이든 반응이 있어야 완전하다. 장로는 1단계에서는 상대방과의 접촉과정에서 이미 반응해 주기 시작했으나, 2단계에서는 짧고 드물게 경청만 하는 기회를 가지게 된다. 장로는 세 영역에서 반응하게 되는데, 즉 비언어적 행동, 느낌, 그리고 의미의 영역이다.

a. 비언어적 행동

장로는 무엇보다도 먼저 상대방의 비언어적인 육체적 행동을 알아야할 필요가 있다. 이 몸의 표현은 상대방의 심층의 경험과 느낌의 실마리를 제공하기 때문에 상대방의 내적 갈등과 정서적인 문제를 이해하는데 도움이 된다. 위기 가운데 있는 사람들은 낮은 수준의 체력으로 일한다. 왜냐하면 곤경과 갈등이 그들을 고착시키고 체력을 소모시켰기 때문이다. 그러므로 상대방의 육체적인 활동이 작을수록 장로의 반응은 직접적이고 적극적일 필요가 있다. 또한 장로는 상대방의 말과 행동 사이에 있는 불일치와 모순을 알아야 한다.

b. 느낌

위기 가운데 있는 사람은 대개 그 자신을 지배하고 있는 감정들을 표현한다. 이럴 때, 장로가 그 사람으로 하여금 그러한 지배적인 감정들을 확인해주고 표현할 수 있도록 도와줄 수 있다면 큰 도움이 될 것이다. 감정의 표현은 언어나 어조, 얼굴표정, 자세, 손놀림 등에서 나타나므로 용의주도한 관심을 가지고 내담자의 감정을 탐색해야 한다.

이때, 상대방의 감정세계에 들어가는 것을 막는 종족적, 종교적, 사회적, 경제적, 정치적 태도들을 취하지 않고 최소한 자신의 모든 준거의 틀(Frame of Reference)을 보류하려고 노력하여야 한다. 상대방의 말이나 행동으로부터 그가 실제로 어떻게 느끼고 있는가를 일단 단정하며 그 느낌에 대한 장로 자신의 이해를 이야기하여 상대방의 입장에서 그의 감정을 이해하려고 노력하고 있음을 보여 주어야 한다.

c. 의미

장로의 궁극적인 관심은 상대방이 그 위기에 대하여 어떤 의미와 느낌을 가지고 있는가를 파악하는 것이다. 느낌은 모든 사람에게 공통적이지만 그 느낌의 내용은 사람마다 다르다. 그러므로 의미는 상대방이 표현한 느낌과 그 느낌의 내용을 이해할 때만 파악될 수 있다. 즉 "당신은 화를 내고 있군요"라는 단순한 느낌의 반응만을 보일 것이 아니라, "당신은 부당한 대우를 받았기 때문에 화를 내고 있군요"라고 느낌과 내용이 연결된 의미의 반응을 보여야 한다. 이 단계에서는 내담자의 느낌에 반응해 줄 뿐만 아니라 그 느낌의 내용을 확인하여 위기의 의미가 파악 될 수 있도록 해야 한다.

② 초점 맞추기

대부분의 사람들은 스트레스와 그 영향력을 전혀 알지 못하거나 충분히 알지 못할 때가 많다. 그렇기 때문에 초점을 맞추는 과정은 긴장의 성질을 재빨리 확인하고 관련된 상황들과 갈등들을 분명하게 드러내는 것이 목적이다. 이와 같은 선명한 확인은 위기를 해결하는데 도움을 준다.

위기를 겪고 있는 많은 사람들이 자신을 회피하고 고통에 대하여 자신을 방어하고 있기 때문에 장로가 할 일은 그로 하여금 사실에 직면하도록 돕는 것이다. 롤러 매이(Rollo May)는 "인생의 장애물인 고통과 위기는 재생의 첫걸음이며 발생된 일이 아무리 비참하다 할지라도 모두 오직 명료화를 지향하는데 필요한 첫걸음이라는 것을 알면 슬픔과 고뇌까지도 결코 헛된 것이 아니다."라고 말하고 있다. 그러므로 위기에 처한 사람에게 고통을 회피하게 하는 것이 아니라 위기와 직면하여 대결할 수 있는 편안한 분위기를 조성해 주어야 한다.

초점을 맞추는 과정에서 장로가 알아야 할 것은 위기의 자극사건, 상대방과 중시하는 관계 혹은 사회적 역할에 대한 위협, 내담자의 대응책, 내담자의 대응을 무효화시킬지 모르는 새로운 요소들 등이다. 또한 초점 맞추기는 위기를 해결하는데 관련성이 없는 지식이나 사실을 걸러내는 작업도 포함한다. 위기에 처한 사람들은 때때로 산더미 같아 보이는 혼란스러운 일들과 문제들에 압도당하기 쉬우므로 이럴 때 목회자가 불필요한 지식이나 사실들을 제거해 줌으로 그가 문제를 바로 파악할 수 있도록 해 주어야 하는 것이다.

일단 상황이 정확하게 평가되면 목회자는 이 평가를 내담자에게 단순하고 솔직하게 설명해주고 곤경의 핵심을 이야기해 주어야 한다. 이와 같은 의사교환 과정을 '상호 동일한 이해의 진술'이라 부르며 이 과정이 지나가야 내담자는 다음 단계로 돌입할 수 있게 된다. 당면한 위기에 대응할 수 있는 다양한 방법들을 검토하고 그 중에서 적절하다고 보이는 대안들을 선택하여 가능한 자원들을 동원하게 되는 것이다.

그러므로 문제의 구성 요소들에 대한 초점 맞추기는 위기상담의 기초적인 목적을 수행하게 되는 것이다.

3) 문제에 대한 적극적 대처

위기에 처한 사람은 스스로를 고립시키는 현상이 나타나는데 목회자는 이들로 하여금 자신의 생활을 새롭게 계획하기 위해서 어떤 선택이 가능한 대안들로 취해질 수 있는가를 검토하게 하고 그 대안들을 행동으로 옮길 수 있도록 도와줄 필요가 있다. 이러한 도움은 대개 다섯 가지로 나눈다.

① 목표의 설정

어려움에 직면한 상대방과의 상담관계를 형성하고, 당면한 위기의 윤곽을 뚜렷이 파악하고 이해하도록 도와주었다면 함께 문제를 해결하도록 나아가야 한다. 그러므로 위기에 처한 상대방으로 하여금 목표를 수립하도록 돕는다. 가능한 한 구체적이고 그 성취가 측정될 수 있도록 관찰이 가능한 것일수록 좋다. 기간은 장기적인 목표보다는 작고 단기적인 목표를 수립하여 그것을 성취하는 것이 유익하다.

② 자원조사

목표가 수립된 다음에는 상대방으로 하여금 그들의 내적 자원과 외적 자원을 조사하도록 도와야 한다. 위기를 겪고 있는 상대방은 흔히 자신들의 자원을 합리적으로 검토하는데 어려움을 갖기 때문에 장로가 앞에서 이끌어 주어야 하는 것이다.

내적인 자원은 우리 모두가 자기 안에 지니고 있는 방법들로서 우리가 매일 부딪치는 문제들에 직면할 때 의지할 수 있는 것들이다. 상대방은 때때로 자신이 그러한 자원을 지니고 있음을 알지 못하기 때문에 그 사실을 지적해 주어야 한다. 내적 자원 가운데서 중요한 한 가지는 과거의 위기들을 처리했던 경험이라는 자원이다.

외적인 자원은 장로의 친구들, 가족, 교회, 정신적 자원, 소속단체 그리고 재정능력 등을 포함한다. 위기에 처한 사람은 자주 대인관계로부터 자신을 단절시키고 외로워하는 경향이 있다. 이것이 다른 사람들에 의해 어느 정도 만족되어질 때 위기에 대해서 매우 큰 긍정적 영향을 미치게 된다. 교회의 예배기능 —예를 들면 장례예배, 신앙고백, 결혼식, 축도순서 등 —은 위기해결의 중요한 요소이며, 교인과의 교제와 기도모임 등도 큰 영향력을 준다. 또한 위기를 겪고 있는 사람과 가까운 개인도 압박감을 받기 때문에 장로의 도움을 필요로 하는 경우가 있다.

③ 대안의 확정

일단 상대방이 목표를 수립하고 자원을 검토하기에 이르면 목회자는 수립된 목표를 성취하기 위해서 선택이 가능한 행동방법들을 함께 마련해야 한다. 이때, 상대방이 스스로 자신들의 대안을 강구하도록 격려해야 한다. 상대방의 자신에 의한 대안 강구 후에, 장로는 다른 가능한 행동방법을 제안할 수 있다. 이것은 단순히 충고를 주는 게 아니고 인식적으로 위축되거나 대안을 생각해 내지 못하는 사람들의 시야를 넓혀 주려는 시도다.

그러나 대개의 경우에 있어서 상대방 자신이 장차 행동으로 옮길 대안을 직접 선택한다. 그 다음에는 여러 대안들이 열거된 목록으로부터 관련이 깊고 구체적인 행동으로 옮길 수 있는 것들을 모두 선택한다. 그런 후에 장로는 상대방과 함께 가능하게 보이는 여러 가지 대안들을 함께 평가할 필요가 있다. 선택 가능한 대안들을 내담자의 지원에 비추어 보아 심사숙고해야 한다.

행동화 할 수 있는 대안들이 가치의 관점에서 심사숙고된 다음에는 상대방이 그것이 수립된 목표에까지 효과적으로 도달할 것인지를 평가해 본다. 이러한 평가가 끝난 후에 장로는 전문가로서 개입하여 자신의 경험이나 다른 내담자들의 경험에 비추어 그 대안에 대한 정보를 나눌 수 있다.

마지막으로, 여러 가지 대안들을 검토한 후에는 위기 가운데 있는 그 사람이 행동으로 옮길 한 가지 혹은 두 가지를 선택하는 것은 매우 중요하다. 만약, 상대방이 대안을 선택하지 않으려 할 때는 목회자가 그것을 재촉하거나 권장하는 것이 필요하며, 이 방법은 매우 조심스럽게 사용되어야 한다.

④ 행동에의 착수

행동에의 착수는 상대방이 갖고 있었을지 모르는 의존경향을 역전시키도록 도움을 주기 때문에 대단히 중요한 단계다. 행동은 위기 가운데 얽혀있는 무기력과 마비를 물리치고 사람들에게 기운을 북돋아 주어 그들의 기분에 관계없이 문제 해결을 위해서 무엇인가를 하도록 한다. 클라인벨(H. J. Clinebell)도 말하기를 "사람의 인격 혹은 자아는 근육과 같다. 근육은 쓸수록 강해진다. 만약 근육을 사용하지 않으면 쇠약해지고 말라빠지게 된다"고 하였다. 작은 부분이라도 자신이 상황을 개선하기 위해서 무엇인가를 시작했을 때는 그의 감정이 개선된다는 것을 지적해 줌으로 절망의식을 덜어 줄 수 있고 자신에 대한 긍지를 갖도록 해 주어야 한다.

⑤ 반성과 재검토

반성 및 재검토는 분리된 과정이 아니라 상담 전 과정에서 계속적으로 다양한 방법으로 이루어지는 기능이다. 장로와 상대방은 그들의 행동이 위기의 해결이라는 목표에 효과적으로 도달할 때까지 끊임없이 평가하지 않으면 안 된다. 과거에 수립된 목표가 지금도 목표가 될 수 있는가를 검토하고 그것이 타당하지 않을 때는 변경시켜야 하는 것이다.

위기상담의 마지막 단계에서 항상 중요한 것은 상대방에게 지금까지의 상담을 통하여 알게 된 것을 정리하여 설명하여 주고, 장차 분명히 발생하게 될 문제들과 위기들에 대해서는 새로 발견한 힘과 대응책들을 활용하도록 격려해 주는 것이다.

4) 성장을 지배할 수 있는 행동계획의 개발

어려움에 처한 사람을 심방하는 궁극적으로 목표는 상대방을 영적인 성장에까지 이르도록 하는 데 있다. 즉 위기에 처한 사람이 위기를 자기의 신앙단계에서 소화하여 영적으로 성숙하도록 돕는 위기 상담의 최종적 단계다. 이 목적을 위해서 몇 가지의 요소들이 제시되어 있다.

-지금까지의 실행 계획을 이행하는 데에서 일어난 일들을 설명하도록 하고 작은 일이라도 성공적인 것을 인정해 주어야 한다.

-위기 가운데 아직도 처리해야 할 부분을 위해서 또 다른 실행 목표를 발전시키도록 도와주어야 한다.

-일단 한 위기를 성공적으로 대응했으면 그 자신의 적응 근육이 힘을 얻기 때문에 그 다음에는 훨씬 쉬워진다는 사실을 내담자에게 알려준다.

-상대방으로 하여금 도움을 받도록 권고해야 한다.

-위기를 경험한 사람들에게 위기를 당한 사람을 돕도록 해준다.

-상대방에게 위기를 건설적으로 대처하였을 때, 성장이 일어난다는 사실을 인식하게 해 주어야 한다.

-위기의 타격이 감소된 뒤에는 그 위기를 반성하고 거기에서 배울

수 있도록 격려해 주어야 한다.

-상대방으로 하여금 위기를 극복하고 영적으로 성장하도록 돕는다.

어려움을 만난 사람을 심방해서 돕는 최종단계는 단순히 과거의 위기만을 극복하여 현 상태로 회복하는 것이 아니다. 그가 영적인 성장이라는 미래적인 가능성의 차원에까지 이끌어 놓는 데 있는 것이다. 그리하여 위기를 경험했던 사람이 자기 스스로의 힘으로 전인적인 성장을 이룩할 수 있는 능력과 행동들을 개발해 나가며, 나아가서는 자기와 유사한 위기를 경험하고 있는 사람들을 이끌어 주도록 하는 데 있다.

04

장로가 갖추어야 될 덕목

17장 장로의 신앙생활

18장 장로와 리더십

19장 장로의 영성

17장 _ 장로의 신앙생활

장로는 지교회를 섬김에 있어서 하나님의 능력이 나타나도록 해야 한다. 그의 헌신으로 말미암아 성령의 역사가 나타나고, 이에 대한 영향 속에서 교회는 성장하고, 성도들이 바르게 자라게 된다. 사실, 장로에게는 교회 공동체 안에서의 더욱 중요한 것이 있는데 바로 자신의 삶에 대한 것이다. 그러면, 장로가 어떻게 신앙생활을 해야 자신과 교회에 유익을 줄 수 있는가? 이에는 네 가지가 있다. 곧 예배와 가정, 언어와 봉사에 대한 생활이다.

1. 예배생활

1) 예배에 임하는 자세

하나님께서 교회를 통하여 우선적으로 기대하시는 일이 있으시다면 무엇일까? 가장 중요한 기능이 하나님께 예배드리는 것이다. 그러므로 교회의 중요한 일꾼이요, 온전함을 추구해야 하는 성도들에게 영향을 끼치는 장로는 마땅히 예배를 잘 드려야 한다. 이로써, 그는 교회의 권속들에게 예배드림에 대한 영향을 끼치게 되기 때문이다.

우리가 어떻게 하면 예배를 잘 드릴 수 있을까?

1. 예배는 살아계신 하나님 아버지와 인격적인 교제이며 마음, 뜻, 힘, 성품을 다하여 신령과 진정으로 그를 기쁘시게 하는 봉사다.

2. 예배는 사죄의 은혜에 대한 감격과 찬미가 있어야 한다. 예배는 구속을 중심으로 내려주신 말씀의 전달이 있어야 하며 구속의 주 어린 양 그리스도를 높이는 제사이어야 한다.

3. 예배는 자기중심적 생활을 하나님 중심적인 생활방식으로 고치는 행위이다. 다시 말하면 평소 불신앙의 환경과 사귐에서 세상으로 끌려 해이해진 심경을 다시 참회하며 깨끗이 닦는 동시에 새로운 힘을 하나님께로부터 받는 시간이 되어야 한다.

4. 예배를 드리는 자의 몸가짐은 그 사람의 영적인 태도를 나타내는 것이므로, 예배의 태도는 정숙해야 한다. 예배를 위한 책임을 각기 맡았을지라도, 가장 귀한 일은 그리스도를 모시는 준비된 마음과 태도를 잊어서는 안 된다. 예배 중 출입, 속삭임, 인사를 나누는 등의 일을 삼가 엄숙한 예배를 돕는 것이 옳다.

5. 예배를 통하여 하나님께 대한 예의를 배워야 한다. 복장을 단정히 하고 성경, 찬송 책을 가지는 동시에 시작 시간보다 훨씬 전에 성전에 앉아 기도로써 마음준비를 하는 것이 좋다.

2) 예배드림에 본이 되라!

예배는 하나님과 사람의 만남이다. 이로써 사람이 하나님을 인정하는 행위가 된다. 여기에서 대화가 있게 되고 이는 하나님을 사랑하고, 좋아하고 즐거워하는 데서 일어난다. 공동 예배나 개인 예배나 마찬가지로 하나님께 영광을 돌리고 또 기뻐하고 즐거워해야 한다. 본질에 맞추어 예배를 기뻐할 때 참 즐거움이 있다.

이에, 장로는 경건하게 예배를 드리는 본을 보여야 한다. 장로는 교회공동체 안에서 성도들에 대하여 신앙의 선배요, 가르치는 이다. 장로는 최소한 하나님 앞에서 신앙의 지도자의 위치에 있다. 그런 까닭에 장로는 후배요, 제자들에게 경건하게 예배드리는 것에 대한 본을 보여야 할 책임이 있다. 교회 공동체의 성도들은 언제나 먼저 믿은 지도자들이 예배를 드리는 것을 보고 그대로 본을 받기 원한다.

-준비된 마음으로 예배에 임해야 한다.

-적어도 예배시간 10분전에 교회에 나와 예배를 준비하고 예배를 드려야 한다.

예배시간은 하나님과 특별히 만나 경배하기로 약속한 시간이다. 그러므로 지각을 하지 말아야 한다.

-장로는 예배에 익숙하지 않은 이들이 예배를 잘 드리도록 도와주어야 한다. 그들이 찬송가를 찾거나 성경을 보는 것을 도와주어야 한다.

특히, 조심해야 할 사항들은 다음과 같다.

-설교를 경청하지 않고 꾸벅꾸벅 조는 것

-옆의 사람과 소곤소곤 이야기를 하는 것

-예배행위와 관계없이 다른 곳을 보거나 두리번대는 것

-늦게 온 사람에게 인사하는 것

-시계를 보는 것(특히 뒤에 있는 시계를 보는 것은 금물임)

-예배가 드려지는 중간에 움직이는 것

우리가 예배를 바르게 드려야 함에 대하여 가르쳐 주는 좋은 이야기가 있다. 알렉산더 대왕이 사령관으로 전투에 나갈 때 부하 중에 알렉산더라는 이름을 가진 졸병이 있었다. 그런데 졸병 알렉산더는 품행이 단정하지 못했다. 형편없는 그 졸병의 생활로 말미암아 알렉산더라는 이름이 마구 아무렇게나 불리어졌다. 이 소식을 들은 알렉산더 대왕은 예고 없이 그 졸병의 막사를 방문하였다. 모든 병사들이 겁에 질려 경례를 하고 있었다.

알렉산더 대왕은 졸병 알렉산더를 찾아서 앞에 세웠다. 그리고 엄한 목소리로 이렇게 말했다.

"네가 알렉산더인가?"

"네"

"내가 두 가지를 명령한다. 네 이름을 바꾸어라, 이름을 바꾸기 싫거든 네 삶을 바꾸어라."

3) 절대 주일성수

그리스도인은 예수님의 사람이기 때문에 예배하는 사람이어야 한다. 믿느냐, 믿지 않느냐를 떠나 사람의 가장 큰 의무는 하나님을 예배하는 것이다. 예배는 하나님께 영광을 돌리고 하나님을 즐거워하는 일이다. 사람은 하나님께 예배하기 위하여 창조되었다. 따라서 예배하지 않는 사람은 사람의 본질을 상실하게 되고 만다.

장로는 부득이한 일이 아니라면 예배시간에 결석하지 말아야 한다. 예수님께서 버릇처럼, 베드로와 야고보, 요한과 늘 함께 하셨다면, 하나님께서는 장로들과 함께 하시기를 바라신다고 볼 수 있다. 따라서 그는 하나님이 가장 만나고 싶어 하고 가장 경배를 받고 싶어 하는 사람이라는 것을 잊지 말아야 한다. 그러므로 장로는 부득이한 일이 아니라면 예배에 결석을 하면 안 된다.

2. 가정생활

1) 가정에 대한 자세

가정은 천국을 선물하시려는 하나님의 놀라운 사랑의 결정체이다. 아담이 홀로 독처하는 것을 안쓰럽게 느끼신 분도 하나님이시며 생육하고 번성할 수 있도록 섭리하신 분도 하나님이시다. 하나님께서는 모든 것을 만족스럽게 느끼실 만큼 일하셨고 가정도 하나님을 기쁘시게 만든 축복의 열매였다. 가정의 축복은 분명 하나님 안에서 완성된다.

-딤전 5:8, "누구든지 자기 친족 특히 자기 가족을 돌보지 아니하면 믿음을 배반한 자요 불신자보다 더 악한 자니라."

장로는 지교회 안에서 중심이 되는 인물이다. 그의 모습은 그대로 그 교회 공동체의 모습을 보여 주는 것이다. 우리는 우리를 따르는 많은 성도들이 장로의 생활을 지켜보고 있음을 기억하고 살아야 한다. 그들 가운데, 어떤 지체들은 장로의 신앙과 삶을 본받기 위해서 지켜보려 한다. 반대로 어떤 이들은 바벨론의 총리들이 다니엘을 고소할 틈을 얻고자 지켜보았던 것처럼 그에게 부정적인 감정을 갖고 그를 지켜본다.

그러므로 그는 흠이 없는 사람으로 자신을 세워나가지 않으면 안된다. 그래서 교회에서 뿐만 아니라, 가정생활에 아주 모범이 되어야 한다. 그래야만 하나님께서 기뻐하시고 열매도 맺을 수 있다. 그의 삶이 바로 성도들에게 온전함에 이르는 모델이 되고 있기 때문에서다. 그의 가정에서 들려오는 기도의 소리는 그대로 성도들에게 기도의 삶을 도전해 주고, 그의 가정에서 흘러나오는 찬송의 곡조는 그대로 성도들의 찬송이 된다.

예수님께서는 화목의 제물이 되사 하나님과 인간 사이에 나누어진 장벽을 헐어 버리고 하나로 만들었다. 하나님의 일꾼이 된 사람은 한 가정의 화평을 이룩하는 제물이 되어야 한다.

2) 가정을 화평의 장소로 삼는 지혜

① 가족의 존중

행복한 가정의 첫째 조건은 물질이 아니다. 물질이 없는데도 행복하게 사는 사람들이 많다. 명예도 아니다. 명예가 없는데도 행복하게 사는 사람들이 많다. 건강도 아니다. 건강하지 않은데도 행복하게 사는 사람들이 많다. 행복한 가정의 첫째 조건은 상대방의 권리를 존중하는 데 있다. 소위 말하는 인권의 존중이다. 가족들이 서로 인권을 존중해 줄 때 가정은 행복하게 되는 것이다.

장로는 하나님께의 영광과 자신의 도리를 다하기 위하여 가정을 섬겨야 한다. 반드시 모범적인 가정의 삶을 살아가는데 헌신해야 하는 것이다. 그의 가정이 모범이 될 때, 혹시라도 불행한 가정형편에 있는 사람들이 교회를 찾게 된다.

② 가족에 대한 사랑

가족을 자신의 몸같이 사랑해야 한다. 가정의 화평은 사랑으로만 이룩할 수 있다. 주님은 이웃도 자신의 몸같이 사랑하라고 하셨는데, 하물며 한 가족을 자신의 몸같이 사랑할 수 없겠는가? 그러나 가족을 사랑하되 지식을 따라 사랑해야 하는 것이다.

불편을 감수하고 절제할 줄 알며 타인의 눈에 비치는 자신의 모습을 늘 추스르지 않으면 그 가정은 기독교인의 가정으로서 뿐만 아니라, 복을 받는 가정으로 자리 잡을 수 없게 되고 만다. 신앙을 가진 가정이라 해도 분란이 없는 것은 아니다. 각각의 인격체가 느끼는 것이 다르고 취향도 다르며 선호하는 것도 다른데, 항상 같은 감정을 가지고 동감하며 살기를 바라는 것부터가 실현하기 어려운 일일 것이다.

그러나 예수님 안에서 생명을 사랑하고 그 안에 계시는 예수님을 존귀히 여기고 하나님께서 이루시기를 원하시는 가정을 하나님의 선물로 믿는 믿음이 있다면 함께 참고 견디며 천국을 만들어 갈 수 있다. 예수님의 십자가의 도를 삶 속에 도입하여 지켜 나갈 때 가정 천국은 꽃을 피우고 이웃과 사회를 향해 그리스도의 아름다운 덕을 선전할 수 있게 된다는 점을 명심해야 할 것이다.

③ 가족의 복음화

가족의 심령에 천국을 이룩해야 한다. 심령 속에서 사탄을 내쫓고 그리스도를 모셔 들여 주님이 심령을 지배하면 개인의 심령에 천국을 소유한 것이다. 구약에서 욥이 자신의 가정에 큰 어려움을 겪으면서도 화평을 잃어버리지 않은 비결은 무엇인가? 그의 마음속에 기도하는 마음과 성령이 주신 평화가 그 심령에 있었기 때문이 아니겠는가? 하나님의 사람은 자기 가정을 화평의 장소로 만들기 위해서 가족 하나하나의 심령에 천국을 이룩하는 노력이 있어야 한다.

온전한 사랑은 하나님만이 가지고 계시며 그 사랑을 예수님께서 보여 주셨다. 예수님을 닮지 않고는 완전한 사랑의 가정을 이룰 수 없다. 그 사랑은 희생과 인내와 자비의 사랑이며 격려와 칭찬과 상호 신뢰의 사랑이다. 예수님의 사랑은 욕하는 자를 위해 기도하고 핍박하는 자를 선대하며 저주하는 자에게는 오히려 축복해 주는 사랑이다.

3. 언어생활

1) 하지 말아야 할 말

말은 사람에게 있어서 매우 중요하다. 교회 공동체는 장로의 말에 의하여, 좋은 교회를 만들게 된다. 반면에, 말을 잘못하면 좋지 않은 교회를 만들게 된다. 그러므로 교회의 지도자가 되는 장로는 언어생활에 각별한 주의를 기울여야 한다.

-엡 5:4, "누추함과 어리석은 말이나 희롱의 말이 마땅치 아니하니 오히려 감사하는 말을 하라."

① 누추한 말

'누추함' 은 '단정치 못함' 이라는 뜻이다. 단정치 못한 말, 어리석은 말, 상스러운 농담 등은 다 성도들에게 합당치 않은 것들이다. 그것들은 성도답지 못한 말들이다. 누추한 말은 천한 말, 속된 말을 뜻한다. 욕설과 음담패설이 누추한 말의 대표다.

모든 이들의 본이 되어야 하는 장로는 마땅히 욕설이나 음담패설을 하지 말아야 한다. 하나님의 엄숙한 명령이시다. 우리는 살리는 말을 해야 한다. 누추한 말, 곧 욕설이나 음담패설은 그 말을 듣는 사람의 정신은 물론 말하는 사람의 정신도 파괴한다. 말은 무서운 파괴력을 가지고 있기 때문이다.

② 어리석은 말

어리석은 말은 사람들이 들을 때 유익이 없고, 기분을 상하게 나쁜 말을 뜻한다. 가령, 키가 작은 사람은 자신의 키에 대하여 예민하므로 키에 관한 말을 가장 듣기 싫어한다. 그래서 키가 작은 사람에게, "키가 몇 센티나 됩니까?" 하고 물으면 어리석은 말이 된다. 특히, 상대방의 예민하고 약한 부분에 대해서 주의해야 한다.

생각이 없이 무심코 한 말이 오해를 낳고 인간관계를 파괴한다. 남에 대하여 이야기 할 때는, 이웃을 높이는 쪽으로 이야기를 하는 것이 지혜롭다.

-아이가 보통으로 생겼어도 "아이가 참 똑똑하게 생겼네요."

-옷이 보통으로 예뻐도 "그 옷 참 예쁜데요."

-옷이 보통으로 보여도 "그 옷 참 귀티가 납니다."

-물건이 보통으로 보여도 "어디서 이렇게 좋은 것을 구했습니까?"

-집이 좀 좁을 때는 "집이 참 아담합니다."

-밥에 돌이 자꾸 씹히자 아내가 미안하게 생각할 때 "괜찮아. 돌보

다는 쌀이 많은데 뭘."

③ 희롱의 말

'희롱의 말' 은 농담을 가리키는데 특히 저속하고 상스러운 농담을 가리킨다. 희롱의 말은 남을 낮추고 놀려대는 말을 뜻한다. 사람은 자신을 희롱하는 말을 들으면 속이 상하고 기분이 나쁘게 되어 있다. 그러므로 예수님을 믿는 사람은 남을 희롱하는 말을 하면 안 된다. 희롱하는 사람은 기분이 좋을지 모르지만 희롱을 당하는 사람은 기분이 나쁜 것이다.

2) 해야 하는 말

① 감사하는 말

감사의 말은 하나님의 엄숙한 명령이다. 그러므로 감사의 말은 우리의 일상 언어적인 말이 되어야 한다. 우리는 언제나 하나님의 은혜, 사랑, 인도하심을 감사해야 한다. 나쁜 일이 생겨도 하나님의 은혜로 알고 감사해야 한다.

여수 순천 반란사건이 일어났을 때, 손양원 목사의 아들 형제가 공산당원에게 학살을 당했다. 그래서 손 목사는 한 날에 두 아들의 장례식을 치르게 되었다. 여러 사람들이 그를 위로하기 위해서 정성을 다했다.

그 장례식에서 손 목사는 10 가지로 하나님께 감사의 말을 하였다.

-나같은 죄인의 혈통에서 순교 자식이 나게 하셨으니 하나님께 감사합니다.

-허다한 많은 성도 중에 어찌 이런 보배를 내게 맡겨주셨는지 감사합니다.

-삼남 삼녀 중에서도 가장 아름다운 두 아들 장남, 차남을 하나님께 바치게 된 복을 감사합니다.

-한 아들의 순교도 감사한데 하물며 두 아들의 순교니 감사합니다.

-예수 믿다가 와석종신하는 것도 큰 축복이라 하거든 하물며 전도하다가 총살 순교당함이리요, 감사합니다.

-미국 가려고 준비하던 내 아들, 미국보다 더 좋은 천국 갔으니 내 마음 안심되어 감사합니다.

-나의 아들을 총살한 원수를 회개시켜 내 아들 삼고자 하는 사랑하는 마음을 주신 하나님께 감사합니다.

-내 두 아들의 순교의 열매로 말미암아 무수한 천국의 아들들이 생길 것으로 믿어지니 우리 아버지 하나님께 감사합니다.

-이같은 역경 중에도 이상 여덟 가지 진리의 신애를 기쁜 마음과 여유있는 믿음을 주신 우리 주 예수 그리스도께 감사합니다.

-오 주여 나에게 분수에 넘치는 과분한 큰 복을 주신 하나님 감사하오며 영광 돌려 마지않나이다. 옛날 내 아버지 어머니가 새벽마다 36년간 눈물로 된 기도요 결정입니다. 나의 형제 자매들이 23 년간 기도해 주셔서 열매를 거두게 하니 감사합니다.

② 칭찬과 격려하는 말

칭찬은 사람을 훌륭하게 만드는 위대한 힘을 가지고 있다. 칭찬을 많이 받은 사람은 칭찬받을 일을 많이 한다. 반대로 비난을 많이 받은 사람은 비난받을 일을 많이 하는 것이다. 그러므로 장로는 남을 칭찬하는데 열심을 내야 한다.

많은 말 중에서 가장 귀하고 아름다운 말은 칭찬과 격려의 말이다. 우리는 사람들에게 영향을 미치는 격려의 예술가가 될 수가 있다. 마크 트웨인은 "멋진 칭찬을 들으면 그것만 먹어도 두 달은 살 수 있다."

고 하였다. 지금, 대부분의 사람들은 음식을 못 먹어서 배고픈 것이 아니라 격려와 칭찬과 긍정적인 말에 목말라 있다. 칭찬의 말, 격려의 말로 교회를 축복하는 장로가 되어야 한다.

4. 봉사생활

장로의 인격은 교회성장과 깊은 관련이 있다. 중책을 맡은 지도자일수록 더욱 그러하다. 그들이 하는 말이나 행동 하나 하나가 교회의 목회사역에 결정적인 영향을 끼치게 된다. 오직 평신도 지도자는 "교회와 사회 안에서 특별한 임무를 띠고 봉사하는 주의 종"이 될 때 다른 성도들과 세상 사람들이 존경하게 된다. 새신자일수록 그들의 행동을 주의 깊게 살피고 있다는 사실을 명심해야 한다.

1) 섬김의 종

장로는 종으로서의 봉사자가 되어야 한다. 어떤 경제적 보상에도 구애받지 않고 섬김의 자세로 봉사해야 한다. 특별히 교회 안의 직책에 얽매여서는 안 되며 권위와 명예를 위해 타성적인 봉사를 해서도 안 된다.

장로는 교회 안에서나 밖에서 존경받는 일을 해야 하며, 직업을 택할 때도 가려서 택해야 한다. 자신을 위한 삶이 아니라 오직 종으로서의 삶만이 타의 모범이 되며 그런 평신도 지도자가 많은 교회에 사람은 모이게 된다.

따라서 그에게 요구되는 것은 겸손과 친절함이다. 봉사라는 말이 겸손과 친절의 의미를 함축하고 있으며, 봉사는 인간봉사다. 즉 인간을 인간답게 만드는 것이 봉사다. 그러므로 동정의 성격을 지니고 있다고 생각해서는 안 되며, 일상생활 속에서 인간을 사랑하는 마음을 배우는 자연스런 삶의 일부라고 보아야 한다. 그러므로 삶을 배운다는 겸손한 자세로 봉사활동을 해야 하고 그러한 겸손은 친절로 나타나야 한다. 이것은 결국 인내심에서 완성된다.

봉사활동을 성공적으로 마칠 수 있을 때는 유익한 점과 배우는 점도 많지만 성공적으로 마치기까지 극복해야 될 점 역시 많다. 생각하지 않았던 어려움에 봉착할 수도 있고, 여러 사람 사이에서 불쾌한 일도 있을 수 있으며, 일을 하면서 자신의 적성과 맞지 않아 중간에 그만두고 싶은 경우도 있다. 우리는 인내심을 가지고 부정적인 상황들을 극복해야 한다.

장로의 섬김에 대한 봉사는 정신적인 봉사, 육체적인 봉사와 물질적인 봉사로 나눌 수 있다.

(1) 정신적인 봉사—다른 사람을 존경하고 사랑하는 것

(2) 육신적인 봉사—다른 사람을 위하여 일해 주는 것

(3) 물질적인 봉사—다른 사람에게 물질을 나눠주는 것

2) 봉사의 자세

① 마땅히 할 일로 여김

장로는 지교회를 통해서 마땅히 해야 할 일을 한다고 생각하며 주님의 일을 해야 한다. 충성된 장로는 교회에서 아무리 힘든 일이나 어려운 일을 맡겨도 싫어해 하는 법이 없다. 왜냐하면 자기는 주님의 종이므로 주님이 무슨 일을 맡기든지 마땅히 해야 한다고 생각하기 때문이다. 절대로 마땅히 해야 할 일을 해 놓고 생색을 내지 않는다.

오르띠즈 목사는 어느 날 자기 교회 성도들에게 제자가 무엇인가를 설교하였다. 그러자 아주 많은 성도들이 자기 집과 아파트를 주님께

바쳤다. 너무나 많은 사람들이 자기 집을 바쳤기 때문에 그 집을 처리하는 문제로 목사님들이 회의를 했다. 장장 6개월간 의논을 한 후에 한 가지 결론을 내리고 목사님이 이렇게 발표를 하였다.

"우리는 여러분들이 고생하여 벌어서 산 집을 다시 여러분에게 돌려드리기로 하였습니다. 왜냐하면 주님은 주의 자녀들인 여러분이 집이 없는 것을 기뻐하지 않으실 것으로 생각했기 때문입니다. 그러나 그 집은 주님의 것임을 잊지 마시기 바랍니다."

그 후에 어떻게 되었을까? 그 때부터 모든 성도들의 집의 문이 활짝 열렸다.

② 희생에 대한 각오

장로는 자기 희생을 각오하고 일해야 한다. 그는 주님의 제자 중의 제자다. 그러므로 당연히 어떤 희생을 감수하고서라도 주님의 일을 해야 한다. 때로는 자기는 없는 것처럼 여기면서 주님의 일을 해야 한다. 때로는 자기 목숨을 버리면서 주님의 일을 해야 한다. 이것이 당연한 일이다.

스데반은 예루살렘 교회의 최초의 집사였다. 그가 처음에 맡은 일은 과부들에게 구제비를 공평하게 분배하는 일이었다. 그러나 그는 그와 동시에 전도도 열심히 했다. 심지어 예수님을 죽인 바리새인들과 사두개인들을 책망하면서도 전도하였다. 그들이 이를 갈며 죽이려고 해도 두려워하지 않고 계속 전도하였다. 그러다 결국 돌에 맞아서 죽임을 당하고 말았다. 자기를 부인하고 자기 십자가를 지고 주님을 좇은 것이다.

장로에게는 이것이 당연한 일이다. 교사의 희생에는 반드시 보상이 따른다. 하나님은 응답하시는 분이시기에, 우리의 희생에도 응답하신다. 하나님께 당연히 할 희생인데도, 희생을 하면 반드시 큰 보상을 해

주신다.

-눅 18:29-30, "이르시되 내가 진실로 너희에게 이르노니 하나님의 나라를 위하여 집이나 아내나 형제나 부모나 자녀를 버린 자는 현세에 여러 배를 받고 내세에 영생을 받지 못할 자가 없느니라 하시니라."

오늘날 우리의 문제는 구원보다는 구원 그 이후다. 자신의 구원이 주님의 공로에 의한 것이라면, 마땅히 그 은혜에 감사하는 삶을 살아야 한다.

아치볼드라는 사람이 있었다. 스탠다드 석유회사의 석유판매원이었다. 그는 어느 여관에 가서 자든지 숙박계를 쓸 때에도 자기 이름을 쓰지 않았다. 그는 꼭 "한 통 4달러 스탠다드 석유"라고 자기 회사의 석유가격과 이름을 적곤했다. 그는 누구에게 말할 기회만 있으면 "한 통 4달러 스탠다드 석유"라고 먼저 말하곤 하였다. 그래서 그의 별명이 "한 통 4달러"가 되었다.

어느 날 석유왕인 사장 록펠러가 이 말을 듣고서 이름없는 아치볼드를 불렀다. 록펠러는 말단 사원 아치볼드와 식사를 나누면서 대화를 해 보았다. 그때, 그의 말을 듣고 너무너무 놀랐다. 아치볼드가 자기 회사를 위해서 그렇게 골똘하게, 그렇게 열심으로 일을 하는 것을 알 수가 있었기 때문이다.

록펠러는 그를 신임하고 점점 더 중책을 맡기기 시작했다. 훗날 록펠러는 그를 자기 후계자로 삼아서 세계 최대 석유회사 사장으로 임명했다. 아치볼드는 아주 유능한 사장이 되었다.

③ 다양한 직업전선에서의 선교사역

우리의 신앙생활은 두 곳의 현장을 갖고 있다. 곧 모이는 교회와 흩어지는 교회로서의 현장이다. 이에, 우리는 모이는 교회 못지않게 흩어지는 교회에서의 삶에 민감해야 한다. 그러나 성도들이 사회에서 어떠한 일을 해야 할 것인가에 대해서는 취약하였다.

장로는 주님의 보내심으로 자신의 생활터전에서 성도의 삶을 살아야 한다. 단순히 "예수 그리스도의 복음을 땅 끝까지 전하는" 것이 아니고, 삶의 자리에서 주님의 증인이 되어야 한다. 자신이 속한 직장과 사회의 성격을 분석해 보고 문제점을 파악한 다음 자신이 해야 할 것들을 찾아야 한다.

흩어지는 교회의 사명이 완수될 때, 교회는 양적이면서 동시에 질적인 성장을 가져올 수 있다. 장로는 자신의 직업전선에서 예언자적인 사명을 완수해야 한다. 사회의 현장에서 예수님의 제자로서의 목소리를 내어야 할 것이다. 가령, 부정과 비리 앞에서는 "아니오"라고 말함으로써 하나님의 나라가 이 땅에서 이루어지도록 해야 한다.

우리의 의로운 모습에 이웃 형제들이 감화를 받게 된다면, 결국 그들은 교회에 관심을 갖게 된다. 그리고 하나님의 영광을 구하게 될 것이다. 장로가 흩어지는 교회로서 직장과 지역사회에서 그리스도의 종으로 살 때 세상은 교회의 존재에 대한 감사를 느낄 것이다.

18장 _ 장로의 리더십

장로들 가운데는 자신이 지도자 '재목' 이 아니라고 말하는 사람이 있다. 그러나 장로는 하나님의 부르심으로 지도자의 위치에 서게 된 것이다. 장로가 되어 교회를 섬기는 사역을 맡았다면, 지도자가 되어야 한다. 그러므로 지도자가 될 것을 포기해서는 안 된다. 그러나 여전히 자신이 지도력이 없다고 느껴질 때는 어떻게 할 것인가?

1. 지도자를 만드시는 하나님

지도자는 태어나는 것이 아니라 만들어지는 것이며 그 과정을 하나님이 주관하신다. 이 원리는 지금 우리에게도 마찬가지로 적용이 된다. 이제 우리는 하나님이 필요하시면 지도자로 세우실 수 있다는 사실과 우리 자신이 인식을 하든 못하든 우리 안에 지도자가 될 잠재력이 있다는 사실을 깨달아야 한다.

그러므로 자신이 지도자 감이 아니라고 부정하거나 지도자가 될 수 없다고 도망갈 것이 아니라 하나님이 필요하시다면 언제든지 지도자로 세우실 수 있음을 인정하고 준비해야 할 것이다. 이제 우리는 언젠가 어떤 위치에서건 지도력을 발휘해야 할 것을 예상하고 이를 대비해서 리더십을 개발해야 한다.

성경에 소개된 지도자들 중에 위대한 사람을 꼽으라면 대부분이 주저하지 않고 모세를 꼽을 것이다. 모세는 이스라엘 역사상 가장 위대한 지도자로 인정받는 사람이다. 그러나 하나님이 그를 지도자로 삼으시는 과정을 보면 본래부터 그렇게 위대한 지도자 재목은 아니었던 것 같다. 계속해서 이 핑계 저 핑계를 대면서 뒤로 물러서는 모습을 보면 그는 결코 타고난 지도자는 아니었던 것 같다.

그러나 그가 수백만의 무리들을 사십 년간 지도했던 것을 보면 요즈음 지도자에 대한 책들이 공통적으로 말하듯이 지도자는 태어나는 것이 아니라 만들어지는 것임을 알 수 있다. 하나님은 뒤로 물러서는 그를 붙잡아서 지도자로 세우셨고 그를 40년 동안에 걸쳐 이스라엘의 지도자로 만드신 것이다.

여호수아의 경우를 보면 그 사실이 더욱 두드러진다. 그는 모세의 시종으로서 근 40 년에 걸치는 동안 모세의 비서 역할을 했다. 그는 자신이 지도자가 된다는 것은 생각하지 못했던 것 같으며, 그렇기 때문에 모세가 죽은 후 하나님이 자기를 택해서 이스라엘의 새로운 지도자로 삼으려고 했을 때 무척이나 당황했었다.

이런 초기의 그의 모습도 결코 지도자 재목은 아니었다. 그러나 지도자를 잃고 당황해하며 잔뜩 겁을 먹은 그에게 하나님은 확신과 용기를 불어넣어 주시면서 지도자로 세웠으며, 계속되는 가나안 정복과정을 통해서, 그를 지도자로 만들어 가셨던 것이다.

2. 장로의 리더십 스타일

1) 선천적인 리더십 스타일

사람은 누구나 훈련과 개발로 독특한 리더십을 만들어낼 수 있는 것은 아니다. 사람이 기질을 태어날 때부터 타고나듯이, 지도자의 기질도 타고나는 부분이 있다. 지도자는 태어나는 것이 아니지만, 지도력의 스타일은 타고난다. 즉 자신의 기질에 따라 영향을 받는다는 것이다.

우리 주변에서는 장로의 리더십을 정형화시켜서 자신에게는 리더십이 없다고 말하는 사람이 있다. 그렇지만 엄밀히 말한다면 리더십이 있다, 없다고 단정하기보다는 어떤 종류의 리더십이 있는가를 찾아야 한다. 예를 들어, 바울과 바나바는 둘 다 위대한 교회의 지도자이지만 기질은 아주 달랐다. 요한 마가의 일로 갈등이 생겼을 때, 이 두 사람의 기질이 드러났는데(행 15:37-38), 그러한 기질은 바울과 바나바의 리더십 스타일에도 영향을 주었을 것이다.

구약의 왕들을 보아도 차이가 있다. 그 당시 왕들은 절대적인 권력을 가지고 있었기 때문에 대부분의 왕들이 강한 지배력을 보였지만 여호사밧 같은 왕은 비교적 민주적인 기질을 보여주었다(대하 17~20장). 사람의 기질과 관련이 있는 리더십의 스타일은 선천적이다. 그 스타일은 지도력을 발휘할 때 나타난다. 일반적으로 다음의 다섯 가지로 나눈다.

① 카리스마형

선천적으로 다른 사람을 압도하는 어떤 힘을 가진 사람이다. 언변이 뛰어난 경우도 있지만 그렇지 않더라도 사람들을 자신의 원하는 방향으로 몰고 가는 힘이 있다. 역사에 나타난 독재자들은 대부분 이에 속한다. 벌레가 몸에 침투하여 죽었던 헤롯 왕이 좋은 예가 된다(행 12:21-23). 그렇다고 부정적인 것만은 아니다. 규모가 큰 교회나 커다란 기업을 이끄는 데는 이런 형의 리더십이 유리하다.

지도자에게는 일일이 설명하지 않고도 복종을 요구할 경우가 있는

데 카리스마적인 지도자에게는 그런 것이 가능하다. 그렇기 때문에 항상 하나님 앞에서 자신을 돌아보아야 하며 사람들과 인격적인 관계를 유지하도록 해야 한다.

② 지휘자형

오케스트라의 지휘자처럼 모든 영역에서 탁월한 지식과 능력이 있어서 사람들을 효과적으로 이끌 수 있다. 매사에 막히는 것이 없으므로 자신감이 있고 사람들을 압도할 수 있으며 목표를 총체적으로 보고 이끌 수가 있다.

오늘날 교회의 성도들로부터는 이런 형의 리더십이 가장 인정을 받는 것 같다. 그러나 이런 형의 지도자들 밑에서 따르는 사람들은 아무래도 주눅이 들거나 수동적으로 되기가 쉽고 창의력을 잃어버리게 된다. 지휘자형의 지도자는 따르는 사람들의 입장을 이해하고 그들이 자라고 세워지도록 때로는 지도력을 유보하는 지혜와 여유를 가져야 할 것이다.

③ 함께 하는 코치형

코치형의 스타일의 지도자는 자신이 솔선수범하며 사람들과 함께 호흡하면서 사람들을 이끌어 간다. 축구나 야구의 코치들처럼 따르는 사람들과 함께 생활하기 때문에 그들의 상황도 이해하지만 그렇기 때문에 강하게 요구할 수 있다. 현장에서는 이런 형의 지도자들이 효과적일 것이다.

이런 형의 지도자는 장기적인 목표를 세우거나 사람들을 그 목표로 이끌고 가는데는 부적합하다. 그러므로 항상 처음 시작할 때 가졌던 비전을 잃지 않도록 자기훈련을 해야 한다.

④ 상담가형

상담가형의 지도자는 앞에서 이끌어가기 보다는 따르는 사람들을 개인적으로 보살피면서 뒤에서 미는 식으로 이끌어간다. 사람들을 무리로 보기보다는 인격적으로 대해주기 때문에 소그룹을 인도하는데 적합하다. 그러나 개개인에 대한 관심이 크므로 커다란 프로젝트를 이루는 데는 부적합하다.

이런 형의 지도자는 개인에 대한 관심 때문에 전체의 방향이나 전체가 추구하는 목표를 놓치지 않도록 해야 한다.

⑤ 민주적인 위임형

공동체에 속한 이들에게 위임하는 형의 지도자는 민주적으로 일을 처리한다. 그는 따르는 사람들에게 자신의 권위를 많이 위임해서 그들을 통해서 전체를 이끌어 간다. 이들 밑에 있는 유능한 사람들은 자연스럽게 자신의 능력을 발휘할 수 있으며 결과적으로 지도자와 팀웍을 이루게 된다. 가장 민주적인 지도자라고 할 수 있다.

앞으로 민주적인 위임형의 지도자가 점점 요구될 것이다. 그러나 이와 같은 형의 지도자는 부정적인 인간관계로 말미암아 어려움을 가져올 수 있다. 지도자와 따르는 사람들 사이에 신뢰가 형성되지 못하거나 지도자가 책임감을 잃게 될 경우 조직이 크게 흔들릴 수 있다.

이상과 같은 지도력의 유형을 보면 각 사람이 어떤 유형에 속할지 자신은 어느 유형에 속할지 어느 정도 짐작할 수 있다. 물론 대부분의 사람들이 어느 한 유형에만 속하지 않고 두 세 가지 유형이 혼합되어 있기 때문에 어느 한 유형으로 규정하기는 힘들 수 있다.

그렇지만 주변에 있는 사람들을 대상으로 맞는 유형을 찾다보면 그 사람들을 이해하는데 도움이 될 것이다. 이렇게 다른 사람이나 자기의 지도력의 유형을 이해하게 되면 지도자를 따르는 데나 지도력을 발휘하는데 다양성을 갖게 된다.

그러나 이 때 유형이 틀이 되어서 약점을 고치고 자신을 더욱 개발하는데 방해가 되어서는 안 된다. 사람은 타고난 기질을 완전히 바꿀 수는 없지만 기질을 얼마든지 긍정적인 방향으로 개발할 수는 있기 때문이다.

2) 리더십의 세 요소

① 목적의식

장로는 교회의 목적을 가장 중요하게 생각해야 한다. 지도자 자신이 존재하는 목적에 충실해야 한다. 그가 대표하고 책임지는 조직이나 단체를 교회의 성장과 부흥이라는 초점에 맞추어서 이끌어나가도록 해야 한다. 교회에서 어떤 인물이나, 역사나, 전통이나, 프로그램이나, 그 어떤 다른 것이 그 교회를 끌고 가는 것이 되어서는 안 된다.

교회가 존재하는 목적 혹은 사명이 그 공동체를 끌고 가야 건강한 지교회가 된다. 그리고 건강한 공동체가 성장할 수 있다. 릭 워렌이 줄기차게 주장하는 것이 바로 목적이 교회를 몰아가야 그 교회가 건강하고 성경적인 교회가 될 수 있다는 것이다.

기업이나 단체도 그 목적에 충실해야 성공할 수 있듯이 교회도 교회 본래의 목적의식에 충실해야 하나님의 복을 받아 성장할 수 있는 것이다. 일반적으로 교회의 목적은 주님의 지상계명(사랑계명)과 주님의 지상명령(전도명령)을 이루는 것이어야 한다.

② 과정

목적에 충실하되 그 과정이 선하고 올바르고 효과적이어야 한다.

수단과 방법을 가리지 않고 목적을 이루는 것은 결국 그 목적에 치명적인 상처를 줄 수 있다. 주님의 뜻을 이루는 것이 교회의 목적이 될 때, 건강한 공동체가 된다. 주님의 뜻은 교회가 성장하는 것이다.

교회성장을 이루기 위해 그동안 한국의 교회 공동체는 나름대로 열정과 헌신을 쏟아 부었다. 그런데 그 목적을 이루는 과정에 문제가 많았다. 개교회주의의 경쟁에 치우친 나머지 목회적인 윤리나 대사회적 이미지를 고려할 틈이 없었다. 교회의 확장을 위해서는 수단과 방법을 가리지 않는 경우도 비일비재했다. 다른 교회의 성도들을 받아들이는 수평이동을 교회성장이라고 착각하기도 했다.

이렇게 거룩하지 못한 과정의 결과는 무엇인가? 우리가 잘 아는 대로 기독교 인구의 수가 10년이 넘어가도록 정체의 늪에서 헤어 나오지 못하게 된 것이다. 지금의 한국 교회는 한 두 교회가 성장해서 해결되기에는 너무 고질적인 질병에 걸려있다. 과정을 무시한 목적지향주의의 폐해가 드러난 것이다.

③ 사람

리더십의 목적도 과정도 결국 사람을 위해서 그리고 사람에 의해서 성취되어지고 추구되어지는 것이다. 리더십의 목적이 사람을 위한 것이어야 하고, 리더십의 과정이 사람을 무시하는 것이 되지 말아야 진정한 리더십이다. 어떤 이념이나 종교적인 신념이나 혹은 각종 이즘과 주의도 사람을 최고의 가치로 여기는 것이 되어야 한다. 교회도 사람을 위해 존재해야 한다.

흔히, 하나님의 나라와 의를 위하여, 혹은 하나님의 영광을 위하여 어떤 일을 한다고 할 때, 그것이 하나님이 지으시고, 하나님이 구원하시기 위해 예수를 죽이시기까지 한 사람을 위한 것이 될 때 결국 하나님께 영광을 돌리는 것이다. 많은 경우 “하나님의 영광을 위하여” 라는 미명하에 사람을 무시하고 사람을 힘들게 하는 것이 얼마나 많은지 모른다.

진정, 이 땅의 모든 교회가 세상에 사는 사람들을 위하여 존재한다면, 지금보다는 훨씬 다른 교회의 모습이 될 것이다. 주님을 위한 교회가 되기 원하는가. 사람에 최대 가치를 두는 사역으로 바꾸어보라. 지도자는 항상 그를 따르는 사람을 위해 존재한다.

3) 사역자가 보여야 할 리더십의 기본방향

바울은 디모데에게 에베소 교회의 리더십에 대하여 자세하게 일러준 일이 디모데전서 3:1-7에 기록되어 있다. 문제의 동기는 에베소 교회가 지도자 부재 상태로 있는 동안에 거짓 선지자들과 이상한 교리들이 침투해 들어와 어지럽혔기 때문이다. 이단 사상과 사이비 신앙의 위험은 오늘날 교회에서도 여전히 중요한 문제로 제시되고 있다.

초대 교회 사도들의 리더십은 종된 지도력(servant leadership)이었다. 우리는 사도행전과 여러 서신서들에서 사도들이 종의 모습으로 성도들과 교회를 섬긴 사실을 볼 수 있다. 개교회 내에서 지도자들이 얼마나 자기의 역할에 대해 섬기는 자의 자세를 가졌는가에 따라서 그 교회는 그만큼 건강해지고 말씀 안에서 더욱 성숙해지는 것이다.

교회의 질은 교회 지도자의 섬기는 태도에 달려 있다. 장로는 최소한 다음과 같은 일에서 섬기는 종의 모습을 보여야 한다.

① 이끎

장로는 지도자의 위치에 있으므로, 그는 목자로서 양들보다 앞장서 감으로 양들이 그 목자가 가는 곳을 따라가게 하는 사람이다. 목자가 풀밭으로 가면 양들이 그쪽으로 가고 물가로 가면 그리고 따라간다. 만약에 목자가 황무지로 간다고 해도 양들은 따라가게 되어 있다.

그러므로 장로는 자신의 행동 하나 하나와 생각과 말들을 양들이 듣고 보면서 따라간다는 사실을 늘 염두에 두고 있어야 한다. 미국 서부 활극에서 나오는 소몰이 목동들은 소들의 뒤에서 말을 타고 위협을 가하면서 소를 앞으로 몰고 간다.

그러나 교회의 지도자는 이런 소몰이꾼이 아니다. 신자들을 어떤 목표 달성을 위해 뒤에서 몰아치며 힘을 가하는 자가 아니다. 교회 지도자는 양을 치는 목자로서 항상 양무리의 앞에서 양들이 순종하며 따라오게 하는 앞서가는 지도자다. 오늘날 교회의 지도자들을 둘로 구분한다면 하나는 양을 치는 목자요, 또 하나는 목장에서 소를 모는 소몰이꾼으로 나눌 수 있다.

② 갖춤

장로는 자신만을 위해 배우고 훈련받는 것이 아니다. 자신은 물론 신자들보다 앞서 훈련받고 배우고 영적으로 더 강하게 무장해야 하며 그와 동시에 양들을 영적으로 무장시켜 어떠한 하나님의 일을 맡겨도 해낼 수 있도록 자격을 준비시켜 주는 것이 중요하다.

그는 성도들에게 격려와 권면을 통하여 총괄적인 무장을 시키고, 성경공부, 기도회, 봉사사역을 통해서 구체적인 훈련을 시켜야 한다. 성도들이 흥미를 갖지 않는다고 내버려두면 어느 사이에 모두 세상과 마귀, 이단에게 빼앗기고 만다. 그는 각 개인에 맞는 적절한 도전을 주어 동기 유발을 시킬 줄 알아야 한다.

③ 막아줌

초대 교회는 거짓 선지자와 이단, 유대교 지도자들로부터 끊임없는 도전을 받았기 때문에 사도들의 중요사역 중 하나가 신자들을 이단과 유대주의자들로부터 신앙을 방어해주는 것이었다. 이런 점에서는 오늘날도 마찬가지다. 오늘날에도 교회 주변에는 신비주의 신앙과 각종 이단들, 그리고 교회 내에서도 그릇된 신앙을 유포시키는 자들이 가끔씩 있다. 장로에게는 순진한 교인들의 영혼을 모든 비신앙적 세력으로부터 보호할 지도자적 책임이 있다.

3. 구약에서 배워야 하는 리더십

성경에는 하나님께서 지도자를 선택하신 사례가 많이 기록되어 있다. 그런데 우리는 선택된 지도자들에게서 공통점을 발견하게 된다. 특별히 구약에서 보여 지는 지도자들은 인간적인 결점에도 불구하고, 그들이 하나님의 큰일을 맡았다는 사실이다. 구약의 지도자들은 하나님의 간섭하시는 힘을 의지함으로써 맡은바 사명을 감당해 내었다.

우리는 지도자의 원형을 하나님으로부터 살피게 된다. 하나님은 이스라엘 역사에 직접 간섭하셨던 지도자이시다. 그리고 특별히 하나님의 부르심으로 구별받은 사람들에게 하나님께서 함께 하심으로써, 지도력을 발휘하게 하셨다.

그들은 한결같이 지나간 과거에 관심을 기울이지 않았다. 오히려 앞으로 올 어떤 이들에 대하여 주목하였다. 그리고 이미 이루어진 것이 아니라, 앞으로 다가올 미래의 가능성과 기회를 바라보도록 하였던 것이다. 그래서 그들은 지도자의 우선적인 의무라 할 수 있는 '어디론가를 향해가는 모습' 을 보여 주었다.

이러한 성경의 예는 교회가 그 지도력을 계발하는데 중요한 원리를 제공해 준다. 그들은 언제나 미래를 향하여 함께 하시는 하나님께 주의를 기울이도록 하였다. 그러면서도 그들은 당면 문제를 해결해 주는 지도력을 보였다.

1) 모세

우리는 출애굽기 3장을 '모세가 하나님의 부르심을 받은 장' 이라고 말하기를 좋아한다. 이 장의 별명을 누가 붙였는지는 모르지만, 우리가 그랬던 것처럼 오고 오는 세대의 이들도 출애굽기 3장을 그렇게 부를 것이 뻔하다.

그러나 이러한 오류는 우리에게서 그쳤으면 좋겠다. 물론, 여기에는 하나님의 사자가 떨기나무 불꽃 가운데 모세에게 나타나서 그를 바로에게로 보내시려 하셨다는 기록이 있다. 우리가 이 기록에 전반적으로 깔려있는 흐름을 유의하여 볼 수만 있다면, 그것은 모세가 하나님의 부르심을 받은 것이라기보다는 하나님께서 이스라엘 백성들을 구원하시겠다는 약속으로 받아들여야 할 것이다. 즉 하나님의 이스라엘에 대한 지도자되심을 선포하신 것이다.

이스라엘 민족에게는 확실히 조직과 행정이 필요하였다. 그런데 구약의 이스라엘은 이에 대하여 침묵한다. 그런데 이드로가 모세에게 백성들의 치리를 권고하는 일에서 우리는 행정의 원리가 세워지고 있음을 보게 된다. 모세가 광야에서 당면한 문제들은 혼자 해결하기에 너무도 벅찬 것들이었고 그는 그 일에 빠져들어 마땅히 먼저 해야 할 본연의 책무를 수행하지 못하였다.

특히, 모세는 육체적, 심리적으로 매우 심한 곤경에 부딪혀 있었다. 이스라엘 백성들은 그들 사이에서 일어난 문제를 해결하기 위해 모세에게로 왔다. 그래서 어떤 사람은 하루 종일 줄을 지어 서 있어야 했고, 많은 이들이 그들의 지도자와 대면하지도 못하고 돌아가기도 하였다. 너무도 많은 사람들이 여러 가지 문제를 해결하고 재판을 받기 위해서 장사진을 쳐야 했던 것이다.

이러한 상황을 타개하기 위해서, 이드로의 권고를 받은 모세가 한 일은 다음의 몇 가지였다.

첫째, 우선순위를 정하였다. 그의 장인 이드로가 모세를 도왔다.

둘째, 자격이 있는 유능한 사람을 선정하여 그들로 하여금 백성을 다스리게 하였다.

셋째, 그들이 처한 특별한 상황에서 그들의 문제를 신속하게 처리하기 위해 조직을 만들었다. 이런 조직적인 계획은 광야를 이동하고 있던 그들에게 가장 적합한 전략이었다. 이 조직은 민사소송을 처리하였고 군사적인 업무까지 효과적으로 수행하였다. 즉 평상시에는 이들이 치리자가 되었고 전쟁시에는 군인이 되었던 것이다.

이렇게 세분된 조직과 이에 따른 재판제도에 따라 모든 사람들이 재판을 받기 위해 멀리 가거나 오래 기다리거나 과도한 비용을 부담할 필요가 없게 되었다. 이 조직의 특징은 잠정적인 것이었다. 즉 다음에 처한 상황에서는 그 조직이 적절한 형태로 변화되었던 것이다. 모세는 조직과 행정에 있어서 뛰어난 지도력을 보인 신실한 지도자였다.

2) 느헤미야

느헤미야는 권위있는 지도자의 본보기로서 그 방법이 강경하게 보이기도 하나 놀랄 만큼 짧은 시간에 자기 백성들의 삶 가운데서 극적인 개혁을 성취하기 위해 부름받은 지도자였다. 그는 바벨론 아닥사스다 왕의 술관원으로서 능력 이하의 일을 하고 있었다.

그는 조직의 명수였다. 애국자였던 이 유대인은 많은 지도자들이 이해하지 못했던 비밀을 알았다. 사소한 일이지만 최선을 다하게 되면 그 사람에 대해서 쉽게 거절하지 못한다. 그는 탁월한 봉사와 기분 좋은 표정으로 왕을 기쁘게 할 수 있었다. 그리고 어려운 부탁을 했을 때 왕은 거절할 수 없었다.

느헤미야가 직면했던 문제는 예루살렘의 파괴된 성이었다. 이 예루살렘의 파괴로 인해 유대 사람들은 저주를 받았다는 조롱거리에 직면

하였다. 수많은 유대인들이 그 예루살렘에서 살기를 꺼려하였다. 그들은 적들로부터 끊임없는 공격과 도전을 받아 불안과 초조와 공포 속에 싸여 있었기 때문이다. 비참한 상태에서 많은 사람들은 하나님의 관계를 단절시킨 채 살아갔다. 그들은 더 이상 하나님을 예배하거나 그 율법을 지키려고 하지 않았다. 심지어 어떤 유대인들은 동족을 이용하여 온갖 비행을 저지르기까지 하였다.

이러한 심각한 사태에 직면한 느헤미야는 매우 조직적이고 행정적인 지도력을 구사하여 문제를 해결하였다.

① 하나님께 도우심을 요청함

하나님으로부터 지혜와 도움을 구했다. 그는 제일 먼저 금식하며 하나님께 기도하였다.

② 왕에게 알림

왕에게 자신의 상태와 감정을 알렸다(느 2:1-10). 언제나 하나님께 의존하는 사람이었다. 단지 그의 인간적인 슬픔에서 떠나 왕의 질문에 현명하게 대답할 수 있도록 하나님께 지혜를 구했다. 그리고 그가 왕에게 보였던 반응과 그가 응답한 방법, 그리고 그가 말한 내용은 실로 결정적인 구실을 했다.

③ 정확한 실태의 파악

예루살렘에 도착하였을 때 그는 황폐한 성읍을 보게 되었다. 그것은 너무나 엄청난 일이었기 때문에 백성들은 일을 시작하기도 전에 낙담되어 있었다. 그는 비밀리에 예루살렘의 상태를 관찰하였으며 그것을 해결하기 위한 전략을 수립하였다. 바로 여기에 행정적인 지혜를 구체화시킨 사실이 있다.

느헤미야는 그가 사람들에게 파괴된 성을 중건하자고 호소하기 전에 정확한 사실을 갖고 있어야 한다는 것을 알았다. 그리고 전략을 짜기 전에 그가 다시 예루살렘으로 돌아온 목적을 알게 하는 것이 지혜로운 방법임을 알았다. 또한, 이스라엘을 조롱했던 적들에게 그의 계획을 숨기는 것이 현명한 처사임을 알았다. 그는 명확한 목적과 목표를 가지고 있었으며 건전한 기술을 가지고 있었고, 행정가로서의 분석하는 능력도 지니고 있었다.

④ 사람의 마음을 움직임

자신의 계획을 나타내며, 인간과 신적인 요소로 사람들의 마음을 움직였다. 느헤미야는 그 사업에 참여할 수 있는 모든 개인이나 그룹들, 대제사장과 동료제사장, 금세공인과 상인에 이르기까지 모든 사람들에게 과제를 나누어 주었다. 또한 그는 '우리가' 일어나 같이 건축하자고 호소하였다.

그는 유대 민족의 지도자였다. 그러나 그도 역시 그들 가운데 한 사람이었으며, 무리 중에서 한 부분으로서 그와 같은 어려운 역사에 참여하여 선두에서 일을 진행하였던 것이다. 다시 말하면, 그의 삶은 어떤 집단의 우두머리로서의 삶이 아니라 예수님의 삶의 양식과 유사하였다.

⑤ 조직을 정비하는 능력

느헤미야가 조기 경계경보를 포함한 방어체제를 구성하기 전까지는 아무것도 시작하지 않았다. 사람들은 한 손에 창을 들고 한 손에 삽을 들고 일했다. 52일 후에 성벽이 완성되기까지 한시도 일은 중단되지 않았다.

예루살렘 복원사업을 진행하는 동안 예기치 못했던 문제들에 직면

하면서 그것을 지혜롭게 해결하였고 가까이에서 그 사업을 감독하였다. 그는 각자에게 각각 장소와 일을 위임하고 완전히 대등한 관계에서 대비하여 새로운 전략을 모색해 냈다.

그것은 어떤 사람들은 일을 하게 하고 또 어떤 사람들은 파수를 보게 한 것이다. 또 어떤 사람들은 한 손으로 일하고 다른 한 손으로는 무기를 잡게 하였다. 두 손으로 일하는 사람에게는 그들의 허리 양쪽에 칼을 차게 하였고, 적의 공격시에는 나팔을 불어 신속히 집합하도록 명령을 내렸다. 밤에는 어떤 사람도 예루살렘 성 밖을 나가서는 안 되었다.

그들은 밤새도록 성을 지켰으며 그 성이 중건되어서는 느헤미야와 그의 수많은 동역자들과 파숫군들는 결코 옷을 벗거나 무기를 놓지 않았으며, 심지어 물을 길으러 갈 때도 무기를 놓지 않았다.

여기에서 우리는 느헤미야의 감독능력을 볼 수 있다. 그는 행정에 있어서는 정력적이고, 위기에 대해서는 초연하며, 위험에 겁을 내지 않고, 결단하는 데 용감하였으며, 조직에 있어서는 완전무결하고, 지도자로서 사욕을 갖지 않았으며, 반대하는 자들 앞에서는 인내하였고, 술책에 대해서 방심하지 않았으며, 자기를 따르는 자들에게 확신을 심어주는 지도자였다.

조직이 위대한 지도자를 만들지는 않겠지만 조직이 없으면 확실히 많은 일들이 좌절될 것이다. 담당해야 하는 일에 관련된 모든 사소한 일을 확실히 처리하기 위해 어떤 종류의 시스템을 사용할 것인가는 중요하지는 않지만 좌우지간 하나의 시스템은 절대적으로 필요하다.

3) 다윗

다윗은 구약에 나타난 인물 중 영적 지도자의 모범을 보여 주었다. 그가 영적인 지도자로 성공할 수 있었던 것은 하나님께서 그를 선택하셨기 때문이다. 또한 다윗 자신은 다른 사람들을 매료시키는 용감성과 현명한 통치를 통하여 강한 지도력을 보여 주었다. 다윗의 지도력이 성공한 요인은 다음과 같다.

① 탁월한 외교

현명한 외교는 그의 통치를 빛나게 했다. 그는 친구를 얻는 방법과 적을 달래는 방법도 알고 있었다. 또한 그는 관대한 인간성을 지니고 있었다. 이러한 장점들이 그를 성공적인 외교관으로 만들었고, 그는 그의 관대함에 호응하지 않는 사람들을 무력으로 다스렸다. 이렇게 하여, 다윗은 그의 왕국을 건설함에 있어서 지도력이 있음을 보여 주었다.

② 하나님을 의지함

하나님의 복을 인정하여 민족의 통치를 훌륭하게 해냈다. 그는 자신의 모든 성공과 번영을 전부 자신이 위대해서 이루어진 것이라고 생각하지 않았다. 그는 겸손하게 그 모든 것을 하나님의 은혜로 돌렸다. 그는 이스라엘 백성을 하나님의 백성으로 보고 자신은 하나님 밑에서 하나님 대신 그 지도력을 위임받은 지도자로 생각했다.

③ 하나님께 구함

다윗은 하나님의 복을 구했다. 그는 하나님의 궤를 예루살렘으로 가져 왔다. 그는 자신의 통치에 있어서 하나님의 축복을 반드시 받아야 한다는 사실을 깨달았던 것이다.

④ 종교의식에의 참여

지도자로서 종교의식에 참여하는 것을 부끄러워하지 않았다. 그는 죄에 대한 희생이 필요하다는 것을 인정할 줄 알았고 하나님을 찬양하고 하나님께 감사드리는 일도 부끄러워하지 않았다.

⑤ 영적인 리더십을 나타냄

강한 영적 지도자로서 그의 백성으로 하여금 하나님을 찬양하도록 이끌었다. 그는 왕의 옷을 벗어버리고 조촐한 모시 에봇을 입었다. 이 모시옷은 사무엘의 경우처럼 제사장이 아닌 사람들이 종교의식에 참여할 때 입던 옷이다. 결국 백성들은 커다란 환호 속에 하나님의 궤를 예루살렘으로 모셔왔고 다윗도 그들과 함께 기뻐했다. 다윗은 영적인 지도력이 필요하다는 것을 보여 주었다.

4) 이사야

하나님께서는 이사야에게 성전에 가득한 당신의 영광을 보여주셨다. 위엄에 눌린 예비 선지자는 자신의 죄와 무능에 압도당했다. 하나님은 핀 숯을 가진 천사를 보내셔서 이사야가 죄책에 사로잡힐 필요가 없음을 확신시켜 주셨다(다행히 우리는 그러한 확신을 얻기 위해서 입술을 지질 필요는 없다). 우리는 예수 그리스도를 통해 사죄의 보증을 얻었다.

그런 다음에, 하나님은 이사야에게 이렇게 물으셨다. “내가 누구를 보내며 누가 우리를 위하여 갈꼬.” 이사야에게는 머뭇거림이나 체면을 차리는 기색이 전혀 없었다. 감당할 능력이 없다고 완곡하게 저항한 흔적도 없이 “내가 여기 있나이다! 나를 보내소서”라고 외쳤다. 이사야는 기회가 주어졌을 때 자신을 드렸다.

5) 아모스

아모스는 여로보암 왕과 제사장 아마샤와 이스라엘의 백성들이 자행하는 불의를 보았다. 그리고 그들이 자신들의 어리석음을 볼 수 있도록 도우려 하였다. 그때, 그는 돌려서 말하지 않고 직설적으로 말하였다.

대부분의 지도자들은 공동체의 구성원 중에서 지적이고, 명확하고, 부유하고, 매력적인 사람들의 필요에 더 관심을 갖게 마련이다. 약자를 사랑하는 것은 힘들다. 그러나 여전히 그들이야말로 리더십과 특별한 관심과 보호와 지도와 격려가 필요한 사람들이다. 사회의 건강도를 측정할 수 있는 유일하고도 가장 탁월한 지표는 비참한 환경에 처한 사람들을 어떻게 대하느냐는 것이다.

아모스는 실패하고 말았다. 이스라엘의 권력구조는 갖지 못한 자들을 돌보라는 가진 자들에 대한 하나님의 명령을 심각하게 받아들이지 않았다. 그러나 하나님의 경고에 충실한 것이 리더가 할 수 있는 최선의 것일 때가 있다. 리더는 지도할 수 있다. 따를 의무는 다른 사람들의 몫이다.

6) 아비멜렉

사라를 후궁으로 취할 뻔했던 아비멜렉이 한 일은 도대체 무엇인가? 아브라함과 사라는 그랄 땅에 도착했다(창 20장). 그들은 왕에게 사라가 그의 누이라고 말했지만(법적으로 틀린 말은 아니다) 그들이 결혼했다는 사실을 분명히 하지 않았다. 아비멜렉은 사라를 데려 왔지만 그가 그녀를 가까이 하기 전에 하나님께서 꿈속에 나타나셨다(창 20:3).

그러나 아비멜렉은 강력하게 항변했다. "나는 온전한 마음과 깨끗한 손으로 이렇게 하였나이다"(창 20:5). 하나님께서는 동의하셨지만 그가 사라를 급히 돌려보내지 않으면 죽게 될 것이라고 말씀하셨다. 아비멜렉은 하나님의 명령보다 한 걸음 더 나아갔다. 그는 사라를 아브라함에게 되돌렸을 뿐만 아니라 그에게 양과 소와 노비와 은 천 개를 주고 사용료 없이 그랄 땅 어느 곳에나 거할 것을 제안했다.

아비멜렉은 온전함으로 행했다. 온전함이란 주변의 사람들에게 정직하고, 우리가 보여주는 공식적인 행동의 진짜 이유를 숨기지 않고 나누는 것이다. 온전함은 모든 기본적인 문제들에까지 그 영향력을 미쳐야만 한다.

4. 신약에서 배워야 하는 리더십

1) 베드로

그는 큰 실수를 저질렀다. 그는 어색한 순간에 항상 엉뚱한 말을 했다. 예수께서 그의 발을 씻으려고 했을 때 처음에는 거절하다가 다음에는 온몸을 씻어 달라고 했다. 예수님의 변화된 모습을 목격한 충격에서 아직 벗어나지 못한 채 언덕 위에 초막을 짓자는 어리석은 제안을 불쑥 하기도 했다(막 9:5-6).

그는 예수님께 십자가를 지시기 위해 예루살렘에 올라가서는 안 된다고 말하기도 하였다. 깊이 상처를 받으신 예수님께서는 "사단아 내 뒤로 물러가라"라고 책망하셨다. 그는 겟세마네 동산에서 기도하지 않고 잠들었었다. 물론 그런 후에 큰 실수를 저질렀다. 계집종이 쳐다보는 작은 압박에 몰려 주님이 발코니에서 지켜보고 있는 가운데 그분을 부인하였다.

이러한 과실에도 불구하고 그는 부흥하는 교회의 지도자가 되었다. 왜일까? 베드로에게는 주님과 주님의 일에 대한 불붙는 열심이 있었기 때문이다. 주님을 따르기 위해서 그물에 가득한 고기들을 내버려두고 떠났던 사람이 베드로였다. 예수님께서 열두 제자에게 당신이 누구인지를 물었을 때 베드로만이 선뜻 대답하는 용기를 가지고 있었다.

베드로는 그리스도를 십자가에 못박아 죽이기로 결정했던 바로 그 적대적인 유대지도자들 앞에서도 "우리는 보고 들은 것을 말하지 아니할 수 없다"(행 4:19-20)라고 대담하게 선포하였다.

2) 바울

사도 바울은 "마땅히 생각할 그 이상의 생각을 품지 말라"(롬 12:3)고 했다. 많은 지도자들이 그 말을 오해하여 공개적으로 자신의 능력을 비하하고, 성공의 맛을 느낄 때마다 남몰래 자신을 채찍질한다. 그러나 바울은 이런 식으로 행동하지 않았다.

누구든지 자랑할 이유가 있으면 자랑한다. 바울도 그랬다. 나는 고린도 교인들이 바울의 지도권을 넘어뜨렸을 때 보인 담대한 접근 방식에 매료되었다. 바울은 아주 긴 논쟁을 통해 자신의 사도적 권위에 대한 표지들을 과시했다(고후 10-12장).

바울은 자신이 파선되었고, 죽을 뻔했고, 매를 맞았고, 예수님에 대한 특별한 환상을 받았고, 자비량으로 일했다는 사실을 밝히면서, 그들이 찾아갈 수 있는 어떤 영적 조언자보다 자신이 자격이 있음을 말하고 있다. 하나님이 주신 은사와 소명을 거절하는 것은 하나님의 공급을 의심하는 것이다.

19장 _ 장로의 영성

장로에게 있어서 영성의 삶을 산다는 것은 그리스도인의 삶을 고스란히 보여주는 것이 된다. 무엇이 장로에게 영성을 추구하도록 하는가? 그것은 주님께서 사셨던 방법대로 기도와 말씀의 묵상이다. 그리고 성경을 공부하는 작업이 추가되어야 한다. 기도, 말씀의 묵상, 성경공부의 밑바탕에는 찬양이 녹아있어야 한다. 고백의 찬양과 감사의 찬양은 필수요건이다.

1. 영성에 대한 신학적인 정의

1) 영성에 대한 용어적인 개념

대부분의 그리스도인들은 생기가 넘치는 영적인 삶을 사는 것에 관심과 매력을 가진다. 그러면서도 영적인 삶이 무엇을 의미하는가에 대하여서는 분명하게 이해하지 못하고 있다. 그 이유는 영성이라는 말은 기독교적인 고유한 용어가 아니고, 다른 종파에도 쓰고 있기 때문이다. 영성의 사전적인 의미는 '종교적인 가치에 붙잡혀서 사는 영적인 삶의 상태' 를 가리킨다.

영성이 기독교에서만 사용하는 용어가 아니라는 사실을 생각해볼 때, 우리는 스토아주의 영성, 불교의 영성, 도교의 영성, 실존주의 영성, 해방신학의 영성, 동양의 영성, 서양의 영성 등 다양하게 사용할 수 있다. 그러므로 '기독교적' 이라는 형용사를 붙이면 기독교적인 영성이라는 말이 된다.

일반적인 영성에 대한 설명은 자기가 보기에 가장 이상적인 정신을 자신의 것으로 받아들여 그 정신을 실천하기 위하여 자기의 생명을 거는 것을 말한다. 그래서 영성은 우리의 인생의 무엇과 같을 때 가장 이상적이 될까, 또는 인간 최고의 덕과 가치와 목표는 무엇일까라는 질문과 연관이 있다. 여기에서 기독교 영성은 하나님과 관계를 맺고 사는 삶의 전부를 가리키는 것이다. 거룩하신 하나님 앞에서 살아가는 삶이 곧 성경적인 영성이다.

영성은 어떠한 정신을 가지고 살아간다든지, 또는 누구의 정신을 가지고 살아간다는 것을 의미하는 말이다.

2) 영성의 의미

오성춘은 그의 책에서 기독교 영성의 의미를 역사적으로 실재하셨던 예수님과 관계하는 삶으로서 세 가지로 나누어 설명하였는데, 비교적 정확하게 서술하였다고 볼 수 있다.

첫째, 역사적 예수의 삶과 인격과 정신을 본받아 살며 그의 성품을 그리스도인 속에 형성되는 것이라고 하였다. 기독교 영성은 기독교교육, 역사적 예수 연구 등을 통하여 예수님의 사상과 인격과 정신을 배우고 인간 예수의 정신을 신자들의 삶 가운데 내면화시키려고 힘쓰기 때문이다.

둘째, 예수님의 삶을 본받아 '작은' 예수가 되어 살려고 힘쓴다는 것이다. 성도들에게 있어서는 예수님을 믿는다는 말과 예수님의 십자가의 삶을 본받아 산다는 말은 동의어 비슷하게 사용될 때가 많이 있다.

셋째, 일반 영성이 엄격한 자기 훈련을 쌓으며 자기가 최고 이상이라고 판단하여 받아들인 정신을 구현하듯이, 기독교 영성도 훈련을 강조한다는 것이다.

기독교 영성이 일반 영성과 구별되는 독특성은 하나님의 아들 예수님을 따라 산다는 점이다. 일반 영성이 역사적 인격의 정신과 사상과 삶을 본받으려는 인본적인 영성인데 반하여, 역사적인 예수님의 정신과 삶을 계승하려는 것이다. 기독교의 최고의 덕은 예수님께 충성하여 그를 따라 사는 것이다.

세속 영성이 일반적으로 수평적이요, 인본주의적인 데 반하여 기독교 영성은 수평적이면서 하나님 중심의 수직적 영성이라는 데 그 독특성이 있다. 하나님과 그 분의 형상을 닮아 지음 받은 인간과의 분리할 수 없는 관계성 속에서 발생하는 인간 생명의 자기 초월적인 것의 내재성을 말한다.

영성이란 말은 단순히 가장 이상적이라고 판단되는 정신을 가지고 살아간다는 말로만으로 설명할 수 없는 깊은 내용을 담고 있다. 우리 인간은 누구나 성장하는 과정에서 자기 나름대로 정신을 개발하며, 삶의 스타일을 갖는다. 그러나 자기의 정신과 삶의 스타일이 제한이 있고 문제가 있음을 발견하고 새로운 인간으로 변화되기 위해서 가장 위대한 정신과 삶의 스타일을 추구한다.

인간의 영성은 인간성의 신비요 비밀인 '하나님의 형상' 이 꽃피고 실현되는 가운데 드러난다. 인간은 누구나 영성적인 존재이다. 왜냐하면 하나님의 영적 현존과 생명의 입김의 만지심을 받고 있기 때문이다. 우리가 영성을 지닌다고 할 때, 그것은 특별한 영적 은사를 말하는 것이 아니다. 그러므로 인간 기능의 어느 특수한 자질이거나 인간 존재의 어떤 특징 부분이 아니라, 하나님으로 말미암는 총체적 인간의 생기가 있는 삶을 뜻한다.

2. 기독교 영성의 특징

1) 하나님과의 바른 관계 회복

우리는 하나님 앞에 거룩한 산 제물로 드려 바른 영적인 제사를 드리기 위하여 존재하기 때문에 당연히 하나님의 뜻을 분별하며 살아야 한다. 그러나 우리의 삶의 실제는 어떠한가? 우리가 생각하는 것은 나의 유익, 기쁨, 행복을 추구한다. 많은 그리스도인들이 하나님을 섬기는 것 같지만 실제로는 자기를 섬겨 주기를 바라며 하나님을 찾고 구한다. 물론 어릴 때는 부모가 자기를 위해 존재한다고 생각하는 것처럼 예수님을 처음 믿을 때에는 나를 위한 하나님을 먼저 경험한다.

그러나 우리의 믿음의 연수가 지날수록 당연히 하나님께서 하나님을 위하여 나를 지으셨고, 부르셨고, 의롭다 하셨음을 깨달아야 한다. 하나님을 섬기고 하나님의 뜻을 행하기 위하여 이 세상에 존재하는 것을 발견해야 한다는 것이다. 오늘날 많은 그리스도인이 여전히 나를 위한 하나님을 알고 있을 뿐 하나님을 위한 나를 알지 못하고 있다.

예수님께서 이 땅을 떠나시기 전에 드린 기도를 보면 믿는 우리와 제자들을 위하여 기도하시는 데 저들이 예수님께서 아버지 안에 계시는 것처럼 우리 믿는 자들이 하나님 안에 있기를 원하고 하나되기를 원하셨다. 그들이 하나님과 하나가 되어 하나님의 사랑을 입은 것을 보고, 사람들이 그리스도를 발견하여 주님을 믿게 하기 위함이셨다.

그러므로 우리는 영성훈련을 통해서 하나님과의 바른 관계를 회복하고자 하는 것이다. 이러한 영성훈련의 목적을 잘 이해해야 한다. 은사는 하나님을 섬기고 봉사하는 한 수단에 불과하다. 은사는 하나님의 선물이다. 선물은 많이 받을수록 사랑의 빚을 많이 진 자가 된다. 그만큼 하나님 앞에 책임이 많을 뿐이다.

예수님께서 아버지의 뜻을 행하기 위하여 이 세상에 오신 것같이 우리도 하나님의 뜻을 행하기 위하여 이 세상에 보냄을 받았다. 이 세상에 보냄을 받은 우리에게 예언은 하나님의 뜻을 밝히는 한 수단이다. 예언을 통해 나를 향한 하나님의 뜻과 마음을 알 수 있다. 그러므로 단지 결과만 아는 것은 무익하다.

우리가 영성을 덧입고자 하는 이유는 우리를 지으신 목적대로 하나님을 위하여 살아드리기 위함이다. 이 시대에 정말 주의 고난에 참여할 줄 아는 그리스도인들이 많지 않다. 설사 자기의 죄로 인한 징계라 할지라도 이 징계를 묵묵히 감사로 받는 그리스도인들이 많지 않다. 또한, 고난에 참여하기는커녕 오히려 고난을 통하여 내가 연단되기를 기뻐하는 그리스도인들도 많지 않다. 우리가 영성훈련을 통하여 하나님과의 바른 관계가 회복되면 하나님 나라의 좋은 군사가 될 수 있을 것이다.

2) 예수님과의 연합(귀속)

궁극적으로 그리스도인은 '나' 로 사는 자가 아니라, '예수 그리스도' 로 사는 자다. 여전히 우리가 주님 안에서 주님으로 말미암아 살지 못하고 있다면 절대로 정상적인 그리스도인이라 말할 수 없다. 맹목적으로 주님이 내 안에 계시다는 고백만이 아니라, 실질적으로 내 삶 속에서 주님이 인식되고, 느껴지고, 그로 말미암아 주님께서 나를 통하여 사셔야 한다. 그러나 여전히 많은 그리스도인은 주님이 내 안에 있다는 것을 피상적으로 생각할 때가 많다.

대부분의 그리스도인들은 '내' 가 아니라 '예수님' 으로 사는 것이 무엇인지 이해조차 하지 못하고 있다. 내 삶 속에서 실제적으로 어떻게 사는 것이 예수님 안에 사는 것인지는 잘 모른다. 그리스도인의 영성이란 바로 이처럼 내가 예수와 연합(귀속)하여 '내' 가 아니라 '예수' 로 사는 삶을 의미한다. 결국은 우리가 예수님께 이르고, 예수님을 닮고, 오직 주님처럼 되어지는 것이 그리스도인의 삶이다.

오늘날 우리가 하나님 앞에 영성훈련을 하고자 하는 이유는, 내가 주님 안에, 주님께서 내 안에 있는 생명적 연합을 이루고자 함이다. '오직 내 안에 예수께서 사는 것이라' 라고 말할 수 있는 영적 실제를 이루어야 한다. 예수님이 내 생명이 되어 살아야 한다. 영성훈련은 주님과 연합하여 그리스도로 사는 삶이다. 이제는 정말 하나님 앞에 날마다 예수로 사는 삶이 되기 위하여 영성을 덧입는 사람이 되어야 한다.

3) 성령님의 지도와 인도를 받는 삶

기독교 영성에 있어서 성령님의 지도와 인도를 받는다는 것은 대단히 중요하다. '지도' 란 '가르치심' 이다. '인도' 는 우리를 '이끄심' 이다. 성도의 삶이란 내가 끌고 가는 것이 아니라 성령이 나를 이끌고 가는 삶을 말한다. 그러나 우리의 삶은 그렇지 못하다. 오늘날의 그리스도인은 성령을 묻는 자가 아니라, 내가 생각하고 내가 계획하고 내 감정을 좇아 살아가고 있다.

성경은 "육신의 생각은 사망"(롬 8:5)이라 하셨고, 또한 하나님을 기쁘시게 할 수 없고 하나님과 원수가 된다(롬 8:7, 8)고 기록한다. 그렇기 때문에 '내 생각에는 이것이 옳고, 저것이 그르며' 하는 말이 그리스도인의 말이 되어서는 안 된다. '생각' 이라는 것은 아담이 선악과를 먹은 결과로 선악을 판단하는 능력이 생겨난 것이다. 이것은 하나님과 원수가 된다.

하나님과의 바른 관계가 회복되지 않으면 하나님은 침묵하신다. 그뿐 아니라 내 생각과 뜻과 감정이 그대로 있으면 우리는 하나님께서 말씀하셔도 듣지 못한다. 그렇기 때문에 영성훈련을 함으로 '자아파쇄' , '자기상실' 을 통하여 내 자아와 뜻과 생각과 감정이 버려지는 과정을 통해서만, 비로소 성령께 물을 때 성령의 지도를 받을 수 있다.

우리는 당연히 하나님을 묻고 성령의 지도와 인도를 받고 살아야 한다. 그러나 자신을 향한 관심, 즉 내 생각, 감정, 주장이 처리되지 않으면 성령님의 말씀을 들을 수 없다. 사울 왕도 자기를 지킬 왕위에만 관심을 가졌을 때, 말씀을 들을 수 없는 자가 되었다. 하나님께서도 그에게 말씀하시기를 기뻐하지 않으셨다.

또한, '인도' 는 '이끄심이다' . 성경은 성령으로 봉사하고(벧전 4:11)라고 말씀한다. 만약 내가 어떤 사람을 사랑한다면 주님께서 나를 통하여 그를 사랑하시는 것이다. 그러나 실질적으로 우리 자신이 자기 의, 자기열심, 자기신뢰가 무너져있지 않기 때문에 성령을 의지하려고 하지 않을 뿐더러 성령이 하셨어도 내가 했다고 생각한다. 이러다 보니 바른 영성인이 되지 못한다.

3. 기독교 영성의 내용

예수님께서는 가끔씩 조용히 하나님 아버지와 시간을 사용하셨다. 소란스런 세상에서 떠나 한적한 곳으로 물러나 하나님 아버지와 교제의 시간을 가지셨다. 이것은 골방훈련을 하는 것과 밀접하게 연관되어 있다. 기도는 영성생활의 문을 여는 열쇠와 같다. 침묵과 명상이 사람의 언어나 생각에 의존하지 않고 하나님께로 향하는 방법이라고 한다면 기도는 사람들의 말을 통하여 하나님께 자신을 드러내는 것이다.

1) 무릎의 영성

예수님께서 말씀하셨다: "너는 기도할 때에 네 골방에 들어가 문을 닫고 은밀한 중에 계신 네 아버지께 기도하라. 은밀한 중에 보시는 네 아버지께서 갚으시리라." 예수님은 우리가 은밀한 골방을 찾아, 은밀한 중에 계신 아버지 하나님과 골방의 시간을 가지라고 가르친다. 골방훈련은 오직 하나님께만 문을 열고 하나님을 기다리는 훈련이다.

기도는 하나님께 나아가는 길이다. 우리가 기도할 때, 경험하는 첫째는 하나님을 만나 관계를 맺는다는 사실이다. 기도를 통해서 장로는 기도의 대상자가 되신 하나님과의 영적인 교제를 이루게 된다. 우리는 기도에 의하여 하나님의 음성을 듣고, 인도함을 받는다. 우리가 기도할 때, 하나님께서 응답하신다.

기도는 영성의 뿌리에 해당된다. 기도훈련은 영성훈련의 가장 핵심적인 훈련이라고 말할 수 있다. 수많은 사람들이 오랜 기간 동안 강조해 온 기도훈련은, 모든 영성훈련의 기초다. 그러나 그럼에도 가장 어렵게 느끼고 소홀히 여기는 것이 바로 기도 훈련이다. 특별히, 리처드 포스터(Richard J. Foster)는 기도를 '하나님의 임재연습' 이라고 하였다. 그러면서 외적인 훈련으로 내적 단계에 이르고, 마지막은 사랑의 단계인 관상에까지 이르게 된다고 하였다.

이렇게 훈련하여 하나님이 거하시는 내면의 가장 깊은 곳까지 이르도록 한다. 그러면서 영적인 침묵을 배우고, 하나님이 함께 하심을 늘 느낀다. 이 단계를 거치면 이제는 성령이 우리 안에 거하여 기도의 주관자가 되는 그런 단계에까지 이르게 된다. 이 과정을 지나면 기도의 폭도 넓어지게 되는데, 개인적인 감사 기도를 넘어서서 중보의 기도를 할 수 있게 된다. 더욱이 현재 일어나는 일들에 대해 점점 관심의 폭을 넓혀 기도할 수 있다.

기도는 선물인 동시에 명령이다. 기도는 신적 은총이 부어짐으로 가능하다. 죤 프레스톤(John Preston)은 기도가 은총의 연회라고 했다. 그런 의미에서 기도를 많이 하는 사람은 은총이 많은 영성의 사람이라

할 수 있다. 기도는 본질상 겸손과 복종이며 형태상으로는 감사요, 고백이요, 찬양이다. 그 결과 기도를 통해서 인간은 하나님과 만나는 대화를 하게 되는 것이다. 기도훈련은 우리로 하여금 인간심령에 가장 깊고 높은 행위 속으로 들어가게 한다. 기도를 통해서 교사에게는 사역자로서의 영성이 창조된다.

① 능력을 받게 하는 기도

기도는 영적 생활의 기본이다. 제자들이 예수님께 기도하는 방법을 가르쳐 달라고 요청하였다. 예수님은 기도를 기꺼이 가르쳐 준 기록을 신약에서 찾을 수 있다(눅 11:1). 기도는 영혼의 호흡이며 생명선이다. 기도는 하루를 열고 닫으며, 하나님의 마음을 움직이는 열쇠다. 하나님을 창조주요 나의 아버지로 믿고 예수님을 구세주로 믿으며 성령님을 내게 힘주시는 분으로 믿는 모든 이는 기도로 자신의 마음을 움직여야 한다.

구약에서는 대체로 육신적인 유익을 위해서 기도한 기록이 많이 나타난다. 모세는 어떤 의미에서 기도의 큰 사람이었는데, 자주 이스라엘 백성을 위한 기도를 드렸다(출 2:23). 신약에서는 영적 유익을 위해서 기도하도록 촉구하였는데, 먼저 그 나라와 그 의를 위해서 구하라고 했다(마 6:33).

② 기도생활의 내용

우리는 성경이나 교회의 역사를 통하여 부르짖는 기도, 음성기도, 묵상기도, 찬양기도, 관상기도, 고백기도, 감사기도 등 수많은 기도의 형태들이 실천되어 왔음을 알 수 있다. 이러한 기도들은 크게 부르짖는 기도, 음성기도, 침묵기도로 분류할 수 있다.

1. 부르짖음의 기도

부르짖음의 기도는 어떠한 형식이나 방법이 필요 없는 기도다. 하나님은 위기를 당한 사람들이 부르짖어 기도하기를 원하신다. 하나님은 부르짖는 사람들을 존중하시고 그들의 기도를 들어 응답하신다. 부르짖음의 기도가 하나님이 들으시는 기도인 것은 사실이나 모든 기도를 다 부르짖음의 기도로 생각하여 부르짖는 것은 문제다.

2. 음성기도(Vocal Prayer)

음성기도는 주로 공적 기도나 예전적 기도로 많이 쓰이는 형식이지만, 개인기도로도 많이 사용되고 있다. 이 기도의 양식은 주기도문을 비롯하여 많은 기도들이 성경에 나타나 있다. 음성기도는 하나님을 부르는 '아버지', '하나님' 등의 부름으로 시작하며, 내용은 찬양, 감사, 죄의 고백, 중보기도, 간구의 순서로 이루어지며, '예수님의 이름으로 기도 드립니다'로 마친다. 기도할 때에는 자신이 기도하고 있는 내용이 무엇인지 누구에게 드리는지를 유의해야 한다.

3. 침묵의 기도

우리의 상상력을 사용하는 기도이다. 이 침묵기도의 필수적인 준비단계는 육체적 정신적 긴장을 푸는 것이다. 긴장완화는 하나님께서 우리 가운데 임재하셔서 우리와 대화하시며 교제하시는 것을 깨달을 수 있게 우리 속에 심령의 그릇을 비우는 훈련이다. 긴장완화 훈련은 기도는 아니라 할지라도 긴장완화 훈련이 없이 침묵기도를 드리는 것은 병마개를 막은 채로 물을 길으려는 것과 같다.

4. 묵상기도

기도의 한 가지 방법으로서 묵상은 자신의 긴장을 풀고 하나님을 상상하는 것이다. “하나님께서 주시는 것을 우리가 모두 받아들이기 위해서는 그것을 받을 수 있도록 자신을 준비해야 한다.” 우리는 기도를 통해서 자신을 하나님께 드려 자기를 비워야 한다. 그리하여 하나님의 것들이 우리 안으로 흘러들어 올 수 있도록 해야 한다. 여기에서 우리의 심령이 비어있지 않으면, 은혜가 들어 올 수 없다.

5. 영상기도

영상이란 기도하는 사람의 마음에 어떤 상이 그림처럼 떠오르는 것을 느끼면서 간구하는 기도를 말한다. 우리의 마음에 두고 있는 친구나 이웃을 위해서 도고할 때, 도고의 대상이 된 친구나 이웃의 형편을 자신의 마음에 떠올리면서 간구한다. 이 기도는 친구나 이웃을 위해 기도할 때에 그 친구나 이웃의 영상을 마음에 떠오르게 상상하고 나와 그 사이에 주님께서 임재하여 삼자간에 대화를 나누는 것을 영상으로 그리며 기도하는 것이다.

6. 관상기도

관상기도는 침묵의 기도 가운데서도 전적인 침묵을 요구한 기도다. 이 기도는 입술의 침묵뿐만 아니라 내면의 모든 사고와 의지와 계획까지도 침묵을 요하는 기도다. 관상기도는 완전히 나를 비우고 하나님께 거침없이 나에게 들어오셔서 말씀하실 수 있게 하는 것이다. 그리고 하나님께서 찾아오실 때까지 기다리는 것이다. 이 기도를 드리는 동안 ‘나’ 는 사라지고 하나님의 뜻으로만 가득해지고, 하나님이 구원하시고자 하는 이웃을 볼 수 있게 된다.

2) 말씀묵상의 영성

묵상은 말 그대로 ‘눈을 감고 말 없이 마음속으로 생각하는 것’ 이다. 이것은 어떤 대상과 내용에 대해 정신을 집중한다는 면에서는 명상과 같지만 기독교에서는 하나님, 말씀, 사건 속에서 하나님의 뜻을 찾을 때 묵상이란 용어를 사용하게 된다.

묵상훈련은 개인적인 훈련 과정일 뿐만 아니라 교회교육에서 새로운 활동의 하나로 간주되고 있다. 하나님의 계획을 아는 작업이 묵상이요, 또 그것은 내 자신을 하나님의 관점에 비추어 보는 활동이다. 묵상은 흔히 QT라고 하는 개인의 경건시간과 이를 공동체적으로 나누는 활동을 포괄하며, 묵상훈련은 하나님의 말씀을 읽으며 이해하고 관찰하고 해석하고 적용하는 단계를 거친다.

① 묵상의 의미

묵상은 일반적으로 추론적 묵상과 관상적 묵상으로 나눈다. 전자는 하나님의 뜻을 더 잘 알기 위해 추리력이나 이해력을 사용하는 방법이고, 후자는 똑같은 목표에 이르기 위해 상상력을 사용하게 된다. 기독교에서 말하는 묵상은 추론적 묵상을 뜻한다. 이는 하나님의 음성을 듣고 그에게 가까이 나아가는 기회를 가리킨다. 예수님께서는 성령에 이끌리어 광야에서 묵상을 경험하셨다.

기독교의 묵상은 우리를 내면의 온전함으로 이끌어 가는데 있어서 우리 자신을 하나님께 바치는데 꼭 필요한 상태다. 그리고 묵상은 우리를 영적인 인식으로 이끌어 가는데 있어서 사회의 악을 공격하는데 꼭 필요한 것이다.

인간은 언어를 사용하고 행동하는 존재다. 그러나 어느 때는 침묵하며 행동을 멈추고 조용히 쉼을 바라는 이중성을 가지고 있기도 하다. 우리는 많은 활동을 하지만 그에 반해서 모든 활동을 떠나서 모든 것을 멈추고 조용히 침묵하므로 영성을 훈련강화 할 필요를 느낀다.

② 묵상의 자세

묵상은 한 개인이 자신의 전 존재를 드려 하나님을 찾아 느끼고, 그분의 말씀을 듣고 그분 안에 머물며, 그분의 뜻을 행하기 위해 투신하는 전인적이며 존재론적인 기도다. 묵상의 기본적인 자세는 먼저 우리에게 주어진 초자연적 진리를 고찰하고, 그 진리를 일상생활에 적용하며, 적용된 진리를 실천하려고 결심하는 것으로 되어 있다. 이러한 기본 구조를 가지고 묵상방법을 선택할 때 지나친 엄격과 변덕을 피해야 한다.

묵상의 목적은 그 자체가 아니라 더욱 거룩하며, 결심을 굳게 하려는 것이며, 맹목적인 자기애와 세속의 타락이라는 것보다 높은 차원으로 정화시키는 것이다. 또한, 묵상훈련은 마음의 고요와 평안은 물론 복잡한 사회 속에서 인간이 자기의 주체성을 찾을 수가 있다.

묵상은 하나님과 개인과의 관계에서 이루어지는 기도의 한 형태다.

-하나님과 교제, 하나님과 대화, 하나님의 말씀을 읽는 시간

-하나님께로부터 말씀을 받아 순종을 다짐하는 시간

-하나님께 응답하고 자신의 소원을 간구하는 시간

묵상으로 나아가게 하는 명상이라는 말은 라틴어의 매디타리(meditari)에서 온 것으로 그 의미는 무엇에 관해 '생각한다', '숙고한다', '반응한다'는 뜻을 갖고 있다. 이것은 개인의 신앙상태를 측정하는 것을 의미한다. 이 형태의 묵상은 인간존재의 신비와 경험의 측정을 위한 길이 되지만, 사람이 영적으로 자라고, 하나님의 사람으로 온전히 되어 가는 적절한 환경과 함께 영혼을 준비하는 시도다.

묵상의 목적은 하나님과의 대화를 경험하는 것이다. 마음의 말을 배우고, 마음을 열고 하나님의 말씀을 받는 수용성을 높이며, 하나님의 생생한 음성을 듣는데 있다.

③ 묵상의 방법

묵상을 시작하는 방법은 이렇다. 먼저 하나님의 음성을 듣고자 하는 마음으로 성경 본문을 읽는다. 능동적인 자세로, 사모하는 마음으로 읽어야 한다. 혹 본문을 이미 다 알고 있더라도 마치 낯이 설은 본문을 보듯이 선입견을 버리고 읽어 내려간다. '하나님이 나에게 어떤 언약적인 말씀을 주셨을까' 하는 기대로 읽는 것이다.

다음으로는 본문을 통해 성령 안에서 주님과 동행하여야 한다. 본문을 체계적으로 읽으며 상상력을 가지고 대한다. 즉, SPACE법을 사용하여 관찰하는 것이다. 버릴 죄(sin)가 없는지, 하나님의 약속(promise)은 무엇인지, 요청해야 할(ask) 것은 무엇인지, 하나님의 명령(commandment)은 어떤 것인지, 그리고 따라야 할 본보기(example)는 어떤 것인지를 살펴보는 것이다. 그렇게 하여 관찰한 것을 구체적으로 적용하는 것이 그 다음 단계다. 그 적용은 가능하고, 실제적이어야 하며, 개인적인 것이어야 한다.

묵상의 시간은 성경을 통독하는 시간을 정해서 하나님과 교제를 갖듯이 일정한 시간을 정해서 실천해야 한다. 교사의 묵상훈련은 하루의 일과를 시작하기 전인 새벽의 시간을 통해서 정해진 시간을 갖는 것이 바람직하다. 명상의 장소는 조용하고 방해받지 않는 장소를 택하여야 한다. 일정한 장소이어야 한다.

3) 성경학습의 영성

학습을 통해서 우리는 많은 주제를 알게 되고, 진리를 발견하기 위하여 열심을 다한다. 진리탐구에 대한 열심이 없이는 많은 지식을 얻을 수 없다. 예수님의 말씀에 의하면 지식이 없이는 자유함을 얻을 수 없다고 말한다. 학습에는 단계가 있다. 그 단계는 네 개로 구분할 수 있다. 첫째는 정신이 어떤 특정방향으로 향하도록 규칙적인 길을 위해 반복한다. 둘째는 정신의 반복 위에서 집중한다. 셋째는 이해로서 실제에 대한 통찰과 분별을 이루어 진정한 지각의 토대를 마련한다. 넷째는 우리가 학습하고 있는 것의 의미를 규명하기 위하여 숙고한다.

① 성경학습의 내용

말씀공부 훈련이란 정기적으로 시간을 정하고 성서를 연구하는 것을 말한다. 영성개발의 목적이 인간의 전적인 변화를 추구하는 것이라면 이 훈련이 가장 효과적이다. 학습이란 객관적인 구조를 잘 관찰함으로써 사고작용을 일으켜 어떤 습관으로 옮겨감을 말한다. 말씀공부 훈련은 마음의 변화, 삶의 진정한 변화를 가져다준다. 말씀공부는 진리를 깨닫는 길이요, 성령의 역사를 가능케 하는 것이다. 성경학습은 말씀의 묵상과 다르다. 묵상은 경건에 의미를 둔 말씀에 대한 작업이고, 성경학습은 그야말로 분석이요 해명이다. 영성훈련으로서의 성경학습은 4단계로 구분할 수 있다.

1. 반복: 우리의 정신을 특정 방향으로 늘 향하도록 하는 방법이다. 이 반복을 통해 사고의 습관을 형성한다.

2. 집중: 연구내용에 집중한다면 학습은 크게 증대된다.

3. 이해: 올바른 이해라는 단계에 이른다. 이해는 통찰과 분별로 이끌어 간다. 이는 올바른 인식을 위한 기초가 된다.

4. 숙고: 숙고를 통해서 의미를 알 수 있다. 숙고를 통해서 하나님의 관점에서 사물을 보게 해 준다.

성경학습에서 한 가지 더 이해할 것은 성경공부와 더불어 체험에서 우러난 기독교 고전의 자료와 말없는 교과서도 훈련의 귀한 자료가 될 수 있다.

② 성경학습의 두 가지의 유형

1. 성경의 통독

영성훈련으로서 성경을 통독할 때는 다음의 방법을 따라 훈련해야 한다. 성경을 통독하면서 성령님께서 함께 하시는 훈련이 되게 해야 할 것이다.

첫째, 기도하면서 성경을 읽어야 한다. 성경을 읽는 사람은 언제든지 이 성경을 통해서 하나님의 음성을 들을 것이라는 기대를 가지고 성경 앞에 있어야 한다. 그리고 하나님의 말씀을 받는 사람처럼 말씀 앞에 경건한 마음으로 기도하면서 말씀을 읽어 나가야 한다.

둘째, 말씀을 통하여 말씀하시는 성령의 역사에 민감해야 한다. 우리가 성경을 읽어 가는 동안에 민감하게 거기에 임재하신 성령께 마음을 열고 귀를 기울일 때, 그분은 진리 가운데로 인도하셔서 새로운 것을 깨닫게 하시고 새로운 삶을 결심하게 하신다.

셋째, 그날 주시는 하나님의 말씀을 기록해야 한다. 성경말씀을 우리의 양식으로 삼아 우리가 영적으로 성장하려면 그 말씀을 읽는 동안 성령께서 들려주시는 음성을 기록하여야 한다.

넷째, 기도로 그날의 훈련을 마무리해야 한다. 이 때의 기도는 반드시 그 날 읽은 말씀을 우리가 처한 환경에 적용시키는 것이어야 한다.

2. 성경공부

오늘날 한국 교회에서 사용되고 있는 성경공부 방법들은 유형 별로 나누어 보면 네 가지로 나눌 수 있다.

첫째는 강의식 성경공부 방법이다. 이 방법은 전문적으로 성경을 배운 지도자가 제목별로 성경말씀을 정리하거나 성경 한권 한권을 조직적으로 가르치는 방법이다. 이 방법은 성경의 지식습득의 접근 방법에 치우쳐 생명력 훈련에 약하며, 성경 자체에 대한 친밀감을 갖지 못한다는 약점이 있다.

둘째는 모자이크식 성경공부 방법이다. 이 방법은 성경 전체를 교리적인 바탕 위에 제목별로 정리하여 성경의 진리를 가르치려 한다. 이 방법은 강의식 성경공부의 약점인 간접적인 공부 방식을 보완하는 장점을 가지고 있으나, 저자의 신학과 신앙에 따라 성경을 공부하는 자의 신학과 신앙이 좌우 될 수 있다는 것이다.

셋째로 조감도식 성경공부 방법이다. 이 방법은 하나의 관점에 의해 신구약 성경 전체를 조직적으로 정리하고 성경 전체를 보는 눈을 길러 주는 벧엘 성서연구와 크로스웨이 등이 여기에 속한다. 이 방법의 장점은 성경 전체가 하나님의 성령의 역사로 이루어진 하나님의 말씀으로의 통일성을 가지게 한다는 것이다. 그러나 이 방법의 문제는 성경 한 절, 한 절을 통해서 들려주시는 하나님의 음성을 들을 수 없다는 것이다.

넷째로 귀납적 성경연구 방법이다. 위의 세 가지 방법은 생명훈련보다는 지적 훈련에 많이 치우쳐 있으나 이 방법은 지식훈련과 생명훈련의 조화를 시도하고자 한다. 이 방법은 우선 성경의 본문에서 출발하여 그 본문 말씀을 통해 우리를 깨우쳐 주시는 하나님의 음성을 듣고자 하며, 성경 말씀을 통하여 우리에게 들려주시는 하나님의 뜻을 깨닫고 그 뜻을 삶에 적용시키고자 한다. 이 방법은 관찰, 해석, 적용의 세 단계를 거친다. 이러한 성경공부 유형들은 장점과 단점이 있기 때문에 상호 보완적으로 교회의 상황과 공부하는 대상에 따라 실시해야 할 것이다.

4) 성구암송의 영성

하나님의 말씀은 영성훈련을 하는데 있어서 가장 중요한 요소다. 하나님은 당신의 말씀을 통해서 우리에게 오시고 우리는 말씀을 통해서 하나님께로 나아간다. 하나님은 당신의 말씀을 가지고 당신의 백성들을 고치신다. 하나님의 말씀에 대한 확신과 신뢰, 그리고 그 말씀에 대한 공부와 성경적 원리의 적용이 없이는 교회성장을 기대할 수 없다. 그러기에 조직이나 행정 또는 신비적 방법으로 양적인 확장만을 꾀하는 것은 참다운 교회성장이 아니다. 교회가 성경에 뿌리를 내리고 성경적 원리 위에 세워질 때, 그 교회와 교인들은 성령으로 충만하여 구원받은 감격을 계속 전할 수 있다.

① 성구암송과 영성

영성을 위한 성경학습의 내용은 그 기본이 하나님의 말씀이다. 성경은 영적인 성장을 촉진하는 것으로 우리를 변화시키고 새롭게 하며 새로운 삶의 규범이다. 사람의 행실을 깨끗하게 하며, 죄를 저지르지 않고 마음에 두어야 할 것이 바로 성경이다. 우리는 하나님의 말씀은 세 가지 의미에서 생각할 수 있다. 계시된 하나님의 말씀이다. 기록된 하나님의 말씀이다. 선포된 하나님의 말씀이라 부른다.

말씀훈련의 접근방법에는 두 가지가 있다. 하나는 말씀훈련을 통하여 정보를 발견하고 지식을 습득하고 진리를 깨달으려고 하는 지식훈련과 말씀훈련을 통하여 예수님의 생명을 우리 속에 넘치게 하여 우리의 인격을 변화시키는데 중점을 두는 생명훈련의 방법이다. 전자는 '나' 가 주체가 되어 성경을 나의 삶 속에 채워 나가는 방법이다. 후자는 '성경' 이 주체가 되어 나의 삶을 깨드리고 변화시켜 하나님 앞으로 인도하게 하는 방법이다. 성구암송에 의한 영성훈련은 이 양자가 균형을 지켜야 하며, 여러 가지 성경공부 유형들이 가지고 있는 약점을 보완할 수 있어야 한다.

② 성구암송

성구암송은 우리가 시냇가에 심은 나무가 되는 길이며, 하나님의 명령이다. 말씀을 즐거워하며 그 말씀을 즐거워하는 자는 복이 있는 자요, 시냇가에 심은 나무가 되어서 시절을 좇아 과실을 맺으며, 그 잎사귀가 마르지 않으며 그 행사가 다 형통한다(시 1:1-3). 성경의 말씀을 묵상하며 암송하는 것은 여호와께 복을 받는 길이다. 성경은 거듭하여 하나님의 말씀을 마음에 새겨야 한다는 것을 강조한다.

-주의 말씀을 잊지 아니하며(시 119:16)

-주의 율례를 항상 사모하며(시 119:20)

-주의 말씀을 마음에 두므로(시 119:9-11)

말씀을 묵상하며 암송하여 마음에 새길 때에 우리의 영성은 더 깊이 개발될 수 있다. 말씀암송 훈련은 나무의 잎사귀에 해당하는 것으로 나무의 아름다움을 더할 뿐 아니라 나무가 자라며 생명을 얻을 수 있는 탄소동화 작용이 바로 여기에서 일어난다. 마찬가지로 말씀암송은 우리의 신앙에 생명력을 더하며, 아름다운 신앙의 삶을 살게 하는 중대한 훈련이다.

③ 성구암송의 순서

1. 그날그날 자신의 마음에 와 닿은 구절을 선택하되, 자기가 암송할 수 있는 정도의 길이만을 택하라. 어떤 이는 암송을 잘할 수 있으나 다른 이는 곧 잊어버리는 습성이 있어서 한 구절을 다 암송하려고 한다면 성구암송이 불가능한 경우가 많기 때문에 자기가 암송할 수 있는 정도의 길이를 정하여 암송하는 것이 좋다. 한꺼번에 많이 암송하는 것보다는 매일 조금씩이라도 암송하여 마음에 새겨야 한다.

2. 암송할 성구를 선택했으면 그 말씀이 속한 성경과 장, 절을 먼저 암송하라. 성경과 장, 절을 분명히 하지 않으면 암송한 성구의 힘이 반감된다.

3. 그 성구를 한마디씩 따로 나누어 그 뜻을 파악하라. 문장의 구절 하나 하나를 뜻으로 이해하려고 노력해야 한다. 그래서 그 구절의 의미가 머리에 먼저 들어오게 해야 한다.

4. 그 말씀을 빈복하여 소리내어 읽으라. 한 단어 한 단어의 뜻을 이해한 후에 전체를 한꺼번에 소리내어 읽으면서 전체가 주는 의미를 파악하라.

5. 성구암송은 암송을 위해서 발간된 요절지를 사용할 수 있다. 자기가 매일 작은 종이에 써 가지고 다니면서 암송해도 좋다. 말씀을 가지고 다니는 것은 우리의 신앙훈련에 매우 귀중하다.

영성의 목적은 사람을 완전히 변화시키는데 있다. 이 목적을 이루는 것을 어렵게 하는 습관을 버리고, 생명을 강하게 하는 새로운 습관으로 대처해야 한다. 그 목표는 말씀의 암송에서 이룰 수 있다. 바울은 로마서에서 우리가 변화함을 받는 길은 마음을 새롭게 하는 것이라고 말하였다. 성경학습은 우리의 방법이 아닌 하나님의 은혜를 받을 수 있는 하나의 통로다.

05

장로의 신앙상식

20장 교회 회의진행법
21장 웨스트민스터 소요리문답 해설요약
22장 개신교교파 해설
23장 한 줄로 보는 세계교회사

20장 _ 교회 회의진행법

1. 회의란 무엇인가?

현대인이 복잡하고 다양한 사회생활을 해 가는데 있어서 가장 필요시 되는 생활방식의 하나가 회의라 할 수 있다. 일반 가정에서부터 직장과 학교, 나아가서 사회와 국가에 이르기까지 어떤 일을 처리해 나가기 위해서는 회의란 방식을 가져야 한다.

1) 회의의 형태

회의란 여러 사람의 모임에서 서로의 의견을 교환하여 결론을 얻으려는 뚜렷한 목적을 갖고 있다. 그 목적에 따라 회의의 형태를 살펴보면 다음과 같다.

① 정보전달회의

대부분의 참석자가 지니고 있지 않는 정보나 지식을 전문적으로 알고 있는 인물이 일방적으로 전달하는 것으로 쉽게 말하면 설명회의라 할 수 있다.

② 토의 회의

참석자가 지니고 있는 지식과 경험을 토대로 서로의 의사가 교환되는 회의를 말함이다.

1. 문제해결의 회의

문제를 해결하기 위해 참석자 전원이 어떤 격식이나 상하관계를 떠나서 모두가 똑같은 동등한 입장에서 탁자에 둘러 앉아 동의하고 전원이 납득할 수 있는 결론을 찾아내는 회의방식이다.

2. 조정회의

전원에 의한 납득이 얻어질 수 없는 특별한 경우 서로 이해가 엇갈리는 상반된 두 개의 그룹으로 나누어 자신의 주장을 내세우면서 상대방과 타협을 지을 수 있는 최소한의 선을 발견하여 서로 양보하여 타결점을 찾아내는 회의방식이다.

3. 훈련회의

문제를 해결하는데 있는 것이 아니라 문제를 해결하기까지의 절차문제나 방법 등을 납득하고 이해하는 회의방식이다. 이미 결정이 내려져 있는 문제에 대한 내용을 납득하도록 하거나 올바르게 문제를 해결하고 순서를 서로 깨닫기 위해 결론을 내리는 것이다.

어째서 그 결론이 이끌려 나왔는가, 어떤 순서를 밟아 그 결론을 찾아내었는가, 그 결론을 실행하려면 어떻게 하면 좋은가를 토의하는 회의이다(오늘날 정부가 예산안을 국회에 제출하기 전 국무위원끼리 하는 회의, 여당이 당략을 정하여 놓고 그 문제를 국회에 제출하여 통과를 보기 전 등이 있다).

2) 회의의 구성원

회의란 토의를 하는 집단이므로 구성하는 구성원이 있기 마련이다. 때문에 각 구성원이 자기의 역할을 자각하여 임무를 수행하는 것이 바로 회의의 승패를 좌우하는 열쇠가 되는 것이다. 여기에는 회의의 지도자(리더, 사회자, 의장 등), 회원(참석자, 맴버의원), 옵서버(관찰자,

방청석), 강사(조언자), 또는 기록원(서기) 등이 있다.

회의에 참여하는 회원은 개회시간에 늦지 않도록 더구나 회의 중에는 시간을 엄수하여 발언시간을 낭비하지 말아야 하고, 부득이한 경우를 제외하고는 회의 도중 자리를 비워서는 안 된다.

2. 회의 지도자(의장)

회의를 효과적으로 진행하기 위해서는 회의를 이끌어 나가는 중심인물이 필요하다. 일반적으로 의장이라 한다. 회의 지도자의 기본적 임무는 참회자들의 가장 좋은 분위기 속에서 서로의 의견을 적극적으로 소통하여 가장 명료하고, 구체성이 있는 결론에 도달할 수 있도록 이끄는 것이다.

의장은 다음과 같은 순서로 회의를 준비해야 한다.

1. 의제(주제)와 참회자를 선정해서 통지한다.

2. 의제를 사전에 분석하여 토의 범위를 확정하고 토의 지도에 편리한 자료를 작성한다.

3. 회의장을 준비하여 물적인 설비를 갖추고 필요한 보조물을 마련한다.

4. 참회자들로 하여금 집단의식을 갖도록 책임감을 높여 준다.

1) 의장이 알아야 할 사항

1. 발언자는 의장의 허가를 필요로 한다.

의장은 찬반 우열에 공평하게 발언권을 주어야 하고 발언자의 발언에 평가, 공격, 감정적으로 대응해서는 안 된다.

2. 토론을 의안에서 벗어나지 않게 한다.

3. 재청된 동의는 반드시 토론 표결되어야 하지만 불법적인 제안을 거절할 수 있다.

4. 같은 회기내의 회의에서 한 번 표결에 부친 의안은 번안 동의가 없는 한 재상정하지 않는다.

5. 소수인에게 발언을 독점시켜서는 안 된다.

6. 토론중지의 찬반을 토론중지 동의 없이도 회원에게 물을 수 있다.(의장의 권한)

7. 동의가 성립되면 의장은 일어나서 동의의 전문을 다시 낭독해야 한다.

8. 의장이 동의를 제출하거나 토론에 참여하고 싶을 때는 부의장에게 사회권을 넘기고 의장석에서 물러나서 회원의 자격으로 의장에게 발언권을 얻어 발언해야 되며 문제의 표결이 끝날 때까지 의장석에 돌아갈 수 없다.

9. 의사 진행 방해자에게는 퇴장을 명할 수 있다.

10. 회의장이 혼란에 빠졌을 때 의장은 폐회를 선언할 수 있다.

11. 가부동수일 때는 의장이 자유 의사에 의해서 결정권을 행사한다. 결정하여야 할 의무는 없다.

12. 의장이 직권을 남용하여 회의에 부쳐 표결하지 않고 독단적 결정을 내렸을 경우 회원은 그 결정에 대하여 항소할 수 있다.

13. 의안이 결정된 것을 선포 발표할 때는 의사봉을 3번 쳐야한다.

2) 의장을 위한 15가지 의사 소통 법칙

1. 의장의 역할은 참가자 사이에 대화가 활발하게 이루어지도록 하는 것이며, 회의참가자가 의장과 대화하는 것이 아니다. 따라서 누군가가 발언할 때에는 발언자를 보는 것이 아니라 다른 사람을 보는 것이 중요하다. 발언자에 대해 의장의 감상이나 의견을 말하는 일이 없

도록 하자.

2. 누군가의 발언이 길어지면 "잠깐, 말씀하시는 주제가 분명치 않은데요, 말하고자 하는 요점을 20초 이내로 말씀해 주시겠습니까?" 하는 식으로 절제시킨다.

3. 토론의 중심이 되지 않도록 한다. 현재 진행되고 있는 토론이 목표가 분명한 것이라면, 마치 한발 물러선 느낌으로 있는다.

4. 유머와 농담 등으로 지금까지의 긴장된 분위기가 파괴되었다면, 얼마간은 그것을 즐기면 된다. 그러고 나서, "자, 그러면 다시 시작해 볼까요?" 하고 계속한다.

5. 의장에게 직접 질문이 왔을 때는 그것을 참가그룹에 다시 되돌려 보내도록 한다. "지금 질문에 대해 의견이 있으신 분 없으십니까?" 하는 식이다. 그 질문자가 꼭 의장의 의견을 듣고 싶어한다면, "회의가 끝난 후 개인적으로 말씀하십시다" 하면 된다.

6. 그룹의 모든 정보는 종이나 칠판에 적는다. 거기에 검토가 끝난 사항이나 동의를 얻은 사항 등을 조목별로 쓴다. 그러면 참가자들이 전체적인 이야기를 함께 진행하고 있다는 일체감을 느끼게 된다.

7. 어떤 발언이 잘 이해되지 않을 때는, "그러니까 말씀하신 내용이 이런 것입니까?" 하며 확인해야 한다. 의장이 잘 모를 때는 참가자들 중에서도 이해하지 못했으면서 잠자코 있는 사람이 반드시 있을 것이다. 그 사람을 위해서도 의장은 질문을 해야 한다.

8. 개인적으로 찬성하지 않거나, 또는 동정을 한다거나, 비아냥거리는 등 부정적 요소가 들어있는 발언은 삼가야 한다.

9. 참가자 한사람 한사람이 그들의 의견에 긍지를 느끼도록 격려한다.

10. 얼핏 들으면 참신하게 느껴지는 추상적이고 종합적인 의견에 주의를 기울여야 한다. 주제를 충분히 이해하지 못한 의견에 대해서는

"주제에 대해 보다 상세히 말씀해 주시겠습니까?" 라든가, "어떻게 하면 된다는 것입니까?" 하는 등의 질문으로 그 발언이 논의를 위한 논의가 되지 않도록 리드해 간다.

11. 어떤 발언에 대한 해석을 놓고 대립이 시작되었을 때는 그 이면에 감정 대립이 숨어있지 않나 조심한다.

12. 회의가 한창 진행 중일 때도 그때까지의 경과를 마무리해 본다.

13. 추측이나 의견을 어떤 사실이나 정보로 혼동하지 않도록 한다. 그런 것들에 대해서는 항상 참가자의 의견을 요구하기도 하고 반드시 사실 여부를 확인해야 한다.

14. 결론을 강요해서는 안 된다. 강요한다면 상대방은 위축되거나 반항하게 된다.

15. 참가자 중 특정 인물에 대해 칭찬이나 책망은 금물이다. 의장은 변호사나 검사가 아니기 때문이다.

3. 회원

1) 회원이 알아야 할 사항

회원은 교회(모임)의 이념과 목적을 이해하고 정관 및 제 규정과 회의진행법을 알아야 한다. 그는 회의에 참가하기 전에 자기의 발언에 대하여 책임을 가져야 한다. 나아가 회의의 자리에서는 어떤 문제에 대하여서나 명확한 판단을 하여 분명한 태도를 취해야 한다.

2) 회원의 발언의 요령

① 발언을 할 때 주의할 점

남이 발언하고 있을 때는 발언하지 말고, 내용은 의안의 범위 내에서 한다.

② 제안 설명을 할 때의 요령

자기의 제안을 통해 무엇을 어떻게 하고 싶다는 목적을 분명히 인식시키고, 이 안을 제안하게 된 동기를 실제 근거를 제시하면서 설명한다. 나아가 그러한 단점은 이러이러하게 함으로써 미연에 방지할 수 있는 점까지 지적한다. 이러한 요령으로 제안 설명을 하고 나서 자기의 안을 지지해 줄 것을 호소하고 제안 설명을 마친다.

③ 의견을 진술할 때의 요령

회원들은 발언자가 찬성쪽이냐 반대쪽이냐를 먼저 알고 싶어 한다. 발언을 할 때 결론부터 말하고 그 이유를 설명해 나가는 역사법을 쓰는 것이 효과적이다. 발언은 의장을 향해서 하되, 의견의 개진에는 이성적으로 감정에 흐르지 않아야 한다. 이를 위해서 메모를 이용하는 것이 좋다. 그리고 의안에 대하여 사전에 연구한다.

3) 의견을 발표할 때의 유의사항

1. 손을 들어 정식으로 발언권을 얻은 다음에 발표한다. 이때, 회의를 모든 회원들과 공유하기 위해서 발언할 기회를 독점해서는 안 된다. 또한 너무 긴 시간 발언하거나 자주 발언하지 않는다.

2. 남의 의견을 존중해야 하며 남의 발언 중에 발언하지 않는다. 자기와 다른 생각이나 행동에 대하여 너그럽게 이해하고 개인의 비밀 사항은 간섭하지 않아야 한다. 남의 의견을 부정해서 자기의 의견을 정당화하려는 태도보다 더 높고 더 좋은 의견을 제시하려는 태도를 가져야 한다.

3. 다른 사람이 발표하기 때문에 자기도 무엇인가 발표해야겠다는 경쟁심과 의무감 때문에 배타적이고 독선적인 의견을 제시해서는 안 된다.

4. 자기 의견의 잘못이나 부족함이 지적을 당하게 되더라도 상대방을 이해하고 수용할 수 있는 여유가 필요하다.

5. 자신의 의견은 요령 있게 그리고 예의에 어긋나지 않게 발표한다. 의견을 발표할 때는 먼저 결론을 말하고, 다음에 그 이유를 조목별로 말하는 것이 효과적이다. 즉 "나는 지금 제안에 반대합니다. 이유는 첫째로 …때문이고, 둘째로는 …때문이며, 셋째로는 …한 까닭입니다." 하는 것이 좋다.

6. 발언자는 참석한 회원 전체에 대해서 발언하는 것이나, 항상 의장을 향해서 발언해야 한다.

7. 남의 발언 내용에 유의하면서 요점을 잘 파악하며 들어야 한다. 메모를 하면서 남의 이야기를 들으면 그 내용 파악이 쉽고, 본인이 발언할 때도 실수 없이 말할 수 있다.

8. 회원은 회의에서 심의될 의제에 대하여 미리 연구하는 것이 좋다.

9. 회원은 자기 의견에 신념을 가지고 발언해야 하나, 반대 입장도 충분히 이해하는 아량이 있어야 한다. 반대 발언하는 회원이나 이를 듣는 회원은 서로 감정을 억제하면서 감정적인 말을 쓰지 않도록 주의해야 한다.

4. 회의의 진행

민주주의란 국민 스스로가 스스로를 다스리는 하나의 생활 원리이며, 모든 사람을 평등하게 대우하고 존중하며, 인간 활동의 자유가 보장되는 제도이다. 어떤 사회이건 개개인의 의견 차이가 있기 마련이며, 그 사회성원의 공통된 의사를 형성시키는 일은 그 사회 유지 발전의 기본이 된다. 회의는 토론이라는 이름의 '체'로 많은 사람의 서로 다른 의견을 걸러내 공통의 의사를 형성시키는 과정이다. 그러므로 회의는 민주주의 발전의 기본 요소이다.

민주 사회의 기본 원리로는 다음과 같은 것들을 들 수 있다.

동의(動議), 개의(改議), 재개의(再改議) 등의 의견 성립은 일반적으로 재청이 있어야 한다. 개의가 없으면 동의로 결정되는 셈이고, 개의가 있으면 다시 재개의의 여부를 묻고, 없으면 동의와 개의만 성립시킨다. 또 더 이상의 재개의가 있으면 모두 다 의견으로 성립시킨다. 성립된 모든 의견에 관해서 질의를 하고, 각 의견의 타당성을 의견 발의자가 설명한다. 이와 같이 토의가 충분히 있은 후에 각 의견에 찬동하는 사람의 수를 묻는다. 이 때 대체적으로 제일 뒤에 성립된 안, 즉 재개의, 개의, 동의 순으로 묻고, 별 다른 규정이 없으면 최다수 찬동을 얻은 안이 채택된다.

의장은 진행상의 결함, 혹은 이의를 묻고, 없으면 채택된 안을 선포한다. 다수결에 의해 어떤 문제가 해결된다함은 가장 이상적인 민주적 방법이라 할 수 있다.

1) 회의를 진행하는 순서

1. 정원수의 확인과 개회선언

의장은 서기한테서 회원이 정족수에 달하였다는 보고를 받으면 개회를 선언한다.

2. 의사록 회의록 통과

개회선언이 끝나면 전회원의 의사록을 기록서기가 낭독한다. 의장은 정정여부를 물어보고 의사승인을 선포한다. 정정요구가 타당할 경우에는 받아들이고 타당하지 않을 경우에는 거부한다. 이 거부를 받아들이지 않을 때는 동의를 내고 표결에 부쳐 정정여부를 결정한다.

3. 특별일정

특별히 중요한 문제는 그 자리에서 당장 심의하지 않고 동의(기한부 연장의 동의)를 내어서 다음 회의 때로 미룰 수 있다. 이 동의는 반드시 시간을 명시하기로 되어있다.

4. 의장(회장)인사

의장은 동의를 낼 수도 토의를 할 수도 없지만 의장 인사로서 자신이 희망 감상을 회원에게 진술할 수 있다. 이 개회에 회의 사이의 공백기간에 생긴 일을 의장이 독단으로 처리하였을 경우 그것을 보고하여 승인을 얻어야 한다.

5. 서기 회계의 보고

(1) 서기가 회에 보내온 모든 서류통신을 낭독하여 하나 하나 처리한다. 처리할 수 없는 문제는 위원회에 회부하든지 보류한다.

(2) 수입과 지출에 관한 보고이며 그 보고서는철해두거나 회계 감사위원회에 회부한다.

6. 위원회의 보고

(1) 분과위원회 보고: 분과위원회에서 결의된 사항을 분과위원장이 보고한다. 위원회 보고를 통해서 개인적 의견을 말해서는 안 된다.

(2) 특별위원회 보고: 위원회 보고가 부결되었을 경우엔 재회부 동의를 낼 수 있다. 분과위원회 보고방식과 같다.

7. 토론의 진행

(1) 제안이유 설명(제안자)

(2) 질문 또는 질의: 질문의 형식을 빌어서 반대 의견 따위를 말해서는 안 된다.

(3) 토론 또는 토의: 찬성의견을 먼저 요구하는 편이 능률적이다. 제안자가 빠뜨린 좋은 점이 있을 경우 보충되기 때문이다.

일반적으로 찬성←반대→찬성→반대의 우호로 토론을 진행시킨다.

(4) 수정동의(개의): 원동의에 대체로 찬성은 하지만 내용을 좀 수정하였으면 좋겠다고 생각될 때 수정동의를 낼 수 있다. 재청이 있으면 즉시 질문, 토론에 들어간다.

(5) 재수정동의(재개편): 개의를 더 수정하고 싶을 경우 제출되는 동의 이상의 수정안은 허용되지 않는다.

(6) 토론종결: 의장이 "토론종결에 이의 없습니까?"라고 물어도 좋고 토론종결 동의를 내어도 좋다. 이 경우의 2/3이상의 찬성으로서 토론종결이 가능하다.

민주 사회에 있어서는 집단의 의사 결정은 결국 집단을 이루고 있는 사람들에 의해서 이루어지므로 각자의 의사 결정에 참여하여야 한다. 또 참여하는 태도로 보아 그 사람의 교양을 알아 볼 수 있다.

2) 사회자의 예절

발언권은 여러 사람에게 골고루 주어야 한다. 남의 의견을 사회자의 주관대로 고쳐서 설명하거나 사회자의 발언 비중이 커져서는 안 된다. 어떤 내용의 발언을 하더라도 무안을 주지 않게 기술적으로 재치 있게 처리하고, 화를 내거나 강제로 중단시켜서는 안 된다.

3) 회의 참여자가 지켜야 할 일

회의에서는 사담을 피하고 시종 진지한 태도로 참여해야 한다.

신호, 암호 또는 은어로 이야기하지 말고 전체를 향해서 묻고 발표하고 대답해야 한다.

서로 경어를 쓰며 남에게 실례가 되는 말이나 행동을 삼간다. 또한 남의 사생활에 관하여 말하지 않는다.

회의 중에는 출입을 삼간다.

4) 회의 규칙의 원칙

1. 회의 공개의 원칙

회의는 공개된 가운데 행하여짐을 원칙으로 한다. 그러나 절대적인 것은 아니다.

2. 정족수의 원칙

정족수의 실수안 재적수와 법정의 정족수 둘이 있다. 미국 상공인 클럽(JC)은 전자에 속한다.

3. 일 의제의 원칙

회의에서는 언제나 한 의제씩 만을 다루어야 한다.

4. 발언자유의 원칙

언론의 자유는 헌법이 보장하는 기본적인 원리이다. 그러나 악용 또는 남용해서 의사진행을 방해 해서는 안된다.

5. 폭력의 부정

폭력은 어떠한 경우라도 용납될 수 없다.

6. 회원평등의 원칙

남녀노소 빈부귀천을 막론하고 그 회의의 일원인 이상 어떠한 차별도 있을 수 없는 것이 회원 평등의 원칙이다.

7. 과반수 또는 다수결의 원칙

가부동수일 때는 불편을 드는 게 아량있는 처사이나 JC정의에는 의장이 결정권을 가진다.

8. 소수의견의 존중

다수결의 원칙은 소수의 의견을 존중한다는 정신이 선행되어야 비로소 힘을 발휘할 수 있다.

9. 일사부재리의 원칙

일단 부결이 된 의안은 그 회기 중엔 다시 상정시키지 않는다.

5) 동의가 표결까지 진행되는 순서

A. 발언권을 얻는다.

B. 동의(의견)를 제출한다.

C. 동의를 재청한다.

D. 의장이 그 동의를 선포한다.

E. 토론한다. 제안 설명, 질문, 토론, 수정(개의), 재수정안(재개의), 토론종결

F. 표결에 부친다.

G. 의장이 표결의 결과를 발표한다.

*여기에서 위의 A, B, C는 의안(동의)이 회의 전에 미리 제출되어 의사일정에 올라올 경우는 생략한다.

5. 회의의 용어 해설

1) 회의의 기본적인 용어

1. 회기

개회에서 폐회될 때까지 수개월이 걸리는 경우도 있고 몇 분만에 끝나는 수도 있다. 개회에서 폐회까지의 기간을 회기라 한다.

2. 개회와 개의

국회와 같이 회기가 수개월이나 될 때 첫 회의를 개회라고 매일 회의를 시작할 때의 개회를 개의라 한다.

3. 폐회와 산회

회기가 장시간일 때 그날그날 회의를 마치는 것을 산회라 하고, 한 회기가 다 되어서 끝나는 것을 폐회라 한다.

4. 휴회와 휴게

한 회기 중에 며칠 쉬는 것을 휴회라 하고, 하루 회의 중 잠깐 쉬는 것을 휴게라 한다.

5. 독회

회칙안이나 예산안 따위처럼 그 조항으로 되어 있을 뿐더러 그것을 분할해서 심의 할 수 없는 복잡하고 신중을 기해야 할 의안을 심의할 때는 이 방법을 쓰는 것이 좋다.

제일독회: 제안자의 설명을 듣고 대체적인 질문과 토의를 함. 제이독회에 넘기느냐의 여부를 결정함.

제이독회 : 각 조항을 축안적으로 심의하고 수정해야 전조항을 제삼독회에 넘긴다.

제삼독회: 제이독회에서 넘어온 그 안 전체에 대한 가부를 최종적으로 결정한다.

2) 동의의 분류와 순위

※ 제안성립 3조건 : 행동으로 옮길 수 있는 안건, 처리할 수 있는 안건, 그리고 반드시 긍정적 안건이어야 한다.

1. 원동의

재청필요, 토론가능, 수정가능 1/2이상 찬성필요, 부결되면 같은 회기 중에는 재심의가 불가능하다.

2. 보조동의

원동의가 이미 상정되어 있을 때 그 동의에 관해서 수정이라든지 특별한 조치를 요구하여 그 동의를 목적한 방향으로 능률적으로 처리하기 위하여 제출되는 동의다.

무기연기의 동의: 목적은 원동의를 실질적으로 부결시켜 버리려는 것이나 동일함. 재의필요, 재청필요, 토론가능, 수정가능 1/2이상 찬성필요, 번안 동의를 제출하여 재심의 가능.

수정동의: 원동의의 일부를 삭제하거나 첨가하거나 어구를 삽입하거나 해서 수정하는 것이 이 동의의 목적. 재수정(재개의) 이상의 수정은 불가하며 부결되면 원동의에 되돌아가서 심의를 계속함. 재청필요, 토론가능, 1/2이상 찬성필요.

위원회 회부와 재회부의동의: 이 동의는 위원회로 하여금 더욱 심의를 계속시켜 신중을 기하고 싶을 때. 재청필요, 수정가능, 토론가능, 1/2이상 찬성필요.

기한부 연기의 동의: 원동의에 대한 충분히 생각해 볼 시간을 부여하기 위하여 사용되는 동의. 다음 회기 이후로 연기 불가능. 재심의가능, 재청필요, 기한에 국한하여 토론수정 가능.

토론제한 연장의 동의: 시간을 유효하게 쓰자는데 목적이 있음. 재청필요, 토론불가, 수정불가, 재심의 가능, 2/3이상 찬성필요.

토론종결의 동의: 재청필요, 토론불가, 수정불가, 2/3 찬성요,재심불가.

보류동의: 원동의를 더욱 편리한 시기까지 연기하고자 할 때나 더욱 긴급한 사항을 처리하기 위하여 재청필요, 토론불가, 수정불가, 1/2 찬

성을 요한다.

3. 부수의 동의: 임시동의

의사의 순서며 절차에 관한 동의로서 회의중 다른 동의가 존재하고 있을 때 우연히 일어난 사항에서 발생해 오는 동의, 우선순위는 없다.

규칙일시 정지의 동의: 회의체가 스스로의 규칙을 위반하지 않고서는 할 수 없는 어떤 일을 희망할 때. 재청필요, 토론불가, 수정불가, 재심의불가, 2/3이상 찬성요.

동의철회: 요구할 수 있는 사람은 동의의 제안자 뿐이다. 재청불가, 토론불가, 재심의 가능, 1/2이상 필요, 부결 후에는 정·부가능.

심의 반대의 동의: 원동의를 매장해 버리자는 목적. 동의에 대해서만 제출할 수 있으며 재청불가, 발언권을 얻지 않고도 가능, 토론불가, 수정불가, 재심의 불가, 2/3 찬성필요.

서류낭독의 요구: 재심필요, 토론불가능, 재심불가능.1/2 찬성필요.

문제 분할의 동의: 재청불가, 수정가능, 토론불가, 재심불가, 1/2 찬성필요.

표결방법에 관한 동의 재청필요, 수정가능, 토론가능, 재심가, 1/2 찬성필요.

의사진행에 관한 이의: 회의가 규칙대로 행해지지 않을 경우 그것을 바로잡기 위해서 발언 중에도 가능. 발언권 없어도 가능. 의장은 우선권을 주어야 함. 재청불가, 토론불가, 항소가능.

의장의 결정에 대한 항소: 승인불필요, 재청필요, 수정불가, 토론가능, 의장은 한 번만 의견진술가능, 1/2 찬성필요, 동수일 때 자동 가결.

표결재심의의 동의(번안동의): 재청필요, 수정불가, 토론가능, 1/2 찬성필요.

청원서 제출: 재청가능, 토론가능, 수정불가, 다수가결.

보고 접수승인: 재청가능, 토론가능, 수정불가, 다수가결.

선거방법: 재청가능, 토론가능, 수정가, 다수가결.

추천중지: 재청가능, 토론불가, 수정불가, 2/3 찬성필요.

심의방법: 재청이 없고 토론불가, 수정불가, 다수가결.

재표결요구: 재청없고 토론없고 수정없고 의장결정.

4. 우수동의:특수동의

회원의 권리, 특권에 관한 것으로서 다른 동의에 구애됨이 없이 독립적으로 제출할 수 있다. 이처럼 우선순위가 정해있다.

일정변경의 동의: 재청필요, 토론불가, 수정불가, 재심불가, 2/3이상 필요, 부결 후에도 사정의 변함에 따라 재상정가능.

일정촉진의 동의: 재청불가, 의사 진행 중에도 제출가, 토론불가, 2/3요. 가결되면 그때까지의 의사는 중지되고 다음 회의에서 시의 만료된 의사 때 심의한다.

특권문제에 관한 요구(특청): 회원의 권리가 부당하게 침해 되었을 때 재청불가, 수정불가, 토론불가, 1/2 찬성필요.

휴게동의: 재청필요, 정족수 미달일 경우도 제출가능, 재심불가능.

폐회 또는 산회의 동의: 재청필요, 수정불가능, 토론불가능, 재심불가능, 정족수 미달시 제출가능, 1/2 찬성필요. 다음 경우는 이 동의를 제출할 수 없다. 다른 사람 발언 중, 이 동의가 부결된 직후 다음회 일시장소가 미결한 경우.

다음번 회의의 일시와 장소: 재청필요, 재심가능.

규칙상 질문: 재청없고, 토론없고, 표결이 없다.

※가부 결정되지 않는 것을 미결이라고 한다.

세 번째까지 가부결정. 다음회기로 미루든 폐기하든, 제한 미결없음. 선거는 당선 될 때까지 미결된다.

6. 폐회 또는 산회

폐회시간이 되어서 회원 가운데서 회의 시간을 연장하자는 동의가 나오거나 의장이 회원에게 의논하는 경우도 있다. 만일 다음번 회의의 일시를 정하고 싶을 때는 회원의 동의로써 결정한다.

이 동의는 다음 일절의 동의에 우선 할 뿐더러 정족수가 되지 않아도 결의 할 수 있다.

21장 _ 웨스트민스터 소요리문답 해설요약

문 1. 사람의 제일 되는 목적이 무엇인가?

답/ 사람의 제일 되는 목적은 하나님을 영화롭게 하는 것과 영원토록 그를 즐거워하는 것이다.

(고전 10:31, 롬 11:36, 시 73:24-28, 요 17:22-24)

-인생의 제일 된 목적은 하나님을 영화롭게 하고 그를 영원토록 즐거워하는 것인 바, 인간의 모든 삶과 행위에 있어서 하나님을 영화롭게 해드리는 것이 그의 지고한 선과 행복이라는 확신을 갖고 그것을 사모하고, 노력해야 한다. 사람은 모든 것들을 행함에 있어서 하나님께 영광을 돌려 드리는 것을 계획하고 구하는 데 주안점을 두어야 한다.

문 2. 하나님께서 무슨 규칙을 우리에게 주시어 어떻게 자기를 영화롭게 하고 즐거워할 것을 지시하셨는가?

답/ 신구약 성경에 기재된 하나님의 말씀은 어떻게 우리가 그를 영화롭게 하고 즐거워할 것을 지시하는 유일한 규칙이다.

(갈 1:8-9, 사 8:20, 눅 16:29-31, 24:27, 44, 요 15:11, 딤후 3:15-17, 벧후 3:2, 15, 16)

-우리가 믿는 모든 도리들은 측량되고 판단을 받아야 한다. 우리가 사람의 제일 되는 목적을 성취하기 위한 수단으로 행해야 하는 모든 의무들은 성경의 규칙에 일치해야 하고 맞아 떨어져야 하기 때문이다. "무릇 이 규칙을 행하는 자에게 평강과 긍휼이 있을지어다" (갈 6:16). 성경 이외에 그 어떤 것도 우리가 하나님을 영화롭게 하고 즐겁게 해 드리도록 인도하는데 불충분하다.

문 3. 성경이 제일 요긴하게 교훈하는 것이 무엇인가?

답/ 성경이 제일 요긴하게 교훈하는 것은 사람이 하나님을 대하여 어떻게 믿을 것과 하나님께서 사람에게 요구하시는 본분이다.

(미 6:8, 요 5:39, 20:31, 3:16, 고전 10:11, 롬 15:4, 요일 1:3-4)

-성경에서 가르치는 모든 것은 신적 권위의 인을 갖고 있기에 동일하게 진리이지만 성경에 있는 모든 것들은 동일하게 필요하고 유용한 것은 아니다. 인간이 구원에 이르도록 믿어야 하고 행해야 하는 것을 성경은 주로 가르치고 있다. 성경이 가르치는 바를 믿는다는 것은 거기에서 나온 진리에 동의하고 진리를 신뢰한다는 것이다. 성경은 하나님의 말씀으로 권위가 있는 것이기 때문이다. 이 믿음은 거룩한 믿음이다.

문 4. 하나님은 어떤 분이신가?

답/ 하나님은 신이신데 그의 존재하심과 지혜와 권능과 거룩하심과 공의와 인자하심과 진실하심이 무한하시며 무궁하시며 불변하시다.

(요 4:24, 시 90:2, 말 3:6, 약 1:17, 왕상 8:27, 렘 23:24, 사 40:22, 시 147:5, 롬 16:27, 창 17:1, 계 19:6, 사 57:15, 요 17:11, 계 4:8, 신 32:4, 시 100:5, 롬 2:4, 출 34:6, 시 117:2, 출 3:14, 시 145:3)

-하나님은 영이시다. 영은 살도 뼈도 육체적인 지체도 갖고 있지 않

은 비물질적인 존재이다. 그런데 성경에 보면 하나님께서 눈과 귀와 입과 손과 그밖에 다른 지체를 가지셨다고 말하고 있다. 하나님이 육체적인 지체를 가졌다고 하는 표현은 비유적일 뿐이다. 하나님께서는 우리 인간의 보잘것없는 이해력으로 인하여 인간의 방편에 따라 표현하시기를 기뻐하셨다.

문 5. 하나님 한 분밖에 또 다른 하나님이 계신가?

답/ 한 분뿐이시니 참되시며 살아 계신 하나님이시다.

(신 6:4, 렘 10:10, 요 17:3, 고전 8:4)

-하나님은 여러 잡신들과 다르시고, 죽은 우상들과도 다르시다. 나아가 모든 거짓 신들과 다르시다. 오직 한 분이신 하나님은 무한하시며 이 무한하신 존재는 다른 모든 존재들에게 한계와 범위를 설정하셨다. 따라서 한계와 범위가 설정된 피조물들은 무한할 수 없다. 그러므로 무한하신 존재는 하나님 한 분이신 것이다. 하나님은 모든 피조물들에게 생명을 주시고 보존하신다.

문 6. 하나님의 신격에 몇 위가 계신가?

답/ 하나님의 신격에 삼 위가 계시니 성부와 성자와 성령이신데 이 삼위는 한 하나님이시다. 본체는 하나이요 권능과 영광은 동등이시다.

(고후 13:13, 마 3:16-17, 28:19, 고후 8:14, 요 1:1, 4:18, 행 5:3-4, 히 1:3)

-하나님의 신격은 하나님의 거룩한 본성 혹은 본질을 의미한다. 하나님은 성부 하나님, 성자 하나님, 성령 하나님이시지만, 이들은 세 하나님이 아니요 한 하나님이시다. 하나님의 본질은 삼위에서 있어서 동등하다. 우리는 신성 안에 있는 삼위로서 각위가 독특한 개성을 갖고 있으며 세 가지 방법으로 존재하는 하나님의 본성을 이해하게 된다. 성부 하나님은 스스로 계신다. 성자 하나님의 아버지에게서 태어나셨

다. 성령 하나님은 아버지와 아들에게서 발출된 것이다.

문 7. 하나님의 예정은 무엇인가?

답/ 하나님의 예정은 그 뜻대로 하신 영원한 경륜이신데 이로 말미암아 자기의 영광을 위하여 모든 되어 가는 일을 미리 작정하신 것이다.

(엡 1:11, 행 4:17-28, 시 33:11, 엡 2:10, 롬 9:22-23, 11:33, 행 2:23)

-하나님의 예정은 앞으로 되어질 일들을 영원 전에 계획하시고 미리 명하시고 정하시고 결정하신 것이다. 하나님께서는 자신의 뜻에 따라 그의 의지에 따라 무엇에도 구애받지 않고 가장 자유스럽게 가장 현명하게 모든 행사를 예정하셨다. 그는 자신의 영광을 위하여 만물을 예정하셨다. 이 예정에는 일반 작정과 특별 작정이 있다.

문 8. 하나님께서 그 예정을 어떻게 이루시는가?

답/ 하나님께서 그 예정을 이루시는 것은 창조와 섭리하시는 일로 하신다.

(계 4:11, 엡 1:11, 단 4:35, 사 40:26)

-하나님은 영원 전에 행하려고 뜻하셨던 것을 행하려 하실 때, 그리고 그가 이전에 정하셨던 것을 나타나게 하려 하실 때 그의 작정을 시행하신다. 하나님께서는 그가 영원 전에 만물을 만들기로 작정하신 뜻에 따라 만물을 만드시는 바, 창조의 사역에서 그의 작정을 시행하시며, 영원 전에 의도하셨고, 계획하신 그 뜻에 따라 만물을 보존하시고 다스리시는 바, 섭리의 사역을 수행하심에 있어서 또한 그의 작정의 사역을 수행하신다.

문 9. 창조하신 일이 무엇인가?

답/ 창조하신 일은 하나님께서 엿새 동안에 아무 것도 없는 중에서 그 권능의 말씀으로써 만물을 지으신 일인데 다 매우 좋았다.

(히 11:3, 계 4:11, 창 1:1, 31, 시 33:9)

-하나님의 창조는 무에서 유를 만들어 내는 것으로서 이전에 아무 존재가 없는데서 존재를 부여하는 것이다. 이렇게 하여 하늘은 무에서 만들어졌고, 땅과 물과 하등동물들도 무에서 만들어졌다. 여전히 인간의 영혼들도 하나님께서 직접 불어넣으심으로 무에서 만들어졌다. 이렇게 하여 모든 짐승과 가축 그리고 땅에 기는 것, 그리고 인간의 몸이 땅에서와 땅의 흙에서 만들어졌으며 최초의 여자는 남자에게서 취한 갈비뼈로써 지음을 받았다.

문 10. 하나님께서 사람을 어떻게 지으셨는가?

답/ 하나님께서 사람을 남녀로 지으시되 자기의 형상대로 지식과 공의와 거룩함이 있게 지으사 모든 생물을 주관하게 하셨다.

(창 1:27, 골 3:10, 엡 4:24, 창 1:28)

-하나님은 남녀를 창조하심으로 서로 돕고 종족을 번식케 하셨다.

인간이 최초로 지음 받을 때 덧입은 하나님의 형상은 내적으로 인간의 영혼이 지식과 의와 거룩에 있어서 하나님을 닮았음을 의미한다.

하나님의 형상은 보편적이고 완전한 전인의 의를 나타내는 것이었다. 그의 깨달음에는 지식이, 그의 의지에는 정의가, 그의 사랑에는 거룩함이 있었다. 인간은 하나님에 관한 지식, 그의 율법에 관한 지식, 그의 피조물에 관한 지식 그리고 자신을 행복하게 하는 만물에 관한 지식을 갖고 있었다.

문 11. 하나님의 섭리하시는 일이 무엇인가?

답/ 하나님의 섭리하시는 일은 지극히 거룩함과 지혜와 권능으로써 모든 창조물과 그 모든 행동을 보존하시며 처리하시는 일이다.

(시 145:17, 시 104:24, 히 1:3, 시 103:19, 마 10:29-30, 느 9:6)

-하나님의 섭리는 창조된 물질들을 보존하시고, 물질들을 통치하시는 것이다. 하나님께서는 물질들이 계속 존재하게 하심으로써 보존시키신다. 그리고 그들에게 필요한 양식을 공급하심으로써 보존시키신다. 그러면서 하나님께서는 만물을 지배하시고 가지런히 하시고 자기와 만물의 목적에 따라 인도하심으로 만물을 통치하신다. 하나님의 섭리는 가장 거룩하시면서, 가장 지혜롭고, 가장 능력이 있으시다.

문 12. 사람이 창조함을 받은 본 지위에 있을 때에 하나님께서 저를 향하여 섭리하시는 중에 무슨 특별한 작정을 하셨는가?

답/ 하나님께서 사람을 창조하신 후에 완전히 순복하는 것을 조건으로 삼아 생명의 언약을 맺고 선악을 분별하는 나무의 실과를 먹는 것은 사망의 벌로써 금하셨다.

(창 2:16-17, 롬 5:12-14, 10:5, 눅 12:25-28, 갈 3:12)

-하나님께서는 인간을 창조하신 후에 그 즉시 인간과 행위언약을 세우셨다. 그때 인간의 상태는 순수 무흠하여 아무 죄도 짓지 않은 상태였다. 행위언약의 약속은 생명의 약속이었다. 하나님은 인간이 불순종할 때 사망의 경고를 하셨으므로(창 2:17) 이는 인간이 순종 할 때 생명의 약속을 주신다는 것을 의미한다. 하나님께서 행위언약으로 우리 인간에게 약속하신 생명은 자연적이고 영적인 생명의 계속성, 그리고 영생의 부여였다.

문 13. 우리 시조가 창조함을 받은 본 지위에 그대로 있었는가?

답/ 우리 시조가 임의대로 자유함을 인하여 하나님께 죄를 범하므로 창조함을 받은 본 지위에서 타락하였다.

(창 3:5-8, 고후 11:3, 롬 5:12)

-자유는 자신의 뜻에 따라 어느 누구의 강요나 간섭을 받지 않고 선택하거나 거부하며, 행하거나 행치 않으며, 이것을 행하거나 저것을 행하는 것을 의미한다. 아담과 하와는 그들의 감각적인 소욕에 따라 금단의 열매를 사모하게 되었으며, 그들의 이성적 소욕에 따라 지혜롭게 되고 하나님 같이 되려는 욕심으로 말미암아 하나님의 명백한 명령에 역행하여 그 나무의 열매를 따먹는 모험을 감행했다. 이로써 그들은 하나님께 죄를 지음으로 그들이 지음받은 원상태에서 떨어지게 되었다.

문 14. 죄는무엇인가?

답/ 죄는 하나님의 법을 순종함에 부족한 것이나 혹 어기는 것이다.

(요일 3:4, 약 4:17, 롬 3:23, 4:5, 약 2:10)

-하나님의 법은 하나님께서 그의 모든 인생들에게 순종의 규칙으로서 내려주신 계명을 의미한다. 이 법은 그것의 어느 정도가 모든 인간의 마음에 기록되었으나(롬 2:15), 보다 명백하고 완전하게는 하나님의 말씀에 기록된 그 속에서 발견된다. 하나님의 법을 순종함에 부족한 것이 있었다는 사실은 그 율법에 부적합했음과 불일치했음을 의미하며, 그것을 준수하지 못했음과 순종하지 못했음을 의미한다.

문 15. 우리 시조가 창조함을 받은 본 지위에서 타락하게 된 죄가 무엇인가?

답/ 우리 시조가 창조함을 받은 본 지위에서 타락하게 된 죄는 그 금하신 실과를 먹은 것이다.

(제12문 참조, 창 3:6, 12-13)

-금지된 나무의 열매 자체는 악한 것이 아니다. 이 나무는 동산에 있던 여느 다른 나무와 마찬가지였으나 다만 하나님께서 그들의 순종의

여부를 시험하시기 위해 이 나무의 열매를 먹지 말라고 금지하셨다. 그러므로 먹지 말아야만 했던 것이다. 하나님께서 그렇게 명백히 금지하셨는데도 그것을 어겼으니 대수롭지 않게 보이던 그것이 이젠 큰 문제가 아닐 수 없었다. 그것은 철저히 율법을 어긴 것이요 중대한 죄를 범한 행위였다.

문 16. 모든 인종은 아담의 첫 범죄 중에 타락하였는가?

답/ 아담으로 더불어 언약을 세운 것은 저만 위하여 하신 것이 아니요, 그 후 자손까지 위하여 하신 것이므로 그로부터 보통 생육법으로 출생하는 인종은 모두 그의 안에 있어서 그의 첫 범죄에 참여하여 그와 함께 타락하였다.

(행 17:26, 제12문 참조, 창 1:18, 2:17, 고전 15:21-22)

-아담의 모든 후손들 즉 일반 생육법에 의해 태어난 자들은 아담과 함께 넘어졌다. 그들은 그들이 아직 태어나기 전에도 아담 안에 있었고 그래서 아담 안에서 죄를 지었고 그와 함께 넘어졌다. 아담이 죄를 지었을 때 그의 후손들은 실제적으로 그 안에 있었다. 아담은 모든 인류의 대표가 되었다. 아담의 후손들은 행위언약으로 인해서 대표자인 아담과 함께 넘어졌다. 행위언약은 순종을 조건으로 생명이 약속되었는데 이는 아담에게만 아니라, 그의 모든 후손까지 포함되어 맺어진 것이다.

문 17. 이 타락이 인종으로 하여금 어떠한 지위에 이르게 하였는가?

답/ 이 타락은 인종으로 하여금 죄와 비참한 처지에 이르게 하였다.

(롬 5:12, 갈 3:10)

- 아담의 죄는 사람을 죄악의 자리에 이르게 하였다. 전 인류는 전가(imputation)에 의해 아담의 첫 범죄에 동참하게 되었다. 이것은 둘째

아담이신 그리스도의 의가 모든 신령한 후손, 즉 모든 믿는 자들에게 전가된 것과 같으며, 이와 같이 첫째 아담의 죄는 그의 허리에서 나온 모든 혈통적 후손에게 전가되었다. 전가된 본성의 부패는 자연적인 생육법에 의해 영혼과 육체가 결합되고 연합될 때 전달되어진다. 원래의 의가 결핍된 혹은 없는 영혼은, 마치 오염된 것처럼 이 부패성으로 오염된다. 성경은 우리의 본성이 타락한 이후 부패했다고 주장한다. 이로써 비참한 처지에 놓이게 되었다.

문 18. 사람이 타락한 지위에서 죄 되는 것이 무엇인가?

답/ 사람이 타락한 지위에서 죄 되는 것이 아담의 첫 범죄에 유죄한 것과 근본 의가 없어진 것과 온 성품이 부패한 것인데 이것은 보통으로 원죄라 하는 것이요, 아울러 원죄로 말미암아 나오는 모든 죄다.

(롬 5:12, 18-19, 고전 15:22, 롬 5:6, 엡 2:1-3, 롬 8:7-8)

-원죄는 세 가지로 아담의 첫 범죄, 근본 의의 결핍, 온 성품의 부패를 가리킨다. 여기에서 근본 의의 결핍은 마음속에 신령한 지식이 없다는 것, 자신의 의지와 사상에 선을 행할 의사나 능력이 없고 신령한 사랑이 없다는 것이다. 온 성품의 부패는 타락한 이후 인간의 모든 지체 속에 스며든 보편적인 부패로서 어두움과 마음의 오염, 하나님과 그의 율법에 역행하는 의지와 심령의 왜곡과 증오심, 감정의 무질서와 분노를 말한다.

문 19. 사람이 타락한 지위에서 비참한 것이 무엇인가?

답/ 모든 인종이 타락함을 인하여 하나님과 교제가 끊어지고 또 그의 진노와 저주 아래 있어서 생전에 모든 비참함과 사망과 영원한 지옥의 벌을 받게 되었다.

(창 3:8, 24, 엡 2:3, 롬 5:14, 6:23, 막 9:47-48)

-타락으로 인한 사람의 비참함은 다음 세 가지로 표현된다. 무엇인가를 잃어버렸고, 무엇인가에 굴복당했고, 무엇인가를 감수해야만 하는 것이다. 인간은 타락으로 인해 하나님과의 교제가 단절되었다. 하나님과의 교제의 즐거움, 그의 자비로운 임재와 은총을 타락으로 인해 박탈당했다. 이로써 인간은 타락함으로 인해 하나님의 진노와 저주 아래 놓이게 되었다. 그 결과 사람은 현생의 모든 비참함, 죽음 자체, 영원한 지옥의 고통을 형벌로 받아야 했다.

문 20. 하나님께서 모든 인종을 죄와 비참한 지위에서 멸망하게 내버려뒀는가?

답/ 하나님께서 홀로 그 선하신 뜻대로 영원부터 구속받을 자들을 영생 얻게 하시려고 선택하시고 은혜의 언약을 세우셔서 구속자로 말미암아 저희를 죄와 비참한 지위에서 건져내시고 구원의 자리에 이르게 하려 하셨다.

(엡 1:4-7, 딛 1:2, 3:4-7, 갈 3:21, 롬 3:20-22, 요 17:6)

-인류는 죄와 비참 가운데 멸망하게 되었으나 하나님께서는 그가 선택하셨던 모든 선민들에 대하여는 그들을 죄와 비참한 상태에서 이끌어 내어 구원의 상태로 이르게 하신다. 이때, 구속자로 말미암아 선택된 이들을 언약의 방법을 통하여 구원의 상태로 이르게 하신다. 하나님은 자기의 선민들을 구원의 상태에 이르게 하신다. 이 언약은 은혜언약이라 한다. 하나님은 선택자들의 대표자로 그리스도에게 언약과 약속을 세우셨다.

문 21. 하나님의 선택하신 자의 구속자는 누구인가?

답/ 하나님의 구속자는 다만 선택하신 예수 그리스도뿐이신데 그는 하나님의 영원한 아들로서 사람이 되셨으니 그 후로 한 위에 특수한 두 가지 성품이 있어 영원토록 하나님이시요, 사람이시다.

(딤전 2:5, 요 1:1, 14, 10:30, 갈 4:4, 빌 2:5-11, 롬 9:5, 골 2:9, 히 13:8)

-하나님의 선택자들의 구속주는 주 예수 그리스도이시다. 그는 만유의 주이시므로 주라 불리고, 자기 백성들의 구세주가 되시기 때문에 예수님이라 불리시며, 아버지로 말미암아 성령으로 그의 직임에 기름 부으심을 받았기 때문에 그리스도라 불리신다. 예수님은 선택된 자들을 사시기 위해 자신의 몸을 피값으로 지불하셨다. 그리고 그들을 구하시기 위하여 그의 전능하신 능력으로 이전에 그들로 포로 삼았던 마귀의 올무에서부터 그들을 이끌어 내셨다.

문 22. 그리스도께서 하나님의 아들로서 어떻게 사람이 되셨는가?

답/ 하나님의 아들 그리스도께서 사람이 되신 것은 참 몸과 각각 있는 영혼을 취하사 성령의 권능으로 동정녀 마리아에게 잉태되어 탄생하셨으나 죄는 없으시다.

(요 1:14, 히 2:14, 마 26:38, 눅 1:31-42, 갈 4:4, 히 4:15, 히 7:26, 눅 2:5)

-하나님의 아들이신 그리스도께서는 인간의 두 가지 본질적인 요소를 취하심으로 실제적인 인간이 되셨다. 그는 살과 피와 뼈의 실제적인 몸을 취하셨다. 그는 이성적인 영혼을 실제로 취하셨으며 그의 신성도 그 영혼의 자리를 대신하지 못했다. 그는 성령의 능력으로 동정녀 마리아의 태에 기적적으로 잉태되셨으나 죄 중에 나지 않으셨다. 예수님은 인간의 본성을 취하시고 여러 가지 인간의 연약함을 가지셨지만, 죄성의 연약함에서는 완전히 자유하셨다.

문 23. 그리스도께서 우리의 구속자로 무슨 직분을 행하시는가?

답/ 그리스도께서 우리의 구속자로 선지자와 제사장과 왕의 직분을 행하시되 낮아지시고 높아지신 두 지위에서 하신다.

(행 3:22, 히 5:5-6, 4:14-15, 계 19:16, 사 9:6-9, 시 2:6)

-예수님은 우리의 구속자로서 선지자, 제사장, 왕의 직분을 행사하셨다. 주님께서는 이 땅 위에서 비하(humiliation)의 위치에서 이 직분들을 수행하셨다. 그러나 지금은 천국에서 승귀(exaltation)의 위치에서 이 직분들을 수행하신다.

문 24. 그리스도께서 어떻게 선지자의 직분을 행하시는가?

답/ 그리스도께서 선지자의 직분을 행하시는 것은 우리를 구원하시고자 하시는 하나님의 뜻을 그 말씀과 성령으로 말미암아 우리에게 나타나시는 것이다.

(요 15:15, 20:31, 벧후 1:21, 요 14:26, 1:1, 4, 18, 16:13, 히 1:1-2)

-예수님께서 선지자의 직분을 행하시는 것은 우리를 구원하시고자 하시는 하나님의 뜻을 그 말씀과 성령으로 말미암아 우리에게 나타내는 것이다. 선지자로서 우리의 구원을 위하여 하나님의 뜻을 우리에게 나타내신다. 이때, 하나님의 뜻은 하나님의 모든 계획, 혹은 하나님께서 우리로 구원을 얻도록 하기 위해 우리에게 알게 하시고 믿게 하시고 행하게 하시는 모든 것을 의미한다. 주님께서는 우리의 구원을 위하여 우리에게 하나님의 뜻을 나타내신다.

문 25. 그리스도께서 어떻게 제사장의 직분을 행하시는가?

답/ 그리스도께서 제사장의 직분을 행하시는 것은 단번에 자기를 제물로 드려 하나님의 공의에 만족하게 하며 우리를 하나님으로 더불어 화목하게 하시고 또 우리를 위하여 항상 간구하시는 것이다.

(히 7:25, 9:14, 28, 롬 3:26, 10:4, 히 2:17)

-예수님께서 제사장 직분을 행하시는 것은 단번에 자기를 제물로 드려 하나님의 공의를 만족시키셨으며 우리를 하나님으로 더불어 만족케 하시고 또 우리를 위하여 항상 간구하시는 것이다. 주님께서는 우리를 위하여 자신이 친히 희생제물이 되셔서 하나님께 바침이 되셨다. 이로써, 우리를 위한 하나님의 공의를 만족시키기 위함이 되셨고, 우리로 하나님과 화목케 하셨다. 또한 우리의 변호자로서 우리를 위해 간구하시고 기도하신다.

문 26. 그리스도께서 어떻게 왕의 직분을 행하시는가?

답/ 그리스도께서 왕의 직분을 행하시는 것은 우리로 하여금 자기에게 복종하게 하시고 우리를 다스리시며 보호하시고 자기와 및 우리의 모든 원수를 막아 이기시는 것이다.

(시 110:3, 사 33:22, 고전 15:25, 행 12:17, 18:9-10, 2:36)

-예수님께서는 그의 백성들 위에서, 그와 그들의 원수들의 위에서 왕직을 행하신다. 그의 선택하신 백성들 위에 왕직을 수행하실 때는 그들을 자신에게 복종시키시고, 통치하시고, 보호하신다. 주님께서 그의 선택하신 백성들을 자신에게 복종시키심은 그들에 대한 그의 유효한 부르심을 의미하며 그들을 자신의 통치하에 두시고 그의 말씀과 영으로 그들의 완악함과 원수를 정복하심으로 그들을 자발적인 백성들로 삼으신다.

문 27. 그리스도의 낮아지심은 어떠한가?

답/ 그리스도의 낮아지심은 곧 그의 강생하심인데 또한 비천한 지위에 나셔서 율법 아래 복종하시고 금생에 여러 가지 비참함과 하나님의 진노하심과 십자가에서 저주의 죽음을 받으시고 묻히셔서 얼마 동안 죽음의 권세 아래 거하신 것이다.

(눅 2:7, 빌 2:6-8, 고후 8:9, 갈 4:4, 사 53:3, 마 27:46, 눅 22:41-46, 갈 3:13, 고전 15:3-4)

-예수님은 그의 탄생에서, 그의 생애에서, 그의 죽으심에서 낮아지셨다. 영원하신 하나님의 아들로서 그는 시간 세계에서 인간이 되셨고, 친히 율법에 종노릇하셨으며 마귀의 시험을 받고, 악인의 음모와 비난과 조소도 감내하셨다. 그리고 그는 십자가상에서 죽으심으로써 육체의 고통과 함께 그의 영혼에 하나님의 진노를 받으셨다. 주님의 낮아지심은 우리에게 그의 고난의 공로로 말미암아 우리의 구속을 확신시켜 준다.

문 28. 그리스도의 높아지심은 어떠한가?

답/ 그리스도의 높아지심은 사흘만에 죽은 가운데서 살아나신 것과 하늘로 올라가신 것과 하나님 아버지의 우편에 앉아계신 것과 마지막 날에 세상을 심판하러 오시는 것이다.

(고전 15:3-4, 행 1:9, 엡 1:19-20, 행 1:11, 행 17:31)

-예수님의 높아지심의 첫 부분은 죽은 자 가운데서 부활하신 것이며, 둘째 부분은 하늘로 올라가심(승귀)이다. 주님께서는 자신의 능력과 성령으로 죽은 자 가운데서 살아나심으로 하나님의 아들이라 선포되셨다. 그의 부활하심으로 인해 우리는 우리의 육체도 마지막 날에 죽은 자 가운데서 다시 살 것을 확신하게 된다. 주님의 승천은 우리로 위에 있는 것들, 즉 그리스도가 현재 계신 그곳을 사랑해야 함을 가르친다.

문 29. 우리로 어떻게 그리스도의 사신 구속에 참여하게 하시는가?

답/ 우리로 그리스도의 사신 구속에 참여하게 하시는 것은 그의 성령께서 우리에게 구속을 효력 있게 적용하심을 인함이다.

(요 1:12-13, 3:5-6, 딛 3:5-6)

-우리의 구속은 그리스도의 피로 말미암아 이루어졌다. 이때, 우리 안에 유효적으로 활동하시는 성령으로 말미암아 구속이 적용되어진다. 성경에서는 "오직 그의 긍휼하심을 좇아 중생의 씻음과 성령의 새롭게 하심으로 하셨으니 성령을 우리 구주 예수 그리스도로 말미암아 우리에게 풍성히 부어 주사"(딛 3:5, 6)라고 전해주고 있다.

문 30. 성령께서 그리스도의 사신 구속을 우리에게 어떻게 적용하셨는가?

답/ 성령께서 그리스도의 사신 구속을 우리에게 적용하시는 것은 우리 안에 믿음을 일으키시고 또 효력 있는 부르심으로써 우리를 그리스도와 연합하게 하시는 것이다.

(엡 2:8, 요 15:55, 고전 6:17, 고전 1:9, 벧전 5:10, 엡 4:15-16, 갈 2:20)

-예수님께서 이루어 놓으신 구속에 관련을 맺게 되는 것은 유효적인 부르심으로 우리를 그와 연합하게 하기 때문이다. 주님과 우리 사이의 연합은, 그리스도와 우리가 함께 합쳐서 하나가 됨을 말한다.

이때, 하나님 편에서는 성령으로 말미암아 우리를 그리스도와 연합하게 하시며, 사람 편에서는 믿음으로 말미암아서다. 우리는 믿음으로 그에게 나아가고 그를 붙잡는다. 이 믿음은 우리의 행위이지만 그것은 하나님의 선물이며 성령의 역사다.

문 31. 효력 있는 부르심은 무엇인가?

답/ 효력있는 부르심은 하나님의 신이 하시는 일이니 우리의 죄와 비참을 깨닫게 하시고 또 우리의 마음을 밝혀 그리스도를 알게 하시고 우리의 의지를 새롭게 하시고 우리를 권하사 능히 복음 중에 값없이 주시는 예수 그리스도를 믿도록 하시는 것이다.

(딤후 1:8-9, 엡 1:18-20, 행 2:37, 행 26:18, 겔 11:19, 36:26-27, 요 6:44-45, 엡 2:5, 살후 2:13, 빌 2:13)

-하나님의 부르심에는 유효적 소명(효력 있는 부르심)과 무효적 소명(효력 없는 부르심)이 있다. 무효적 소명은 단순한 말씀의 외적인 부르심인데, 모든 죄인들이 그로 말미암아 생명과 구원을 얻도록 예수님께로 자유로이 초대받지만 그것 자체만으로는 그에게 나아오기에 불충분하다. 유효적 소명은 말씀의 외적인 부르심을 동반한 성령의 내적인 부르심인데, 그가 복음 안에서 우리에게 값없이 주신 바 될 때, 예수님께로 초대받을 뿐만 아니라 그의 품에 안기게 된다.

문 32. 효력 있는 부르심을 받은 자들은 금생에서 무슨 유익을 얻는가?

답/ 효력 있는 부르심을 받은 자들은 금생에서 의롭다 하심과 양자로 삼는 것과 거룩하게 하심을 얻고 또 금생에서 이와 함께 받는 여러 가지 유익과 여기서 나오는 여러 가지 유익을 받는다.

(롬 8:30, 엡 1:5, 고전 1:30)

-우리는 그리스도의 의로 말미암아 우리의 죄를 용서하심에서, 우리를 의로 여기심에서 의롭게 된다. 주님의 의는 우리의 칭의에 완전하고 충분하다. 그의 의는 믿음으로 받아들여지며 하나님의 계산에서 우리의 것이 된다. 우리는 거듭남에 의하여, 양자에 의하여 하나님의 자녀들이 되었다.

문 33. 의롭다 하심이 무엇인가?

답/ 의롭다 하심은 하나님의 값없는 은혜로 정하신 것인데 저가 우리의 모든 죄를 사유하시고 그 앞에서 우리를 옳게 여겨 받으시는 것이니 이는 다만 그리스도의 의를 우리에게 돌려주심인데 우리는 오직 믿음만으로 받는 것이다.

(엡 1:7, 고후 5:19-21, 롬 4:5, 3:22, 24, 25, 5:17-19, 4:6-8, 5:1, 행 10:43, 갈 2:16)

-하나님은 우리를 값없는 은혜의 행위로 의롭다 하신다. 예수님의 의는 전가에 의해 우리의 의로 된다. 주님의 의는 우리에게 전가되는데, 그 의는 그리스도 안에 고유하게 존재하는 것이며 그리스도께서 이루신 의이지만, 그것은 하나님에 의해서 마치 우리가 우리 안에서 스스로 이룬 것인양 우리의 것으로 여기게 되는 것이다. 우리의 칭의를 위하여 우리에게 전가되어진 그리스도의 의는 그가 우리 대신 율법을 온전히 순종하심으로 이루어진 의다.

문 34. 양자로 삼는 것이 무엇인가?

답/ 양자로 삼는 것은 하나님의 값없는 은혜로 정하신 것인데 이로써 우리를 하나님의 자녀의 수효 중에 들게 하시고 그 모든 특권을 누리게 하시는 것이다.

(요일 3:1-2, 요 1:12, 롬 8:17)

-하나님은 진노의 자녀된 자들을 취하여 그의 가족의 일원이 되게 하시고 그들로 하나님의 자녀들이 누리는 모든 특권을 받아 누리는 권리를 주셔서 양자를 삼으신다. 하나님의 양자된 자들은 세속적 그리고 영적인 악에서 부성적인 보호를 받고, 하나님께 기도로 요구할 수 있고, 영혼과 육신에 필요한 모든 것들을 하나님께로부터 공급받는다. 그리고 부성적인 징계를 받기도 하며, 천국을 유업으로 받는 특권을 누린다.

문 35. 거룩하게 하신 것이 무엇인가?

답/ 거룩하게 하신 것은 하나님의 값없는 은혜의 역사이신데 이로써 우리가 하나님의 형상을 좇아 온 사람이 새로워짐을 얻고 점점 죄에 대하여서는 능히 죽고 의에 대하여서는 능히 살게 되는 것이다.

(살후 2:13, 엡 4:23-24, 롬 6:4, 6, 14, 8:4, 벧전 1:2)

-우리는 우리 자신을 더럽힐 수는 있으나 깨끗케 하거나 새롭게 할 수 없다. 사람의 거룩함은 오직 하나님의 영으로 이루어지는 하나님의 역사이다. 우리의 거룩함은 하나님의 형상을 따라 지식과 의와 거룩으로 새롭게 되는 데 있다. 이때, 성화의 내용은 인간의 전인적인, 곧 지식, 의지, 양심, 기억, 사랑 등이다. 이러한 모든 것들은 자격에 있어서 완전히 새롭게 변화되며, 우리 몸의 모든 지체들은 사용에 있어서 변화되어 의의 병기로 된다.

문 36. 금생에서 의롭다 하심과 양자로 삼으신 것과 거룩하게 하심에서 함께 받는 유익과 여기서 나오는 유익이 무엇인가?

답/ 금생에서 의롭다 하심과 양자로 삼으신 것과 거룩하게 하심에서 함께 받는 유익과 여기서 나오는 유익은 하나님의 사랑을 확실히 아는 것과 양심의 화평한 것과 성령 안에서 얻는 쾌락과 은혜의 증가함과 끝까지 굳게 참는 것이다.

(롬 5:1, 2, 5, 14:17, 골 1:1-11, 잠 4:18, 엡 3:16-18, 벧후 3:18, 렘 32:40, 요일 2:19-27, 계 14:12, 벧전 1:5, 요일 5:13, 요 1:16, 빌 1:6, 벧전 1:5)

-의롭다 함을 받고 양자 되고 성화된 자들은 금생에서, 죽음에서, 부활시에 유익을 얻는다. 금생에서 받는 유익은 하나님의 사랑을 확신하고, 양심의 화평을 누리며, 성령 안에서 기뻐하고, 은혜가 증가되며, 끝날까지 은혜 안에서 인내한다. 그리고 칭의, 양자, 그리고 성화를 깨닫고 또한 그것들을 바라봄으로써 하나님의 사랑을 확신하고 양심의

화평을 누리며 성령 안에서 기쁨을 만끽하는 유익을 얻는다.

문 37. 신자가 죽을 때에 그리스도에게서 무슨 유익을 받는가?

답/ 신자가 죽을 때에 그 영혼이 완전히 거룩하게 되어 즉시 영광 중에 들어가고 그 몸은 여전히 그리스도께 연합하여 부활할 때까지 무덤에서 쉰다.

(눅 23:43, 16:23, 빌 1:23, 고후 5:6-8, 살전 4:14, 롬 8:23, 살전 4:14, 계 14:13, 19:8, 행 7:55-59, 요 5:28)

-신자는 죽을 때 영혼과 육신에 관하여 유익을 받는다. 영혼에 관하여 받는 유익은 거룩함에 있어서 죄와 오염에서 완전히 자유를 얻으며 죄의 존재나 경향성에서도 자유를 얻는 완전을 이룸과 죽은 후에도 신자들의 육체는 여전히 그리스도와 연합되어 영광 중에 들어간다. 신자들의 육체는 부활 때까지 침대에 잠을 자듯이 무덤에서 쉰다.

문 38. 신자가 부활할 때에는 그리스도에게서 무슨 유익을 받는가?

답/ 신자가 부활할 때에는 영광 중에 다시 살아남을 입어 심판날에 밝히 안다 하심과 죄 없다 하심을 받고 완전히 복을 받아 영원토록 하나님을 흡족하게 즐거워하는 것이다.

(고전 15:42-43, 마 25:33-34, 10:32, 살전 4:17, 시 16:11, 고전 2:9)

-신자들은 부활할 때 그리스도로부터 부활 자체에 관하여, 부활 후 심판 날에 관하여, 심판 후 천국에 관하여 유익을 받는다. 부활 자체로부터는 그들이 영광 중에 일으키심을 받는 유익을 받는다. 그리고 부활 후 심판 날에는 신자들이 하늘에서 큰 소리로 나타나신 주 예수님을 영접하려 구름 속으로 이끌림을 받는다. 심판 후에 천국에 있는 신자들은 영원무궁토록 하나님과 완전한 기쁨과 복락의 자리에 참여하게 될 것이다.

문 39. 하나님께서 사람에게 요구하시는 본분이 무엇인가?

답/ 하나님께서 사람에게 요구하시는 본분은 그 나타내 보이신 뜻을 복종하는 것이다.

(신 29:29, 미 6:8, 삼상 15:22, 눅 10:28)

-사람의 의무는 하나님께 대한 순종이다. 그것은 하나님이 그의 창조주이시며, 은혜를 베푸시는 자이시며, 지고한 주권자이시고, 왕이시기 때문이다. 하나님은 우리에게 그의 계시하신 뜻으로 규칙을 주셔서 그것에 따라 온전히 순종하게 하셨다. 하나님께서 계시하신 뜻은 행해야만 하는 모든 일들에 관계하며 의무가 되는 것들과 하나님의 영광과 직결되는 모든 것들에만 미친다.

문 40. 하나님께서 자기에게 복종할 규칙으로 사람에게 처음 나타내 보이신 것이 무엇인가?

답/ 하나님께서 자기에게 복종할 규칙으로 사람에게 처음 나타내 보이신 것은 도덕의 법칙이다.

(롬 2:14-15, 10:5)

-도덕법은 최초로 인간 순종의 규칙으로 계시되었으며 이것은 세상 끝날 때까지 모든 민족, 모든 사람에게까지 효력을 미친다. 모든 인간은 죄책을 지고 있었기 때문에 도덕법에 대한 완전한 순종은 불가능하다. 그러나 신자들은 그리스도에게 속해 있는 동안 이 도덕법의 저주와 정죄에서 그리고 그것의 엄정함과 저주에서 해방된다. 그러나 이 도덕법은 그들 대신 율법을 성취하신 그리스도께 감사를 일깨워 주는 역할을 한다.

문 41. 이 도덕의 법칙이 어디에 간략히 포함되었는가?

답/ 이 도덕의 법칙은 십계명에 간략히 포함되었다.

(마 19:17-19, 신 10:4)

-도덕법이 십계명 속에 요약되어 담겨 있는 것은 율법의 총체요 주요한 골자가 거기에 내포되어 있기 때문이다. 도덕법은 신령하고 그 범위는 인간의 모든 내적 생각과 모든 외적 담화에까지 이른다. 그리고 어떤 한 계명 속에서 금지되는 무슨 죄이든지 여기에 상반된 의무가 명령되며 이와 동일한 모든 종류의 죄도 동시에 금지된다.

문 42. 십계명의 대 강령은 무엇인가?

답/ 십계명의 대 강령은 우리의 마음을 다하고 성품을 다하고 뜻을 다하고 힘을 다하여 주 우리 하나님을 사랑하고 또 이웃 사랑하기를 자기 몸 같이 하라 하신 것이다.

(마 22:37-40)

-십계명의 첫째 요의는 하나님과 직접적인 관계가 있는 것으로 우리의 마음을 다하고 성품을 다하고 힘을 다하고 뜻을 다하여 우리 주 하나님을 사랑하는 것이다. 우리는 우리의 지고한 선으로서 그를 선택하고 사랑해야 한다. 이어서 둘째 요의는 인간에게 관계된 것으로 우리의 이웃을 우리 자신과 같이 사랑하라는 것이다. 이 사랑은 우리가 우리 자신에게 행하듯이 이웃을 사랑하라는 것이다.

문 43. 십계명의 서문은 무엇인가?

답/ 십계명의 서문은 "나는 너를 애굽 땅, 종 되었던 집에서 인도하여 낸 너희 하나님 여호와로라" 이다.

(출 20:2, 신 5:6)

-하나님께서는 애굽 땅 종 되었던 집에서 그의 백성들을 인도하여 내셨다. 하나님은 선민의 하나님으로서 그들에게 언약을 세우시고, 그들을 자신과 특별한 관계를 맺으면서 애굽에서 빼어내셨다. 그리고 애

굽의 노예생활에서 그의 백성들을 이끌어내셨듯이, 지금은 그의 백성들을 영적인 의미의 애굽에서와 마귀와 정욕의 종노릇한 데서 이끌어 내신다.

문 44. 십계명의 서문이 우리에게 주는 교훈은 무엇인가?

답/ 십계명의 서문이 우리에게 가르치는 것은 하나님께서 주도 되시고 우리 하나님도 되시고 또 우리의 구속자도 되시므로 우리가 마땅히 그의 모든 계명을 지켜야겠다는 것이다.

(신 11:1, 벧전 1:17-19)

-십계명의 서문에는 우리에게 하나님의 모든 계명을 지켜야 한다고 하는 말을 세 가지로 논증하고 있다. 하나님은 주님이시고, 우리의 하나님이시며, 우리의 구속자이시기 때문에 그의 계명을 지켜야 한다. 이러한 사실에서 우리에게는 하나님의 계명을 지켜야 할 의무가 있다. 우리는 그의 피조물이고 백성들이기 때문에 그에게 온전한 순종을 하여야 한다. 아울러 우리를 죄와 사단의 종노릇 한 데서 자유케 하셨으므로 우리는 마땅히 그에게 순종하게 된다.

문 45. 제 일계명은 무엇인가?

답/ 제 일계명은 나 외에 다른 신을 위하지 말라 하신 것이다.

(신 5:7, 출 20:3)

-우리가 섬겨야 할 신은 오직 하나님이시다. 우리는 하나님을 유일하시고 참되신 하나님으로 인정해야 한다. 하나님은 자신을 나타내신 모든 영화로운 속성들과 완전성 가운데 참 신으로 계신다. 그러므로 우리는 마음으로 그를 사랑하고 그를 사모하고 그를 두려워하고 그를 믿고 신뢰하며, 그를 거스려 지은 죄에 대하여는 슬퍼하고 그를 소망하고 그 안에서 즐거워하고 기뻐해야 한다.

문 46. 제 일계명에 명하는 것이 무엇인가?

답/ 제 일계명에 명하는 것은 하나님은 유일한 참 신이 되심과 우리의 하나님이 되심을 알고 승인하며 그대로 그에게 경배하며 영화롭게 하라 하는 것이다.

(대상 28:9, 신 26:27, 마 4:10, 시 95:6-7, 29:2)

-제 일계명에서 우리에게 요구하는 의무는 주로 세 가지로 나누어지는데 하나님을 아는 것, 하나님을 인정하는 것, 하나님께 경배하고 그를 영화롭게 하는 것이다. 하나님을 경배하고 그를 영화롭게 해 드려야 한다. 우리의 삶으로는 그에게 전적인 순종을 다하며 그의 영광을 위하여 열심을 내며 그를 기쁘시게 하며 그를 노하시게 하는 것을 삼가 두려워하며 그 앞에서 겸손히 행함으로 그에게 경배하고 그를 영화롭게 해드려야 한다.

문 47. 제 일계명에 금하는 것이 무엇인가?

답/ 제 일계명에 금하는 것은 참 신을 하나님으로 알지 아니하거나 우리의 하나님으로 경배하지 않고 영화롭게도 하지 아니하는 것과 그에게만 드리기에 합당한 경배와 영화를 다른 이에게 드리는 것이다.

(롬 1:20-21, 시 81:11, 14:1, 롬 1:25)

-제 일계명에서 금하는 주요한 죄는 무신론, 신성모독, 우상숭배라 할 수 있다. 무신론은 하나님을 부인하거나 인정하지 않는 것이다. 여기에서 금하고 있는 신성모독은 참되신 하나님을 하나님과 우리 하나님으로 경배하지 않고 영화롭게 하지 않는 것이다. 우상숭배는 응당 하나님께만 돌아가야 할 경배와 영광을 다른 어떤 대상에다 바치는 것이다. 사람들은 하나님께 돌아가야 할 존귀와 영광을 세상에 있는 다른 것으로 바꾸어 놓고 있다.

문 48. 제 일계명 중에 나 외에 라 한 말씀이 우리에게 특별히 교훈하는 것이 무엇인가?

답/ 제 일계명 중에 나 외에 라 한 말씀이 우리에게 특별히 교훈하는 것은 만물을 보시는 하나님이 아무 다른 신을 위하는 죄를 내려다보시고 분하게 여기는 것이다. 하나님은 그의 자녀들이 어떤 다른 신을 섬기는 죄에 대하여 예의 주시하시며 불쾌해 하신다. 그것은 다른 신을 섬기는 죄가 거룩하시고 질투하시는 하나님의 눈에 매우 불쾌하게 보이시기 때문이다. 하나님은 자신의 영광을 다른 누구에게 주지 않으실 것이다.

문 49. 제 이계명은 무엇인가?

답/ 제 이계명은 우상을 만들지 말지니 위로 하늘에 있는 것이나 아래로 땅에 있는 것이나 땅 아래 물 속에 있는 것의 무슨 형상이든지 만들지 말고 절하지 말고 섬기지 말라. 나 여호와 너의 하나님은 진노하시는 신이시니 나를 미워하는 자에게는 아비의 죄를 자손 삼 사대까지 이르게 하고 나를 사랑하며 내 계명을 지키는 자에게는 은혜를 수천대까지 베풀리라 하신 것이다.

(출 20:4-9)

-하나님께서는 본 계명에서 형상을 통하여 예배하는 것을 요구하신다. 형상들은 예배에 있어서 실제적인 도움이 되지 않는다. 오히려 우리의 헌신에 방해가 된다. 이러한 형상은 우리의 마음속에 참되신 하나님을 약화시키는 경향이 있다. 그 하나님은 살아계신 하나님이시며 최상의 우월한 존재이시고 모든 피조물 위에 무한히 떨어져 계시는 분이시기 때문에 한낱 죽은 형상으로 표현된다는 것은 그분의 영광에 큰 불명예가 되지 않을 수 없다.

문 50. 제 이계명에 명하는 것이 무엇인가?

답/ 제 이계명에 명하는 것은 하나님이 그 말씀 중에 정하신 종교상 모든 예배와 규례를 받아 순종하며 깨끗하고 완전하게 지키라 하는 것이다.

(신 12:32, 32:46, 마 28:20)

-하나님께서 그의 규례와 예배의 방법에 관하여 제 이계명에서 요구하시는 것은, 그것들을 받아들이며, 그것들을 준수하는 것이다. 이때, 그것들을 순수하고 온전하게 지켜야 한다. 우리가 하나님의 규례를 받아들이는 것은 지성으로 이것들을 인정하고 의지로는 기꺼이 맞아들이는 것을 의미한다. 하나님의 규례를 준수하는 것은 그 규례가 요구하는 것을 수행하며 그것을 사용하여 하나님을 섬기는 것을 의미한다.

문 51. 제 이계명에 금하는 것이 무엇인가?

답/ 제 이계명에 금하는 것은 우상으로 하나님을 경배하거나 하나님의 말씀에 정하지 아니한 어떤 다른 방법으로 하는 것이다.

(신 4:15-16, 17-19, 행 17:29, 신 12:30-32)

-제 이계명에서 금하는 우상숭배의 죄는, 우리가 형상을 가지고 하나님께 예배드릴 때 저지르게 되는 바 예배의 수단에 관계되는 것이다. 하나님을 예배할 때, 하나님의 형상이나 그림은 가증한 것이고 철저히 부당한 것이다. 그것들은 하나님을 낮추고 우상숭배의 원인이 되기도 한다. 하나님께 예배 드림에 있어서 예배의 요소로서 하나님의 말씀에 묘사되거나 지정된 것 이외에 어떠한 것도 덧붙여져서는 안 된다. 왜냐하면 그것은 신적인 제도에서 나온 것이 아닌 고로 하나님을 기쁘시게 해드리지 못하기 때문이다.

문 52. 제 이계명을 지키라 한 이유가 무엇인가?

답/ 제 이계명을 지키라 한 이유는 하나님이 우리의 주재가 되시며 우리의 소유주가 되시며 홀로 자기에게만 경배하는 것을 바라시기 때문이다. (시 95:2-3, 45:11, 출 34:14, 시 100:3, 고전 10:22)

-하나님은 우리 위에 계신 위대한 주권적 왕이시며 자신이 예배 받으시기 위해 방법을 설정하시는 단독 유일하신 권위자이시다. 우리는 그의 백성이기 때문에 그에게 충성을 다해야 하며 그의 율법과 규례를 지키며, 하나님의 말씀에 지정된 방법 이외로는 절대로 예배드리지 말아야 한다. 우리는 주님께 속해 있으므로 그와 그의 명하신 것에 가까이 나아가야 하며, 마음을 그에게서 멀어지게 하는 우상숭배와 미신을 특별히 조심해야 한다.

문 53. 제 삼계명은 무엇인가?

답/ 제 삼계명은 너희 하나님 여호와의 이름을 망령되이 일컫지 말라 여호와의 이름을 망령되이 일컫는 자를 죄 없다 아니 하리라 하신 것이다. (출 20:7)

-망령되이 일컬어서 안 되는 하나님의 이름은, 하나님께서 자신을 나타내셨던 어떤 것에 대해 보편적으로 그리고 포괄적으로 이해되어져야 한다. 하나님께서 자신을 알리신 것들과 관련하여 제 삼계명이 요구하는 것은 하나님께서 자신을 나타내신 것들의 사용, 그것들을 거룩하고 경건하게 사용하는 것이다. 우리는 하나님의 영광을 생각하는 거룩한 목적을 갖고 그것들을 사용해야 하며, 그것들로써 자신을 알려지게 하신 하나님의 위엄에 합당한, 경외하는 태도로 사용해야 할 것이다.

문 54. 제 삼계명에 명하는 것은 무엇인가?

답/ 제 삼계명에 명하는 것은 하나님의 이름과 칭호와 속성과 규례와 말씀과 행사를 거룩하고 존경하는 마음으로 사용하라 하는 것이다.

(시 29:2, 마 6:9, 계 15:3-4, 말 1:14, 시 138:2, 107:21-22, 전 5:1, 시 104:24)

-하나님께서 자신을 우리에게 나타내어 알리신 것들과 관련해 우리는 거룩과 경외심을 가져야 한다. 먼저, 하나님의 이름, 칭호, 그리고 속성에 관련하여 우리의 거룩과 경외심을 나타내야 한다. 우리는 거룩하고 경건하게 하나님의 규례를 존중해야 하고, 그것들을 통해 하나님을 기다리고 구해야 한다. 그리고 하나님의 말씀을 대할 때, 거룩하고 경건하게 하나님의 위엄과 권위를 생각하며 그것에게 기꺼이 순종을 해야 한다.

문 55. 제 삼계명에 금하는 것은 무엇인가?

답/ 제 삼계명에 금하는 것은 무엇이든지 하나님이 자기를 나타내신 것을 훼방하거나 악용하는 것이다.

(신 28:58-59)

-하나님의 이름과 칭호와 속성은 하나님의 영광에서 떠나 사용되는 경우에 망령되이 일컬어진다. 사람이 그것들에 합당한 애정을 두지 않고 그것들을 시시하게 혹은 불경스럽게 대할 때 그러하다. 특별히 그들의 마음이 하나님의 이름에 대하여 멸시나 증오나 혐오감으로 채워질 때이다. 사람이 하나님의 이름으로 맹세할 때, 특히 그들의 일상적인 언어에 거짓 맹세를 덧붙이거나 새로운 맹세를 날조하면서도 그것을 거듭 강조함으로 사악하게 헛되이 할 때도 모독이 된다.

문 56. 제 삼계명을 지키라 한 이유가 무엇인가?

답/ 제 삼계명을 지키라 한 이유는 이 계명을 범하는 자가 비록 사람에게는 형벌을 피할지라도 주 우리 하나님은 저희로 하여금 그 의로우신 심판을 피하지 못하게 하시는 것이다.

(신 28:58-59)

-하나님의 이름을 망령되이 일컫는 자들이 하나님의 의로우신 심판을 피하지 못하게 됨은 하나님은 의로우시므로 그리고 그는 그들을 결단코 죄 없는 자로 간주하지 않으시기 때문이다. 하나님께서는 그의 이름을 망령되이 일컫는 자들에게 벌을 주시는데, 이따금씩 그들의 죄를 무서운 재앙으로 이생에서 벌하신다. 그러나 그러한 재앙이 혹 이 땅 위에서 없을지라도 이후에 오는 영원한 진노와 보복은 조금도 피할 수 없다.

문 57. 제 사계명은 무엇인가?

답/ 제 사계명은 안식일을 기억하여 거룩한 날로 지키라 엿새 동안에 네 모든 일을 힘써 하고 제 칠일은 너희 하나님 여호와의 안식일이니 너나 네 자녀나 네 노비나 네 육축이나 네 문안에 유하는 객이라도 일하지 말라. 엿새 동안에 여호와가 하늘과 땅과 바다와 그 가운데 만물을 지으시고 제 칠일에 쉬셨으니 그러므로 여호와가 안식일에 거룩한 날로 삼고 복을 주셨느니라 하신 것이니라.

(출 20:8-11)

-본 계명은 예배의 때에 관계된 것이다. 하나님께서는 그의 말씀 가운데 지정하신 일정한 예배의 시간을 하나님께 대하여 거룩히 지킬 것을 우리에게 요구하신다. 하나님은 그의 말씀 가운데서 칠일 중 하루를 구별하여 그 날을 온전히 안식일로 거룩히 지키라고 하셨다.

문 58. 제 사계명에 명하는 것이 무엇인가?

답/ 제 사계명에 명하는 것은 하나님의 말씀 중에 명하신 절기를 그의 앞에 거룩히 지키는 것이니 특별히 칠일 중에 하루를 종일토록 그의 거룩하신 안식일로 삼으라 하는 것이다.

(레 19:3, 신 5:12, 사 56:2-7)

-안식일을 기억하여 거룩히 지키라는 말씀에 비추어 볼 때 전날 저녁에는 우리가 안식일을 준비해야 한다. 그러나 안식일 자체는 저녁이 다 지날 때까지 시작되지 않고 밤 열두시 이후 아침에 시작된다. 이때, 온전한 하루라는 것은 일출부터 일몰까지 혹은 아침에 동틀 때부터 저녁이나 밤까지의 인위적인 온전한 하루가 아니고, 24시간으로 구성된 온전한 자연적인 하루다.

문 59. 하나님께서 칠일 중에 어느 날을 안식일로 명하셨는가?

답/ 세상 시작으로부터 그리스도의 부활 시기까지는 하나님이 이레 중에 일곱째 날을 안식일로 명하셨고 그 후로부터 세상 끝날에 이르기까지는 이레 중에 첫날로 명하셨으니 곧 그리스도인의 안식일이다.

(창 2:3, 눅 23:56, 행 20:7, 고전 16:2, 요 12:19-26, 출 16:23)

-칠일 중 일곱째 날은 거룩하게 여호와의 안식일로 항상 지켜야 한다. 하나님이 최초로 일곱째 날을 안식일로 명하신 것은, 그 날이 그의 창조사역에서 안식하신 날이며 인간들도 그들의 일을 쉬고 그의 하신 일을 기억하게 하시기 때문이었다. 그러나 이 일곱째 날은 순서에 있어서는 창세로부터 반드시 안식일로 지킬 필요가 없다. 왜냐하면 그 날의 순서는 하나님의 기뻐하시는 뜻에 따라 그의 능력으로 변경되었기 때문이다.

문 60. 어떻게 하여야 안식일을 거룩하게 하겠는가?

답/ 안식일을 거룩하게 하는 것은 그날 종일을 거룩하게 쉼으로 할 것이니 다른 날에 합당한 여러 가지 세상일과 오락까지 그치고 그 시간을 공사 예배에 바쳐 사용할 것이요, 그 외에는 사세 부득이한 일과 자선사업에 사용할 수 있다.

(렘 23:2, 출 16:25-19, 렘 17:21-22, 시 92:1-2, 눅 4:16, 사 58:3, 행 20:7, 마 12:11, 막 2:27)

-안식일은 하나님께서 그것을 거룩하게 제정하셨으므로 그에 의해 거룩케 되며, 인간이 그것을 거룩하게 준수하고 지킴으로 그에 의해 거룩하게 된다. 우리는 안식일에 부분적으로 거룩하게 쉬며 부분적으로는 거룩한 사역에 참여함으로써 그 날을 거룩하게 준수하고 지키게 된다. 우리는 안식일에 죄스러운 모든 것과 주간의 모든 날로부터 쉬어야 하며, 주간의 다른 엿새 동안에는 합당한 것인바 세속적인 일과 오락을 끊고 쉬어야 한다.

문 61. 제 사계명에 금하는 것이 무엇인가?

답/ 제 사계명에 금하는 것은 그 명한바 의무를 이행하지 아니하거나 혹 주의하지 아니하여 나태함으로써 그 날을 더럽게 하거나 혹 주의하지 아니하여 나태함으로써 그 날을 더럽게 하거나 죄 되는 일을 행하거나 세상의 여러 가지 일과 오락에 대하여 불필요한 생각과 말과 행동을 하는 것이다.

(겔 22:26, 말 1:13, 겔 23:38, 사 58:13, 렘 17:24, 27)

-본 계명에서 금하는 죄는 불이행죄와 이행죄가 있다. 먼저, 불이행죄는 안식일에 해야 할 의무를 이행하지 않는 죄로서 하나님께 드리는 공적인 예배와 사적인 예배를 이행하지 않는 것이다. 안식일의 의무를 주의 깊게 수행하지 않거나, 안식일이 우리에게 주 중 가장 지겹고 부담스럽게 느껴지는 것이다. 그리고 이행죄는 우리가 안식일을 보낼 때 태만함으로 빚어지는 죄를 가리킨다.

문 62. 제 사계명을 지키라 한 이유가 무엇인가?

답/ 제 사계명을 지키라 한 이유는 하나님이 우리의 행할 여러 가지 일을 위하여 여섯 날을 허락하시고 제 칠일은 자기가 특별히 주장하는 이가 되었다 하심과 자기가 친히 모범을 보이신 것과 안식일을 축복하신 것이다.

(출 31:15-16, 레 23:3, 출 31:17, 창 2:3)

-이러한 논증은 우리로 안식일을 더욱 엄격히 준수하도록 효과적으로 권유하고 이끌어 준다. 하나님께서는 우리에게 우리 자신의 일을 하도록 주 중 육일을 허락해 주셨다. 그리고 일곱째 날에 대하여는 하나님의 소유권을 주장하셨는데, 안식일을 일반적인 사용에서 구별시켜 거룩하게 하시고 자신에게 예배드리도록 하셨다.

문 63. 제 오계명은 무엇인가?

답/ 제 오계명은 네 부모를 공경하라 너희 하나님이 준 땅에서 네가 오래 살리라 하신 것이다.

(출 20:12)

-부모에 대한 자녀의 의무는 내적인 공경과 경외와 존경이며, 외적으로 공경하는 태도와 행위다. 그리고 부모의 가르침에 열심히 경청하는 것이다. 아울러 부모에게서 바르게 함과 옳게 함을 받을 때에 온유하게 인내하는 태도를 지녀야 한다. 나아가 부모가 늙었거나 궁핍하게 되었을 때 그들을 친절히 보살피며 먹을 것을 공급하며 잘 봉양해야 한다. 자녀는 부모를 공경함으로써 눈에 보이지 않는 하나님을 공경하는 것을 배우게 된다.

문 64. 제 오계명에 명하는 것이 무엇인가?

답/ 제 오계명에 명하는 것은 각 사람에게 그 속한 지위와 인륜관계 곧 상하와 평등을 따라 높일 자를 높이고 행할 일을 하라 하는 것이다.

(엡 5:21-22, 6:1, 5, 9, 롬 13:1, 12:10, 레 19:32, 엡 6:1-5, 롬 8:1)

-본 계명의 의무를 부여받는 자는, 부모와 손윗사람의 관계에 대한

자녀와 모든 손아랫사람들이며 포괄적 의미에서는 손아랫사람의 관계에 대한 손윗사람과, 상호간 관계에 있어서는 동등한 사람들까지도 포함한다. 아랫사람은 자녀들뿐만 아니라 아내, 종, 백성, 신하, 소년, 소녀, 은혜나 은사를 보다 적게 받은 자들이다. 윗사람은 아버지와 어머니의 이름으로 주어진 부모님뿐만 아니라 남편, 주인, 사역자, 주권자, 노인, 은혜와 은사를 보다 많은 자들이다. 그리고 동등한 사람은 연령이나 신분, 지위, 권위에 있어서 하나로 받아야 한다.

문 65. 제 오계명에 금하는 것이 무엇인가?

답/ 제 오계명에 금하는 것은 각 사람에게 그 속한 지위와 인륜관계를 따라 마땅히 높일 자를 높일 것과 행할 일을 하게 하지 아니하는 것이나 막는 것이다.

(롬 13:7-8)

-우리는 본 계명에 명시된 의무를 무시하거나 각 사람에게 속하는 여러 위치와 관계에 대하여 존경을 드리지 않아 죄를 짓게 된다. 부모에 대한 자녀의 죄는 부모에게 존경을 드리지 않거나 말과 행위에 있어서 그들에게 불명예를 안겨주는 것이다. 주인에 대한 종의 죄는 합당하고 온당한 명령에 불순종하거나 마지못해 순종하는 태도나, 주인이 등을 돌렸을 때 일을 하지 않는 순전히 눈가림만을 일삼는 행위다.

문 66. 제 오계명을 지키라 한 이유가 무엇인가?

답/ 제 오계명을 지키라 한 이유는 이 계명을 지키는 모든 자에게 장수함과 흥왕하는 복을 허락하심이니 다만 하나님께 영광을 돌리고 사람에게 이익이 있도록 만 주시는 것이다.

(엡 6:2-3)

- 본 계명을 지키는 자들에게는 장수의 약속이 주어졌다. 이 계명은

약속 있는 첫 계명임을 강조한다. 이 약속에는 생명을 오랫동안 부지하는 삶뿐만 아니라 축복과 생명의 번성까지도 포함하고 있다. 부모를 공경하고 상관관계의 의무를 충실히 지키는 많은 자들이 땅위에서 오래 살고 번성하는 복을 받는다. 그것은 그 약속으로 인해서이다. 여기에 천대까지 은혜를 베푸시리라는 약속을 더하셨다.

문 67. 제 육계명은 무엇인가?

답/ 제 육계명은 살인하지 말라 하신 것이다.

(출 20:13)

-사람에게는 자기 자신의 생명이나 타인의 생명에 대하여 손을 댈 수 없다. 사람은 하나님의 형상으로 지어진 존재이므로 그의 생명은 하나님의 주권 아래에 놓여있다. 그러므로 자살이나 타살은 모두 죄가 된다. 살인은 생명을 통하여 하나님께 대드는 것이 된다. 그러나 부당한 공격이나 압박으로부터 자신의 생명을 보호하기 위해서 취해지는 행동은 정당방위의 죽임이니 죄가 될 수 없다.

문 68. 제 육계명에 명하는 것이 무엇인가?

답/ 제 육계명에 명하는 것은 일체의 합당한 법대로 우리의 생명과 남의 생명을 힘써 보전하라 하는 것이다.

(마 10:23, 시 82:3-4, 욥 29:13, 왕상 18:4, 엡 5:29-30)

-본 계명이 우리 자신의 생명에 관해 요구하는 바는, 모든 정당한 노력을 통해 그것을 보존하라는 것이다. 우리는 다른 사람의 생명을 보호하기 위해서 노력해야 한다. 먼저, 무죄한 자가 생명의 위험에 직면해 있을 때, 보호해 주어야 한다. 둘째, 가난하고 곤궁한 자에게 생활에 필요한 것들을 나누어 주어야 한다. 아울러, 모든 사람은 모든 악행을 금지하여야 하며 어떤 사람에게 해를 주어도 안 된다.

문 69. 제 육계명에 금하는 것이 무엇인가?

답/ 제 육계명에 금하는 것은 불의하게 우리의 생명이나 이웃의 생명을 빼앗거나 해하는 일들이다.

(행 16:28, 창 9:6, 마 5:22, 요일 3:15, 갈 5:15, 잠 24:11-12, 출 21:18-32, 신 24:6)

-본 계명에서는 우리에게 우리 자신이든지 타인이든지를 막론하고 아무도 죽이지 말라고 하였다. 우리는 직접적으로는 우리 자신이나 다른 사람의 생명을 취함으로써, 간접적으로는 그러한 결과로 유도함으로써 우리 자신이나 다른 사람을 죽이지 말아야 한다. 우리는 간접적으로 우리 자신이나 다른 사람의 생명을 죽이도록 유인함으로 결국 그들의 생명을 살인하는 죄를 짓게 되는 경우가 있다.

문 70. 제 칠계명은 무엇인가?

답/ 제 칠계명은 간음하지 말라 하신 것이다.

(출 20:14)

-사람의 성적 욕망은 그 자체로 나쁜 것이 아니다. 더욱이 하나님께서 정해주신 방법에 따라 성적 욕망을 만족시키는 것은 죄가 될 수 없다. 이 욕망으로 이성을 찾으며 결혼을 한다. 간음은 하나님께서 제정하신 결혼 상태를 벗어난 남녀가 성적 만족을 추구하는 것이다. 사람이 결혼관계를 벗어나서 추구하는 성적 만족의 행위는 죄가 된다. 그것은 하나님께서 사람에게 주신 성을 왜곡시키기 때문이다.

문 71. 제 칠계명에 명하는 것이 무엇인가?

답/ 제 칠계명에 명하는 것은 생각과 말과 행동으로 우리와 및 이웃의 정조를 보존하라 하는 것이다.

(마 5:28, 엡 4:29, 골 4:6, 벧전 3:2, 살전 4:4-5, 고전 7:2, 엡 5:11-12)

-본 계명은 우리 자신과 다른 삶의 순결을 보존하기 위해 우리 자신이 오염되지 않고 또한 다른 사람의 오염을 물리치라는 것이다.

우리는 마음과 영혼에 일어나는 불결한 생각을 물리침으로써 순결을 보존해야 한다. 그렇게 하기 위해서는 근면하고, 먹고 마시는 것에도 절제해야 한다. 만일 과다하게 배불림으로써 몸을 둔하게 하면 정욕의 자극을 받게 된다. 필요에 따라서는 빈번히 금식을 행함으로써 육체를 제어하되, 하나님을 두려워하고 언제나 그의 존전에 있어 항상 그의 보시는 바가 됨으로 경건한 태도를 지녀서 보존한다.

문 72. 제 칠계명에 금하는 것이 무엇인가?

답/ 제 칠계명에 금하는 것은 모든 깨끗지 못한 생각과 말과 행동이다.

(마 5:28, 엡 5:3-4)

-본 계명에서 금하는 죄는 모든 부정과 불결로서 방자한 생각과 육감적인 욕망에 있어서 금지되어야 한다. 또한 말과 언어, 이를테면 죄를 짓도록 유혹하는 모든 음탕한 말, 색정적인 가요, 외설적인 언어에 있어서 금지되어야 한다. 그리고 불결하고 부정한 행동과 그것에로 이르게 하는 모든 행동에서 금지되어야 한다. 금지된 바 불결하고 부정한 행동들은 결혼 관계를 떠나서이거나 결혼한 사람들 사이에 행해지는 죄다.

문 73. 제 팔계명은 무엇인가?

답/ 제 팔계명은 도둑질하지 말라 하신 것이다.

(출 20:15)

-이 세상에 존재하는 만물은 다 하나님의 것이다. 하나님께서는 그것들 가운데 일부를 우리에게 소유하도록 일시적으로 맡기셨다. 지금 내가 지니고 있는 것들에 감사하면 그것은 곧 하나님의 소유권을 인정

하는 것이 된다. 그러나 감사하지 않고, 다른 사람의 소유물을 탐낸다거나 도둑질을 한다면 다른 사람에게 손해를 입히기 전에 하나님의 소유권을 인정하지 않는 죄가 된다. 하나님께서는 도둑질을 금지하심으로써 우리의 생명을 보존하신다.

문 74. 제 팔계명에 명하는 것이 무엇인가?

답/ 제 팔계명에 명하는 것은 합당한 법대로 우리와 남의 재물과 산업을 얻고 또 증진하게 하라 하는 것이다.

(살후 3:10-12, 롬 12:17, 잠 27:23, 레 25:35, 빌 2:4, 잠 13:4, 20:4, 24:30-34, 신 15:10)

-본 계명은 우리 자신과 타인의 부와 재산에 관하여 그것을 얻고 보존하는 일에 관한 것이다. 우리는 우리 자신과 타인의 부와 재산을 얻고 보존하기 위하여 합법적인 수단 이외에는 아무 것도 사용하지 말아야 한다. 남의 부와 재산에 관한 우리의 의무는 공평과 정의이다. 우리는 그들의 남의 부와 재산에 관해서 사랑과 관심을 표명함으로써 그 부를 점점 증진시키도록 해야 한다. 그들이 나에게 해 주기를 원하는 대로 나는 그들에게 합당하게 해 주어야 한다.

문 75. 제 팔계명에 금하는 것이 무엇인가?

답/ 제 팔계명에 금하는 것은 우리와 남의 재물과 산업을 불의하게 방해하거나 혹 방해될 만한 일이다.

(딤전 5:8, 엡 4:28, 잠 21:6, 살후 3:7-10, 잠 28:19, 약 5:4)

-본 계명에서 금하는 부와 재산에 관한 것은 다음과 같다. 탐식, 음주, 선정적인 모임, 노름 등과 같은 일로 재산을 탕진하거나 허비하는 것이다. 매우 불확실한 어떤 것에 무분별하게 모험하거나 함부로 보증을 서는 일을 하거나 남의 재산을 아무렇게나 다룸으로 손실을 입게

되는 경우이다. 본 계명에서 금하는 훔치는 행위는 가정 안에서와 가정 밖에서 도적질하는 것을 말한다. 우리는 모든 형태의 절도 행위와 타인의 것을 부당취득 함으로 부유케 되려는 시도를 금해야만 한다.

문 76. 제 구계명이 무엇인가?

답/ 제 구계명은 네 이웃을 해하려고 거짓 증거하지 말라 하신 것이다. (출 20:16)

-본 계명은 우리 자신과 우리 이웃의 평판에 관계되는 것이다. 여호와는 진리의 하나님이시므로 그의 백성들이 진리 안에 있기를 원하신다. 우리는 자신과 남이 진리 안에서 살아가도록 보호해야 한다. 그러므로 남에 대하여 증언할 때, 그에게 위협이 따르는 거짓말을 해서는 안 된다. 우리는 비록 하나님 앞에서는 그 중 어떤 것도 받을 만한 값어치가 없지만, 사람들 앞에서는 선한 존재가 되고 또 선을 행함으로 좋은 평판을 얻을 수 있다.

문 77. 제 구계명에 명하는 것은 무엇인가?

답/ 제 구계명에 명하는 것은 특히 증거할 때에 피차 진실함과 또 우리와 이웃의 명예를 보존하며 증진하게 하라 하는 것이다.

(잠 14:5, 25, 슥 8:16, 벧전 3:16, 행 25:10, 요삼 12, 엡 4:15)

-본 계명에서 요구하는 것은 인간과 인간 사이의 진실을 유지하고 고양시키는 것이다. 우리 자신과 다른 사람의 평판에 대하여 특별히 증언하는 일에 있어서 그것을 유지하고 고양시키기를 요구한다. 우리가 인간과 인간 사이에 진실을 유지하고 고양시키기 위해서는 각자 상호간에 아주 솔직하게 마음으로부터 진실을 말해야 한다. 남에 대하여서는 언제나 합당한 존영을 드리고 그들이 안 보는 데서 그들을 칭찬하며 그들의 은사와 장점과 훌륭한 점들을 솔직히 인식하고 그것을 좋

아해야 한다.

문 78. 제 구계명에 금하는 것은 무엇인가?

답/ 제 구계명에 금하는 것은 무엇이든지 진실함에 해되는 일이나 혹은 이웃의 명예를 상하게 하는 것이다.

(잠 19:5, 9:16-19, 눅 3:14, 시 15:3, 골 3:9, 시 12:3, 고후 8:20-21)

-본 계명에서 금하는 진실에 어긋나는 일은, 모든 종류의 거짓과 속임 그것이 타인을 거짓 고소함으로 해롭게 하는 것이든지 말을 왜곡시킴으로 해롭게 하는 것이든지를 막론한다. 명예를 상하게 하는 것은 위증이나 거짓 맹세와 거짓 고소, 혹은 우리 자신이 거짓 증거하거나 다른 사람을 시켜서 이웃에 대해 거짓 증거를 하게 하는 경우와 이웃에 대해 악하게 말하거나 판단하거나 성급하게 비난하는 경우다.

문 79. 제 십계명은 무엇인가?

답/ 제 십계명은 네 이웃의 집이나 아내나 노비나 소나 나귀나 네 이웃에게 있는 것을 탐내지 말라 하신 것이다.

(출 20:17)

-우리는 이웃의 소유에 대해 부당한 행동을 하거나 탐욕을 가져서는 안 된다. 본 계명은 이웃의 소유를 실제적으로 탐내는 것만 아니라, 그것에로 이르는 모든 습관적인 성향, 모든 부당한 행위까지도 포함한다. 이웃의 재산은 하나님께서 그에게 소유하도록 하신 것이다. 이웃의 소유를 탐내는 것은 그 이웃에 대한 무자비함과 불의를 조장시키게 되고, 이웃의 것을 지나치게 바라거나 탐냄으로써 우리 자신의 소유에 대해 만족을 상실하게 된다.

문 80. 제 십계명에 명하는 것은 무엇인가?

답/ 제 십계명에 명하는 것은 우리 처지를 만족히 여기며 이웃과 그 있는 모든 것에 대하여 의롭고 사랑하는 마음을 품으라 하는 것이다.

(히 13:5, 롬 12:15, 빌 2:4, 고전 13:4-5, 딤전 6:6, 레 19:18)

-우리는 우리 자신의 형편에 대하여 완전한 만족을 느껴야 한다. 만족을 느낌은 하나님께서 우리를 현재의 위치로 인도해 주신 것을 기쁘게 받아들이고 기꺼이 순종하는 것이며, 우리는 우리의 현재의 상태를 우리에게 최상의 가장 적합한 상태로 수용하는 것이다. 동시에, 이웃에 대하여서는 이웃과 그의 소유에 대하여 옳고 사랑스런 마음을 가져야 한다. 우리의 이웃과 그의 안녕에 대하여 사랑과 소망과 기쁨의 감정을 갖는 것이며, 이웃의 악과 고난에 대하여는 함께 슬픔과 비통한 마음을 갖는 것이다.

문 81. 제 십계명에 금하는 것은 무엇인가?

답/ 제 십계명에 금하는 것은 우리의 처지를 부족히 여기거나 이웃의 행복을 시기하거나 한하거나 이웃에 있는 모든 물건에 대한 불의한 행동과 감정이다.

(고전 10:10, 갈 5:26, 골 3:5)

-본 계명에서 금하는 죄는 우리 자신의 재산에 대하여 불만을 느끼는 것과 우리 이웃의 재산에 대하여 시기심을 갖는 것, 그 자신의 것에 대하여 지나치게 집착하거나 그와 같이 다루는 것이다. 우리가 우리 이웃의 소유를 탐내지 말아야 하는 이유는 두 가지로 이웃의 소유를 탐내는 것은 그 이웃에 대한 무자비함과 불의를 조장시키기 때문이며, 이웃의 것을 지나치게 바라거나 탐냄으로써 우리 자신의 소유에 대해 만족을 상실하기 때문이다.

문 82. 아무 사람이나 능히 하나님의 계명을 완전히 지킬 수 있는가?

답/ 타락한 후로 사람만으로는 금생에서 하나님의 계명을 완전히 지킬 수 없고 날마다 생각과 말과 행동으로써 범한다.

(왕상 8:46, 요일 1:8-2:6, 창 8:21, 약 3:2, 롬 8:8, 3:9-10)

-하나님의 계명들을 온전하게 지킨다는 것은, 하나님의 모든 계명들을 의향과 성향, 생각, 열정, 말, 대화에 있어서 이것들 중 어떤 것도 범하지 않고 언제나 지킨다는 것을 말한다. 최초의 인간 아담은 타락하기 전에 하나님의 계명을 온전하게 지킬 수 있었지만 아담이 타락한 이후에 어떠한 인간도 이것을 지킬 수 없다. 그렇지만 성도들이 천국에서 온전함을 입을 때는 하나님께서 그들에게 무엇을 요구하실지라도 그것을 온전히 순종할 수 있다.

문 83. 법을 범한 모든 죄가 다 같이 악한가?

답/ 어떠한 죄는 그 본질과 여러 가지 얽힌 끝이 있으므로 하나님 앞에서 다른 죄보다 더 악함이 있다.

(시 19:13, 요 19:11, 마 11:24, 눅 12:10, 히 10:29)

-죄는 하나님을 슬프게 하고 진노케 하기 때문에 가증스럽다. 이때, 모든 죄는 하나님께 가증스러우나 하나님께 똑같이 가증스러운 것이 아니다. 어떤 죄는 하나님 보시기에 다른 죄보다 더 가증스럽다. 어떤 죄는 여러 가지 다른 죄를 유발시키기에 다른 죄보다 더 악하다. 다른 어떤 죄를 유발시키는 죄는 죄를 짓도록 자극을 주는 요소들은 하나님 앞에서 더욱 가증스럽다.

문 84. 범한 죄마다 마땅히 받을 보응은 무엇인가?

답/ 범한 죄마다 받을 보응은 이 세상과 오는 세상에서 하나님의 진노와 저주다.

(갈 3:10, 마 25:41, 약 2:10)

-모든 죄가 보응을 받게 될 하나님의 진노와 저주는, 하나님께서 죄 지은 자에게 그의 죄 값으로 지불하는 모든 형벌을 의미한다. 그 형벌들은 금생에서 현세적인 심판과 영적인 심판을, 내세에서 지옥의 형벌을 주시는 것이다. 모든 죄는 금생에서와 내세에서 하나님의 진노와 저주를 받는다. 왜냐하면 모든 죄는 무한히 거룩하시고 의로우신 하나님을 거스르는 것이며, 그의 공의는 무한한 만족을 요구하시기 때문이다.

문 85. 우리가 우리 죄를 인하여 하나님께 받을 진노와 저주를 피하게 하려고 하나님이 우리에게 요구하시는 것이 무엇인가?

답/ 우리가 죄를 인하여 하나님께 마땅히 받을 진노와 저주를 피하게 하려고 하나님이 우리에게 요구하시는 것은 예수 그리스도를 믿는 것과 생명에 이르는 회개와 그리스도가 우리에게 구속의 유익을 전하는 여러 가지 나타내는 방법을 힘써 사용하라는 것이다.

(행 20:21, 막 1:15, 요 3:18, 제88문 참조, 벧후 1:10, 히 2:3, 딤전 4:16)

-하나님께서는 죄로 인해 우리가 마땅히 받아야 할 하나님의 진노와 저주를 피하기 위해서 예수님을 믿음으로 받아들일 것, 생명에 이르는 회개를 할 것, 주님께서 구속의 혜택을 우리에게 전달하시는 데 사용하시는 모든 외적 수단을 힘써 사용할 것을 요구하신다. 그것은 우리가 예수님을 믿음으로 주님 안에 있어 그의 전가된 의를 소유하게 되며, 그의 사죄와 구원의 약속을 받게 되기 때문이다.

문 86. 예수 그리스도를 믿는 것은 무엇인가?

답/ 예수 그리스도를 믿는 것은 곧 구원 얻는 은혜인데 이로 말미암아 복음 중에 우리에게 주신대로 구원을 얻기 위하여 우리가 예수를 영접하고 그에게만 의지하는 것이다.

(히 10:39, 요 6:40, 1:12, 빌 3:9, 행 16:31, 계 22:17)

-믿음은 예수님의 완전하신 의를 붙잡게 하고 적용시키는 도구로서 그것으로써만 우리가 구원을 얻게 되는 바 구원시키는 은혜다. 믿음은 하나님의 선물이며 하나님께서는 인간의 영혼 속에 믿음의 은혜를 일으키신다. 이 믿음의 은혜의 대상은 예수님과 그의 의이며 그로 말미암아 은혜 언약 안에서 세워진 약속이다. 예수님을 믿는 믿음의 행위는 그리스도를 받아들이고, 구원을 얻기 위해 그리스도만을 의뢰하는 것이다.

문 87. 생명에 이르는 회개가 무엇인가?

답/ 생명에 이르는 회개는 곧 구원 얻는 은혜인데 이로 말미암아 죄인이 자기 죄를 참으로 알고 또 그리스도 안에서 하나님의 긍휼하심을 깨달아 자기 죄를 원통히 여기고 미워함으로 죄에서 떠나 하나님께로 돌아가서 든든하게 결심하고 마음과 힘을 다하여 새로이 순종하는 것이다.

(행 11:18, 2:37, 욜 2:13, 고후 7:11, 렘 31:18-19, 행 26:18, 시 119:59, 고후 7:10, 롬 6:18)

-회개는 구원을 주는 은혜이며 생명과 구원을 획득함에 있어서 필수 불가결한 수단이기 때문에 생명에 이르는 회개라 불린다. 또한 그것은 죽음을 불러일으키는 세상의 슬픔에서 구별을 시켜준다. 아무도 본성의 능력으로 자신의 죄를 회개할 수 없다. 모든 인간의 심령은 본성적으로는 돌과 같이 무디어 죄를 의식하지 못하고 하나님의 뜻에 굽히지를 못하기 때문이다. 그래서 그 심령 속에 이 은혜를 역사하게 하시는 하나님의 성령의 사역이 있어야 한다.

문 88. 그리스도께서 우리에게 구원의 유익을 전하시려고 나타내시는 보통 방법이 무엇인가?

답/ 그리스도께서 우리에게 구원의 유익을 전하시려고 나타내시는 보통 방법은 그의 규례인데 특별히 하나님의 말씀과 성례와 기도이다. 이것이 모두 그 택하신 자에게 효력이 되어 구원을 얻게 한다.

(마 28:19-20, 행 2:41-42)

-주님의 규례들은 주께서 세우시고 그의 말씀 이외 다른 곳에서 명령하신 바 없는 은혜와 구원의 수단들을 의미한다. 주님의 규례들은 그리스도께서 우리에게 구속의 은혜를 주시는 바 모든 외적이고 일상적인 수단들을 포함하고 있다. 주님께서 세우신 주요한 규례들은 말씀과 성례와 기도로서, 이 규례들은 선택받은 자들에게만 구원 얻기에 유효한 것들이다.

문 89. 하나님의 말씀이 어떻게 효력이 되어 구원을 얻게 하는가?

답/ 하나님의 말씀을 읽는 것과 특히 강설하는 것으로써 하나님의 신이 효력 있는 방법을 삼아 죄인을 반성시켜 회개하게 하시며 또 믿음으로 말미암아 거룩함과 위로를 더하사 구원에 이르게 하신다.

(시 19:7, 119:13, 히 4:12, 살전 1:16, 롬 1:16, 16:25-27, 행 20:32, 느 8:8, 약 1:21, 롬 15:4, 딤후 3:15)

-하나님의 말씀은 죄인들에게 그들이 죄인임을 깨닫게 하고 그들로 죄를 통회하게 한다. 이때, 말씀은 그 자체의 효능이나 능력에 의하여 구원에 이르도록 유효하게 작용하는 것이 아니라, 하나님의 성령의 역사와 말씀의 사역에 의해서이다. 말씀은 믿음으로 말미암아 구원에 이르도록 유효하게 역사한다.

문 90. 하나님의 말씀을 어떻게 읽고 들어야 효력이 되어 구원을 얻는 방도가 되는가?

답/ 하나님의 말씀이 우리로 하여금 구원을 얻게 하는 방도가 되게 하려면 마땅히 부지런함과 예비함과 기도함으로써 생각하며 믿음과 사랑을 우리 마음에 두고 행실에 나타낼 것이다.

(잠 8:34, 눅 8:18, 벧전 2:1-2, 시 119:18, 히 4:2, 살후 2:10, 시 119:11, 18, 눅 8:15, 약 1:25, 신 6:6-7, 롬 1:16)

-구원에 효과적으로 역사하기 위해 말씀을 읽고 듣는 일에는 주의력, 믿음, 사랑의 세 가지가 요구된다. 말씀이 구원에 이르도록 유효한 것이 되기 위해 그것을 읽고 들은 후에, 우리는 우리의 마음과 기억을 이 신령한 보고의 창고로 만듦으로써 말씀을 그 마음의 창고에 간직해야 한다. 또한 말씀을 우리의 삶 가운데 적용시키며 우리가 말씀에서 읽고 들은 것은 무엇이든지 우리의 의무로 삼아 즐거이 순종하고 실행해야 한다.

문 91. 성례가 어떻게 효력이 되어 구원을 얻게 하는 방도가 되는가?

답/ 성례가 어떻게 효력이 되어 구원을 얻게 하는 방도가 되는 것은 성례 자체로 말미암음도 아니요, 베푸는 자의 덕으로 됨이 아니라, 다만 그리스도의 축복함으로 되며 또 믿음으로 성례를 받은 자 속에 성령이 역사하심으로 되는 것이다.

(벧전 3:21, 행 8:13, 23, 고전 3:7, 6:11, 12:13, 롬 2:28-29)

-성례는 구원에 유효한 수단이 된다. 그리스도께서 세우신 성례와 다른 법도들에 대하여 그는 거기 임재하시고 그것들에 축복하셨다. 주님께서는 그의 성례와 법도들에 생명과 덕과 효능을 불어넣으며 그곳에 그리스도께서 축복하시고 임재하셨다는 결과와 증거로써 성령께서 역사하셨다.

문 92. 성례는 무엇인가?

답/ 성례는 그리스도께서 세우신 거룩한 예식인데 그리스도와 그 새 언약의 유익을 깨닫는 표로써 표시하여 인 치신 자들에게 적용하는 것이다.

(마 28:19, 26:26-28, 롬 4:11)

-성례의 고유한 의미는 고대 군대의 맹세에서 비롯되었다. 군대에서 장군은 이것을 두고서 부하를 신실하게 사랑할 의무를 지녔으며 부하는 이것으로써 장군에게 충성을 다해 싸워야 할 의무를 지녔다. 성례라는 의미는 은혜언약에 인을 치는 의식이다. 우리는 이 인을 받음으로써 주님의 것이 되었고 그에게 참으로 신실하게 우리 자신을 바쳐야 할 의무가 있다.

문 93. 신약의 성례는 무엇인가?

답/ 신약의 성례는 세례와 성찬이다.

(마 28:19, 고전 11:23, 행 10:47-48)

-복음시대 교회 안에서 사용된 신약의 성례들은 세례와 성찬이다. 세례는 단 한 번만 받는 것으로 입교시 최초로 행하는 할례를 대신한 것이며, 성찬은 자주 받는 것으로 영양공급을 받기 위해 행하는 유월절 식사를 대체한 것이다. 로마 가톨릭 교회에서는 세례와 성찬에다가 견진, 임직, 결혼, 종부를 덧붙인다. 그러나 미신적인 방법으로 행하는 이것들은 성례로서 시행될 수 없다. 이것들은 성례가 아니라 교황주의자들에 의해 덧붙여진 것이다.

문 94. 세례는 무엇인가?

답/ 세례는 물을 가지고 성부와 성자와 성령의 이름으로 씻는 성례인데 우리가 그리스도에게 접합됨과 언약의 모든 유익에 참여함과 주님의 사람이 되기로 약조함을 표시하여 인치는 것이다.

(마 28:19, 갈 3:27, 롬 6:3-4)

-이 예식에서의 물은 예수님의 피를 상징한다. 세례의 외적 행위는

세례라는 말뜻이 의미하는 바 몸을 물로 씻는 것이다. 그것은 물을 얼굴에 부음으로 주님의 피가 우리에게 뿌려짐을 의미하며, 혹은 물을 얼굴에 뿌림으로 그 피가 뿌려짐을 의미한다. 세례를 받음에 있어 물로 몸을 씻음은 예수님의 피로 영혼을 죄로부터 씻어내는 것을 나타내고 의미한다.

문 95. 세례는 어떠한 사람에게 베푸는가?

답/ 세례는 불신자들이 그리스도를 믿고 고백하며 그에게 복종하는 데까지 이르러야 베풀 것이요, 또 입교한 자의 자녀에게 베푸는 것이다.

(행 2:41, 창 17:7, 10, 갈 3:17-18, 29, 행 2:38-39, 18:8, 고전 7:14)

-세례는 모든 사람들, 또한 가시적 교회 밖에 있는 사람에게 베풀어지는 것이 아니다. 언약 밖에 있는 자들은 언약의 인을 받을 권리가 없다. 복음이 전파될 때, 회개하고 믿어서 그 믿음을 공적으로 표명하고 순종하기로 결단하면 그들은 교회 안에 속한 자들이므로 세례의 의식에 참여할 권리가 있다. 믿는 부모들의 유아들은 가시적 교회 회원들이므로 세례를 받을 수 있고 또 세례를 받아야 한다.

문 96. 주의 성찬이 무엇인가?

답/ 주의 성찬은 곧 성례이니 그리스도의 정하신 대로 떡과 포도주를 주며 받는 것으로 그 죽으심을 나타냄이다. 합당하게 받는 자들은 육체의 정욕으로 참여함이 아니요, 믿음으로써 그의 몸과 피에 참여하여 자기의 신령하게 받은 양육과 은혜 중에서 장성함으로 그의 모든 효력을 받음이다.

(마 26:26-27, 고전 11:26, 10:16, 엡 3:17, 행 3:21)

-성찬은 성례의 일종이며 은혜 언약의 보증이다. 하나님 편에서와 인간 편에서 세례로 인해 맺어졌던 상호간의 의무가 이 안에서 새롭게 되고 확증된다. 이 예식은 예수님께서 그것의 창시자이시다. 그것은

그의 세우신 제도이며 관례이다. 떡과 포도주를 받고 그것들을 먹는 행위는 우리가 아버지께서 주신 바 된 예수님을 받아 성례에서 그를 먹는 것을 뜻한다.

문 97. 주의 성찬에 합당하게 참여하려면 어떻게 하여야 하는가?

답/ 주의 성찬에 합당하게 참여하려면 마땅히 주님의 몸을 분별할 줄 아는 것과 주님으로써 양식을 삼는 믿음과 회개와 사랑과 새로 순종함에 대하여 스스로 살필 것이니 합당하지 않게 참여하면 두렵건대 먹고 마시는 것이 정죄함을 자청함이 될 것이다.

(고전 11:28-29, 요 6:53-56, 슥 12:10, 요일 4:19, 갈 5:6, 롬 6:4, 17-22, 고전 11:27)

-성찬을 합당하게 받으려면 마치 우리 자신의 공로나 가치의 결과로 받아들이는 것처럼 방자하게 받아들이지 않아야 한다. 그 어떤 것도 그리스도와 그의 혜택의 결과임을 인식해야 한다. 또한 성찬으로 나아가기 전에 온전한 준비를 함으로 그리고 주님의 식탁을 대할 때 조심스런 행동으로 받아야 한다.

문 98. 기도는 무엇인가?

답/ 기도는 그리스도의 이름으로 우리의 기원을 하나님께 고하고 그의 뜻에 합당한 것을 간구하여 죄를 자복하며 그의 자시하신 모든 은혜를 감사하는 것이다.

(요 16:23, 시 62:8, 요일 5:14, 단 9:6, 빌 4:6, 시 10:17, 145:19, 요일 1:9)

-하나님께서 받으시는 기도는 그에게 간절한 소망을 갖고 그 앞에 마음을 쏟아 붓는 것이다. 기도는 종교적인 예배의 한 요소이고, 하나님은 종교적인 예배의 유일한 대상이시다. 하나님만이 모든 곳에 편재

하셔서 그의 백성들을 감찰하시고, 그들의 기도를 들으시고, 우리의 기도에 응답하신다. 그는 우리의 소원을 만족시키시고 우리가 필요로 하는 것을 공급해 주신다.

문 99. 하나님께서 우리의 기도를 지시하려고 주신 법칙이 무엇인가?

답/ 하나님의 모든 말씀이 우리의 기도를 지시함에 유용한 것이나 특별히 지시하신 법칙은 그리스도께서 그 제자들에게 가르치신 기도니 주기도문이라 하는 것이다.

(딤후 3:16-17, 요일 5:14, 마 6:9, 시 119:170, 롬 8:26)

-하나님의 모든 말씀은 기도의 일반적인 지침으로 사용된다. 그것은 기도에 대한 여러 가지 문제들을 포함하고 있으며, 기도에 가장 합당하게 사용되어야 할 표현들이 다양하게 나와 있어서 우리에게 기도의 방법을 가르쳐주고 있다. 여기에, 주님께서 그의 제자들에게 가르치신 기도의 형태로 '주님의 기도'는 우리가 드려야 할 특수한 기도의 지침이다. 주님의 기도는 머리말, 간구, 결론으로 되어 있다.

문 100. 주기도문의 첫 말씀은 우리에게 무엇을 교훈하는가?

답/ 주기도문의 첫 말씀은 곧 하늘에 계신 우리 아버지여 한 것이니 이는 자식이 그 능하고 보호하시기를 예비한 아버지에게 가는 것과 같이 우리가 모든 거룩하게 공경하는 뜻과 든든한 마음으로 하나님께 가까이 오는 것을 가르치고 또 우리가 다른 사람으로 더불어 기도하고 다른 사람을 위하여 기도하라 가르친 것이다.

(사 64:9, 눅 11:13, 롬 8:15, 엡 6:18, 행 12:5, 슥 8:21, 딤전 2:1-2)

-하나님은 지상의 아버지가 아니라 하늘에 계신 우리 아버지, 멀리 떨어져 계신 지존자이시기 때문에 거룩한 경외심을 가지고 하나님께 가까이 나아가야 한다. 하나님은 우리를 능히 도우실 수 있고 또 기꺼

이 도우시기 원하신다는 확신을 갖고 그에게 가까이 나아가야 한다. 아울러 하나님은 그의 모든 백성들에게 아버지이시므로 하나님에게 다른 사람들과 함께, 다른 사람들을 위하여 구해야 한다.

문 101. 첫 기도에 우리가 무엇을 구하는가?

답/ 주기도문 첫 기도는 곧 이름을 거룩하게 하옵소서 함인데 하나님께서 자기를 나타내시는 모든 일에 우리와 다른 이로 하여금 능히 그를 영화롭게 하고 또 모든 것을 처리하여 하나님의 영광에 이르게 하옵심을 구하는 것이다.

(시 67:1-3, 살후 3:1, 시 145, 사 64:1-2, 롬 11:36, 계 4:11)

-"이름이 거룩히 여김을 받으시오며"라는 기도는 다음과 같은 간구를 의미한다. 먼저, 하나님께서 세상에서 위대하게 하심으로써 그리고 모든 것들은 그 자신의 이름을 거룩하게 하고 영화롭게 하시도록 구하는 것이다. 그리고 하나님께서 우리에게 능력을 주셔서 그의 이름을 거룩하게 하고 영화롭게 할 수 있도록 구하는 것이다.

문 102. 둘째 기도에 우리가 무엇을 구하는가?

답/ 주기도문의 둘째 기도에 나라이 임하옵소서 함은 사단의 나라가 멸망하고 은혜의 나라가 흥왕하여 우리와 다른 사람으로 하여금 그리로 들어가 항상 있게 하시고 또 영광의 나라가 속히 임하게 하옵심을 구하는 것이다.

(시 68:1, 살후 3:1, 시 51:18, 67:1-3, 롬 10:1, 계 22:20, 벧후 3:11-13, 마 9:37-38, 요 12:31)

-우리가 임하기를 위해 기도해야 할 하나님의 나라는 여기 이 땅 위에 하나님의 은혜의 왕국이 임하는 것이며, 저 세상에서 하나님의 영광의 나라가 이루어지는 영광의 나라다. 하나님의 영광의 왕국이 임하

기를 기도함에 있어서, 주 재림 때 온 세계만방에 확연히 나타날 하나님의 영광의 나라가 속히 이루어지도록 간구해야 한다.

문 103. 주기도문의 셋째 기도에 우리가 무엇을 구하는가?

답/ 주기도문 셋째 기도는 뜻이 하늘에서 이룬 것같이 땅에서도 이루어지이다 함인데 하나님께서 은혜를 베푸시어 우리로 하여금 능히 감심으로 범사에 그의 의지를 알고 순종하며 복종하기를 하늘에서 천사들이 행함과 같이 하게 하옵시기를 구하는 것이다.

(시 119:34-36, 행 21:14, 시 103:20-22, 마 26:39, 빌 1:9-11)

-우리는 하나님의 뜻이 이루어지기를 위해서 간구해야 하는데 그 뜻은, 하나님께서 우리에게 요구하시기를 기뻐하시는 바 하나님의 명령의 뜻과 하나님께서 우리와 함께 그리고 우리에게 행하기를 기뻐하시는 바 하나님의 섭리의 뜻이다. 이때, 하나님의 뜻이 하늘에서 이루어진 것 같이 땅에서도 우리 자신과 다른 사람들에 의해 보편적이며 점진적으로 쉬임없이 부단하게 이루어지도록 기도해야 한다.

문 104. 주기도문의 넷째 기도에 우리가 무엇을 구하는가?

답/ 주기도문의 넷째 기도는 곧 오늘날 우리에게 일용할 양식을 주옵소서 함인데 하나님의 은사로써 이 세상에서 여러 가지 좋은 것 중에 만족한 부분을 받게 하시며 아울러 그의 축복을 누리게 하옵심을 구한 것이다.

(잠 30:8, 8, 10:22, 딤전 6:6-8)

-우리는 구하지 않아도 양식을 얻을 수 있다. 그러나 하나님께서 주시지 않으시면 그것들을 받을 수 없다. 일용할 양식은 매일의 생계를 위해 필요한 모든 외적인 양식을 의미한다. 일용할 양식을 구함에 있어서, 우리는 많은 양을 구하지 말고 하나님이 보시기에 우리에게 필요하고 가장 절실한 것들을 구해야 한다. 우리는 일용할 양식을 구함

에 있어서 그것들과 함께 하나님의 복을 주심도 얻는다.

문 105. 주기도문의 다섯째 기도에 우리가 무엇을 구하는가?

답/ 주기도문의 다섯째 기도는 곧 우리가 우리에게 죄 지은 자를 사하여 준 것같이 우리의 죄를 사하여 주옵소서 함이니 하나님께서 그리스도를 인하여 우리의 모든 죄를 값없이 사하여 주옵소서 함인데 우리가 그의 은혜를 힘입어 능히 진심으로 다른 이의 죄를 사하였은즉 더욱 용감히 간구하는 것이다.

(시 51:1, 2, 7, 롬 3:24-25, 눅 11:4, 마 18:35, 6:14, 15, 막 11:25)

-이 간구에서의 죄는 하나님에 대해 역행하는 죄를 의미한다. 모든 사람은 다 죄인이기 때문에 사죄의 필요성이 있으며 어떠한 죄도 용서받아야 한다. 우리가 그의 은혜를 인하여 다른 사람들의 잘못을 용서해 줄 때, 하나님께로부터 죄의 용서함을 구할 수 있다. 여기에서 우리는 그리스도의 피로써 우리를 구속하신 바 그리스도의 공로를 인하여 사죄를 구한다.

문 106. 주기도문의 여섯째 기도에 우리가 무엇을 구하는가?

답/ 주기도문의 여섯째 기도는 곧 우리를 시험에 들게 하지 마옵시고 다만 악에서 구하옵소서 하는 것이니 이는 하나님이 혹 우리를 시험에 들지 않게 하시거나 시험을 당할 때에 우리를 보호하여 구원하옵소서 하는 기도이다.

(마 26:41, 시 19:13, 고전 10:13, 시 51:10, 12, 요 17:15)

-우리는 하나님께서 우리를 지켜 시험에 빠져 죄를 짓지 않게 해 달라고 해야 한다. 이 간구의 응답으로 하나님께서는 압도적인 시험으로 우리를 공격하는 마귀의 유혹을 피하게 함으로써 우리를 죄에 빠지지 않게 하신다. 그러므로 우리는 마귀나 육체나 세상에 의해 시험을 받

을 때, 그 시험을 거부하고 정복할 수 있는 능력을 달라고, 그리고 하나님의 충만하신 은혜의 능력으로써 죄악에 빠진 데서 구원해 달라고 기도해야 한다.

문 107. 주기도문의 마지막 구절이 우리에게 무엇을 교훈하는가?

답/ 주기도문의 마지막 말씀은 곧 대개 나라와 권세와 영광이 아버지께 영원히 있사옵나이다 아멘 하는 것이니 이는 우리로 하여금 기도할 때에 하나님만 믿고 또 기도할 때에 그를 찬송하여 나라와 권세와 영광이 아버지께 있다 하라고 가르친 것이다. 또 우리가 우리의 원하는 뜻의 증거와 들으실 줄 아는 표로 아멘 하는 것이다.

(단 9:18-19, 대상 29:11-13, 계 22:20-21, 빌 4:6, 고전 14:16)

-하나님은 나라와 영원한 주권, 권세와 영원한 충족 그리고 영원한 영광을 갖고 계시다. 우리는 우리의 요구하는 무엇이든지 하나님께서 원하신다면 능히 주실 수가 있으시며 또한 그가 우리에게 약속하신 것을 주시리라고 확신해야 한다. 그리고 우리는 나라와 권세와 영광을 하나님께 돌리며 그를 찬양하기 위하여 기도해야 한다. 기도에서 "아멘" 이라고 말하는 것은 우리의 소망과 확신을 표명한 것이 '그대로 이루어질 것이다' 를 의미하는 것이다.

22장 _ 개신교 교파해설

1. 감리교회(Methodist Church)

1) 감리교회의 역사적 기원

존 웨슬리(John Wesely)는 1729년에 동생 챨스를 중심으로 소수의 학생들이 학문과 경건의 훈련을 위하여 신성클럽(holy club)을 조직하였다. 그들은 정기적으로 모였는데, 초대교회의 신학을 연구하며 성만찬 예배와 금식기도 등의 경건 훈련에 전념하였다. 또한 이들은 자선사업, 감옥방문, 병자위문 등의 선한 일에 힘쓰는 생활에 전념했다. 이러한 규칙적이고 엄격한 생활을 보고 사람들은 그들을 가리켜 규칙주의자들(Methodists)—지독한 형식주의자들이란 뜻으로서 비아냥거리는 의미—이라고 부르게 되었고, 이것이 감리교회의 명칭이 되었다.

2) 선교사로 파송된 존 웨슬리의 회심

존 웨슬리는 신대륙의 조지아(Georgia) 주에서 선교사역을 하기 위하여 런던을 떠났으나 미국에서의 선교에 실패하고 1737년에 귀국하였다. 그후에 그는 신성클럽 운동을 지도할 수 있었으나 깊은 좌절에 빠진 그에게는 믿음과 구원의 문제가 절박하였다. 그러던 중에 1738년 5월 24일, 올더스게이트(Aldersgate)거리에 있는 교회에서 한 예배 사회자가 루터의 로마서 주석 서문을 읽는 도중에 구원의 뜨거움을 체험하게 되었다. 존 웨슬리는 그 길로 동생을 찾아가 "나는 믿는다"라고 외쳤다. 그는 체험 이후로 국교회와 단절하고 야외집회, 공회당 등 대중 집회에 힘쓰며, 속회를 만들어 기도 및 성경공부를 시키고 또 경제적 도움이 되게 하였다.

3) 서구의 감리교회

1739년에 존 웨슬리는 동조자들과 함께 감리교 신도회(Methodist United Society)를 설립하였다. 1744년에는 연회(Conference)를 조직하여 감리교회가 정식으로 발전하게 되면서 감리교의 원리를 실천하는 새로운 기틀이 세워졌다. 영국에서의 감리교회는 웨슬리가 국교회, 신성클럽, 모라비안의 회원과 지도자로 있으면서 그들의 신앙단체에서 점차 벗어나 독립적인 감리교회 운동으로 발전 되었다.

미국에서의 감리교회는 1766년에 영국의 아일랜드에서 이민 온 사람들로부터 시작되었다. 감리교회 운동이 평신도들에 의하여 미국에서 시작되자 존 웨슬리는 리차드 보드맨(R. Boardman)과 죠셉 필모어(J. Pilmoor)를 미국에 파송하였다. 이들은 미국에 온 최초의 정규 감리교 선교사들로서 필라델피아와 뉴욕 등지에서 열심히 설교하고 활동하였다.

4) 감리교회의 교리

① 보편적 구원

구원은 복음을 듣든지 안 듣든지 모든 사람에게 주어졌다.

② 자유 구원

인간은 구원을 받아들일 수도 거절할 수도 있다.

③ 완전한 구원

완전한 교인은 죄를 짓지 않는다. 또한 규칙적인 생활은 교인의 완전에 이르는 필수적인 방법이다.(그리스도인의 완전 교리)

④ 확실한 구원

구원의 확실성은 성령의 내적인 증거에 있다. 객관적이요 먼저 오는 하나님의 영의 증거와 성령의 직접적 증거의 결과인 인간 자신의 영의 증거로 구성한다.

2. 구세군(The Salvation Army)

1) 구세군의 역사적 기원

윌리엄 부스는 14세에 아버지를 잃고, 가족을 부양하기 위해 전당포에서 일을 했는데, 가난과 고통에 대한 깊은 증오가 마음에 남게 되었다. 그는 15세 때, 감리교의 채플에 참석하기 시작했는데, 하나님의 은혜는 그에게 예수님의 복음으로 영국 도시빈민들을 돕고자 하는 열정을 품도록 하였다. 이는 그의 삶 내내 그를 이끄는 강한 원동력이 되었다.

윌리엄 부스는 감리교 목사가 되어 카디프(Cardiff)에서 성공리에 부흥활동을 하였다. 그는 1864년에 런던에서도 비슷한 일을 시작했던 결과 1878년 군인처럼 복종하는 군대 형태의 조직이 발달하게 되었다. 1880년에는 구세군이라는 이름을 붙였다. 그들은 항상 노방전도와 더불어 실천적 박애에 강력히 관여하여, 그들의 자선사업은 대규모로 발전하게 되었다.

구세군은 전제적인 군대형태에도 불구하고, 많은 점에서 하나의 교회였다. 이따금 독단적이라고 비난받기도 하였지만, 구세군은 장애인과 범죄인을 위해 대규모 자선 사업을 벌여왔다.

2) 구세군의 확장과 핍박

구세군은 모든 영어 사용 국가뿐만 아니라 프랑스, 독일, 스위스, 이탈리아, 스칸디나비아 국가들, 동양 등지로 확장되었다. 구세군이 발전해 감에 따라 여러 가지 이유로 반대하는 부류들이 생겨났다. 그들은 기존의 기독교인들과 구세군으로 인하여 손해 본 사람들로서 술장사, 유흥업자들이었다. 구세군이 들어가면 술꾼이 없어지고 장사가 안 되어 망하는 경우가 빈번하면서 이들의 핍박이 심하게 행해졌던 것이다.

윌리엄 부스에게는 "가라! 영혼에게로, 극악한 자에게로"(막 15:15)라는 주님의 명령을 실천하는 것이 최대의 소원이요 포부였다. 1883년 구세군에 대하여 질문을 받았을 때, 그는 "구세군은 영원까지 전 세계에 전파되어야 할 단체"라고 대답하였다.

3) 구세군의 한국 선교

한국에 구세군이 전파된 것은 1907년 윌리엄 부스의 일본 순회 집회 때 참석했던 조선 유학생의 요청에 따라, 1908년 10월에 정령 허가두 사관(Colonel Hoggard)에 의해 시작되었다. 당시의 시대적 상황에서 나라를 잃은 민중들에게 제복과 군사적 용어를 사용하는 구세군은 상당한 관심을 불러일으키며 급속한 발전을 하게 되었다.

한국에서의 구세군은 비약적인 발전을 거듭하여 초대 한국 사령관인 허가두 정령의 8년간 재임기간 동안 사관 87명, 교인 2,753명, 영문(교회) 78개소를 개척하는 놀라운 모습을 보여주었다. 현재는 사회복지시설을 운영하는 등 선교와 사회사업에 활발한 활동을 보이고 있다.

4) 교리와 조직

구세군은 11개 교리에서 신학적으로 하나님의 본질과 목적에 대해서 연구하는 한편, 윤리면에서는 하나님에 관한 일반적 지식은 반드시 성서적 지식에 의하여 해석되어야 하고 완성되어야 한다고 주장한다. 조직은 군대식 제도를 모방하고 교회를 국제적인 단일조직으로 하여 부스가 초대 대장이 되었다.

구세군은 각 국가에 사령관이 있고 지역사령부에는 지역사령관이 있다. 또한 군국마다 각 지방을 관장하는 지방장관이 있으며, 각 지방에는 소속된 영(營)이 있어 담당 사관이 복음의 선교와 예배, 지역사회 봉사사업을 지도한다. 영문(교회)에는 병사가 있는데, 이들은 구세군을 통하여 구원을 받은 자들로서 영혼의 구원을 위하여 세상의 죄악과 싸울 것을 다짐하고 병사로서 동참하고 있다.

3. 성결교회(Holiness Church)

1) 성결교회의 역사적 기원

존 웨슬리가 강조했던 성결운동을 다시 한 번 일으키고자 하는 강한 움직임이 19세기말 미국에서 일어났다. 그래서 1867년에 미국에서 열린 전국성결연합회는 수많은 성결교파들의 모체가 되었다. 이때 미국에는 신유운동과 전천년설적 재림사상이 넓게 퍼져 있었다.

존 웨슬리의 전통을 따르는 모임은 흔히 "성결"과 "완전주의"를 말하는데, 성결교의 신앙은 여기서 그 유래를 찾을 수 있겠다. 현대 완전주의자의 역사는 부흥회와 관련이 있다. 특히 찰스 피니(Charles Finney)에 의한 부흥운동이다. 피니는 완전한 성화라는 교리를 형성 보급시킨 자 중의 한 사람이다. 그의 운동은 미국의 남북전쟁 후에 종교에 무관심하고 도덕이 땅에 떨어져, 세상 풍조가 교회 안으로 밀려들어 오는 때에 감리교 내에서 일어나 많은 개신교도들의 호응을 얻었으나, 마침내 따로 독립하여 교회를 세우기에 이른 것이다.

2) 성결운동의 두 흐름

성결운동 가운데는 중생과 성결의 전통적인 웨슬리안(Wesleyan)의 복음만을 주장하는 단체와 이것과 더불어 신유와 재림의 복음을 받아들이자는 그룹이 있었다. 전자가 웨슬리안 성결운동의 주류라면, 후자는 급진파 성결그룹이라고 불린다. 전자가 에즈베리와 나사렛 교회라면, 후자는 하나님의 성서학원과 만국성결교회다.

만국성결연맹은 1920년대에 여러 성결그룹들과 연합하여 필그림성결교회가 되었고, 1960년대 말에는 웨슬리안 감리교회와 합하여 웨슬리안 교회가 되었다. 이 단체는 한국의 성결교회에 가장 직접적인 영향을 미쳤다.

3) 한국에서의 성결교회

만국성결연합 소속의 카우만(C. E. Cawman)과 길브론(E. A. Kilbourne) 선교사는 일본에서 동양선교회를 창립하였다. 그들의 목적은 새로운 교파를 만드는 것이 아니라 동양의 모든 나라에 "순복음"을 전하는 데 있었다. 1907년에 조선통신사의 자격으로 일본에 갔던 김상준과 정빈이 이들에게 전도를 받고 기독교 신앙에 입문하면서 동양선교회 산하의 성서학원에서 성경공부를 하게 되었다.

동경성서학원을 졸업한 정빈과 김상준은 카우만, 길보른과 함께 귀국하여 "동양선교회 예수교 복음전도관"을 세웠다. 이것이 "경성복음전도관"이다. 정빈과 김상준은 직접 전도로서 노방전도를 하며, 종로 한복판에서 불을 토하듯 외쳤으며, 이 복음을 듣고 회개하는 역사가 일어났다.

성결교회는 이들의 뜨거운 전도열에 의해 확장되었다. 성결교회는

1961년의 제16회 총회에서 교단이 보수주의를 따르기로 한 예성(예수교 대한성결교회)과 자유주의도 포용하는 기성(기독교 대한성결교회)으로 분립되었다.

4) 성결교회의 교리-사중복음

① 중생

중생은 영으로 나는 일이며 신비에 속한 영적 변화이며 예수 그리스도를 믿을 때 사람의 심령과 인격 전체에 근본적 일대 변혁을 일으키는 것이다(요 3:3).

② 성결

성령의 세례를 가리킨다(행 1:4). 믿음으로 새로 태어난 자도 아직 받을 은혜가 있는데 곧 성결의 은혜이다(히 12:14). 교회를 거룩하게 하며 부흥의 원동력이 되는 복음이다.

③ 신유

신자가 하나님의 보호로 항상 건강 중에 지내는 것과 병들 때에 하나님께 기도함으로 나음을 얻는 것을 가리킨다(마 4:23, 16:17-18).

④ 재림

구약의 중심이 그리스도의 성육탄생이라면, 신약의 중심은 그리스도의 재림이다. 공중 재림과 지상 재림을 믿으며, 재림신앙은 성결 생애의 요소요, 전도 생애의 소망이요, 신앙의 큰 경성이 된다.

4. 장로교회(Presbyterian Church)

1) 장로교회의 역사적 기원

장로교회는 신앙과 신학적으로는 칼빈의 개혁주의 체계를 믿으며,

행정에 있어서는 장로 중심의 민주적 정치제도를 따르는 교회다. 장로교회는 기독교회의 교리 체계를 말하는 명칭이 아니고, 교회행정에서 기원된 명칭이다. 이는 이미 성경에서 나타난 장로들에 의한 정치 형태다.

16세기 초에 종교개혁을 통해 장로회 체제가 나타나게 되었다. 이때 근대적 의미에서 장로교회의 출발을 칼빈(J. Calvin, 1509-1561)과 녹스(J. Knox, 1514-1572)에게서 보게 된다. 칼빈은 사도시대의 교회 체제를 근거로 하여 성경적 장로교회 체제를 갖추기 위해 1542년 교회헌법을 작성하였다. 이 교회헌법은 서구의 모든 장로교회에서 채택되었다. 한국 장로교회에서도 이 교회헌법을 교회의 모범으로 채택하고 있다.

2) 종교개혁과 서구의 장로교회

칼빈의 영향력에 의해 프랑스 개신교도인 위그노(Huguenots)들은 핍박 속에서도 1559년 파리에서 첫 총회(general synod)를 개최할 만큼 강해졌다. 여기에서 칼빈주의적 신조를 채택했으며, 칼빈의 교회론에 근거한 장로교 헌법을 채택했다. 이로써 프랑스 장로교회는 근대적 의미에서 세계 최초의 장로교회라고 할 수 있다.

스코틀랜드에서는 녹스의 종교개혁운동에 의해서 장로교회가 탄생했다. 녹스는 1560년 스코틀랜드 총회를 열었고, 다음 해 1월 "제일 권징서"를 국회에 제출했다. 녹스에 의해 당회(session), 노회(presbyteries), 대회(synods), 총회(General Assembly)가 생기고 발전되었다.

1643년 영국에서는 웨스트민스터 회의를 열었는데, 이 회의에서 결정된 웨스트민스터신앙고백서, 예배의식서, 교회제도, 교리문답서 등이 작성되어 세계 장로교회의 기본적인 신앙문서가 되었다. 미국에서는 1611년에 버지니아 장로교회가 최초로 설립되고, 1706년에 필라델피아에서 연합의 성격을 띤 최초의 장로교회의가 개최되었다.

1863년에는 미국으로 이민한 독일 개혁교회 신자들이 피츠버그에서 대회를 조직했다. 1847-1857년에는 화란에서 이민한 사람들의 미시간 장로교회가 세워졌다. 미국의 장로교회는 남북전쟁으로 인해 남장로교회와 북 장로교회로 분리되었다. 캐나다와 호주, 뉴질랜드, 남아프리카 등지에는 영국계 장로교회가 생겼다.

3) 장로교회의 교리-칼빈주의 5대 교리

① 전적 타락(Total Depravity)

아담의 타락 이후 인간은 죄 가운데 빠져 스스로 구원할 수 없으며, 인간의 전 존재와 성품은 죄로 물들었다.

② 무조건적 선택(Unconditional Election)

하나님은 영원 전에 어떤 자들을 구원으로 선택하셨다. 선택과 예정은 무조건적이다. 인간의 노력이나 응답은 필요 없다.

③ 제한적 속죄(Limited Atonement)

무조건적 선택을 받은 택자들을 위해 그리스도는 죽으셨고, 그리스도가 죽으신 택자들만 구원 받는다.

④ 불가항력적 은혜(Irresistible Grace)

택함을 받아 제한속죄 속에 들어온 그들을 항거할 수 없는 은혜로 이끄신다. 주님이 부르시면 인간은 응답하게 된다.

⑤ 성도의 견인(Perseverence of the saints)

선택된 자들은 아무도 구원을 잃지 않으며 신앙 안에서 견인되며 그들은 영원히 안전하다.

5. 침례교회(Baptist Church)

1) 침례교의 역사적 기원

청교도였던 스미스(J. Smyth)는 1608년에 영국 국교회의 압박을 피하여 게인스버러(Gainsborough) 회중교회 회원들과 함께 네덜란드의 암스테르담으로 망명하였다. 그는 1609년에 자신과 다른 지체들에게 물을 부어서 세례를 시행하였다.

침례교회의 시작에 대한 견해에는 두 가지가 있다. 요한이 요단강에서 회개의 세례를 베풀던 시기를 신약교회인 침례교회의 출발로 보는 견해가 있는가 하면, 중세 가톨릭 교회의 내부 개혁세력인 루터나 칼빈의 개혁교회 운동에 비견해 외부 개혁세력의 중심이었던 재침례교파에서 시작됐다는 설도 있다.

역사적인 근거에 의하면, 종교개혁 시대에 상당한 개혁 세력을 구축하며 역사 속에 등장했던 재침례파에서 그 영적 계승을 볼 수 있다. 교회사에 침례교회란 이름이 정식으로 등장하게 된 것은 1644년쯤 영국 침례교회에서부터다. 물론 유럽대륙 내에서 활동하던 재침례파 중 일원인 네덜란드의 재침례파 성도들이 영국으로 건너와 영향을 준 것은 사실이다.

2) 서구의 침례교회

1612년, 영국 땅에 최초의 영속적인 침례교 회중교회가 설립되었다. 아르미니우스적 견해를 가진 그들은 "일반 침례교"로 알려졌다. 그 후 제이콥(H. Jacob)은 영국 국교회에서 분리되지 않은 채, 제도화된 회중교회적 교회들의 범국가적 체제를 이루려고 노력하였고, 1616년 사우스워크에서 한 교회를 설립하였다. 이것은 최초로 회중교회주의 교회로 존속되었다.

그런데 1630년대에 제이콥의 교회에서 갈라진 일부 그룹은 신자의 세례가 성경적 규범이라고 확신하게 되었다. 이들은 영국에서 제 2의 침례교 노선을 시작하게 되었는데, 이들은 "특수 혹은 칼빈주의적 침례교"라고 불렸다. 그 이유는 피택자에게 국한된 특수 혹은 제한 속죄를 믿었기 때문이다. 1641년 그들은 침례(immersion)를 세례의 정당한 형태로 받아들였고, 그때부터 이것이 영국의 모든 침례교에 퍼져나갔다.

미국의 최초 침례교회는 1639년에 로저 윌리엄스(Roger Williams)가 프로비던스(Providence, Rhode Island)에 세운 교회와 1644년에 잔 클락(John Clarke)이 뉴포트(Newport)에 세운 교회다. 1707년에는 필라델피아 침례교 연합이 조직되었다.

초기 식민지 미국에서 영국과 마찬가지로 침례교회는 박해를 받으며 성장하였다. 양심의 자유와 정교분리의 정신으로 제퍼슨의 초기 미국 헌법의 기초를 이루는데 지대한 영향을 준 침례교회는 미국의 건국과 더불어 박해에서 벗어나 무한성장 할 수 있었다. 현재 미국 남침례회는 단일교파로는 개신교 중 세계에서 제일 큰 교파이며 가장 많은 해외 선교사를 파송한 교단이 되었다.

3) 한국에서의 침례교회

펜윅(Mr. Malcolm C. Fenwick)은 1889년에 캐나다의 독립선교사로 내한하였는데, 1894년에 한국순회선교회를 조직하고 1896년에 원산을 중심으로 침례교 선교사업을 시작하였다. 펜윅은 재정적으로 선교지원을 받지 못하는 독립선교사로 활동하였으나 독자적이며 독창적인 활동을 전개할 수 있었다.

당시에 만주와 간도에까지 선교사업을 확장하였을 정도로 그의 선교에 대한 열정은 남다른 것이었다. 한국에서의 침례교회는 대한기독교침례회연맹총회와 기독교대한침례회연맹총회의 두 그룹이 있었다. 이후에, 동아기독교라는 명칭으로 바뀌었다. 동아기독교는 1949년 제 9회 총회에서 교명을 대한기독교침례회로 변경하였다.

그 후에, 대한기독교침례회는 미국의 남침례회와 손을 잡고 많은 변모를 겪으면서 발전해왔다. 그러면서 내분과 분열을 여러 번 겪게 되었고, 기독교한국침례회로 변경되어 오늘에 이르고 있다.

4) 침례교회의 교리

① 반(反)신조주의

인간이 제정한 어떤 신조에도 매이기를 거절한다.

② 직해(直解)주의와 율법주의

칼빈주의적 침례교회는 신약을 해석함에 여자적(如字的)이며, 신자의 생활이란 율법에 매인 생활이라고 본다.

③ 유아세례의 거부

침수의 세례가 교회의 흥망에 관계되는 중요한 것이다.

④ 인간적인 지도적 지위는 없으며 모든 교제가 완전한 영적 민주주의이다.

⑤ 만인 제사장주의이다.

6. 하나님의 성회(Assemblies of God)

1) 하나님의 성회의 역사적 기원

찰스 파함(Chales F. Parham)은 1900년에 캔사스주 토페카에 벧엘 성서신학교를 세웠는데, 학생들과 함께 사도행전을 공부하면서 성령 세례의 증거가 방언이라는 결론을 얻게 되었다. 그리하여 파함과 학생들은 삼일 동안 밤낮 열심히 기도하던 중, 파함을 포함한 모든 신학생들이 방언을 하게 되었다.

이 체험 이후에, 학생들은 세 개의 교회를 세우며 복음을 전파하였는데, 이것이 하나님의 성회의 효시가 되었다. 파함은 1905년에 휴스톤으로 옮겨가서 "저녁빛 성도" 성결교파의 흑인 전도자였던 세이 무어(William J. Semour)에게 영향을 끼쳤다. 1906년에 세이무어는 아주사(Azusa)거리의 전설적 부흥운동에 불을 붙였다.

벨(E. N. Bell) 목사는 그리스도 안에 있는 하나님의 교회(Church of God in Christ)들과 오순절적 성도의 총회 소집에 대한 광고를 게재하여 1914년 4월 알칸사스주 핫스프링시에서 총회를 개최하였다. 오순절운동은 "순복음" (Full Gosple)으로 알려져 있는데, 이 용어는 파함 목사가 사용한 것으로 전해진다.

1951년에는 평신도 초교파 기구로 설립한 "순복음 실업인선교회"가 세워졌고, 이 모임의 첫 설교자는 오랄 로버츠(Oral Roberts) 목사였다. 해외선교에 관심이 있었던 목사들은 "순복음교회협의회"를 조직하였다.

2) 한국에서의 하나님의 성회

1928년 M. C. 럼시가 오순절적 신앙선교를 목적으로 내한하여 당시 구세군에 근무하던 청년 허홍과 함께 정동에 선교본부를 두면서 한국에서의 하나님의 성회가 시작되었다. 1932년에 일본에서 돌아온 박성산과 배부근이 서빙고에 오순절교회를 설립하고 교세를 확장하였다. 해방 이후에는 일본에서 오순절계 신학을 공부하고 귀국한 곽봉조, 윤성덕, 김성환 등이 각기 고향에 교회를 세웠다.

이들의 오순절운동이 직접적으로 하나님의 성회와 연결된 것은 미국 하나님 성회 선교사 A. B. 체스넛이 내한하여 박성순과 함께 전국을 순회하며 신앙동지를 규합, 1953년 서울에서 교단을 창립하고 명칭을 '기독교 대한 하나님의 성회' 라고 한 때부터다. 같은 해, 교역자 양성을 위한 순복음신학교를 설립하였고, 1960년대에 "순복음" 운동을 하면서 교회 명칭에도 "순복음" 이 들어가게 되었다.

3) 하나님의 성회의 교리

하나님의 성회의 신조는 성경의 무오성과 영감성을 확신하며, 인간의 타락과 이에 대한 그리스도의 속량이 필요함을 믿는다. 특히 성령세례와 방언, 신유 등의 은사를 강조하며 내재하는 성령의 능력으로 거룩한 생활을 할 수 있다고 한다.

하나님의 성회는 예수의 재림을 강조하는 면에 있어서 모든 복음주의 교회의 신조와 동일하다. 신학적으로는 열렬한 근본주의자들인 동시에 아르미니우스주의를 따르며, 교회정치는 장로 정치와 회중 정치를 겸한 것을 채택하고 있다.

23장 _ 한 줄로 보는 세계 교회사

1. 초대교회사

29년, 오순절의 성령강림으로 교회의 탄생, 스데반의 순교

36년, 바울의 회심

39년, 베드로의 이방인을 향한 복음전파

44년, 요한의 형제 야고보 순교, 베드로의 투옥

47년, 바울의 1차 전도여행

49년, 예루살렘에서의 최초의 교회 협의회

50년, 바울의 2차 전도여행

53년, 바울의 3차 전도여행

54년, 네로의 로마 황제 즉위

58년, 바울의 체포

62년, 바울의 로마 도착, 주의 형제 야고보 순교

63년, 바울의 석방

64년, 로마 대화재, 네로의 핍박(첫 번째 핍박)

67년, 베드로와 바울의 순교

70년, 예루살렘의 멸망

81-96년, 도미티안 황제(두 번째 핍박)

150년, 순교자 저스틴이 예수제자훈련학교를 로마에 설립
156년, 폴리갑의 순교
170년, 콥틱(Coptic)어로 쪽복음 번역
180년, 인도에서의 판테누스(Pantaenus) 설교
197년, 터툴리안(Turtullian, 160-222)의 세계선교운동 촉구
203년, 퍼피튜아의 순교
206년, 에뎃사이(Edessa) 아브갈 4세의 회심
220년, 오리겐(Origen, 185-254)의 세계선교운동 촉구
249년, 로마의 고넬료가(Conelius)가 골 종족에게 7인 선교사 파송
287년, 그레고리(Gregory, 240-332)에 의한 알메니안인들의 집단적 개종으로 티리바테스 2세(Tiribater II)의 폭력적 박해가 시작되었으나 마침내 왕도 개종하여 세례를 받고 기독교를 국교로 선포
303년, 디오클레시안 황제 박해시작 — 최후, 최악의 박해
313년, 콘스탄틴 황제의 회심과 로마제국의 기독교 공인
313년, 밀라노 칙령으로 기독교의 합법화
325년, 니케아 회의: 교회융합→제국통합
328년, 프루멘티우스(Frumentius), 이디오피아에 복음전파
340년, 울필라스, 고트족에서 선교시작
360년, 투어스의 마틴(Martin of Tours)이 선교사역 개시
400년, 에집트의 수도사들이 에티오피아어로 성경번역
420년, 아스페벨 족장(Sheikh Aspebet) 치하에서 아라비아의 아랍족속이 기독교로 개종
430년, 반달(Vandal)족의 북아프리카 점령
432년, 패트릭(Patrick)의 아일랜드 회개운동 시작
450년, 왕들의 주도 아래 지역단위로 기독교 개종
496년, 프랑크족(Franks)의 왕 클로비스(Clovis) 개종

498년, 기독교가 중앙아시아 전역에 전파되기 시작, 네스토리안선교사들이 1350년 까지 터키스탄(Turkestan)에서 활약

520년, 시리아인 전도자들에 의해 세일론섬에서, 페르시안 주교 산하의 말라바에서, 간지즈강 유역에서—훈족, 터크족, 위거족 중에서, 그리고 티벳과 수마트라 지에서 수많은 기독교 개종자 속출

523년, 유대인 아랍왕 두누와스의 박해로 아라비아의 나란(Najran)과 힘마(Himyar)지역에서 14,000명의 아랍 성도들 학살

537년, 성소피아 성당 완공

540년, 저스티니안 황제의 명령으로 비잔틴제국 주변의 모든 야만족이 기독교로 개종, 소아시아의 7만 명에게 강제로 세례

549년, 네스토리안 대주교가 중국 만리장성 북방 헤프탈릴 지경의 백인 훈족(White Huns)에게 주교를 파송

563년, 콜룸바(Columba)가 스코틀랜드에 복음전도

570년, 이슬람교의 창시자 마호메트, 메카에서 출생

2. 중세교회사

590년, 교황권 확립(그레고리 1세)

596년, 그레고리 대제가 영국에 어거스틴(Augustine) 주교를 파송

597년, 켄트(Kent)족의 왕 에텔버트(King Ethelbert) 세례

622년, 헤지라(메카→메디나, 이슬람 원년)

626년, 동로마 성상숭배 금지

627년, 노텀부리아(Norbhumbria)족의 왕 에드윈(King Edwin) 세례

631년, 동 앵글(East Angles)족의 개종

635년, 네스토리아 선교회(Nestorian Mission) 중국 도착

637년, 롬바르드(Lombards)족의 개종

638년, 이슬람의 예루살렘 점령

640년, 북아프리카 650만 베르베르(Berbers)족의 80%가 기독교로 개종, 그러나 950년까지 전부 이슬람으로 다시 개종

685년, 윌프리드(Wifrid) 영국의 기독교 개종을 완성

716년, 보니페이스(Boniface)의 장기선교역사 시작

723년, 도르(Thor)의 참나무가 쓰러짐

732년, 마르텔 장군 뚜르 쁘와디아 전쟁에서 승리(이슬람군 격파)

780년, 촬레마그네(Charlemagne)가 색슨(Saxon)족에게 강제로 세례, 세례거부자는 하루에 4천 5백 명을 처형, 수천 명을 유형지로 추방

826년, 덴마크(Denmark)의 왕 하랄드(King Harald) 세례

827년, 안스갈(Ansgar)의 덴마크 복음화운동 전개

831년, 안스갈(Ansgar)의 스웨덴 복음화운동 시작

862년, 시릴(Cyril)과 메토디우스(Methodius)가 모라비아에 파송

864년, 불가리아(Bulgaria)의 왕자 보리스(Boris) 개종

900년, 마그야르스(Magyars, 현재의 헝가리)에 복음전파

949년,이슬람 세력이 모리타니아(Mauritania)의 유목민 베르베르족을 포함한 기독교 세계의 50%를 점령

954년, 러시아(Russia)의 공주 올가(Princess Olga) 세례

962년, 신성로마제국 탄생(오토 10세)

987년, 러시아의 왕자 블라디미르(Prince Vladimir) 세례

1000년, 라이프(Lief the Lucky)의 그린랜드(Greenland) 복음선교

1009년, 네스토리안 선교사들이 북몽고의 수도 카라코룸(Karakorum)에서 터키족인 20만 명의 케라이트족을 개종, 나미안족과 메르키트족에게 세례

1054년, 동방교회와 서방교회의 완전분열

1077년, 카놋사의 굴욕(헨리4세 vs 그레고리7세)

1122년, 보름스협약 (성직임명권 협약)

1124년, 키프차크 터키족의 쿠만인(Cumans) 몇 명이 헝가리의 스테판 2세(Stephen II)를 통해 기독교에 접촉하여 복음을 영접

1150년, 중앙아시아 옹구트족(Onguts)의 개종

1200년, 웬드족, 프러시안족, 리츄아니안족과 기타 발틱해안의 종족들을 제외한 유럽 전반에 걸쳐 기독교화

1219년, 프랜시스코 수도사들의 북아프리카 파송전도

1250년, 중앙아시아 위커족, 케라이트족, 몽골족 그리고 모든 주요 종족들이 부분적으로 기독교화

1291년, 십자군 악코에서 철수(십자군전쟁 종료)

1295년, 몬테코르비노의 요한(John)이 중국 북경에 도착

1303년, 아나그니 굴욕(교황 보니페이스 vs 프랑스 필립왕)

1309년, 바빌론의 유수(~70년간)

1347년, 유럽, 페스트로 인구 1/3 감소(~1351)

1365년, 페름(Perm)의 주교 스테반(Steaphan, 1335-1396)이 러시아의 콤미-페름(Komi-Perm)종족을 복음화

1368년, 중국 명조(Ming Dynasty)에 의해 기독교 폐지

1450년, 트리포(Trifo)와 테오도릿(Theodorit)이 콜라라프족을 복음화

1453년, 이슬람에 의해서 동로마 멸망

1493년, 가톨릭 선교사들의 신세계 도착

1498년, 바스코 다 가마(Vasoc da Gama)와 가톨릭 선교사들의 인도 선교

1500년, 새로 조직된 개신교 교회들이 거의 150-200년 동안 복음을 받지 못한 종족들에게 접촉하기 이해 노력을 경주

1503년, 황금해안(Gold Coast)의 추장 에후투(Efutu)와 1300명 원주민의 세례

3. 종교개혁사

1517년, 마틴 루터(Martin Luther)의 95개 조항의 선포

1529년, 루이스 볼라노스가 아르헨티나의 투구만 2만 명을 개종시켰는데 현재도 OFM이 이들을 위해 사역

1530년, 마틴 루터를 포함한 많은 종교개혁자들이 그리스도의 지상명령은 1세기의 사도들에게 주어졌을 뿐이요 사도들의 죽음과 함께 끊어졌다고 가르치다.

1534년, 칼티엘(Cartier)이 선교사들과 함께 캐나다에 도착

1536년, 포르투갈인(Portuguese)들이 코로만달(Cormandal)해안의 힘센 어부 바라타(Bharatha)족 1만 명에게 세례

1540년, 예수회(Society of Jesus) 선교활동 개시

1542년, 프란시스 자비엘(Francis Xavier)의 선교활동 개시

1544년, 프란시스 자비엘이 트라반코(Travancore)에서 선교활동 시작. 1개월만에 1만명의 무쿠바족(Mukuvas)을 세례

1555년, 칼빈(Calvin)이 위그노교도(Huguenots)를 브라질에 파송

1556년, 세일론(Ceylon) 콜롬보(Colombo)부근 카레아스(Careas) 해안의 어부 7만명을 천주교로 개종, 1583년까지 마나르(Marar)섬에서 파라바족(Paravas)과 카레아족 등 지주조개 잡이 어부들 가운데 4만 3천명의 기독교인

1564년, 어거스틴교단(Augustineians)의 필리핀 도착

1580년, 페루의 제수잇(Jesuit)교파 신학자 호세 드 아코스타(Jose-de Acosta, 1539-1600)가 미개인 복음전파에 대한 기록을 통해 아메르 인디안(Amerindian)종족 전도의 문제점을 제시

1583년, 마테오 릿치의 중국 도착

1588년, 영국국교회의 하드리안 사라비아(Hadrina Saravia)가 최초로

개신교 세계선교 운동의 중요성을 역설

1593년, 프란시스코 교단(Franciscans) 일본 도착

1602년, 네덜란드 정부가 동인도제도의 말레이족(Malays)을 개종하기 위한 선교사 파송

1606년, 로버트 드 노빌리(Robert de Nobili)의 마두라(Madura) 도착

1614년, 일본에 반기독교 교서 공포

1622년, 교황 그레고리 15세(Gregory XV)가 '신앙전파를 위한 신성회중' 설립

1629년, 마태복음을 말레이어(Malay)로 번역, 성경이 비서구어로 번역된 최초의 사건

1649년, 뉴잉글랜드 복음전도회(Society for the Propagation of the Gospel in New England)가 설립되어, 아멜인디언(Amer-indian) 선교를 위해 존 엘리옷(John Eliot)을 최초의 선교사로 파송

1650년, 러시아 정교회가 버링 스트레잇종족(Bering Strait) 선교를 위해 시베리아(Siberia)를 횡단

1663년, 져스티니안 폰 벨츠(Justinian Van Weltz, 1621-1668)가 독일교회와 학생들의 세계선교에대한 각성을 촉구

1668년, 스페인의 괌(Guam)에 군사기지와 가톨릭 선교회를 설립

1670년, 다카(Dacca)에서 2만 명의 나마수들아 벵가릴(Na masudra Bengalis)들이 힌두교에서 가톨릭으로 개종

1673년, 러시아에서 칼믹(Kalmyks)족 최초로 동방정교회로 개종

1698년, 기독교 증진회 창설

1701년, 러시아이 중부 볼가(Middle Volga) 지방에서 1705년까지 3,638명의 야만인 케레미스(Cheremis)인들에게 세례

1701년, 복음전파회 해외부서 창설

1702년, 토볼스크의 주교 휠로훼이(Filofey)가 1721년까지 160개 교회로 성장시키고, 4만 명의 오스트족, 보컬족, 시리안족, 야쿠족에게 세례

1705년, 화란-할레 선교회(Danish-Halle Mission) 창설

1710년, 칼 폰 칸스테안(Karl Von Canstein) 백작이 동독의 할레(Halle)에 최초로 칸스테인 하우스(Canstein House) 인쇄소를 설립하여 80년 동안 300만 권의 성서를 출판

1722년, 진젠돌프(Zinzendorf)가 독일에 헤른후트(Herrnhut) 설립

1732년, 모라비안 교도(Moravians)의 첫 선교사 파송

1736년, 모라비안 선교사들의 알창겔스크 사모에드 족(Samoyeds of Archangsk)을 위한 선교사역

1740년, 러시아 스비자스크(Svijazks)에 새 세례자를 위한 기관을 설립하여 1741년부터 1762년 까지 43만 550명의 볼가(Volga) 야만인들을 세례

1743년, 요셉 초툰세비스키(Josef Chotunceviski)를 중심으로 캄차카(Kamchatcha)를 위한 복음화 운동개시

1747년, 조나단 에드워드(Jonathan Edwards)의 〈세계 복음화 기도운동〉 제창

1751년, 오스트야크(Ostyaks)가 오브도르스크(Obdorsk) 지역의 북극연안까지 복음을 전파

1759년, 제수잇파(Jesuits)가 브라질에서추방

1773년, 예수회(Society ofJesus) 탄압

1784년, 이승훈이 중국에서 천주교를 조선에 전래

1787년, 모라비안교파의 이교도를 위한 복음전도회 창설

1792년, 러시아 정교의 수도사 출신 8명의 선교사들이 알라스카의 코디아크(Kodiak)섬에 도착하여 2,500명의 에스키모 정령숭배

자들을 세례. 1795년까지 1만 명에게 세례

1792년, 침례교선교사협회 윌리암 캐리(William Carey)에 의해 창설

1793년, 윌리엄 캐리가 최초로 「세계 기독교선교현황」을 조사

1795년, 런던 선교사협회(London Missionary Society) 창설

1796년, 스코틀랜드 선교사협회(Scottish Missionary Society) 창설

1796년, 글라스고우 선교사협회(Glasgow Missionary Society) 창설

1797년, 네덜란드 선교사협회(Netherlands Missionary Society) 창설

1799년, 교회 선교사협회(Church Missionary Society) 창설

1799년, 학생운동(Student Movement) 폭발

1799년, 전도지 선교회(Religious Tract Society) 창설

3. 근세교회사

1802년, 개척지 복음전파를 위해 메사추세스 침례교 선교회 창립

1804년, 영국과 해외 성서공회(British and Foreign Bible Socieyt) 창설

1806년, 해이스택 기도회(Haystack Prayer Meeting)로 말미암아 학생 선교운동 개시

1807년, 로버트 모리선(Robert Morrison) 중국 도착

1810년, 미국 해외선교 위원회 창설

1812년, 최초로 미국 선교사들이 인도를 향해 항해

1814년, 예수회(Society for Jesus) 복귀

1815년, 바셀 선교사협회(Basel Missionary Socieyt) 창설

1816년, 미국 성서 공회(American Bible Socieyt) 창설

1817년, 로버트 모팻(Robert Moffat)의 아프리카 도착

1819년, 런던 사무원협회(London Secretarise' Association) 창설

1822년, 파리 복음선교회 창설

1825년, 미국 전도 소책자 선교회(American Tract Society) 창설
1826년, 볼가(Volga)지역에서 러시아 정교회로부터 집단적 이탈
1828년, 라인 선교사협회(Rhenish Missionary Society, RMS)가 창설되어 보르네(Borneo)의 대야크족(Dayaks)을 위한 선교를 시작.
1840년, 영국의 리빙스톤(David Livingstone) 아프리카에 도착
1842년, 남경조약(Treaty of Nanking)으로 중국 개방
1846년, 복음주의 동맹(Evangelical Alliance) 영국 런던에서 창설
1847년, 동방정교의 시베리아 아나드이르(Anadyr) 지방의 코리아크(Korik)와 척치(Chukch)인들을 위한 선교사역
1849년, 모라비안 교파가 니카라과의 미스키토를 위한 선교사역
1852년, 성서와 의료선교사협회 창설
1854년, 런던 선교대회(London Missionary Conference)
1858년, 뉴욕 선교대회(New York Missionary Conference) 개최
1858년, 대각성운동과 홀턴스트릿 기도회 미국에서 시작
1859년, 개신교 선교사들의 일본 도착
1860년, 리버풀 선교대회(Liverpool Missionary Society) 창설
1861년, 스코틀랜드 국립 성서공회 창설
1862년, 동방정교 선교회가 시베리아 아무르(Amur) 강 주변의 골드(Gold)와 길야크(Gilyak)족을 위한 선교사역
1865년, 중국 내지선교회 허드슨 테일러에 의해 창설
1867년, 성서 유니온(Scripture Union) 창설
1870년, 남인도의 집중적 선교운동으로 1백만의 텔루구(Tellugu)반민들이 30년간 침례교, 루터교, 감리교로 개종
1875년, 프린스톤 해외선교협회 의해서 프린스톤에 부흥 운동
1878년, 세계선교사 회보(Missionary Review of World) 출간
1880년, 뉴저지 32개신학교 250명 신학생들에 의해 신학교 선교동맹

결성

1881년, 기독교 열성 청년회 결성

1884년, 미국의 의료선교사 알렌(Horace N. Allen) 한국 도착

1885년, 장로교 선교사 언더우드(Underwood)와 감리교 선교사 아펜셀러(Appenzeller) 한국 도착

1885년, 캠브리지 7인 선교사들이 중국내지선교회를 통해 중국 파송

1886년, 대학생 자원 해외선교운동 결성

1887년, 기독교 선교연맹(Christiam and Missionary Alliance) 결성

1888년, 성서 기증 선교회(Scripture Gift Mission) 창설

1892년, 북미주 해외선교대회 개최

1898년, 런던 에큐메니칼 선교대회 개최

1900년, 뉴욕 에큐메니칼 선교대회 개최

1900년, 의화단사건(Boxer Rebellion)으로 중국선교 혼란

1903년, 독일 프란시스코 교도들을 통해 브라질 문두루쿠 인디안(Munduruccu Indians) 복음화

1905년, 인도 전국선교사 협회 결성

1906년, 평신도 선교운동 개시

1910년, 에딘버러 세계선교대회 개최

1912년, 국제 선교회보(International Review of Missions) 발간

1912년, 영국 선교사회 대회 결성

1913년, 영국의 스터드(C.T. Studd 1862-1931)가 전세계복음화 십자군(World-Wide Evangelization Crusade) 창설

1916년, 영국 정치가 출신 선교사 그러브(K.G. Grubb, 1900-1980)에 의해 세계 정복 운동(World Dominion Movement)이 결성되어 세계선교지 종족 언어에 대한 구체적 조사

1917년, 초교파 해외 선교협회 결정

1920년, 필리핀에서 가톨릭 교황 파이우스 10세(Pius X)의 교리문답서를 20만 명의 모슬렘을 위해 졸로-모로(Jolo-Moro)어로 번역

1921년, 국제선교협회(International Mission Council) 결성

1921년, 노르웨이 선교협회(Norweigian Mission Council) 결성

1922년, 카메룬 타우센드(Wm. Cameron Towsen)와 도날드 맥가브란(Donald A. McGavran)이 SVM에 동참

1926년, 보르네오 비복음화 종족선교회 미국에서 창설

1926년, 제수잇파(Jesuits) 선교사들이 브라질의 일본인들을 위해 사역, 1978년까지 1백만 명의 일본인 중 63만 명이 천주교로 개종

1927년, 근동 기독교 협의회 (Near East Chirstian Council) 결성

1928년, 국제선교사 협의회 예루살렘 대회 개최

1929년, CIM대표 호스테(D.E. Hoste, 1861-1946)가 유럽과 미국에서 중국을 위한 200명의 선교사 모집 공고

1930년, 일본에서 전도자 도요히코 카가와를 중심으로 '하나님의 왕국운동' 을 시작, 1백만 명 이상에게 복음을 전파

1931년, 비복음화지역 선교회 영국 런던에서 창설

1935년, 위클리프 성경번역 선교회(Wycliffe Bible Translator) 창설

1936년, 대학생 해외선교협회 결성

1936년, WEC선교사 브리에르레이(L.G. Brierley)가 처음으로 비복음화 종족(Hidden People) 연구 조사

1938년, 영국교회 협의회(British Council of Churches) 형성

1941년, 제2차세계대전시 1천 1백만 미국인들의 선교의식 각성

1942년, IMC 마드리스 대회 개최

1945년, 복음주의 해외선교 협의회 결성

1946년, ICVF/SFMF 대학생 선교대회 토론토에서 개최

1946년, 교회 세계 봉사회(Church World Service) 창설

1947년, 루터교 세계연맹(Lutheran World Ferderation) 조직

1947년, 복음주의 대학생 국제협의회 결성

1948년, 세계선교협의회(World Council of Churches) 결성

1950년, 아프리카 대륙에 4천 4백만 기독교인 달성, 500종족들 가운데 년당 180만 명이 증가하고 아프리카 토착교회(AICs)는 1천 700개의 교단으로 성장

1951년, 세계 복음주의 협의회(World Evangelical Fellowship) 결성

1951년, 대학생 선교회(Campus Crusade for Christ) 창설

1951년, 개신교 선교사들의 중국 철퇴 개시

1952년, IMC 윌링겐대회(Willingen Conference of IMC) 개최

1955년, 미국인 선교학자 맥가브란(D.A. McGavarn)이 The Bridges of God를 발행. 종족단위 복음화 개념을 천명

1956년, 에쿠아도르의 아우카 인디안(Auca Indians)에게 5명의 개신교 선교사들이 정글에서 살해 당함

1957년, 신학교육 기금(Theological Education Fund) 설치

1958년, IMC 가나대회(Ghana Conference of IMC) 개최

1958년, 영국에서 복음주의 선교사 동맹 결성

1959년, 아시아 기독교대회 발족대회 개최

1960년, 연장신학교육(Theological Education by Extension) 실시

1960년, 니카라과의 심층전도(Evangelism-in-depth) 실시

1961년, IMC와 WCC의 병합

1961년, 한국에서 UBF 선교회 발족

1963년, DWME의 멕시코 집회

1965년, 카메룬의 야운데(Yaounde)에서 '현대 서부 아프리카 복음화에 대한 DWME회의' 에서 132 아프리카 종족복음화 단계 연구

1965년, 훌러 세계 선교대학(Fuller School of World Mission) 설립
1966년, 아프리카와 마다가스카르 복음주의자협회 창설
1966년, 미얀마에서 선교사 축출
1966년, 홍위병들이 중국교회 파괴
1966년, 태평양 교회 대회(Pacific Conference of Churches) 결성
1966년, 베를린 전도대회(Berlin congress on Evangelism) 개최
1967년, '종족복음화를 위한 신성회중' 이 9천 900여개 언어 종족과 1만 5천 종족그룹을 위한 사역
1968년, 한국 국제선교 협력기구(Korea International Mission) 창설
1969년, 아프리카 토착 교회가 300개의 다른 종족으로 집합된 1,700만 명과 1970 복음화를 위한 필리핀 전국 총회 결성
1970년, 중국 전도대회 대만에서 개최
1970년, 연합성서공회가 세계인구에 97%를 위한 구약 249개 언어, 신학 578언어, 쪽복음 1,431언어로 출판, 년 성경반포수는 1966년에 8천만 권, 1970년에 1억 7천 300만 권, 1985년에 5억 4천 900만 권
1971년, 일본 해외 선교협회 결성
1972년, 미국 선교학회(American Society Missiology) 창설
1972년, 복음과 개척지 종족을 위한 협의회 시카고에서 개최
1973년, 전 아시아 학생선교대회 필리핀에서 개최
1973년, 전 아시아 선교협의회 서울에서 창설
1973년, 교회선교위원회 협의회 창설
1973년, 아시아 선교회(Asia Mission Association) 창설
1973년, 얼바나 전도(Urbana Reversal)-1970년에 8%, 1976년에 28%의 학생들이 헌신서약 종족 복음화 선교전략 대확장
1974년, 세계 복음화 국제대회 로잔에서 개최

1974년, 일본 전도대회(Japan Congress on Evangelism) 개최
1974년, CCC 한국 대회(Explo '74) 개최
1975년, 케냐 비복음화 종족 대회 나이로비에서 개최
1975년, 동서선교 정보수집과 전략개발센터 서울에 설립
1975년, 아시아 선교협회(Asia Mission Association) 설립
1976년, 세계 복음화 중국대회 홍콩에서 개최
1976년, 미국 해외선교센터 창설
1976년, 얼바나 선교대회(Urbana '76)에서 50% 학생 헌신
1976년, 이슬람 세계대회에서 기독교 선교사들의 철수 결정
1976년, 선교사들이 성경이 없는 5천 2백억 언어 그룹 중 300 언어로 성서번역, 500언어로 성경 개편과 새로 번역
1977년, 전인도 선교 및 복음화 대회 개최
1978년, 모슬람권 복음화를 위한 북미대회
1979년, 중국교회 재 개방
1979년, 세계복음협회 주최의 비복음화 종족대회 독일에서 개최
1980년, 제자화를 위한 필리핀 전국대회 개최
1980년, 개척지선교세계협의회 개최
1981년, 얼바나(Urbana)대회에서 90% 학생들 헌신
1981년, 숨겨져 있는 종족을 주제로 독일복음선교협회회의 개최
1982년, 아시아 선교협의회 대회 서울에서 개최
1983년, 암스테르담에서 83만 5천 명 순회 전도자들의 전도 연구
1983년, 세계복음주의협회에서 위튼 83(Wheaton '83) 개최
1984년, 중국민족 세계복음화대회 호놀룰루에서 개최
1984년, 세계복음화 기도동맹(WEPA)결정
1985년, 남아프리카에서 최초로 국내단위 선교대회 개최
1985년, CCC 엑스폴로 '85(Explo '85) 개최

1985년, 맥가브런이 선교학자 회의를 열어 2천년 세계선교의 대전진 (Gaint Step)에 대한 연구

1985년, 소수민족 복음화를 위한 미국내 대회 휴스턴에서 개최

1986년, 인도 선교협회가 인도의 숨은 종족 연구를 대규모로 개시

1986년, 목사와 전도자들에게 도전을 준 암스텔담 '86 개최

1986년, 개척지 선교학협회 콜로라도 스프링스에서 창설

1986년, 아시아 선교협회 국제대회 미국에서 개최

1987년, 콤미밤 '87, 최초의 남아프리카 선교대회 개최

1987년, 제3세계 선교협회 최초의 국제대회 개최

1988년, 개척지선교를 위한 국제학생협의회 결성

1988년, 리더십 '88-기독교 젊은 지도자를 위한 로잔대회' 개최

1988년, 제1회 개척지선교를 위한 신학생 국제대회 개최

1988년, 제1차 한인세계선교대회 시카고에서 개최

1989년, 2000년대 세계복음화 전략회의 싱가폴에서 개최

1989년, 로잔 마닐라 세계복음화 국제대회 마닐라에서 개최

1995년, GCOWE '95 제2차 세계복음화 전략회의 한국에서 개최

1996년, 제3차 한인세계선교대회(KWM' 96) 선교사 384명, 2,300명이 모여 시카고 윗튼칼리지에서 개최

1997년, GCOWE '97 남아공에서 아프리카 지도자들로 미전도종족에 초점을 맞추게 하도록 결정

1999년, 10월 일본 교토에서 제3세계선교협의회(TWMA) 창립 10주년 기념 선교대회 개최

2000년, 제4차 한인세계선교대회(KWMC 2000) 윗튼대학에서 개최

2000년, 2000년 세계선교대회 서울에서 개최

2000년, 메시야 2000 예루살렘선교대회(12.27-2001.1.2) 개최

06
부 록

1. 장로고시 성경 예상문제
2. 장로고시 헌법 예상문제

01. 장로고시 성경 예상문제

*성경 서론

01문/ 하나님을 알 수 있도록 우리에게 주신 두 가지 정신은 무엇입니까?(엡 1:17).
답/ 지혜와 계시의 정신

02문/ 성경은 누구의 감동으로 된 것입니까?
답/ 하나님

03문/ 약 몇 명의 저자들에 의하여 성경이 쓰여 졌습니까?
답/ 약 40 여 명

04문/ 성경은 몇 년 동안에 쓰여 졌습니까?
답/ 약 1600 여 년

05문/ 구약은 몇 권이며 신약은 몇 권입니까?
답/ 구약-39권, 신약 27권

06문/ 신구약 전체는 몇 장 몇 절로 나누어졌습니까?

답/ 1,189장, 31039절

07문/ 구약성경을 4부분으로 분류해 보십시오.

답/ 모세오경(율법), 역사, 시가, 선지서(대예언서, 소예언서)

08문/ 신약성경을 4부분으로 분류해 보십시오.

답/ 복음서, 역사서, 서신서, 예언서(묵시록)

09문/ 복음서에서 마태, 마가, 누가복음을 무슨 복음서라 합니까?

답/ 공관복음서

10문/ 로마서를 비롯해서 이신득의의 교리를 확립한 이는 누구입니까?

답/ 바울

11문/ 하나님의 말씀을 가리켜 '내 발에 등' 이라 표현한 말씀은 성경의 어디에 있습니까?

답/ 시편

12문 하나님의 말씀을 가리켜 '순전하고 신령한 젖' 이라 표현한 이는 누구입니까?

답/ 베드로

13문/ 성경은 그리스도 예수 안에 있는 믿음으로 말미암아 우리에게 무엇을 줍니까? (딤후 3:15)

답/ 구원에 이르는 지혜

14문/ 마귀를 대적하는 성령의 검은 무엇입니까?
답/ 하나님의 말씀

1. 창세기

01문/ 하나님께서는 무엇으로 천지를 창조하셨습니까? (창 1:1)
답/ 말씀

02문/ 하나님께서 사람을 어떻게 창조하셨습니까?
답/ 하나님의 형상에 따라 남자와 여자를 지으셨다.

03문/ 창조를 마치신 후, 일곱째 날에 하나님은 어떻게 하셨습니까?
답/ 안식하셨다.

04문/ 하나님께서 아담과 하와에게 금지하신 계명은 무엇입니까?
답/ 선악을 알게 하는 나무의 실과를 먹지 말라.

05문/ 하나님은 아담과 하와를 위하여 무엇으로 옷을 만들어 입혀주셨습니까?
답/ 가죽

06문/ 범죄한 후에 아담은 하나님의 질문에 어떻게 대답했습니까?
답/ 하와에게 책임을 전가하다.

07문/ 성경에 기록된 아담의 두 아들의 이름은 무엇입니까?

답/ 가인, 아벨

08문/ 가인과 아벨이 하나님께 드린 제물은 각각 무엇이었습니까?
답/ 가인—땅의 소산, 아벨—양의 첫 새끼와 기름

09문/ 하나님께서는 아벨의 제물을 받기 전에 무엇을 먼저 받으셨습니까?
답/ 아벨

10문/ 하나님께서 아벨 대신에 아담에게 주신 아들은 누구였습니까?
답/ 셋

11문/ 하나님과 동행하다가 승천한 사람은 누구였습니까?
답/ 에녹

12문/ "의인이요 당세에 완전한 자라 그가 하나님과 동행하였으며"라는 기록은 누구를 가리키는 것입니까?
답/ 노아

13문/ 노아와 그의 가족이 물의 심판에서 구원을 받은 방주는 오늘날 무엇을 상징합니까?
답/ 교회

14문/ 노아가 방주에서 나와 제일 먼저 한 일은 무엇입니까?
답/ 여호와를 위하여 단을 쌓았다.

15문/ 번제를 드린 노아에게 하나님은 어떤 약속을 하셨습니까?

답/ 다시는 사람으로 인해서 땅을 저주하지 않으심

16문/ 인간이 바벨탑을 쌓은 것은 무엇 때문이었습니까?
답/ 교만함

17문/ 아브라함에게 본토, 친척, 아비의 집을 떠나도록 하신 분은 누구였습니까?
답/ 하나님

18문/ 아브라함이 고향을 떠날 때, 누가 동행하였습니까?
답/ 롯

19문/ 하나님께서는 아브라함의 자손의 수효에 대하여 어떤 약속을 하셨습니까?
답/ 하늘의 별과 같이 많게 하심

20문/ 아브라함이 의인 열 사람만 있어도 용서해 달라고 한 성의 이름은 무엇입니까?
답/ 소돔성

21문/ 아브라함은 누구에게 사라를 가리켜 자신의 누이라고 했습니까?
답/ 아비멜렉

22문/ 이삭은 브엘세바에서 여호와의 축복을 받았고 그 곳에 단을 쌓고 어떻게 하였습니까?
답/ 여호와의 이름을 불렀다.

23문/ "내가 외삼촌의 작은 딸 라헬을 위하여 외삼촌에게 (   )년을 봉사하리이다." 에서 알맞은 말은 무엇입니까?
답/ 7

24문/ 에서는 어느 족속의 조상이 되었습니까?
답/ 에돔 족속

25문/ 요셉은 감옥에서 누구의 꿈을 해몽하여 주었습니까?
답/ 애굽 왕의 술 맡은 자, 떡을 굽는 자

26문/ 바로는 요셉에게 무슨 직책을 맡겼습니까?
답/ 애굽의 총리

27문/ 야곱의 열 아들이 애굽에 간 이유는 무엇이었습니까?
답/ 가나안에 흉년이 들어 곡식을 구하려고

28문/ 요셉은 형제들에게 자신의 정체를 밝히고 가족들을 어디로 초청했습니까?
답/ 애굽

29문/ 애굽으로 내려간 야곱의 식구는 몇 명이며, 애굽의 어느 땅에서 살았습니까?
답/ 70 명, 고센

30문/ 요셉은 두려워하는 형들에게 어떤 말로 안심을 시켰습니까?
답/ "당신들은 두려워 마소서 내가 당신들과 당신들의 자녀를 기르리이다."

2. 출애굽기

01문/ 요셉을 모르는 애굽의 새 왕은 이스라엘 백성들을 어떻게 통치하였습니까?
답/ 이스라엘 민족의 창성함을 두려워하여 억압하고 괴롭혔다.

02문/ 모세의 이름을 지어준 자는 누구이며, 그 뜻은 무엇입니까?
답/ 바로의 딸, 물에서 건져냄

03문/ 모세가 미디안으로 도망을 간 이유는 무엇입니까?
답/ 히브리 사람 곧 자기 형제들을 애굽 사람이 치는 것을 보고 그를 쳐 죽여 모래에 감추었기 때문에

04문/ 모세가 하나님의 부르심을 받은 곳은 어디였습니까?
답/ 호렙산

05문/ 모세를 불러 애굽에 보내신 하나님께서는 자신을 가리켜 어떤 분이라 하셨습니까?
답/ 스스로 있는 자

06문/ 애굽에 내려진 열 가지 재앙은 순서대로 무엇이었습니까?
답/ 피, 개구리, 이, 파리, 악질, 독종, 우박, 메뚜기, 흑암, 장자의 죽음 재앙

07문/ 애굽의 술객들도 할 수 없는 재앙은 어느 재앙부터였습니까?
답/ 세 번째 재앙(이)부터 할 수 없었다.

08문/ 여호와께 드릴 유월절 어린양은 어떤 것이어야 하였습니까?
답/ 양이나 염소 중에서 흠 없고 일 년 된 수컷

09문/ 이스라엘 자손 중 사람과 짐승의 초태생은 누구의 것입니까?
답/ 하나님의 것

10문/ 여호와께서 광야의 이스라엘 백성을 어떻게 인도하셨습니까?
답/ 낮에는 구름기둥으로, 밤에는 불기둥으로

11문/ 홍해는 어떻게 갈라졌습니까?
답/ 모세가 지팡이를 바다 위로 내미니 여호와께서 큰 동풍으로 밤새도록 바닷물을 물러가게 하시니 물이 갈라져 바다가 마른 땅이 됨

12문/ 하나님께서는 마라의 쓴 물을 어떻게 해주셨습니까?
답/ 모세가 여호와께서 지시하신 대로 나무 가지를 꺾어 물에 던져 쓴 물이 단물로 변하게 함

13문/ 하나님께서 광야에서 주신 양식은 무엇이었습니까?
답/ 만나와 메추라기

14문/ 광야에서 내려주신 만나는 신약에서 누구의 예표였습니까?
답/ 생명의 떡이 되시는 예수님의 예표

15문/ 여호와 닛시는 무슨 뜻입니까?

답/ 여호와의 깃발

16문/ 십계명의 내용은 출애굽기의 어디에 기록되어 있습니까?

답/ 출애굽기 20장 1-17절

17문/ 제단을 쌓을 때 하나님이 싫어하시는 돌은 무엇이었습니까?

답/ 다듬은 돌

18문/ 히브리인 종을 산 사람은 몇 년 후에 그를 자유로이 놓아주어야 합니까?

답/ 칠년

19문/ 무당과 짐승에게 행음하는 자와 다른 신에게 희생을 드리는 자를 어떻게 하라고 하셨습니까?

답/ 반드시 죽이고 멸하라

20문/ 이스라엘 민족이 매년 지켜야 할 절기는 ?

답/ 무교절(유월절), 맥추절(오순절, 초실절, 칠칠절), 수장절(장막절)

21문/ 이스라엘 장로 70인과 모세와 아론과 나답과 아비후가 본 하나님을 뵈었을 때의 광경은 어떠하였습니까?

답/ 그 발 아래는 청옥을 편듯했고 하늘 같이 청명했다.

22문/ 하나님이 이스라엘과 만나기로 약속했고 거기에서 이스라엘에게 말한 모든 것을 이루기로 약속하신 성전의 장소는 어디였습니까?

답/ 속죄소

23문/ 법궤 안에 넣어 두었던 것은 무엇입니까?
답/ 십계명이 새겨진 두 돌판, 아론의 싹난 지팡이, 만나 항아리

24문/ 여호와께서 회막과 부속 기구를 만들기 위하여 선택된 자에게 무엇을 주셨습니까?
답/ 성령을 충만케 하여 지혜와 총명과 지식과 여러 가지 재주

25문/ 모세가 송아지 우상을 숭배했던 백성들을 위하여 어떤 간구를 하나님께 드렸습니까?
답/ 그들의 죄를 사하여 주옵소서 그렇지 않사오면 주의 기록하신 책에서 내 이름을 지워버려주옵소서

26문/ 이스라엘 백성들은 단장품을 어느 곳에서부터 제하였습니까?
답/ 호렙산

27문/ 성막과 모든 기구를 만들기 위하여 이스라엘 민족은 필요한 물건을 바치되 어떤 마음으로 바쳤습니까?
답/ 마음이 감동된 자와 자원하는 자가 드렸다.

28문/ 성소의 건축 비용으로 드린 금은 성소의 세겔대로 몇 달란트와 몇 세겔이었습니까?
답/ 29 달란트와 730 세겔

29문/ 희년은 언제입니까?

답/ 일곱 안식년 다음 해. 50년째.

3. 레위기

01문/ 소제물을 드릴 때 넣지 말라고 한 것은 무엇입니까?
답/ 누룩

02문/ 하나님께서 요구하신 다섯 가지 제사법은 무엇입니까?
답/ 화목제, 속건제, 속죄제, 번제, 소제

03문/ 아론과 그 아들이 위임식을 할 때 무엇을 드리며, 몇 날 동안 행하였습니까?
답/ 수양, 7일

04문 하나님이 거룩하시기에 우리는 어떻게 해야 합니까?
답/ 거룩해야 함

05문/ 이스라엘의 남자 아이는 난 지 몇 일 만에 할례를 해야 하였습니까?
답/ 8일

06문/ 문둥병을 진단하는 권리는 누가 가지고 있었습니까?
답/ 제사장

07문/ 육체의 생명은 어디에 있다고 하였습니까?
답/ 피

08문/ 피가 생명과 일체가 되는 존재는 무엇입니까?
답/ 모든 생물

09문/ "너희는 나의 규례와 법도를 지키라 사람이 이를 행하면 " 에 이어서 다음에 나오는 부분은 무엇입니까?
답/ "그로 인하여 살리라 나는 여호와니라."

10문/ 이스라엘 백성 중에서 가증한 일을 행한 자는 어떤 결과를 보게 됩니까?
답/ 백성 중에서 끊쳐짐

11문/ 여호와께 드릴 때 열납되도록 드려야 하는 것은 무엇입니까?
답/ 화목제 희생

12문/ 이스라엘 백성들이 약속의 땅에 들어가서 나무를 심어 열매를 거둘 때, 몇 년째에 그들이 먹을 수 있었습니까?
답/ 5년

13문/ 이스라엘 백성들이 사용해야 하는 공평한 것 네 가지는 무엇입니까?
답/ 공평한 저울, 공평한 추, 공평한 에바, 공평한 힌

14문/ 만일, 자식을 몰렉에게 주면 하나님께 대하여 어떤 죄를 짓는 것이 됩니까?
답/ 성소를 더럽히고, 성호를 욕되게 함

15문/ 여호와의 인도를 받아 거하게 되는 약속의 땅이 이스라엘 백성들을 토해내는 것을 당하지 않기 위해서 그들에게 당부된 것은 무엇입니까?
답/ 여호와의 모든 규례와 법도를 지켜 행하라

16문/ 곡식의 첫 이삭을 드리는 때는 언제입니까?
답/ 초실절

17문/ 추수절에서 50일째 되는 때는 언제입니까?
답/ 오순절

18문/ 칠일째 육신의 노동을 쉬는 날은 언제입니까?
답/ 안식일

19문/ 칠월 10일 모든 백성의 죄를 속죄하는 날은 언제입니까?
답/ 속죄일

20문/ 성소에 무엇을 늘 켜두어야 했습니까?
답/ 등불

21문/ 전 국민에게 자유를 공포하는 해는 언제입니까?
답/ 희년

22문/ 여호와의 명령을 지키지 않을 때 몇 배나 더 재앙을 내린다고 했습니까?
답/ 7배

4. 민수기

01문/ 이스라엘의 인구조사에서 조사의 대상자는 누구였습니까/?
답/ 20세 이상으로 싸움에 나갈 수 있는 자

02문/ 이스라엘의 12지파의 이름은 각각 무엇입니까?
답/ 르우벤, 시므온, 갓, 유다, 잇사갈, 스불론, 에브라임, 므낫세, 베냐민, 단, 아셀, 납달리,(레위)

03문/ 인구조사에서 레위 지파의 계수 방법은 어떠했습니까?
답/ 가족대로 계수한 일 개월 이상 남자의 수효

04문/ 이스라엘 백성이 행진할 때에 회막과 그 부속 기구들은 누가 메고 행진 하였습니까?
답/ 레위 지파의 고핫 자손, 게르손 자손, 므라리 자손

05문/ 나실인이 금해야 할 것은 각각 무엇입니까?
답/ 포도나무의 소산, 삭도하는 것, 시체를 가까이 하는 것

06문/ 아론에게 명령되었던 대제사장의 축복문은 어떤 내용입니까?
답/ 여호와는 네게 복을 주시고 너를 지키시기를 원하며 여호와는 그 얼굴로 네게 비추사 은혜 베푸시기를 원하며 여호와는 그 얼굴을 네게로 향하여 드사 평강 주시기를 원하노라 할지니라

07문/ 레위 지파는 누구를 대신하여 하나님께 온전히 드린바 되었습니까?

답/ 초태생 곧 모든 처음 난 자의 대신으로 택함

08문/ 모세는 누구에게 우리의 눈이 되어 달라고 부탁했습니까?

답/ 장인 르우엘의 아들 호밥(모세의 처남)

09문/ 미리암과 아론이 왜 모세를 원망하였으며 그 결과는 어떻게 되었습니까?

답/ 모세가 구스 여자를 취함으로. 문둥병이 들었음

10문/ 여호수아와 갈렙은 어느 지파이며, 누구의 아들입니까?

답/ 갈렙 =유다 지파 여분네의 아들, 여호수아 =에브라임 지파 눈의 아들

11문/ 가나안을 살폈던 정탐꾼들이 가져온 것들은 무엇입니까?

답/ 포도송이, 석류, 무화과

12문/ 광야 40년은 무엇을 표준한다고 하였습니까?

답/ 가나안 땅을 탐지한 날 수 40일의 하루를 1년으로 함

13문/ 고라, 다단, 아비람, 온 4명과 족장들 250 명은 무슨 죄로 어떤 벌을 받았습니까?

답/ 당을 지어 모세를 거스림

14문/ 왜 아론의 지팡이에 싹이 나고, 꽃이 피고, 살구 열매를 열리게 하셨습니까?

답/ 이스라엘 자손의 원망하는 말을 여호와 앞에서 그치게 하려고.

15문/ 이스라엘의 십일조는 누구에게 기업으로 주셨습니까?
답/ 레위 자손에게 기업으로 주심

16문/ 사람이 부정하고도 스스로 정결케 아니하면 어떻게 됩니까?
답/ 여호와의 성소를 더럽힘이니 총회 중에서 끊쳐짐

17문/ 반석을 쳐서 낸 물은 무엇이라 했고, 그 뜻은 무엇입니까?
답/ 므리바. 다툼

18문/ 아론은 어디에서 죽었습니까?
답/ 호르산 꼭대기

19문/ 모세가 놋뱀을 만든 이유는 무엇입니까?
답/ 불뱀의 독이 퍼진 이스라엘 백성들이 장대에 걸린 놋뱀을 쳐다 보고 살아나도록 하기 위해서

20문/ 발락의 청함을 받은 발람이 저녁에 기도할 때에 하나님이 그에게 명하신 내용은 무엇입니까?
답/ 너는 그들과 함께 가지도 말고 그 백성을 저주하지도 말라 그들은 복을 받은 자니라

21문/ 이스라엘 자손이 모압 여인들과 음행하며 모압 사람들의 신 바알브올에게 절한 곳은 어디였습니까?
답/ 싯딤

22문/ 비느하스와 그의 후손에게 주신 평화의 언약은 무엇입니까?

답/ 영원한 제사장의 직분의 언약

23문/ 모세가 가나안에 들어갈 수 없었던 이유는 무엇입니까?
답/ 신광야 가데스의 므리바 물을 낼 때에 하나님의 명을 거역하고 여호와의 거룩함을 나타내지 않았기 때문에

24문/ 딸과 아내의 서원의 열쇠는 누구에게 있습니까?
답/ 딸은 그 아비의 허락을 받아야 하고, 아내는 그 남편의 허락이 있어야 한다.

25문/ 미디안과 싸움에서 전리품은 어떻게 분배하였습니까?
답/ 절반은 군인에게, 절반은 회중에 분배

26문/ 모세는 어느 지파에게 요단강 동편을 기업으로 주었습니까?
답/ 갓, 르우벤, 므낫세 반지파

27문/ 도피성은 어떤 곳입니까?
답/ 부지중에 살인한 자가 회중 앞에서 판결을 받기까지 피해 있는 곳

28문/ 슬로브핫은 누구입니까?
답/ 아들이 없어 딸들이 기업을 물려받은 자

5. 신명기

01문/ 모세는 이스라엘 각 지파에서 어떤 사람을 뽑아서 두령으로 삼

았습니까?

답/ 이스라엘 각 지파에서 지혜와 지식이 있는 유명한 자

02문/ 재판은 누구에게 속한 것이라 하였습니까?

답/ 하나님

03문/ 40일간의 정탐 기간 하루를 1년으로 하여 40년 동안 광야에서 유리방황하게 된 까닭은 무엇입니까?

답/ 이스라엘 백성이 여호와를 믿지 않고 원망하고 불평해서

04문/ 여호와께서 모압과 암몬 족속을 괴롭게 하지 말라고 하신 이유는 무엇입니까?

답/ 그들이 사는 땅을 이스라엘에게 기업으로 주지 않으셨기 때문에

05문/ "네 눈으로 그 땅을 보라 네가 이 요단을 건너지 못할 것임이라"는 말은 누가 누구에게 한 것입니까?

답/ 하나님께서 모세에게

06문/ 신명기 4장에서 여호와의 규례와 명령을 지키면 주실 복은 무엇이라고 하였습니까?

답/ 장수의 복

07문/ 요단 동편의 세 도피성은 어느 지파를 위한 것이고 그 이름은 무엇입니까?

답/ 르우벤-베셀, 갓-길르앗 라못, 므낫세-바산 골란

08문/ 이스라엘 백성들이 마음에 새기고 자녀들에게 부지런히 가르쳐야 하는 것은 무엇입니까?
답/ 하나님의 말씀

09문/ 하나님께서는 그의 백성의 의로움을 무엇으로 판단하십니까?
답/ 하나님의 명령을 지킴으로

10문/ "너를 낮추시며 너로 주리게 하시며 또 너도 알지 못하며 네 열조도 알지 못하던 만나를 네게 먹이신 것은" 에 이어지는 다음 부분의 말씀은 무엇입니까?
답/ "사람이 떡으로만 사는 것이 아니요 여호와의 입에서 나오는 모든 말씀으로 사는 줄을 너로 알게 하려 하심이니라."

11문/ 가나안 땅에 살던 족속의 자손은 누구였습니까?
답/ 아낙 자손

12문/ 여호와께서 십계명을 쓰신 후에 무슨 나무로 만든 궤에 보관하게 하셨습니까?
답/ 싯딤 나무

13문/ 그리심산과 에발산은 어떠한 산입니까?
답/ 그리심산: 축복의 산, 에발산: 저주의 산

14문/ 신명기 13장에서 여호와 이외에 다른 신들을 섬기자고 유혹하는 자는 어떻게 하라고 하셨습니까?
답/ 용서 없이 죽이라고 하심

15문/ 스스로 죽은 것은 어떻게 처리하라고 하셨습니까?

답/ 이스라엘 자손은 스스로 죽은 것은 먹을 수 없고 다만 성 중에 우거하는 객에게 주든지 이방인에게 팔아라

16문/ 분깃과 기업이 없는 지파는 어느 지파였습니까?

답/ 레위 지파

17문/ 동족인 종은 언제 놓아 주며, 어떻게 대우해야 했습니까?

답/ 6년을 섬긴 후 제 7년에는 그를 놓아 자유를 주어야 하며 그에게 필요한 우양과 곡식을 주라

18문/ 만일 다른 신을 섬겨 돌로 쳐 죽임을 당하는 사람에게는 몇 사람의 증거가 있어야 합니까?

답/ 두 세 사람의 증거

19문/ 제사장과 레위 온 지파에게는 왜 기업이 없습니까?

답/ 그들은 이스라엘 자손들이 여호와께 드리는 화제물과 그 기업을 먹을 수 있기 때문에

20문/ 재판하는 일에 위증하는 사람은 어떻게 하라고 하셨습니까?

답/ 그 위증자가 그 형제에게 행하려고 꾀한대로 갚아주라

21문/ 패역한 자식은 어떻게 하라고 하셨습니까?

답/ 돌로 쳐 죽여라

22문/ 남자나 여자나 의복에 주의해야 할 일은 무엇입니까?

답/ 남자는 여자의 의복을 여자는 남자의 의복을 입지 말아야 함

21문/ 여호와의 총회에 들어오지 못하는 세 부류의 사람은 누구입니까?

답/ 신낭이 상한 자나 베인 자, 사생자, 암몬과 모압 사람

22문/ 결혼한 사람을 아무 직무도 그에게 맡기지 않고 그의 아내와 그의 집에서 같이 있게 하는 기간은 얼마였습니까?

답/ 1 년

23문/ 밭에서 곡식을 벨 때에 잊어버리고 두고 온 곡식단을 다시 가져오지 말 것, 감람나무를 떤 후에 그 가지를 다시 살피지 말 것, 포도를 딴 후에 그 남은 것을 다시 따지 말 것은 누가 지켜야 하는 규정이었습니까?

답/ 추수하는 자

24문/ 가나안에 들어간 후에 매 3년 마다 소산의 십일조를 바치는 이유는 무엇입니까?

답/ 레위인과 객과 과부와 고아에게 주어 먹고 배부르게 하려고

25문/ 르우벤, 갓, 므낫세 반지파가 차지한 땅은 누구에게서 빼앗은 것입니까?

답/ 헤스본 왕 시혼과 바산 왕 옥

26문/ 아브라함 당시에 유황불로 멸망한 네 성읍은 어디입니까?

답/ 소돔, 고모라, 아드마, 스보임

27문/ 신명기 30장에서 이스라엘 자손 앞에 놓여져 그들이 택할 두 길은 무엇이라 하였습니까?
답/ 생명과 사망과 복과 저주

28문/ 모세는 율법을 써서 누구에게 주었습니까?
답/ 여호와의 언약궤를 메는 레위 자손 제사장들과 이스라엘 모든 장로들

29문/ 모세는 율법책을 어디에 두라고 했습니까?
답/ 여호와의 언약궤 곁에

30문/ 종려 성읍이라 불린 곳은 어디입니까?
답/ 여리고

31문/ 모세가 장사된 곳은 어디입니까?
답/ 벧브올 맞은 편 모압 땅에 있는 골짜기이나 오늘날까지 그 묘를 아는 자 없다.

32문/ 모세가 죽은 후 이스라엘 자손이 모압 평지에서 애곡한 날수는 얼마입니까?
답/ 30일

6. 여호수아

01문/ 여호수아는 누구의 아들이며, 그 이름의 뜻은 무엇입니까?

답/ 눈의 아들이고 본명은 호세아이며, 그 뜻은 '여호와는 구원'

02문/ 이스라엘 백성들이 가나안 땅에서 처음으로 대면한 첫 번째 성읍은 어디였습니까?

답/ 여리고 성

03문/ 정탐꾼들을 숨겨주었던 라합이 요구한 것이 무엇입니까?

답/ 부모와 남여 형제와 무릇 그들에게 있는 모든 자를 살려달라고

04문/ 정탐꾼들이 라합의 가족을 구원할 조건으로 약속한 것은 무엇입니까?

답/ 붉은 줄을 내리고 집에 있으라

05문/ 이스라엘 백성들은 어떻게 요단강을 건너게 되었습니까?

답/ 여호와의 명하신 대로 언약궤를 멘 제사장들이 백성들 앞에서 요단강에 들어서서 제사장들의 발이 물에 잠기자 흐르던 물이 그쳐서 백성들이 건넘

06문/ 이스라엘 백성들이 길갈에서 할례를 행한 이유는 무엇입니까?

답/ 애굽에서 나온 할례 받은 자들은 광야에서 다 죽고 그동안 할례를 행치 못하여 할례 없는 자가 되었으므로

07문/ 이스라엘은 백성들은 여리고 성을 어떻게 정복했습니까?

답/ 6일 동안 성 주위를 매일 한 번씩 돌고 마지막 7 일째에는 성 주위를 일곱 번 돌되 제사장들이 양각 나팔을 길게 울려 불고 그 때 백성이 큰 소리를 외침

08문/ 여리고 성을 두고서 여호수아가 경계한 말은 무엇입니까?
답/ 여리고 성을 건축하는 자는 여호와와 앞에서 저주를 받는다.

09문/ 아간은 어떻게 처형되었습니까?
답/ 아골 골짜기에서 돌로 치고 불사름

10문/ 여호수아는 여호와께 묻지 않고 어느 족속과 언약을 맺었습니까?
답/ 기브온 족속

11문/ 이스라엘 자손이 아모리의 다섯 나라와 싸울 때 어떤 기적이 일어났습니까?
답/ 여호와께서 큰 우박 덩어리로 아모리 군사를 진멸했고 태양이 머물고 달이 그쳐 이스라엘이 원수를 물리치기까지 함

12문/ 아모리의 다섯 왕은 패전 후에 어느 굴로 피신하였습니까?
문/ 막게다의 굴

13문/ 여호수아가 요단강을 건너가서 멸한 왕은 모두 몇 명입니까?
답/ 31 명

14문/ 아모리 왕 시혼의 도성 헤스본을 기업으로 분배 받은 지파는 어느 지파입니까?
답/ 르우벤, 갓, 므낫세 반지파

15문/ 이스라엘 백성의 기업의 분배는 어떤 방법으로 하였습니까?
답/ 제비를 뽑아서 했음

16문/ 갈렙이 여호수아에게 요구한 땅은 어디며, 그의 나이 몇 살 때였습니까?
답/ 헤브론을 기업으로 달라고 요구했으며, 그의 나이 80세

17문/ 여호수아는 기업을 받지 못한 7 지파에게 무엇을 지시했습니까?
답/ 각 지파마다 3 명씩 선정하여 남은 땅을 두루 돌아다니며 지도를 그려오라.

18문/ 레위인들은 이스라엘 지파들에게 몇 곳의 성읍을 얻었습니까?
답/ 48 곳의 성읍

19문/ 여호수아가 이스라엘 백성들에게 한 최후의 분부는 무엇입니까?
답/ 이방신을 버리고 여호와를 경외하며 그를 섬기라

20문/ 애굽에서 가져온 요셉의 뼈는 어디에 장사 되었습니까?
답/ 세겜에 장사하였다.

7. 사사기-룻기

01문/ 여호수아가 죽은 후에 제일 먼저 가나안 사람과 싸운 지파는 어느 지파인입니까?
답/ 유다 지파

02문/ 갈렙의 사위로서 이스라엘의 첫 사사가 된 사람은 누구인가?
답/ 옷니엘

03문/ 왼손잡이 사사는 누구며 몇 년 동안 태평을 누렸습니까?
답/ 에훗

04문/ 하나님을 반역하고 그의 형제 70인을 죽인 아비멜렉은 어떻게 죽었습니까
답/ 소년의 칼로

05문/ 이스라엘 자손이 이방 신을 섬긴 것은 몇 가지나 되었습니까?
답/ 7 가지

06문/ 입다는 길르앗 사람이며 큰 용사로서 누구의 아들이었습니까?
답/ 기생

07문/ 입다가, "너희가 어찌하여 오늘날 내게 올라와서 나로 더불어 싸우고자 하느냐" 라고 한 말은 누구에게 한 것입니까?
답/ 에브라임 사람들

08문/ "보라 네가 잉태하여 아들을 낳으리니 그 머리에 삭도를 대지 말라 이 아이는 태에서 나옴으로부터 하나님께 바치운 (　　)이 됨이라" 에서 알맞는 말은 무엇입니까?
답/ 나실인

09문/ 사사기 14장에서 암송아지는 삼손이 누구를 가리켜 한 말입니까?
답/ 자신의 아내

10문/ 삼손이 일천 명을 죽일 때 사용된 도구는 무엇입니까?

답/ 나귀의 턱뼈

11문/ 삼손을 유혹하여 하나님 앞에 범죄하고 실패하게 한 블레셋 여인은 누구입니까?

답/ 들릴라

12문/ 단 자손의 5 사람이, "우리의 행하는 길이 형통할는지 우리에게 알게 하라" 고 한 말은 누구에게 한 것입니까?

답/ 미가의 제사장(레위 소년)

13문/ 에브라임 산지 구석에 우거하는 레위 사람의 첩이 어느 지파 사람에게 능욕을 당하고 죽었습니까?

답/ 베냐민 지파

14문/ 베냐민 지파가 진멸된 후에 남은 자들에게는 누구를 아내로 맞이하도록 하였습니까?

답/ 야베스 길르앗의 여인과 실로의 여인

15문/ 베들레헴에 흉년이 들 때, 가족을 이끌고 모압으로 이주한 사람은 누구입니까?

답/ 엘리멜렉

16문/ 나오미가 모압에서 얻은 두 명의 며느리는 누구입니까?

답/ 오르바, 룻

17문/ 룻은 이디에서 이삭을 주웠습니까?

답/ 보아스에게 속한 밭

18문/ 룻에게 이삭을 줍도록 친절을 베푼 사람은 누구입니까?
답/ 보아스

19문/ 나오미의 기업을 무를 자가 보아스에게 기업 무름을 양보한 까닭은 무엇입니까?
답/ 자신의 재산에 손해가 되기 때문에

20문/ 룻이 보아스와 결혼하여 낳은 아들의 이름은 무엇입니까?
답/ 오벳

21문/ 오벳이라는 이름이 지어진 이유는 무엇입니까?
답/ 나오미가 아들을 낳았다 하여

8. 사무엘상

01문/ 아들을 낳기를 소원했던 한나가 서원한 것은 무엇입니까?
문/ "아들을 주시면 그의 평생에 그를 여호와께 드리고 그의 머리에 삭도를 대지 아니하겠나이다."

02문/ 사무엘이라는 이름의 뜻은 무엇입니까?
문/ 여호와께 구하였다.

03문/ 엘리의 두 아들이 범죄하면서 그 아버지의 말도 순종치 않으므로 여호와께서 그들을 어떻게 하시기로 작정하셨습니까?
답/ 그들을 죽이기로 작정하셨음

04문/ 사무엘은 어디에서, 몇 번 여호와의 부르심을 받았습니까?
답/ 하나님의 궤가 있는 여호와의 전에서 4번

05문/ 비느하스의 아내가 낳은 아들 이가봇의 이름의 뜻은 무엇입니까?
답/ 이스라엘에서 영광이 떠났다.

06문/ 블레셋 사람들이 언약궤를 벧세메스로 옮긴 방법은 어떠했습니까?
답/ 새 수레를 만들어 멍에를 메지 아니한 젖나는 소 둘을 송아지를 메어둔 채 끌고 가게 함

07문/ 에벤에셀이라는 말의 뜻은 무엇입니까?
답/ 여호와께서 여기까지 우리를 도우셨다.

08문/ 사무엘의 아들들로 인하여 이스라엘 백성들이 사무엘에게 요구한 것은 무엇입니까?
답/ 왕을 세워 달라

09문/ 사울이 여호와께 잘못한 것은 무엇입니까?
답/ 블레셋과의 전쟁시에 사무엘을 기다리지 못해 자기가 직접 여호와께 번제를 드려 제사장의 직분을 대신하였음

10문/ 사람은 외모를 보지만, 여호와께서는 무엇을 보십니까?
답/ 사람의 중심

11문/ 여호와께서 사울 대신에 누구에게 기름을 부어 왕이 되게 하셨습니까?

답/ 이새의 말째 아들 다윗

13문/ 골리앗과의 싸움에서 다윗이 의지했던 것은 무엇입니까?

답/ 만군의 여호와의 이름

14문/ "여호와께서 영원히 너와 나 사이에 계시고 내 자손과 네 자손 사이에 계시리라"고 맹세한 사람은 누구였습니까?

답/ 요나단

15문/ 제사장 아히멜렉이 다윗에게 준 칼은 누구의 것이었습니까?

답/ 골리앗

16문/ 다윗이 사울울 죽일 기회를 처음 얻은 곳은 어디였습니까?

답/ 엔게디 황무지

17문/ 나발에게 수욕을 당한 다윗이 나발을 치러 올라올 때 아비가일은 어떻게 하였습니까?

답/ 급히 떡 200덩이와 포도주 두 가죽부대와 잡아 준비한 양 다섯과 볶은 곡식 세아와 건포도 백 송이와 무화과 뭉치 200을 취하여 나귀에 싣고 나발이 모르게 다윗에게로 마주 달려가 용서를 빌었음

18문/ 다윗이 사울을 해하지 않은 이유는 무엇입니까?

답/ 여호와의 기름 부으신 자를 치는 것이 여호와께서 금하신 일로 죄가 됨을 인하여

19문/ 사울이 블레셋과의 전쟁을 두려워하여 사무엘의 혼령을 불러 묻기 위해 찾아간 여인은 누구였습니까?
답/ 엔돌에 있는 신접한 여인

20문/ 다윗은 시글락을 탈취하였던 아말렉을 쳐서 빼앗은 물건들을 어떻게 처리하였습니까?
답/ 탈취물을 그 친구 유다 장로들에게 보냄

21문/ 사울의 최후는 어떠했습니까?
답/ 블레셋과의 전쟁에서 적군의 활을 맞고 중상을 당하여 할례없는 자들에게 모욕을 당하지 않도록 자기의 칼에 엎드려 죽었음

9. 사무엘하

01문/ "그대가 나를 사랑함이 기이하여 여인의 사랑보다 승하였도다" 라고 요나단에게 말한 사람은 누구입니까?
답/ 다윗

02문/ 다윗은 처음에 헤브론에서 어느 족속의 왕이 되었습니까?
답/ 유다 족속

03문/ 사울의 딸로서 다윗이 블레셋 사람의 양피 일백으로 정혼한 여인은 누구입니까?
답/ 미갈

04문/ 다윗은 몇 살에 왕이 되었으며 예루살렘에서는 몇 년 동안 왕위에 있었습니까?
답/ 30세에 즉위하여 33년 동안

05문/ "내가 내 백성 이스라엘을 먹이리라"는 말씀은 누가 한 것입니까?
답/ 하나님

06문/ 사무엘하 11장의 기록에서, 다윗은 누구와 더불어 범죄했으며, 그 죄는 몇 번째 계명에 해당되는 것입니까?
답/ 우리아의 아내, 제 7 계명,

07문/ 여호와의 보내심을 받고, 다윗의 간음죄를 꾸짖은 선지자는 누구였습니까?
답/ 나단

08문/ 압살롬이 암논을 죽인 이유는 무엇이었습니까?
답/ 다말을 욕되게 해서

09문/ 발바닥부터 정수리까지 흠이 없는 미남은 누구였습니까?
답/ 압살롬

10문/ 사람들에게 선대해 줌으로써 이스라엘 사람의 마음을 도적질하여 반역을 꾀했던 왕자는 누구였습니까?
답/ 압살롬

11문/ 한 여인의 도움으로 우물 속에 숨어 압살롬을 피한 사람들은 누구였습니까?

답/ 아히마하스, 요나단

12문/ "내가 너를 대신하여 죽었더면"이라는 탄식은 누가 누구에게 한 말이었습니까?

답/ 다윗이 압살롬에게

13문/ 사무엘하 19장에서, 다윗이 축복한 사람은 누구였습니까?

답/ 바르실래

14문/ 아마사는 다윗과 어떤 사이였습니까?

답/ 조카

15문/ 사울이 기브온 사람을 죽인 죄로 이스라엘 땅에 몇 년간 흉년이 들었습니까?

답/ 3년

16문/ 사무엘하 22장에서, "여호와는 나의 반석이시요 나의 요새시요 나를 건지시는 자시요 나의 하나님이시요" 라는 찬송은 누구의 고백이었습니까?

답/ 다윗

17문/ 곤곤한 백성과 교만한 자에 대한 하나님의 대응은 어떠하십니까?

답/ 곤고한 백성은 구원하시고, 교만한 자를 살피사 낮추심

18문/ 자기 목숨을 버리고 베들레헴 성문 곁의 우물에서 물을 떠온 세

사람 중의 두목은 누구였습니까?
답/ 아비새

19문/ 값없이는 여호와께 번제를 드리지 않은 사람은 누구였습니까?
답/ 다윗

20문/ 다윗은 아리우나에게서 그의 밭과 소를 얼마에 샀습니까?
답/ 은 50세겔

10. 열왕기상

01문/ 다윗이 나이가 많이 들었을 때 그를 봉양하기 위해 뽑힌 동녀는 누구였습니까?
답/ 수넴 여자 아비삭

02문/ 왕위의 계승을 모의하던 아도니아는 솔로몬이 왕이 되었다는 소식을 듣고 어떻게 하였습니까?
답/ 두려워 떨며 제단 뿔을 잡고 솔로몬이 자기를 죽이지 말 것을 호소함

03문/ 다윗 왕은 솔로몬에게 무엇이라고 유언을 하였습니까?
답/ 너는 힘써 대장부가 되고 여호와의 명을 지켜 그 길로 행하며, 그 법률과 계명과 율례와 증거를 모세의 율법에 기록된 대로 지켜라

04문/ 솔로몬은 제사장 아비아달에게는 어떤 조처를 내렸습니까?
답/ 제사장의 직분을 파면하고 고향 아나돗으로 쫓아보냄

05문/ 솔로몬이 여호와께 번제를 드린 곳은 어디였습니까?
답/ 기브온

06문/ 솔로몬이 여호와께 구한 것은 무엇입니까?
답/ 지혜로운 마음

07문/ 두로 왕 히람은 솔로몬에게 무엇을 제공하였습니까?
답/ 백향목과 잣나무

08문/ 솔로몬 성전의 두 기둥의 이름은 무엇이었습니까?
답/ 야긴과 보아스

09문/ 하나님께서 솔로몬이 지은 성전을 기뻐하신 증거는 무엇입니까?
답/ 여호와의 영광이 여호와의 전에 가득함

10문/ 성전봉헌의 기도를 한 솔로몬은 백성에게 축복하면서 무엇을 분부했습니까?
답/ 마음을 여호와와 화합하여 완전케 해서 오늘날과 같이 그 법도를 행하며 그 계명을 지킬지어다

11문/ 솔로몬이 많은 이방 여인을 아내로 취한 결과, 지은 죄는 무엇입니까?
답/ 다른 신을 섬김(우상숭배)

12문/ 여로보암이 솔로몬에게 대적한 이유는 무엇입니까?
답/ 선지자 아히야가 여로보암을 만나서 입은 옷을 열두 조각으로 찢

어 열 조각을 주면서 장차 여호와께서 이스라엘 10 지파의 왕으로 삼으실 것을 예언하므로

13문/ 여로보암의 집이 멸망할 것을 예언한 선지자는 누구였습니까?
답/ 아히야

14문/ 예후가 여호와의 명령으로 바아사를 책망하고 그의 장래를 어떻게 예언했습니까?
답/ 바아사의 집을 멸절하는데, 바아사에게 속한 자가 성읍에서 죽은즉 개가 먹고, 들에서 죽은즉 공중의 새가 먹으리라.

15문/ 아합의 왕후는 누구이며, 그의 죄는 무엇입니까?
답/ 시돈 사람의 왕 엣바알의 딸 이세벨로 바알과 아세라를 섬김

16문/ 아합 왕을 피해 엘리야가 숨은 곳은 어디였으며, 누구의 공궤를 받았습니까?
답/ 요단 앞 그릿 시냇가, 까마귀

17문/ 엘리야는 어디에서, 왜 죽기를 원했습니까?
답/ 브엘세바 한 로뎀 나무 아래서. 이세벨이 그를 죽이려고 하므로

18문/ 엘리사는 엘리야가 부를 때 어떻게 하고 그의 뒤를 따랐습니까?
답/ 소를 잡고 밭가는 기구를 불사름

19문/ 열왕기상의 마지막으로 기록된 유다와 이스라엘의 왕은 각각 누구였습니까?

답/ 유다 와 여호람, 이스라엘 왕 아하시야

11. 열왕기하

01문/ 아하시야가 다락 난간에 떨어져 병들었을 때 누구에게 사자를 보내어 병이 낫겠는가 물어 보게 했습니까?
답/ 에글론의 신 바알세붑

02문/ 엘리사는 스승 엘리야에게 무엇을 요구했습니까?
답/ 엘리야의 영감이 갑절이나 자신에게 있기를

03문/ 모압 왕이 연합군에게 패하자 누구를 취해 번제로 드렸습니까?
답/ 장차 왕이 될 자기의 맏아들

04문/ 엘리사의 사환 게하시가 지은 죄는 무엇입니까?
답/ 엘리사가 거절한 나아만의 예물 중에, 은 두 달란트와 옷 두 벌을 엘리사 몰래 취함

05문/ 아람왕 벤하닷이 사마리아성을 포위하고 오래 있을 때에 성안에 있는 이스라엘 백성들의 참상은 어떠했습니까?
답/ 모든 백성이 굶주려서 심지어는 자기 아들을 삶아 먹음

06문/ 아람군대가 도망한 것을 제일 먼저 발견한 사람들은 누구였습니까?
답/ 문둥이 4명

07문/ 금송아지를 섬기는 죄 중에서도 하나님의 칭찬과 약속을 받은 자는 누구입니까?

답/ 예후

08문/ 예후가 죽인 두 왕은 누구누구였습니까?

답/ 이스라엘 왕 요람, 유다 왕 아하시야

09문/ 유다 왕 아하시야가 죽은 후에 누가 유다를 통치했습니까?

답/ 아하시야의 모친 아달랴

10문/ 엘리사의 최후의 예언은 무엇이었습니까?

답/ 아람을 세 번 쳐서 이길 것이다.

11문/ 유다 왕 요담을 계승하여 왕위에 오른 사람은 누구이며, 몇 년간 치리했습니까?

답/ 아하스. 16년

12문/ 열왕기하 17장의 기록에서, 이스라엘이 멸망한 이유를 어떻게 설명하고 있습니까?

답/ 이스라엘이 여호와를 떠나고 다른 신을 섬기며, 이방사람의 규례를 지키고 이스라엘 여러 왕들이 세운 율례를 지켰기 때문에

13문/ 히스기야 왕 14년에 유다는 누구에게 침략을 받았습니까?

답/ 앗수르 왕 산헤립

14문/ 이사야는 히스기야 왕에게 앗수르에 대하여 무엇을 예언했습니까?

답/ 앗수르 왕에게 한 영을 두어 풍문을 듣고 본국으로 돌아가게 하고, 그의 나라에서 그가 칼에 죽을 것이다.

15문/ 히스기야가 병이 들어 죽게 되었을 때에 어떻게 했습니까?
답/ 낯을 벽으로 향하고 여호와께 눈물로 통곡하며 기도함

16문/ 요시야 왕은 그의 즉위 18년에 무엇을 했습니까?
답/ 대제사장 힐기야로 하여금 여호와의 전에 드린 은을 계수하여 성전을 수리함

17문/ 율법책을 모든 백성에게 읽어 들려주고, 왕이 여호와를 섬길 것을 온 국민으로 더불어 언약을 세우되 여호와 앞에 세운 왕은 누구였습니까?
답/ 요시야

18문/ 여호야김 왕은 누구를 3년간 섬겼습니까?
답/ 바벨론 왕 느부갓네살

19문/ 바벨론의 침략으로 유다에 남아 있는 백성은 누가 다스렸습니까?
답/ 아히감의 아들 그달리야

12. 역대상

01문/ 헤만은 성전에서 어떤 일을 맡았습니까?
답/ 찬송을 부르는 일

02문/ 르우벤은 왜 이스라엘(야곱)의 장자 신분을 잃었습니까?
답/ 그가 부친의 아내 빌하와 통간하여 부친의 침상을 더럽혔으므로 그의 장자의 명분이 요셉과 그 자손에게로 돌아감

03문/ 여호수아는 어느 지파, 누구의 아들입니까?
답/ 에브라임 지파, 눈의 아들

04문/ 유다 왕국의 백성 중에 '바벨론' 포로에서 먼저 본 그 성으로 돌아온 사람들은 누구입니까?
답/ 제사장들과 레위사람과 느디님 사람들

05문/ 다윗은 왜 세 용사가 베들레헴에서 떠 온 물을 마시지 않았습니까?
답/ 생명을 돌보지 않고 갔던 사람들의 피라고 여겼기 때문에

06문/ 다윗이 사울을 피하여 시글락에 피신해 있을 때에 이스라엘 백성들이 그에 대한 관심은 어떠하였습니까?
답/ 사람들이 날마다 그에게로 돌아와서 돕고자 하여 큰 군대를 이루었다.

07문/ 다윗이 법궤를 '기럇여아림' 에서 다윗성으로 옮기려 할 때, 웃사가 죽은 까닭은 무엇이었습니까?
답/ 아비나답의 집에서 새 수레에 법궤를 싣고 오다가 기돈의 타작 마당에 이르니 소가 뛰므로 웃사가 궤를 붙잡으니, 하나님께서 진노하사 그를 치시므로 죽었다.

08문/ 가드에서 전쟁할 때 손가락 발가락이 여섯씩 달린 장대한 사람을 죽인 사람은 누구였습니까?

답/ 다윗의 형, 삼마의 아들 요나단

09문/ 다윗이 그 산성에 거한고로 무리가 다윗성이라고 일컫은 산성의 이름은 무엇입니까?

답/ 시온성

10문/ 오벧에돔의 집에서 다윗성까지 법궤를 어떤 방법으로 옮겼습니까?

답/ 레위 사람에게 메게하여 옮김

11문/ 성막에서 찬양하는 레위인의 대장은 누구였습니까?

답/ 아삽

12문/ 다윗은 찬송 중에, 여호와를 구하는 자의 마음이 어떠하다고 하였습니까?

답/ 즐겁다.

13문/ 다윗 왕이 전쟁에서 취한 놋으로 그의 아들 솔로몬은 무엇을 만들었습니까?

답/ 성전의 놋바다와 기둥과 놋그릇들

14문/ 다윗이 인구조사를 위해서 이스라엘을 계수할 때, 죄라고 지적하며 말린 사람은 누구였습니까?

답/ 요압

15문/ 다윗이 성전을 건축하지 못한 이유는 무엇입니까?

답/ 전쟁 중에 피를 많이 흘렸기 때문에

16문/ 다윗 왕 때에 성전에서 악기로 여호와를 찬양하는 자는 모두 몇 명이었습니까?

답/ 4,000 명

17문/ 이스라엘 백성의 인구조사는 몇 세의 사람들로부터 계수되었습니까?

답/ 20세 이상의 사람들

18문/ 사울이 죽은 곳은 어디였습니까?

답/ 길보아산

19문/ 스루야의 아들로 다윗의 군대 장관이 된 사람은 누구였습니까?

답/ 요압

13. 역대하

01문/ 솔로몬 왕은 어디에서 1천 희생으로 번제를 드렸습니까?

답/ 기브온의 성막 앞 놋단

02문/ 솔로몬이 건축한 성전의 터는 어디입니까?

답/ 모리아산(오르난의 타작 마당)

03문/ 솔로몬이 성전과 궁궐을 건축하는데 몇 년이 걸렸습니까?

답/ 20년

04문/ 르호보암 왕은 누구의 교도를 물리치고 누구의 교도를 들었습니까?
답/ 솔로몬을 모시던 노인들의 교도를 물리치고, 자기와 함께 자라난 소년들의 교도를 들음

05문/ 르호보암이 여호와 앞에서 범죄하므로 누구를 보내어 그를 쳤습니까?
답/ 애굽 왕 시삭

06문/ 아사 왕이 마아가를 태후의 위에서 폐한 이유는 무엇입니까?
답/ 왕의 모친 마아가가 아세라 목상을 만들었기 때문에

07문/ 아합 왕이 길르앗 라못과의 싸움에서 전사할 것을 예언하다가 옥에 갇힌 선지자는 누구입니까?
답/ 미가야

08문/ 여호와께서 거짓말을 하는 영을 누구의 입에 넣어 주셨습니까?
답/ 아합 왕의 선지자들

09문/ 아합 왕에게 거짓 예언을 한 사람은 누구입니까?
답/ 그나아나의 아들 시드기야

10문/ 유다의 온 나라 성에 재판관을 세운 사람은 누구입니까?
답/ 여호사밧

11문/ 역대하 20장의 기록에 의하면, 백성이 온전히 여호와에게 돌아

오지 않은 이유를 무엇으로 보았습니까?
답/ 여호사밧이 산당을 폐하지 않아서

12문/ 아달랴가 모든 왕자들을 진멸할 때에 구출되어 성전에서 자란 왕자는 누구였습니까?
답/ 요아스

13문/ 제사장 여호야다가 죽은 뒤, 요아스가 지은 죄는 무엇입니까?
답/ 여호와를 저버리고 우상을 섬기고, 제사장 여호야다의 아들 스가랴를 죽임

14문/ 적을 무찌르고 장성하여지매 교만하여 제사장만 하는 일을 하려 했으니 곧 성전에 들어가 향단에 분향하려 하다가 문둥병에 걸린 왕은 누구입니까?
답/ 웃시야

15문/ 앗수르 왕 산헤립이 예루살렘을 정복하지 못하고 돌아간 원인은 무엇입니까?
답/ 히스기야 왕이 이사야로 더불어 기도하였더니 여호와께서 한 천사를 보내 앗수르 군대의 대장과 장관과 용사들을 멸하시므로

16문/ 요시야가 왕위에 올라 처음에 한 일은 무엇입니까?
답/ 모든 우상을 제거하고, 여호와만 섬기게 함

17문/ 요시야 왕은 애굽 왕 느고와 싸우다 전사했는데 이를 애통히 여겨 애가를 지어 부른 선지자는 누구입니까?

답/ 예레미야

18문/ 바사 왕 고레스 원년에 유다 백성에게 어떤 일이 있었습니까?
답/ 고레스왕이 여호와의 명령에 의하여 예루살렘에 전을 건축하라고 하면서 유다 백성을 해방시킴

19문/ "여호와의 눈은 온 땅을 두루 감찰하사 전심으로 자기에게 향하는 자 위하여" 어떻게 하십니까?
답/ 능력을 베푸심

20문/ 스가랴가 성전 뜰 안에서 돌에 맞아 죽은 때는 언제였습니까?
답/ 요아스 왕 때

21문/ 이스라엘의 성전 건축을 허락한 바사의 왕은 누구입니까?
답/ 고레스

14. 에스라-에스더

01문/ 바사왕 고레스 원년에 유다 민족에게 어떤 일이 있었습니까?
답/ 여호와께서 고레스의 마음을 감동시키므로 그가 온 나라에 공포하고 조서를 내려 포로 생활을 하고 있는 유다 민족을 해방하여 예루살렘으로 돌아가 성전을 건축하라고 함

02문/ 돌아온 백성이 언제 예루살렘에 모여 하나님의 단을 만들고 번제를 드리기 시작하였습니까?

답/ 7월 1일, 나팔절

03문/ 예루살렘 성전건축의 지도자는 누구였습니까?
답/ 스룹바벨

04문/ 아닥시스다 왕이 통치할 때, 유다와 베냐민 자손들의 대적들은 어떻게 성전건축을 방해하였습니까?
답/ 유다 사람들이 예루살렘 성전을 건축하여 반란을 일으키려 한다고 고발하다.

05문/ 포로에서 돌아와 성전건축 사업을 다시 진행할 수 있도록 예언한 두 사람의 선지자는 누구였습니까?
답/ 학개와 스가랴

06문/ 에스라는 바벨론을 출발하여 예루살렘으로 돌아오는 백성을 아하와 강가에 모으고 무엇을 했습니까?
답/ 금식을 선포하고, 평탄한 길을 주실 것을 간구함

07문/ 에스라는 예루살렘에 모인 백성들에게 어떤 명령을 했습니까?
답/ 이방인 아내를 다 끊어 버리라고 함

08문/ 에스라가 돌아오도록 도움을 준 왕은 누구였습니까?
답/ 아닥사스다 왕

09문/ 학개가 살던 시대의 일이 기록된 성경은 무엇입니까?
답/ 에스라서

11문/ 느헤미야는 누구에게서 포로에서 제외된 유다 사람과 예루살렘 형편을 들었습니까?
답/ 하나니

12문/ 느헤미야는 하나니가 전해준 소식을 듣고 어떻게 했습니까?
답/ 앉아서 울고 수일동안 슬퍼하며 하나님 앞에 금식하며 기도함

13문/ 느헤미야는 예루살렘에 온지 3일 만에 무엇을 했습니까?
답/ 밤에 혼자 훼파된 성의 이곳 저곳을 돌아보았다.

14문/ 예루살렘 성벽이 중수되어 가자 산발랏과 도비야는 어떻게 했습니까?
답/ 분노하여 조롱하다가 무리를 선동하여 성벽 중수 작업을 방해함

15문/ 성벽을 건축하는 일꾼들은 일을 하면서 한 손에 무엇을 들고 있었습니까?
답/ 병기(칼)

16문/ 스마야는 어떤 사람입니까?
답/ 느헤미야를 해하여 성벽 건축을 중단 하려 하는 자들의 뇌물을 받고 거짓 예언한 자

17문/ 7월 1일에 수문 앞 광장에 모인 백성들은 무엇을 했습니까?
답/ 에스라가 낭독하는 율법을 듣고, 울었다.

18문/ 예루살렘 성곽의 봉헌식에서 레위인, 방백들, 모든 백성들은 어

떻게 하였습니까?
답/ 다 모여와서 감사하며, 노래하며, 각종 악기를 사용하여 찬송하여 하나님께 영광을 돌림

19문/ 느헤미야는 백성들이 안식일을 범하지 못하도록 어떤 조치를 내렸습니까?
답/ 예루살렘 성문을 닫아 물건을 가지고 내왕치 못하게 함

20문/ 느헤미야는 예루살렘 성문을 수축한 후에 예루살렘을 무슨 성이라고 불렀습니까?
답/ 거룩한 성

21문/ 아하수에로 왕의 영토는 크기가 어떠하였습니까?
답/ 인도로부터 구스까지 127도

22문/ 와스디 대신으로 왕후에 간택된 사람은 누구였습니까?
답/ 에스더

23문/ 하만이 모르드개를 미워한 까닭은 무엇이었습니까?
답/ 왕의 모든 신복이 다 하만에게 꿇어 절하였으나, 모르드개는 꿇지도, 절하지도 아니하면서 자신이 유다인이라는 사실을 알림

24문/ 하만이 내린 왕의 조서가 전국에 전달되자 모르드개와 모든 유대인들은 어떻게 했습니까?
답/ 옷을 찢고 굵은 베를 입고, 재를 무릅쓰고 크게 애통하며 금식함

25문/ 에스더는 왕에게 나아가기 전에 모르드개와 모든 유다인들에게 무엇을 부탁했습니까?
답/ 수산에 있는 모든 유다인을 모으고 에스더를 위하여 밤낮 3일간 금식하라고 부탁함

26문/ 왕이 에스더에게 소원을 요구하라고 말하자 그녀는 무엇을 부탁하였습니까?
답/ 하만이 자기와 모든 유다인을 살해할 계획을 하고 있음과, 이 음모를 물리쳐 줄 것을 요구함

27문/ 유다인들은 12월 14-15일을 무엇으로 삼았습니까?
답/ 자신들의 죽음을 면할 뿐아니라 그들의 원수를 보복한 날이므로 그 날을 명절로 여김(부림절)

28문/ 부림절을 지키도록 명령한 사람은 누구였습니까?
답/ 모르드개와 왕후 에스더

15. 욥기

01문/ 순전하고 정직하여 하나님을 경외하며 악에서 떠난 자는 누구입니까?
답/ 욥

02문/ 욥기 1:21에서, "가로되 내가 모태에서 적신이 나왔사온즉 또한 적신이 그리로 돌아 가올지라 주신 자도 여호와시요 취하신 자

도 여호와시니" 에 이어지는 말씀은 무엇입니까?
답/ "여호와의 이름이 찬송을 받을지니라."

03문/ 하나님께서 사단에게 욥을 시험하되, 무엇을 해하지 못하게 하셨습니까?
답/ 욥의 생명

04문/ 욥을 위로하기 위하여 방문한 세 친구는 누구누구였습니까?
답/ 데만 사람 엘리바스, 수아 사람 빌닷, 나아마 사람 소발

05문/ 엘리바스는 어떤 환상을 보고 어떤 말을 들었다고 했습니까?
답/ 분간치 못할 한 형상이 자신의 눈 앞에 서서, "인생이 어찌 하나님보다 의롭겠느냐 사람이 어찌 그 창조하신 이보다 성결하겠느냐" 는 말

06문/ 엘리바스는 욥에게 전능자의 경책을 업신여기지 말아야 할 이유를 무엇이라 했습니까?
답/ 하나님께 징계받은 자에게 복이 있기 때문에

07문/ 빌닷은 욥의 자녀들이 죽은 원인이 무엇이라고 했습니까?
답/ 그들이 하나님께 죄를 범하였기 때문에

08문/ 욥이 하나님께 간구하면서 알기를 원한 것은 무엇입니까?
답/ "무슨 연고로 나를 더불어 쟁변하시는지 나로 알게 하옵소서"

09문/ 욥은 세 친구에게 그들의 변론이 어리석음을 말하고, 자신은 누구와 변론하기를 원한다고 했습니까?

답/ 하나님

10문/ 욥은 그의 친구들의 변론을 무엇이라고 반박했습니까?
답/ 모두가 거짓뿐이다.

11문/ 욥은 지혜와 명철을 어떻게 해야 얻을 수 있다고 했습니까?
답/ 주를 경외함이 곧 지혜요, 악을 떠남이 명철이다.

12문/ 엘리후는 자기의 의를 어떻게 표현했습니까?
답/ 나는 결코 사람의 낯을 보지 아니하며 사람에게 아첨하지 않음

13문/ 엘리후는 욥을 어떻게 정죄 했습니까?
답/ 악인의 받을 벌이 네게 가득 하였고 심판과 공의가 너를 잡았다.

14문/ "내가 그의 입술의 명령을 어기지 아니하고" 다음에 이어지는 말씀은 무엇입니까?
답/ "일정한 음식보다 그 입의 말씀을 귀히 여겼구나."

15문/ 여호와께서는 욥에게 어떤 태도로 묻는 것을 대답하라고 말씀하셨습니까?
답/ 대장부처럼 허리를 묶고 묻는 말씀에 대답하라.

16문/ 여호와께서 엘리바스와 그의 두 친구에게 하신 말씀은 무엇입니까?
답/ 그들의 말이 욥의 말 같이 정당하지 못하므로 그들에게 노한다고 하심

17문/ "내가 내 의를 굳게 잡고 놓지 아니하리니 일평생 내 마음이 나를 책망치 아니하리라." 고 말한 사람은 누구입니까?

답/ 욥

18문/ 욥이 자기 눈과 세운 언약은 무엇입니까?

답/ 처녀를 주목하지 않음

19문/ 알을 땅에 버려두어 모래 위에서 더워지게 하여 새끼를 얻는 짐승은 무엇입니까?

답/ 타조

20문/ 욥이 시련을 이긴 후에 받은 복은 무엇입니까?

답/ 욥에게 그전 소유보다 갑절이나 더 하셨고, 아들 일곱과 딸 셋을 주심

21문/ 욥은 시련을 이긴 후에 얼마나 살았습니까?

답/ 140년간을 살며 아들과 손자 4대를 보았다.

16. 시편

01문/ 시편은 모두 몇 권이며, 각권의 편수는 어떻게 됩니까?

답/ 5권, 제1권: 1-14편, 제2권: 42-72편, 제3권: 73-89편, 제4권: 90-106편, 제5권: 107-150편

02문/ 복 있는 사람의 증거된 행동은 무엇입니까?

답/ 여호와의 율법을 즐거워하여 그 율법을 주야로 묵상함

03문/ 여호와께서 사람의 마음에 두신 기쁨은 무엇보다 더합니까?
답/ 곡식과 새 포도주의 풍성할 때보다 더하다.

04문/ 여호와의 말씀의 순결함을 시인은 무엇으로 비유했습니까?
답/ 흙 도가니에 일곱 번 단련한 은

05문/ 많은 정금보다 더 사모할 것이며, 꿀과 송이꿀보다 더 단 것은 무엇입니까?
답/ 여호와의 규례

06문/ 시인은 여호와께서 자신을 버리지 않으실 것을 어떻게 표현했습니까?
답/ "내 부모는 나를 버렸으나, 여호와는 나를 영접하시리이다."

07문/ 사람은 자신의 죄를 어떻게 하여 사하심을 얻습니까?
답/ 자신의 죄악을 여호와께 숨기지 않고 자복하였으므로

08문/ 자비한 자가 받는 복 2 가지는 무엇입니까?
답/ 재앙의 날에 건지시고, 질병과 원수에게서 구원을 주심

09문/ 어떤 사람이 환난 날에 하나님을 찾아 부르면 건져 주십니까?
답/ 감사로 하나님께 제사를 드리며 지극히 높으신 자에게 서원을 갚는 자

10문/ 시인은 악인의 무엇을 주께 간구했습니까?
답/ 악인이 여호와 앞에서 보복당함

11문/ 하나님은 어떤 자들의 사정을 알고 재판하는 재판장이십니까?
답/ 고아의 아버지시며 과부의 재판장이시다.

12문/ 시인은 이스라엘을 무슨 나무로 비유해서 말하였습니까?
답/ 포도나무

13문/ 의인의 번영은 무엇과 같이 이루어진다고 노래하였습니까?
답/ 종려나무 같이 번성하며, 레바논의 백향목 같이 발육한다.

14문/ 여호와께서 이스라엘을 구원해주심은 어떤 이유 때문입니까?
답/ 아브라함, 이삭, 야곱에게 주신 언약 때문에

15문/ 종의 눈이 그 상전의 손을, 여종의 눈이 그 주모의 손을 바람 같음은 무엇을 기다리는 자세입니까?
답/ 여호와의 긍휼을 기다림

16문/ 시인이 파숫군이 아침을 기다림보다 더 기다린 것은 무엇입니까?
답/ 시인의 영혼이 여호와를 기다림

17문/ 여호와께서는 어떤 사람을 가까이 해주십니까?
답/ 하나님께 간구하는 모든 자들

18문/ 다윗의 시에서 산성으로 표현되는 분은 누구이십니까?
답/ 여호와(하나님)

19문/ 시온을 미워하는 자를 가리켜 무엇과 같다고 했습니까?
답/ 지붕의 풀

20문/ "여호와는 나의 빛이요 ( )이시니 내가 누구를 두려워 하리요" 에서 알맞은 말은 무엇입니까?
답/ 구원

22문/ 여호와께 노래하며 우리 구원의 반석을 향하여 즐거이 부를 때, 어떤 마음으로 하나님께 나아가야 합니까?
답/ 감사함으로

23문/ 시인이 어려서부터 늙기까지 보지 못했던 의인에 대한 것은 무엇입니까?
답/ 의인의 버림을 당하거나 그 자손이 걸식함

24문/ 울며 씨를 뿌리러 나가는 자는 어떤 결과를 보게 됩니까?
답/ 정녕 기쁨으로 그 단을 가지고 돌아옴

25문/ 악인은 그 모든 사상에서 무엇을 증거합니까?
답/ 하나님이 없다는 것

26문/ 여호와께서 귀중히 보시는 것은 무엇입니까?
답/ 성도의 죽음

27문/ 건축자의 버린 돌이 집 모퉁이의 무엇이 되었습니까?
답/ 머릿돌

28문/ "저가 이스라엘 집에 향하신 (   )와 (   )을 기억하셨으므로 땅의 모든 끝이 우리 하나님의 구원을 보았도다"에서 알맞은 말은 무엇입니까?
답/ 인자, 성실

29문/ 시인은 주의 인자가 무엇보다 나으므로 주를 찬양하였습니까?
답/ 생명

30문/ "주의 권능의 날에 주의 백성이 거룩한 옷을 입고 즐거이 헌신하니" 어떠하다고 하였습니까?
답/ 새벽 이슬 같은 주의 청년들이 주께 나옴

31문/ 시인은 자신의 입 안에 무엇을 세워달라고 노래하였습니까?
답/ 파수군

17. 잠언

01문/ 잠언을 기록한 이들 중, 이름이 밝혀진 이들은 누구입니까?
답/ 솔로몬, 아굴, 르무엘

02문/ 어리석은 자를 슬기롭게 하며 젊은 자에게 지식과 근신함을 주기 위해서 기록된 책은 무엇입니까?

답/ 잠언

03문/ 누가 인간에게 지혜를 갖도록 하십니까?

답/ 여호와

04문/ 선을 베풀 힘이 있을 때, 아끼지 말며, 연기하지 말아야 할 일은 무엇입니까?

답/ 구제

05문/ 유부녀를 어떻게만 하여도 죄를 짓는 것이라고 했습니까?

답/ 그를 만지기만 해도

06문/ 지혜의 주소는 어디라고 했습니까?

답/ 명철

07문/ 지혜는 원래 누가 가졌던 것입니까?

답/ 여호와

08문/ 의인의 수고와 악인의 소득은 각각 무엇에 이르게 됩니까?

답/ 의인의 수고는 생명에 이르고 악인의 소득은 죄에 이름

09문/ 잠언 11:25에서, 구제를 좋아하는 자와 남을 윤택하게 하는 자에게 약속된 것은 무엇입니까?

답/ 풍족, 윤택

10문/ 지혜로운 자와 동행하면 지혜를 얻는 반면에, 미련한 자와 사귀

면 무엇을 받습니까?

답/ 해

11문/ 잠언 15:1에서, "유순한 대답은 분노를 쉬게 하여도" 다음에 이어지는 말씀은 무엇입니까?

답/ "과격한 말은 노를 격동하느니라"

12문/ 존귀의 앞잡이가 되는 것은 무엇입니까?

답/ 겸손

13문/ 사람의 행위가 여호와를 기쁘시게 하면 그 결과가 어떻게 됩니까?

답/ 여호와께서 그 사람의 원수라도 그로 더불어 화목하게 해주심

14문/ 사람이 제비는 뽑으나 일을 작성하기는 누구에게 있다고 하였습니까?

답/ 여호와

15문/ 가난한 자를 불쌍히 여기는 것은 어떤 행위가 됩니까?

답/ 여호와께 꾸이는 것

16문/ 잠언 21장에서, 의와 공평을 행하는 것의 가치를 어떻게 설명합니까?

답/ 제사드림보다 여호와를 더 기쁘시게 함

17문/ 경우에 합당한 말은 무엇과 같습니까?

답/ 아로새긴 은쟁반의 금사과

18문/ 슬기로운 자의 책망은 청종하는 자에게 무엇과 같습니까?
답/ 핀 숯으로 그의 머리에 놓은 것과 같다.

19문/ 면책은 무엇보다 나은 것입니까?
답/ 숨은 사랑

20문/ 잠언 28:20에서, "충성된 자는 복이 많아도 속히 부하고자 하는 자는" 에 이어지는 말씀은 무엇입니까?
답/ "형벌을 면치 못하리라"

21문/ 의인이 많아지면 백성이 즐거워하나 악인이 권세를 잡으면 백성이 어떻게 하게 됩니까?
답/ 탄식

22문/ 그 값이 진주보다 귀한 존재는 무엇입니까?
답/ 현숙한 여인

18. 전도서-아가

01문/ 전도자는 세상의 모든 것을 어떠하다고 말했습니까 ?
답/ 모든 것이 헛되다

02문/ 전도자는 무엇을 얻으려 노력하였습니까?
답/ 지혜와 미친 것과 미련한 것을 알고자

03문/ 인생의 생애에 있어서 가장 보람된 것은 무엇이라 했습니까?

답/ 사람이 사는 동안에 기뻐하며 선을 행하는 것

04문/ 우매자의 제사 드리는 것보다 지혜있는 자의 무엇이 낫다고 했습니까?

답/ 하나님의 전에 가까이 하여 말씀을 듣는 것

05문/ 사람에게 재물과 부요를 주사 능히 누리게 하신 것은 누구의 선물입니까?

답/ 하나님의 선물

06문/ 사람의 지혜는 그 사람의 모습을 어떻게 변화시킵니까?

답/ 사람의 지혜는 그 사람의 얼굴에 광채나게 한다.

07문/ 근심과 악에 대하여 청년에게 준 교훈은 무엇입니까?

답/ 근심으로 네 마음에서 떠나게 하며 악으로 네 몸에서 물러가게 하라

08문/ 청년의 때에 마땅히 해야 할 것은 무엇입니까?

답/ 창조자를 기억함

09문/ 하나님께서 사람에게 무엇을 사모하는 마음을 주셨습니까?

답/ 영원

10문/ 전도서 기자가 쉽게 끊어지지 않는다고 한 것은 무엇입니까?

답/ 삼겹줄

11문/ 게으른즉 석가래가 퇴락하고 손이 풀어진즉 어떻게 된다고 하였습니까?
답/ 집이 새느니라

12문/ 우매자의 마음이 연락하는 집에 있는 반면에, 지혜자의 마음은 어디에 있다고 했습니까?
답/ 초상집

13문/ 아가서에서 신부는 자신의 모양을 어떠하다고 했습니까?
답/ 검으나 아름답다

14문/ 아가서에서 신랑과 신부의 일체됨을 어떻게 표헌습니까?
답/ 나의 사랑하는 자는 내게 속하였고 나는 그에게 속하였다.

15문/ 솔로몬의 연은 무엇으로 만들었습니까?
답/ 레바논의 나무

16문/ 신랑은 신부를 몇 가지 칭호로 불렀습니까?
답/ 나의 누이, 나의 사랑, 나의 비둘기, 나의 완전한 자

17문/ 신부는 왕의 모든 왕후와 비빈과 시녀들로부터 어떤 칭찬의 말을 들었습니까?
답/ 복된 자

18문/ 신부는 그 자신이 누구에게 속하였다고 고백하였습니까?
답/ 그의 사랑하는 신랑에게 속하였다.

19문/ 사랑하는 자를 어떻게 마음에 간직하여 두라고 했습니까?
답/ 인 같이 마음에 품고, 도장 같이 팔에 두라.

20문/ "(　　)아 일어나라. (　　)아 오라. 나의 동산에 불어서 향기를 날리라. 나의 사랑하는 자가 그 동산에 들어가서 그 아름다운 실과 먹기를 원하노라" 에서 알맞은 말은 무엇입니까?
답/ 북풍, 남풍

21문/ 사랑의 노래에서 암사슴 쌍태 새끼 같은 것은 무엇을 가리킵니까?
답/ 두 유방

22문/ 솔로몬의 왕후는 모두 몇 명이나 되었습니까?
답/ 60 명

19. 이사야

01문/ 여호와께서 소돔의 관원들과 고모라의 백성들에게 원하신 것은 무엇입니까?
답/ 헛된 재물을 드리려 하지 말고 스스로 회개하여 선행을 함

02문/ 여호와의 날에 자고한 자와 교만한 자는 어떻게 될 것이라고 했습니까?
답/ 자고한 자는 굴복되며 교만한 자는 낮아짐

03문/ 이스라엘 족속과 유다 사람을 무엇으로 비유하셨습니까?

답/ 이스라엘 족속: 포도원, 유다 사람: 포도나무

04문/ 이사야 6장에서 이사야의 입술에 숯을 댄 천사는 누구입니까?
답/ 스랍

05문/ 임마누엘의 뜻은 무엇입니까?
답/ 하나님이 우리와 함께 하심

06문/ 여호와의 진노의 막대기요 그 손의 몽둥이는 여호와의 분한으로 사용된 것은 누구입니까?
답/ 앗수르 사람들

07문/ 지혜와 총명의 신, 모략과 재능의 신, 지식과 여호와를 경외하는 신은 무엇을 가리킵니까?
답/ 여호와의 신

08문/ 나라의 패망을 가져온 모압의 죄과는 무엇이었습니까?
답/ 거만하고 교만한 것

09문/ 애굽은 고난을 당한 후에는 어떻게 될 것이라 했습니까?
답/ 그들이 여호와를 의지하므로 여호와께서 그들을 구원하심

10문/ 구스와 애굽이 앗수르에게 포로될 것을 3년 동안 벗은 몸과 벗은 발로 다니며 예언했던 선지자는 누구입니까?
답/ 이사야

11문/ 여호와와 이스라엘의 관계를 어떻게 말했습니까?
답/ 여호와는 포도원지기로, 이스라엘은 포도원으로

12문/ 아리엘은 어느 곳을 가리킨 말입니까?
답/ 예루살렘

13문/ 유다가 애굽을 의지하는 것이 여호와 앞에 죄가 되는 이유는 무엇입니까?
답/ 여호와를 의지하지 않고 애굽의 사람과 군대의 강함을 의지하였기 때문에

14문/ 하나라도 빠진 것이 없고 하나도 그 짝이 없는 것이 없는 책은 무엇입니까?
답/ 여호와의 책

15문/ 히스기야 왕은 산헤립의 공격으로 심히 두려워한 나머지 그의 신하를 누구에게 보내어 하나님께 기도할 것을 요청했습니까?
답/ 이사야

16문/ 히스기야 왕은 여호와께 눈물로 호소함으로 그의 수명이 몇 년간 더 연장되었습니까?
답/ 15년

17문/ 주께서 심지가 견고한 자를 평강에 평강으로 지키시는 이유는 무엇입니까?
답/ 그가 주를 의뢰하기 때문에

18문/ 피곤한 자에게 능력을 무능한 자에게 힘을 더하시기로 약속하신 분은 누구입니까?

답/ 여호와

19문/ 리워야단이란 무엇의 이름입니까?

답/ 뱀

20문/ 연기 나는 두 부지깽이는 누구를 가리킵니까?

답/ 아람 왕. 르신, 이스라엘 왕 베가

21문/ 모든 물가에서 씨를 뿌리고 소와 나귀를 그리로 모는 자들에게 약속된 것은 무엇입니까

답/ 복

22문/ 여호와의 백성 이스라엘을 구원하시는 도구로 사용하실 것이 예언된 사람은 누구였습니까?

답/ 바사 왕 고레스

23문/ 이스라엘 백성이 여호와의 명령을 거역하지 않고 순종하였더라면 어떤 복을 주셨으리라고 하셨습니까?

답/ 평강이 강과 같이, 의가 바다 물결 같았을 것이며, 자손이 모래 알갱이 같이 많았을 것

24문/ 이사야 54장에서, 만군의 여호와는 그 자신을 이스라엘 백성과 어떤 관계에 있다고 하셨습니까?

답/ 그 백성의 남편

25문/ 여호와께서는 어떤 자와 함께 하실 것을 말씀하셨습니까?
답/ 통회하고 마음이 겸손한 자

26문/ 여호와의 종 메시야가 오시면 무엇을 하신다고 하셨습니까?
답/ 가난한 자에게 아름다운 소식을 전하고, 마음이 상한 자를 고치며, 포로된 자에게 자유를, 갇힌 자에게 놓임을 전파하며, 여호와의 은혜의 해와 신원의 날을 전파하여 모든 슬픈 자를 위로하신다.

27문/ 그날에 대로가 있어 서로 왕래하고 여호와께서 복을 주시리라 하신 나라 셋은 어디입니까?
답/ 이스라엘, 애굽, 앗수르

20. 예레미야-예레미야애가

01문/ 예레미야서의 저자는 누구입니까?
답/ 예레미야와 바룩

02문/ 여호와께서 예레미야에게 보여주신 두 가지 환상은 무엇이었습니까?
답/ 살구나무가지, 끓는가마

03문/ 예루살렘의 거민들의 악이 무엇과 같이 나타난다고 하셨습니까?
답/ 샘물이 솟아오르는 것과 같이 악을 발한다.

04문/ 아와뭇 사람들의 죄악은 무엇이었습니까?

답/ 예레미야에게 여호와의 이름으로 예언치 말라, 두렵건대 우리 손에 죽을까 하노라고 말하며 위협한 것

05문/ 예레미야가 얻어먹고 기쁨과 즐거움이 된 것은 무엇입니까?
답/ 주의 말씀

06문/ 여호와께서 범죄한 백성을 징벌하실 것을 누가 그 앞에 와서 구한다 하더라도 철회하지 아니하시리라고 하셨습니까?
답/ 모세와 사무엘

07문/ 여호와께서 예레미야가 토기장이의 오지병을 사서 깨뜨린 뜻은 무엇입니까?
답/ 오지병이 깨뜨려진 후에 다시 완전하게 될 수 없듯이 유다의 멸망도 그와 같이 될 것이라는 교훈

08문/ 바벨론이 쳐들어 올 때에 여호와께서는 유다 백성에게 진노하셔서 어떤 재앙을 내리시겠다고 하셨습니까?
답/ 염병, 칼, 기근

09문/ 여호와께서 한 의로운 가지를 일으켜 그로 왕이 되게 하실 것을 예언 했는데, 그는 누구입니까?
답/ 메시야(예수님)

10문/ 유다 왕국이 몇 년간 바벨론의 정복하에 그들을 섬기게 될 것이라고 했습니까?
답/ 70년간

11문/ 거짓 선지자 하나냐가 그의 목에서 멍에를 취하여 꺾어 버린 후 거짓예언을 하는 것을 듣고 예레미야는 무엇을 예언했습니까?
답/ 나무멍에를 꺾었으나 그 대신 쇠 멍에로 이 모든 나라의 목에 둘 것을 예언했다.

12문/ 여호와께서 이스라엘과 유다에게 세우실 새 언약은 무엇이라 하셨습니까?
답/ 내가 나의 법을 그들의 속에 두며 그 마음에 기록하여 나는 그들의 하나님이 되고 그들은 내 백성이 될 것이라.

13문/ 유다 백성들은 바룩이 낭독한 예레미야의 예언의 말을 듣고 어떻게 했습니까?
답/ 모든 백성이 여호와 앞에서 금식을 선포하였다.

14문/ 예레미야는 바벨론 군대가 예루살렘을 떠난 후에도 계속해서 무엇을 예언했습니까 ?
답/ 유다가 바벨론에게 멸망 당할 것을 거듭 강조하였다.

15문/ 예레미야는 예루살렘이 함락되기까지 어디에 감금되어 있었습니까?
답/ 시위대 뜰

16문/ 바벨론으로 결박되어 끌려가던 예레미야를 해방하여 준 사람은 누구인가/
답/ 시위대장 느부사라단(40:1-6)

17문/ 예루살렘이 바벨론에게 함락된 후에 유다의 남은 백성들이 예레미야에게 무엇을 호소했습니까?
답/ 여호와께 기도하여 그들이 갈 길과 할 일을 보여 줄 것을 호소함

18문/ 여호와께서는 그의 명령을 불복하고 애굽으로 간 유다 백성이 어떻게 될 것이라고 하셨습니까?
답/ 다 칼과 기근에 멸절되고 오직 소수의 사람이 남아 유다 땅으로 다시 돌아올 것을 말씀하셨다.

19문/ 예레미야의 모압에 대한 예언은 어떤 내용인가?
답/ 모압이 자기 힘을 믿고 스스로 안전한 것으로 생각하였으므로 여호와께서는 모압이 큰 재난을 당한다. 그러나 말일에는 모압이 다시 회복할 것이다.

20문/ 예레미야는 바벨론의 멸망에 대한 그의 예언의 기록을 누구를 통해서 바벨론으로 보냈습니까?
답/ 스마야

21문/ 바벨론왕 느부갓네살이 3차에 걸쳐 포로로 잡아간 간 유다 백성은 모두 몇명입니까?
답/ 제1차-3,023 명, 제2차-832 명, 제3차-745 명, 총 4,600 명

22문/ 예레미야서에서 나오는 바벨론의 군대를 의미하는 말은 무엇입니까?
답/ 끓는 가마

23문/ 예루살렘이 멸망을 당한 후에 예레미야가 간 곳은 어디입니까?
답/ 애굽

24문/ 예레미야가 바벨론 포로 사건에 대하여 예고한 것은 무엇입니까?
답/ 유대인이 70년간 포로생활 후 돌아오리라는 것

25문/ 시온의 도로가 처량함은 무엇 때문이라고 했습니까?
답/ 백성들이 사로잡혀 갔으므로 절기가 되어도 시온의 도로에 나아가는 사람이 없기 때문에

26문/ 예레미야애가의 저자는 예루살렘의 패망을 보고 그 슬픔을 어떻게 표현했습니까?
답/ 내 눈이 눈물에 상하며, 내 창자가 끓으며 내 간이 땅에 쏟아짐

27문/ 고초와 재난 속에서 낙심되지만 낙심 중에 소망을 가지게 된 이유는 무엇입니까?
답/ 여호와는 자비와 긍휼이 무궁하시므로 고초와 재난으로 진멸되지 아니할 것을 믿었기 때문에

28문/ 소돔의 죄악보다 중하다는 것은 누구의 죄를 말합니까?
답/ 유다 백성의 죄

29문/ 유다의 대적은 부녀들과 처녀들을 어떻게 했습니까?
답/ 대적이 시온에서 부녀들을 유다 각 성에서 처녀들을 욕보였다.

30문/ 유다의 멸망에서 결국, 예루살렘 성곽과 성전은 누가 파괴했습

니까?
답/ 여호와

31문/ "슬프다 성이여 본래는 거민이 많더니 이제는 어찌 그리 적막히 앉았는고"에서 이 성은 어디를 가리킵니까?
답/ 예루살렘 성

21 에스겔

01문/ 에스겔이 환상으로 본 생물의 네 얼굴은 각각 무엇이었습니까?
답/ 앞은 사람의 얼굴, 우편은 사자의 얼굴, 좌편은 소의 얼굴, 뒤는 독수리의 얼굴

02문/ 에스겔을 이스라엘 족속에게로 보내시면서 어떻게 예언하라고 하셨습니까?
답/ 그들이 심히 패역하므로, 듣든지 아니 듣든지 너는 내 말로 고하라.

03문/ 여호와께서는 에스겔을 이스라엘 족속의 무엇으로 세우셨다고 하셨습니까?
답/ 파숫군

04문/ 포로된 지 6년 6월 5일에 여호와께서는 다시 환상을 보이시며, 에스겔을 어디로 이끌어 가셨습니까?
답/ 예루살렘

05문/ 에스겔이 그발 강가에서 환상중에 본 생물들의 이름은 무엇입니까?
답/ 그룹

06문/ 예루살렘에 내려지는 네 가지의 중한 벌은 무엇입니까?
답/ 칼, 기근, 사나운 짐승, 온역

07문/ 독수리에게 꺾인 백향목 연한 가지와 포도나무 가지는 누구를 가리킵니까?
답/ 백향목 연한 가지: 여호야김 왕, 포도나무 가지: 시드기야 왕

08문/ 사마리아와 예루살렘을 두 음란한 여인으로 비유했는데 그들의 이름은 무엇입니까?
답/ 사마리아: 오홀라, 예루살렘: 오홀리바

09문/ 여호와께서는 에스겔에게 녹슨 가마를 걸고 물을 붓고 양을 잡아 각을 떠서 그 뼈가 무르도록 삶으라고 하셨는데, 이때의 녹슨 가마는 무엇을 비유하는 것입니까?
답/ 예루살렘

10문/ 암몬 족속이 멸망하게 된 원인은 무엇입니까?
답/ 유다 왕국이 멸망할 때에 기뻐한 것이다(25:3)

11문/ 여호와께서 보내어 두로를 쳐서 파하게 한 사람은 누구입니까?
답/ 바벨론 왕 느부갓네살

12문/ 애굽을 몇 년 동안 황무하게 하실 것이라 하셨습니까?
답/ 40년

13문/ 이스라엘 백성들이 언제 여호와의 백성이 되고 여호와는 그들의 하나님이 되십니까?
답/ 흩어진 이스라엘 족속을 다시 그들의 고국으로 돌아오게 될 때

14문/ 에스겔에게 여호와께서 두 막대기에 대하여 명하신 것은 무엇입니까?
답/ 막대기 하나에는 유다와 이스라엘 자손이라고 쓰고, 다른 막대기에는 요셉과 그 짝 이스라엘 온 족속이라고 쓰고 그 두 막대기를 합하여 하나가 되게 하라 하심

15문/ 예루살렘에서 에스겔이 환상으로 본 놋같이 빛난 사람은 무엇을 측량하였습니까?
답/ 성전

16문/ 성전 동향 바깥쪽 문을 닫고 다른 사람이 들어오지 못하게 한 이유는 무엇입니까?
답/ 여호와께서 그 길로 들어 오셨기 때문에

17문/ 에스겔은 성전 문에서 무엇을 보았습니까?
답/ 성전의 문지방 밑에서 물이 나와서 동으로 흐르다가 전 우편 제단 남편으로 흘러내리는 것

18문/ 에스겔이 본 강가의 좌우에는 무엇이 많이 있었습니까?

답/ 나무

19문/ 회복하여 구별된 성읍의 이름을 무엇이라 했으며, 그 뜻은 무엇입니까?
답/ 여호와삼마, 그 뜻은 "여호와께서 거기 계시다" 이다.

22. 다니엘

01문/ 느부갓네살 왕은 유다 왕국에서 포로로 끌고 온 백성 중에 누구를 뽑아 훈련을 시켰습니까?
답/ 이스라엘 자손 중에서 흠이 없고 아름다우며 모든 재주를 통달하며 지식이 구비하며 학문에 익숙한 왕족과 귀족 몇 사람

02문/ 다니엘, 하나냐, 미사엘, 아사랴는 어떻게 이름이 고쳐졌습니까?
답/ 다니엘: 벨드사살, 하나냐: 사드락, 미사엘: 메삭, 아사랴: 아벳느고

03문/ 하나님은 다니엘을 비롯한 네 소년에게 무엇을 허락하셨습니까?
답/ 모든 학문과 재주를 명철케 하셨고, 다니엘에게는 모든 이상과 몽조를 깨달아 알 수 있게 하심

04문/ 다니엘은 느부갓네살왕의 꿈을 그에게 알게 하신 분이 누구라고 고백했습니까?
답/ 하늘에 계신 하나님

05문/ 다니엘의 꿈 해몽을 들은 느부갓네살 왕은 그에게 어떻게 했습

니까?

답/ 왕이 다니엘에게 엎드려 절하고 예물과 향품을 주고, 다니엘로 바벨론 온 도를 다스리게 하며, 바벨론 모든 박사의 어른으로 삼음

06문/ 느부갓네살 왕이 평지에 만들어 세운 금 신상의 크기는 얼마나 되었습니까?

답/ 높이 60규빗, 넓이 6규빗

07문/ 금 신상에 절하지 않은 사드락, 메삭, 아벳느고를 느부갓네살 왕은 어떻게 처벌했습니까?

답/ 풀무를 평일보다 7배나 더 뜨겁게 하게 한 후에 그들을 결박한 채 그 속에 던짐

08문/ 벨사살 왕이 잔치를 배설하고 귀인들과 더불어 즐거워 할 때에 어떤 일이 일어 났습니까?

답/ 사람의 손가락이 나타나서 왕궁 촛대 맞은편 분벽에 "메네 메네 데겔 우바르신" 이라는 글자를 썼다.

09문/ 다니엘은 다리오 왕으로부터 어떤 대우를 받았습니까?

답/ 다니엘을 총리 중의 하나로 삼았으며, 다니엘이 총리들 중에서도 뛰어나므로 전국을 다스리는 권한을 주려함

10문/ 다니엘의 기도생활은 어떠 하였습니까?

답/ 하루 3회씩 무릎을 꿇고 기도하되, 자기 방의 예루살렘으로 향한 창문을 열고 기도했다.

11문/ 총리들과 방백들의 고소로 다니엘이 사자굴에 던져졌으나 그에게 조금도 상하지 않음을 본 다리오왕은 무엇을 명하였습니까?
답/ 다니엘을 참소한 사람들을 사자굴에 던져 넣게 하였으며, 조서를 내려 다니엘의 하나님을 섬기라고 명령함

12문/ 다니엘이 꿈에 본 인자 같은 이에게 무엇이 주어졌습니까?
답/ 권세와 영광과 나라를 주고 모든 백성과 나라들과 각 방언 하는 자도 그를 섬기게 하였는데, 그가 가진 권세는 영원한 권세였으며 그의 나라는 폐하지 아니할 것이었다.

13문/ 다니엘이 본 꿈이 네 짐승은 무엇을 상징한 것이었습니까?
답/ 네 왕

14문/ 다니엘의 두 번째 이상을 그에게 해석한 천사는 누구였습니까?
답/ 천사 가브리엘

15문/ 다니엘은 예루살렘의 황무한 연한을 깨닫고 무엇이라고 기도했습니까?
답/ 금식하며 베옷을 입고 재를 무릅쓰고, 여호와께서 긍휼을 베푸사 이스라엘을 회복시켜 주시도록

16문/ 큰 환난 때에 미가엘이 이스라엘 민족을 호위하여 구원얻을 자는 누구라고 했습니까?
답/ 백성 중 책에 기록된 모든 자

17문/ 다니엘이 이상 중에 받은 복된 마지막 날의 상징적인 일수는 얼

마입니까?
답/ 1335일

23. 호세아

01문/ 호세아가 예언활동을 한 나라는 어디입니까?
답/ 이스라엘

02문/ 여호와께서 호세아로 음란한 여자와 혼인하게 하셨고, 음란한 자식을 낳도록 하신 이유는 무엇입니까?
답/ 이스라엘 백성을 교훈하시려 함

03문/ 여호와께서 이스라엘 백성이 훗날 회복될 때에 그 형제에게는 무엇이라 하며 그 자매에게는 무엇이라 하라고 하셨습니까?
답/ 형제: 암미(내 백성), 자매: 루하마(긍휼히 여김을 받는 자)

04문/ 하나님께서는 아골 골짜기로 무엇을 삼아 주신다고 하셨습니까?
답/ 소망의 문

05문/ 이스라엘 백성이 무엇이 없음으로 망하게 되었다고 했습니까?
답/ 지식이 없음므로

06문/ 여호와께서는 그들을 버리신 후에 언제까지 기다리십니까?
답/ 죄를 뉘우치고 여호와의 얼굴을 구하기까지

07문/ 호세아 6:1에서, "오라 우리가 여호와께로 돌아가자. 여호와께서 우리를 찢으셨으나 도로 낫게 하실 것이요" 에 이어지는 말씀은 무엇입니까?

답/ "우리를 치셨으나 싸매어 주실 것임이라."

08문/ 이스라엘 백성들은 여호와를 의지하는 대신에 누구를 의지하려 했습니까?

답/ 애굽과 앗수르

09문/ 이스라엘 백성들이 만든 송아지 우상은 장차 어떻게 될 것이라고 했습니까?

답/ 앗수르로 옮겨가서 야렙 왕에게 예물로 드려짐

10문/ 호세아 선지는 이스라엘 백성에게 의를 심고 긍휼을 거두며, 또 무엇을 하라고 외쳤습니까?

답/ 너희 묵은 땅을 기경하라.

11문/ 아침 구름 같으며 쉽게 사라지는 이슬 같으며, 타작마당에서 광풍에 날리우는 쭉정이 같으며 굴뚝에서 나가는 연기 같음은 누구를 가리키는 것이었습니까?

답/ 이스라엘 백성 중에 우상을 섬기는 자들

12문/ 이스라엘을 회복하실 때, 그들은 어떻게 되리라고 했습니까?

답/ 이스라엘이 백향목과 같고 백합화와 감람나무와 포도나무 같을진데 여호와는 이슬과 같이 그들에게 은혜를 주심

13문/ 여호와의 도는 어떤 것이라 하셨습니까?
답/ 여호와의 도는 정직하니 의인이라야 그 도에 행하리라.

24. 요엘-오바댜

01문/ 요엘은 누구의 아들입니까?
답/ 브두엘

02문/ 과실과 곡식이 없어지되 무엇까지 끊어졌다고 했습니까?
답/ 여호와의 전에 드릴 소제와 전제를 드리지 못하여 끊어졌다.

03문/ 이스라엘 백성들에게 옷을 찢지 말고 무엇을 찢어 회개하라고 했습니까?
답/ 마음을 찢어서

04문/ 여호와께서 유다와 예루살렘의 사로잡힌 자를 돌아오게 하실 때에 만국을 어디에서 국문하리라 하셨습니까?
답/ 여호사밧 골짜기 (3:2)

05문/ 여호와의 말에 여호와께서는 그의 백성에게 무엇이 될 것이라 하셨습니까?
답/ 백성의 피난처와 산성이 되리라 하셨다. (3:16)

06문/ 요엘서에서는 여호와의 신을 누구에게 부어주신다고 하였습니까?
답/ 남종과 여종

07문/ 모든 육체들 위에 영이 오심을 예언한 선지자는 누구입니까?
답/ 요엘

08문/ 아모스가 예언한 시기는 언제였습니까?
답/ 유다 왕 웃시야의 시대요, 동시에 이스라엘 왕 요아스의 아들 여로보암 2세의 시대

09문/ 여호와께서 에돔을 벌하시기로 하신 까닭은 무엇입니까?
답/ 그들이 칼로 그 형제를 쫓아가며 긍휼을 버리고 노가 항상 맹렬하여 분을 끝없이 품어서

10문/ 여호와께서 유다를 벌하시려 하신 이유는 무엇입니까?
답/ 그들이 여호와의 율법을 멸시하며 그 율례를 지키지 아니하고 그 열국의 따라가던 거짓 것에 미혹되었기 때문에

11문/ 재앙은 누구의 시키심이 없이는 성읍에 임하지 못합니까?
답/ 여호와의 시키심 없이는 임하지 못함

12문/ 여호와께서는 이스라엘 백성에게 누구를 찾아야 살 것이라고 하셨습니까?
답/ 여호와를 찾아야 살리라

13문/ 아모스가 본 환상의 종류 5 가지는 무엇입니까?
답/ 황충, 한재, 다림줄, 여름 실과 한 광주리, 단 곁에 서서 말씀하시는 여호와

14문/ 여호와께서는 열방은 멸망시키나 이스라엘은 어떻게 히시겠다 고 하셨습니까?

답/ 이스라엘을 멸하시나 온전히 멸하시지는 아니 하심

15문/ 누가 아모스에게 벧엘에서 예언 하지 못하게 했습니까?

답/ 아마샤

16문/ 아모스가 본 여름 실과 한 광주리의 의미는 무엇입니까?

답/ 이스라엘의 끝이 이르렀다.

17문/ 여호와께서는 에돔의 죄가 무엇이라고 지적하셨습니까?

답/ 그들은 바위 틈에 거하며 높은 곳에 살면서 그들 스스로 교만한 생각을 갖는 것

18문/ 에돔이 유다 자손이 재앙을 당하는 날에 어떤 태도를 취한 것이 죄라고 하셨습니까?

답/ 방관하며 기뻐하였는데 그것이 죄다.

19문/ 여호와께서 에돔을 벌하시되 어떻게 벌하겠다고 하셨습니까?

답/ 너의 행한 것이 네 머리로 돌아갈 것이라.

20문/ 야곱 족속과 요셉 족속은 무엇이 되며 에서 족속은 무엇이 되리라 하셨습니까?

답/ 야곱 족속—불, 요셉 족속—불꽃, 에서 족속—초개

21문/ 에돔이 수치를 입고 연연히 멸절된 원인은 무엇입니까?

답/ 형제 야곱에 행한 포악으로

25. 요나-하박국

01문/ 여호와께서 요나에게 어디로 가서 무엇을 하라고 명하셨습니까?
답/ 니느웨로 가서 니느웨의 죄악을 쳐서 외치라.

02문/ 요나는 풍랑의 위협에서 선장과 무리들에게 무엇을 고백했습니까?
답/ 자신의 신분과 여호와의 명령을 거역한 일을 고백하였고, 자신을 들어 바다에 던져 다른 사람의 생명을 구하라.

03문/ 요나는 큰 물고기 뱃속에서 얼마나 있었습니까?
답/ 3주야

04문/ 니느웨에서 외친 것은 무엇입니까?
답/ 40일이 지나면 니느웨가 무너지리라

05문/ 미가는 언제 예언활동을 했습니까?
답/ 유다 왕 요담, 아하스, 히스기야 시대

06문/ 미가는 어떤 자에게 화 있으리라고 경고했습니까?
답/ 침상에서 악을 꾀하며, 간사를 경영하고 날이 밝으면 그 손에 힘이 있으므로 그것을 행하는 자

07문/ 유다 지도자의 소행은 어떠하였습니까?

답/ 선을 미워하고 악을 좋아함

08문/ 백성을 유혹하는 선지자에게 여호와의 태도는 어떠하였습니까?
답/ 그들에게 응답치 아니하시리라

09문/ 마지막날에 이방이 어디로 몰려 갈 것이라고 하였습니까?
답/ 하나님의 전으로

10문/ 베들레헴에서 누가 출생할 것이라고 하였습니까?
답/ 이스라엘을 다스릴 자(예수 그리스도)

11문/ 미가는 여호와가 자신의 무엇과 같다고 했는가?
답/ 빛

12문/ 나훔은 어디에 대하여 예언한 선지자입니까?
답/ 니느웨에 대하여

13문/ 나훔에 따르면, 여호와는 그를 배반하고 거스리는 자에게는 어떤 분이십니까?
답/ 투기하시며, 보복하시는 하나님

14문/ 니느웨가 범죄하므로 누가 그들의 대적이 되어 그들을 멸하시겠다고 했습니까?
답/ 여호와께서 그들의 대적이 되리라

15문/ 니느웨의 멸망을 열방이 듣고 기뻐할 이유는 무엇입니까?

답/ 모든 열방이 앗수르의 악행으로 고통을 당했기 때문에

16문/ "여호와는 선하시며 환란날에 ( ) 그는 자기에게 의뢰하는 자들을 아시느니라" 에서 알맞은 말은 무엇입니까?

답/ 산성이시라.

17문/ 하박국이 예언한 시대의 사회상은 어떠하였습니까?

답/ 겁탈과 강도가 있었고, 변론과 분쟁이 일어나 율법은 헤이해지고 공의가 아주 시행되지 못했다.

18문/ 여호와께서는 하박국에게 계시하실 묵시를 어떻게 하라고 하셨습니까?

답/ 묵시를 기록하여 판에 명백히 새기되 달려가면서도 읽을 수 있게 하라.

19문/ "의인은 그 믿음으로 말미암아 살리라" 고 하는 구절은 신약의 어디에 인용되었습니까?

답/ 로마서 1:17

20문/ "오직 여호와는 그 성전에 계시니" 에 이어지는 다음의 말씀은 무엇입니까?

답/ "온 천하는 그 앞에서 잠잠할지니라."

21문/ "밭에 식물이 없으며 우리에 양이 없으며 외양간에 소가 없을지라도" 하박국은 어떻게 하겠다고 하였습니까?

답/ 여호와를 인하여 즐거워하리라.

26. 스바냐-말라기

01문/ 스바냐는 어느 왕 때에 예언활동을 하였습니까?

답/ 유다 왕 요시아 시대

02문/ 스바냐가 예언한 여호와의 날은 어떤 날입니까?

답/ 분노와 환난과 고통의 날이요, 황무와 패괴가 캄캄하고 어두운 날이요, 구름과 흑암의 날이요, 나팔을 불어 경고하며 견고한 성읍과 높은 망대를 치는 날

03문/ 스바냐의 예언에서, 여호와께서 심판하시리라 하신 나라들은 어디입니까?

답/ 블레셋, 모압, 암몬, 구스, 앗수르

04문/ 예루살렘을 심판하실 때에 이스라엘의 어떤 자들을 남겨 두리라 하셨습니까?

답/ 곤고하고 가난한 백성들

05문/ 시온의 딸에게 노래하고 기뻐하라고 한 이유는 무엇입니까?

답/ 여호와께서 형벌을 제하고 원수를 쫓아내었으므로

06문/ 학개로 말미암아 누구에게 여호와의 말씀이 전달되었습니까?

답/ 유다 총독 스룹바벨과 대제사장 여호수아

07문/ 학개는 성전건축에 대하여 어떻게 외쳤습니까?

답/ 여호와의 전이 판자로 지은 집인데 그대로 있는 것이 가하냐고 책

망하고 산에 올라가 나무를 가져다가 전을 건축하라.

08문/ 새로 건축하는 성전과 이전에 있던 성전을 비교한 학개의 말은 무엇입니까?

답/ 새로 건축하는 성전이 이전에 있던 성전에 비해서 보잘 것이 없으나 나중 것이 이전에 있던 것보다 그 영광이 크리라

09문/ 성전의 지대를 쌓던 날부터 하나님께서 무엇을 주신다고 하셨습니까?

답/ 복

10문/ 여호와께서는 스룹바벨에게 무엇을 확증하여 주셨습니까?

답/ 내가 너를 택하고 너로 인을 삼겠다고 하심

11문/ 스가랴는 누구의 후손입니까?

답/ 잇도의 손자요, 베레갸의 아들

12문/ 여호와께서 스가랴를 통하여 백성들에게 원하시는 것은 무엇입니까?

답/ 하나님께로 돌아오라는 회개

13문/ 스가랴가 두 번째로 본 환상의 네 뿔은 무엇입니까?

답/ 유다와 이스라엘과 예루살렘을 헤친 뿔

14문/ 스가랴가 네 번째로 본 환상의 내용은 무엇입니까?

답/ 대제사장 여호수아가 사단에게 고소를 당하나 하나님께 용서를

받은 환상

15문/ 스가랴 4:6에서, “힘으로 되지 아니하며 능으로 되지 아니하고” 에 이어지는 다음의 말씀은 무엇입니까?
답/ “오직 나의 신으로 되느니라.”

16문/ 등대에 있는 일곱 등잔과 그 등잔에 있는 관들은 무엇이라고 했습니까?
답/ 온 세상에 두루 행하는 여호와의 눈

17문/ 스가랴가 여덟 번째로 본 환상에서 어느 말이 북편 땅으로 나갔고, 그 뒤를 따르는 말은 어느 말이었습니까?
답/ 흑마, 백마

18문/ 여호와께서 시온에 돌아와 예루살렘에 거하시면 예루살렘은 어떻게 되리라 하셨습니까?
답/ 예루살렘은 진리의 성읍이라고 불리고, 만군의 여호와의 산은 성산이라 불리어짐

19문/ 여호와의 아시는 한 날에는 여호와께서 천하의 무엇이 되리라 하셨습니까?
답/ 여호와께서 천하의 왕이 될 것인데 그 이름이 홀로 하나가 되실 것이다.

20문/ 말라기가 예언하던 시대에 제사장들의 죄는 무엇입니까?
답/ 여호와의 이름을 멸시하여 좋지 못하고 옳지 못한 제물을 여호와

께 드림

21문/ 누구에게서 여호와께 좋은 제물이 드려진다고 하셨습니까?
답/ 이방 민족 중에서 깨끗한 제물을 드려 여호와의 이름이 이방 민족 중에서 크게 될 것이다.

22문/ 제사장의 입술과 입은 무엇을 지키고 무엇을 말해야 한다고 하셨습니까?
답/ 입술은 지식을 지켜야 하겠고, 사람들은 그 입에서 율법을 구해야 할 것이다.

23문/ 이스라엘 백성들이 하나님의 것을 도적질한 것은 무엇입니까?
답/ 십일조와 헌물

24문/ 여호와 앞에 있는 기념책에 누구의 이름이 기록됩니까?
답/ 여호와를 경외하는 자와 그 이름을 존중히 생각하는 자

25문/ 여호와께서 정하신 날에 여호와를 경외하는 자를 어떻게 하시리라 하셨습니까?
답/ 그들로 여호와의 소유를 삼고, 그들을 아끼되 사람이 그 아들을 아끼는 것과 같이 하심

26문/ 여호와의 크고 두려운 날이 이르기 전에 여호와께서는 누구를 보내리라 하셨습니까?
답/ 선지자 엘리야

28. 마태복음

01문/ 예수님의 족보에 나오는 5 명의 여자는 누구입니까?
답/ 다말, 라합, 룻, 밧세바, 마리아

02문/ 마태복음 1장에서, 예수님께서 세상에 나심의 목적을 뭐라고 했습니까?
답/ 자기 백성을 죄에서 구원하심

03문/ 세례 요한은 내 뒤에 오실 이는 무엇으로 세례를 줄 것이라고 했습니까?
답/ 성령(님)

04문/ 천지가 없어지기 전에는 일점일획이라도 반드시 없어지지 아니하고 다 이루어지는 것이 무엇입니까?
답/ 율법

05문/ 하늘에 계신 아버지의 뜻대로 행하는 자에게 약속된 것은 무엇입니까?
답/ 천국에 들어가는 것

06문/ 집을 반석 위에 짓는 지혜로운 사람은 어떤 사람입니까?
답/ 순종하여 행하는 자

07문/ 예수님께서 의인을 부르러 온 것이 아니라면 누구를 부르러 오셨습니까?

답/ 죄인

08문/ "자기 (　　)을 얻는 자는 잃을 것이요 나를 위하여 자기 (　　)을 잃는 자는 얻으리라"는 말씀에서 알맞은 말은 무엇입니까?
답/ 목숨

09문/ 사하심을 얻지 못하는 죄는 어떤 죄입니까?
답/ 성령을 훼방하는 죄

10문/ 예수님의 형제요 자매가 되는 이들은 어떤 사람입니까?
답/ 아버지의 뜻대로 하는 자

11문/ "주는 그리스도시요 살아계신 하나님의 아들이니이다."라는 고백은 누가 한 말이며, 어디에 있습니까?
답/ 베드로, 마 16:16

12문/ 예수님께서는 무엇이 있을 때, 산을 옮긴다고 하셨습니까?
답/ 믿음이 한 겨자씨 만큼만 있으면

13문/ 형제가 범죄하면 몇 번이나 용서해 주라고 하셨습니까?
답/ 일흔 번씩 일곱 번

14문/ "자기 목숨을 많은 사람의 대속물로 주려 함이니라"는 누구를 가리키는 말씀입니까?
답/ 예수님

15문/ 바리새인, 사두개인, 율법사는 어떤 목적으로 예수님께 질문을 했습니까?
답/ 예수님을 시험하려고

16문/ 예수님은 크고 첫째 되는 계명은 뭐라고 규정하셨습니까?
답/ 마음을 다하고 뜻을 다하여 주 너의 하나님을 사랑하라.

17문/ 예수님께서 "화 있을진저"라고 책망하신 이들은 누구입니까?
답/ 서기관들과 바리새인들

18문/ 이 세상이 없어져도 없어지지 않는 것은 무엇입니까?
답/ 예수님의 말씀

19문/ 미련한 다섯 처녀가 준비하지 못한 것은 무엇입니까?
답/ 기름

20문/ 예수님께서 베다니 문둥이 시몬의 집에 계실 때 한 여자가 무엇을 가지고 예수님의 머리에 부었습니까?
답/ 향유 한 옥합

21문/ 가룟 유다는 어떻게 죽었습니까?
답/ 스스로 목매어서

22문/ 땅 끝까지 이르러 증인이 될 사람은 누구입니까?
답/ 예수님을 따르는 사람들(제자, 신자)

29. 마가복음

01문/ "광야에서 외치는 자의 소리"는 누구를 가리킵니까?

답/ 세례 요한

02문/ "소자야 네 죄 사함을 받았느니라" 는 말은 누가 누구에게 했습니까?

답/ 예수님, 중풍병자

03문/ 씨 뿌리는 비유에서 씨와 밭은 각각 무엇을 비유합니까?

답/ 말씀, 사람의 마음

04문/ "달리다굼"의 뜻은 무엇입니까?

답/ 소녀야 내가 네게 말을 하니 일어나라.

05문/ 구약에서 "이 백성이 입술로는 나를 존경하되 마음은 내게서 멀도다"라는 예언은 누가 한 말입니까?

답/ 이사야

06문/ 마가복음 8:35의 "누구든지 제 (　　)을 구원코자 하면 잃을 것이요 누구든지 나와 복음을 위하여 제 (　　)을 잃으면 구원하리라 사람이 만일 온 천하를 얻고도 제 (　　)을 잃으면 무엇이 유익하리요"의 말씀에서 알맞은 말은 무엇입니까?

답/ 목숨

07문/ 범죄하게 하는 것을 제거하고 천국에 가는 것이 그대로 두고 지옥에 가는 것보다 낫다고 했는데 그 대상은 각각 무엇입니까?
답/ 눈, 발, 손

08문/ 마가복음 10:45에서, "인자가 온 것은 섬김을 받으려 함이 아니라 도리어 섬기려 하고" 다음으로 이어지는 말씀은 무엇입니까?
답/ "자기 목숨을 많은 사람의 대속물로 주려 함이니라."

09문/ 하나님을 사랑함에 있어서 다하여야 할 것 세 가지는 무엇입니까?
답/ 마음, 목숨, 뜻

10문/ 복음이 전파되는 곳에는 어떤 한 여자의 행한 일도 전파된다고 했는데 그 이유는 무엇입니까?
답/ 나드 한 옥합을 깨뜨려 예수님의 머리에 부어, 주님의 장례를 미리 준비했기에

11문/ 예수님이 잡혔을 때 제자들은 어떻게 했습니까?
답/ 제자들이 주님을 버리고 다 도망감

12문/ 한 비자가 너도 나사렛 예수와 함께 있었다고 할 때 베드로는 어떻게 하였습니까?
답/ 예수님을 모른다고 부인함

13문/ 예수님이 살아나신 후 먼저 만난 사람은 누구누구였습니까?
답/ 막달라 마리아, 야고보 어머니, 살로메

30. 누가복음

01문/ 사가랴에게 나타난 천사는 엘리사벳이 낳을 아들의 이름을 무어라 하였습니까?

답/ 요한

02문/ "예수는 그 지혜와 그 키가 자라가며 (　　)과 (　　)에게 더 사랑스러워 가시더라" 에서 알맞은 말은 무엇입니까?

답/ 하나님, 사람

03문/ 예수님은 40일 동안 광야에서 누구에게 시험을 받으셨습니까?

답/ 마귀

04문/ "내가 의인을 부르러 온 것이 아니요 죄인을 불러 회개시키러 왔노라" 는 말씀은 누가 한 말입니까?

답/ 예수님

05문/ 예수님께서 "이스라엘 중에서 이만한 믿음은 만나보지 못하였노라" 하신 말씀은 누구를 가리켜 한 말입니까?

답/ 백부장

06문/ 예수님은 딸의 죽음 때문에 찾아온 회당장에게 무엇을 요구하셨습니까?

답/ 두려워 말고 믿기만 함

07문/ "이르시되 (　　)할 것은 많되 일꾼이 적으니 그러므로 (　　)하는 주인에게 청하여 (　　)할 일꾼들을 보내어 주소서 하라" 에서 알맞은 말은 무엇입니까?

답/ 추수

08문/ 누가복음 12장에서, "어리석은 자여 오늘밤에 네 영혼을 도로 찾으리니" 라고 했는데, 어리석은 자는 누구입니까?

답/ 부자

09문/ 예수님께서 문둥병자 열 명을 고치셨을 때, 몇 명이 하나님께 영광 돌리고 예수님을 찾아와 사례했습니까?

답/ 한 명

10문/ 한 재판관과 과부의 비유는 무슨 목적으로 말씀하셨습니까?

답/ 항상 기도하고 낙망치 말아야 될 것

11문/ 삭개오는 만일, 남을 속여서 빼앗은 것이 있으면 어떻게 하겠다고 약속했습니까?

답/ 네 배로 갚겠다고 함

12문/ 예수님께서는 성전을 '내 집' 이라 하시면서 성전이 어떤 집이 되리라 하셨습니까?

답/ 기도하는 집

13문/ 부활이 없다고 주장한 사람들은 누구였습니까?

답/ 사두개인들

14문/ 예루살렘이 군대들에게 에워싸이는 것을 보거든 무엇을 알라고 하였습니까?
답/ 멸망이 가까운 줄로 알라.

15문/ 징벌의 날에 능력과 큰 영광으로 오시는 이는 누구입니까?
답/ 예수님

16문/ 장차 올 모든 일을 능히 피하고, 인자 앞에 서도록 하기 위해서 어떻게 해야 합니까?
답/ 항상 기도하며 깨어 있음

17문/ 유월절이 하나님의 나라에서 이루기까지 예수님께서 먹지 않으시겠다고 하신 것은 무엇입니까?
답/ 유월절 식사

18문/ 예수님께서 제자들과 함께 기도하러 가신 곳은 어디입니까?
답/ 감람산

19문/ 예수님의 십자가에서 죽으심을 본 백부장은 무어라 고백하였습니까?
답/ 이 사람은 정녕 의인이었다.

20문/ 예수님께서 축복하시고 하늘로 올라간 곳은 어디입니까?
답./ 베다니

31. 요한복음

01문/ "영접하는 자 곧 그 이름을 믿는 자들에게는 하나님의 자녀가 되는 권세를 주셨으니" 에서 누구를 영접하는 것을 가리킵니까?
답/ 예수님

02문/ 요한의 두 제자가 예수님을 따라간 이유는 무엇입니까?
답/ 요한이 예수님을 가리켜 "보라 하나님의 어린양이로다" 라고 말해서

03문/ 예수님께서 처음 표적을 행하실 때의 장소는 어디입니까?
답/ 갈릴리 가나

04문/ 주님의 처음 표적에서 무엇이 무엇으로 변화되었습니까?
답/ 물이 포도주로 변함

05문/ 예수님께 찾아왔던 니고데모의 직업은 무엇입니까?
답/ 관원

06문/ 예수님께서 사마리아의 수가라는 동네에서 만났던 사람은 누구입니까?
답/ 사마리아 여자

07문/ 어떤 병에 걸렸든지 물이 동한 후에 먼저 들어가면 낫게 되는 못의 이름은 무엇입니까?
답/ 베데스다 못

08문/ "나 보내신 이를 믿는 자는 (　　)을 얻었고 심판에 이르지 아니하나니 사망에서 (　　)으로 옮겼느니라"는 말씀에서 알맞은 말은 무엇입니까?

답/ 영생, 생명

09문/ 보리떡 5개와 물고기 2 마리로 남자들만 5천 명이 먹었을 때, 남은 것은 얼마나 되었습니까?

답/ 12광주리

10문/ 예수님의 말씀 중에 생명의 떡은 누구를 가리킵니까?

답/ 예수님

11문/ "나를 믿는 자는 성경에 이름과 같이 그 배에서 생수의 강이 흘러나리라" 에서 생수는 무엇을 가리킵니까?

답/ 성령

12문/ "죽음을 영원히 보지 아니하리라"는 약속은 무엇에 대한 보상입니까?

답/ 예수님의 말을 지킴

13문/ 나사로는 죽은 지 며칠 만에 다시 살아났습니까?

답/ 나흘

14문/ "나는 부활이요 생명이니 나를 믿는 자는 죽어도 살겠고 무릇 살아서 나를 믿는 자는" 의 말씀에 이어지는 것은 무엇입니까?

답/ "영원히 죽지 아니하리니 이것을 네가 믿느냐"

15문/ 예수님께서 주신 새 계명은 무엇입니까?
답/ 서로 사랑하라

16문/ 예수님께서 "나로 말미암지 않고는 아버지께로 올 자가 없느니라" 고 말씀하신 이유는 예수님의 어떠하심 때문입니까?
답/ 예수님이 길, 진리, 생명이시므로

17문/ 요한복음 17장에서, "저희를 (　　)로 거룩하게 하옵소서 아버지의 말씀은 (　　)니이다" 라는 말씀에 알맞은 말은 무엇입니까?
답/ 진리

18문/ 예수님께서 십자가에 못 박히신 장소는 어디입니까?
답/ 골고다

19문/ 예수님을 장례한 사람은 누구입니까?
답/ 아리마대 요셉

20문/ 누가 주님의 옆구리에 손을 넣어 보고 주님의 부활을 믿었습니까?
답/ 도마

21문/ 예수님이 행하신 일을 다 기록하지 못하는 이유는 무엇입니까?
답/ 이 세상이라도 예수님의 행하심이 기록된 책을 두기에 부족함으로

32. 사도행전

01문/ 예수님께서는 제자들에게 "예루살렘을 떠나지 말고 약속하신 것을 기다리라" 고 하셨는데, 무엇을 약속하셨습니까?

답/ 성령을 보내주심

02문/ 오순절날에 이르러 제자들에게 충만하게 임한 것은 무엇입니까?

답/ 성령

03문/ "다른 이로서는 (　　)을 얻을 수 없나니 천하 인간에 (　　)을 얻을 만한 다른 이름을 우리에게 주신 일이 없음이니라"에서 알맞은 말은 무엇입니까?

답/ 구원

04문/ 예루살렘 교회에서 집사들을 세울 때 무엇을 조건으로 삼았습니까?

답/ 믿음과 성령이 충만한 사람

05문/ 에디오피아 사람 내시는 성경의 어느 책을 읽고 있었습니까?

답/ 이사야

06문/ 사도행전 11장에서, "착한 사람이요 믿음과 성령이 충만한 자" 라고 한 사람은 누구입니까?

답/ 바나바

07문/ 바울은 루스드라에서 누구를 고쳐주었습니까?
답/ 앉은뱅이

08문/ 사도행전 16장에서, 바울은 간수에게 구원을 받음에 대하여 무어라 말했습니까?
답/ "주 예수를 믿으라 그리하면 너와 네 집이 구원을 얻으리라"

09문/ 바울은 어디에 사는 사람들에게 종교성이 많다고 하였습니까?
답/ 아덴

10문/ "나의 달려갈 길과 주 예수께 받은 사명 곧 하나님의 은혜의 복음 증거하는 일을 마치려 함에는" 다음으로 이어지는 말씀은 무엇입니까?
답/ "나의 생명을 조금도 귀한 것으로 여기지 아니하노라."

11문/ 주는 것이 받는 것보다 어떠하다고 했습니까?
답/ 복이 있다.

12문/ "나는 주 예수의 이름을 위하여 결박받을 뿐 아니라 예루살렘에서 죽을 것도 각오하였노라"는 말은 누가 했습니까?
답/ 바울

13문/ 바울을 죽이기 전에는 먹지도 않고 마시지도 않기로 맹세한 사람은 몇 명이었습니까?
답/ 40 여 명

14문/ "저희의 기다리는 바 하나님께 향한 소망을 나도 가졌으니 곧 (   )과 (   )의 부활이 있으리라" 에서 알맞은 말은 무엇입니까?
답/ 의인, 악인

15문/ 아그립바는 "나도 이 사람의 말을 듣고자 하노라" 라고 했는데, 누구의 말을 듣기를 원했습니까?
답/ 바울

16문/ "바울아 네가 미쳤도다 네 많은 학문이 너를 미치게 한다" 는 말은 누가 했습니까?
답/ 베스도

17문/ 바울이 배를 타고 가다가 만난 광풍의 이름은 무엇입니까?
답/ 유라굴로

18문/ 바울과 함께 배를 탄 사람들은 며칠 동안 먹지 못했습니까?
답/ 14일

19문/ 바울이 독사에게 물렸으나 상하지 아니했고, 누구를 치료해 줌으로써 극진한 대접을 받았습니까?
답/ 보블리오의 부친의 병

20문/ "너희가 듣기는 들어도 도무지 깨닫지 못하며 보기는 보아도 도무지 알지 못하는도다" 는 말씀은 구약의 어디에 있습니까?
답/ 이사야

33. 로마서

01문/ 복음에는 하나님의 의가 나타나서 어떤 유익을 줍니까?
답/ 믿음으로 믿음에 이르게 함

02문/ 오늘날 성도들은 어디에 할례를 해야 합니까?
답/ 마음

03문/ 모든 사람이 죄를 범하였으매 하나님의 영광에 이르지 못하였으나 그리스도 예수 안에 있는 구속으로 말미암아 누리게 되는 것은 무엇입니까?
답/ 하나님의 은혜로 값없이 의롭다 하심을 얻은 자 되는 것

04문/ 우리가 환난 중에서 즐거워할 때, 경험하게 되는 은혜의 순서는 무엇입니까?
답/ 환난은 인내를, 인내는 연단을, 연단은 소망을

05문/ 한 사람이 순종치 아니함으로 많은 사람이 죄인이 되었고, 한 사람의 순종으로 많은 사람이 어떻게 됩니까?
답/ 의인이 됨

06문/ 의의 병기로 하나님께 드려야 할 것은 무엇입니까?
답/ 성도의 지체

07문/ 하나님의 자녀들에게 죄를 알게 하는 것은 무엇입니까?
답/ 율법

08문/ 환난이나 곤고나 핍박이나 기근이나 적신이나 위험이나 칼이 끊을 수 없는 것은 무엇입니까?

답/ 그리스도의 사랑

09문/ "사람이 마음으로 믿어 의에 이른 후에 구원에 이르려면 어떻게 해야 합니까?

답/ 입으로 시인함

10문/ 구원에 이르는 믿음은 어디에서 납니까?

답/ 말씀(복음)을 들음

11문/ 우리의 몸을 하나님이 기뻐하시는 거룩한 산 제사로 드려야 하는 이유는 무엇입니까?

답/ 성도가 드릴 영적 예배이므로

12문/ 소망으로 즐거워하고, 환난에는 참는다면 항상 힘쓸 것은 무엇입니까?

답/ 기도

13문/ 무슨 빚 외에는 아무 빚도 지지 말라고 했습니까?

답/ 사랑의 빚

14문/ "우리가 살아도 (　　)를 위하여 살고 죽어도 (　　)를 위하여 죽나니 그러므로 사나 죽으나 우리가 (　　)의 것이로다" 에서 알맞은 말은 무엇입니까?

답/ 주

15문/ 로마서 14장에서 하나님 나라에 있는 것 세 가지를 말할 때, 의와 평강 그리고 무엇이 있습니까?
답/ 희락

16문/ 믿음이 강한 자가 믿음이 약한 자 앞에서 취해야 하는 행동 2 가지는 무엇입니까?
답/ 믿음이 약한 자의 약점을 담당하고, 자기를 기쁘게 하지 않음

17문/ 예루살렘 성도 중 가난한 자들을 위하여 기쁘게 연보한 이들은 누구입니까?
답/ 마게도냐와 아가야 성도들

18문/ 로마서 15장에서, 하나님께 영광을 돌릴 때, 성도는 어떤 자세로 해야 합니까?
답/ 마음과 한 입으로

19문/ "소망의 하나님이 모든 기쁨과 평강을 믿음 안에서 너희에게 충만케 하사" 다음에 이어지는 말씀은 무엇입니까?
답/ 성령의 능력으로 소망이 넘치게 하시기를 원하노라.

20문/ 바울의 보호자가 되었던 사람은 누구입니까?
답/ 뵈뵈

34. 고린도전서

01문/ 구원을 얻는 우리에게는 하나님의 능력이 되는 십자가의 도가

누구에게 미련한 것이 됩니까?
답/ 멸망하는 자들

02문/ "모든 것 곧 하나님의 깊은 것이라도 통달하시는 것" 은 무엇입니까?
답/ 성령

03문/ 바울은 누구에게 충성을 구하라고 했습니까?
답/ 맡은 자들

04문/ "믿지 아니하는 (   )이 아내로 인하여 거룩하게 되고 믿지 아니하는 아내가 (   )으로 인하여 거룩하게 되나니 그렇지 아니하면 너희 자녀도 깨끗지 못하리라" 에서 알맞은 말은 무엇입니까?
답/ 남편

05문/ 바울을 비롯해서 성도들에게 부득불 할 일은 무엇입니까?
답/ 복음을 전하는 일

06문/ 넘어질까 조심해야 할 사람은 누구입니까?
답/ 선 줄로 생각하는 사람

07문/ 성도는 자신이 먹고, 마시며, 행하는 일들에 무엇을 위해야 합니까?
답/ 하나님의 영광

08문/ "너희가 이 떡을 먹으며 이 잔을 마실 때마다" 다음에 이어지는 말씀은 무엇입니까?

답/ “주의 죽으심을 오실 때까지 전하는 것이니라.”

09문/ “소리나는 구리와 울리는 꽹과리”는 어떤 경우를 말합니까?
답/ 사랑이 없으면

10문/ 고린도전서 13장에서, 하나님의 자녀들이 이 세상에 있는 동안에 항상 있는 것 세 가지는 무엇입니까?
답/ 믿음, 소망, 사랑

11문/ 교회의 덕을 세우기 위해서 하나님께서는 각 사람에게 무엇을 주셨습니까?
답/ 은사

12문/ 성도가 지혜에는 장성한 사람이 되어야 한다면, 악에는 어떻게 되어야 합니까?
답/ 어린아이

13문/ 예수님이 죽은 자 가운데서 살아나심은 잠자는 자들에게 무엇이 된 것입니까?
답/ 첫 열매

35. 고린도후서

01문/ 그리스도의 고난이 우리에게 넘친다면 우리가 받는 위로는 어떻게 됩니까?

답/ 그리스도로 말미암아 넘친다.

02문/ 성도는 구원을 받는 자들에게나 망하는 자들에게나 하나님 앞에서 어떤 모습을 갖게 됩니까?
답/ 그리스도의 향기

03문/ 주의 영이 계시는 곳에서는 무엇을 경험하게 됩니까?
답/ 자유

04문/ 하나님의 자녀가 항상 예수의 죽음을 몸에 짊어지는 이유는 무엇입니까?
답/ 예수의 생명이 우리 몸에 나타나게 하려고

05문/ 우리는 몸으로 있든지 떠나든지 주님께 대하여 어떤 자세를 가져야 합니까?
답/ 주를 기쁘시게 하는 자가 되기를 힘씀

06문/ 누구든지 그리스도 안에 있으면 어떤 존재가 되는 것을 경험합니까?
답/ 새로운 피조물

07문/ 세상 근심이 사망을 이루는 것이라면, 하나님의 뜻대로 하는 근심은 어떤 유익을 가져다줍니까?
답/ 후회할 것이 없는 구원에 이르게 하는 회개를 이루게 됨

08문/ "환난의 많은 시련 가운데서 넘치는 기쁨이 있었다. 극한 가난

속에서도 풍성한 연보를 했다. 힘에 지나도록 자원하여 했다."
누구에 대한 말씀입니까?
답/ 마게도냐의 성도들

09문/ "각각 그 마음에 정한 대로 할 것이요 인색함으로나 억지로 하지 말지니" 다음에 이어지는 말씀은 무엇입니까?
답/ 하나님은 즐겨 내는 자를 사랑하시느니라

10문/ 오직 주께서 칭찬하시는 자는 누구입니까?
답/ 옳다 인정함을 받는 자

11문/ 성도가 그의 마음이 예수님을 향하는 진실함과 깨끗함에서 떠나면 어떻게 됩니까?
답/ 부패에 이름

12문/ 사단은 자기를 어떤 모습으로 가장합니까?
답/ 광명의 천사

13문/ "너희가 믿음에 있는가 너희 ( )을 시험하고 너희 ( )을 확증하라" 에서 알맞은 말은 무엇입니까?
답/ 자신

36. 갈라디아서-골로새서

01문/ 바울은 갈라디아 성도들에게 저주를 받는 이유를 무어라 말했습니까?

답/ 다른 복음을 전할 때

02문/ "내가 그리스도와 함께 십자가에 못박혔나니 그런즉 이제는 내가 산 것이 아니요" 의 다음으로 이어지는 말씀은 무엇입니까?

답/ "오직 내 안에 그리스도께서 사신 것이라."

03문/ 갈라디아서 3장에서, 몽학 선생은 무엇을 의미합니까?

답/ 율법

04문/ 성도들이 하나님을 아바 아버지라 부르는 것은 무엇 때문입니까?

답/ 하나님이 그 아들의 영을 성도들의 마음 가운데 보내셨으므로

05문/ "그리스도께서 우리로 (   )케 하려고 (   )를 주셨으니 그러므로 굳세게 서서 다시는 종의 멍에를 메지 말라." (   )에 적당한 낱말을 써 넣어라.(갈 5장)

답/ 자유

06문/ 성도가 교회 안에서 자유를 가지고 해야 할 것은 무엇입니까?

답/ 사랑으로 서로 종노릇을 함

07문/ 성령의 열매 아홉 가지는 무엇입니까?

답/ 사랑, 희락, 화평, 오래 참음, 자비, 양선, 충성, 온유, 절제

08문/ "교회는 그의 몸이니 (   ) 안에서 (   )을 충만케 하시는 자의 충만이니라" 에서 알맞은 말은 무엇입니까?

답/ 만물

09문/ 에베소서 2장에서, 하나님의 은혜로 말미암아 믿음으로 구원을 얻음을 무어라고 규정하고 있습니까?
답/ 하나님의 선물

10문/ 이방인들이 그리스도 안에서 함께 되는 것은 순서별로 어떻게 이루어집니까?
답/ 복음—후사—지체—약속

11문/ 성도의 행동에 있어서 겸손과 온유, 사랑과 용납, 평안의 매는 줄은 무엇입니까?
답/ 부르심에 합당함

12문/ 성도는 방탕한 것이 되기에 술취하지 않는 대신에 어떻게 해야 합니까?
답/ 오직 성령의 충만을 받아야 함

13문/ 성도가 전신갑주를 입어야 하는 까닭은 무엇입니까?
답/ 마귀의 간계를 능히 대적하기 위해서

14문/ 성도들에게 착한 일을 시작하신 이는 언제까지 이루십니까?
답/ 그리스도의 날

15문/ "너희 안에 이 마음을 품으라" 고 했는데 이 마음은 어떤 마음입니까?

답/ 예수의 마음

16문/ "오직 한 일 즉 뒤에 있는 것은 잊어 버리고 앞에 있는 것을 잡으려고 푯대를 향하여 그리스도 예수 안에서"의 다음으로 이어지는 말씀은 무엇입니까?
답/ "하나님이 위에서 부르신 부름의 상을 위하여 좇아가노라."

17문/ 성도들에게 소원을 두고 행하도록 하시는 이유는 무엇입니까?
답/ 하나님의 기쁘신 뜻을 위하여

18문/ 육체를 신뢰하지 않는 성도에 대하여 누구라고 말했습니까?
답/ 할례파

19문/ 성도들의 시민권이 하늘에 있기 때문에 우리가 취할 행동은 무엇입니까?
답/ 하늘로부터 구원하는 자 구주 예수 그리스도를 기다림

20문/ 모든 일에 기도와 간구로, 구할 것을 감사함으로 하나님께 아뢰기 전에 선행되어야 할 것은 무엇입니까?
답/ 아무것도 염려하지 않음

21문/ 빌립보 성도들의 믿음과 사랑, 소망에 대하여 들은 바울은 어떻게 하였습니까?
답/ 기도할 때마다 하나님 아버지께 감사함

22문/ 바울이 기도하면서 하나님의 뜻을 아는 것으로 채워지기를 바

랐던 이들은 누구입니까?
답/ 골로새 교회 성도들

23문/ "내가 이제 너희를 위하여 받는 괴로움을 기뻐하고 그리스도의 남은 고난을" 에 이어지는 다음의 말씀은 무엇입니까?
답/ "그의 몸된 교회를 위하여 내 육체에 채우노라."

24문/ 사람의 유전(전통)과 세상의 초등학문을 바울은 무어라 말했습니까?
답/ 철학과 헛된 속임수

25문/ 성도가 위의 것을 찾아야 하는 동기는 무엇입니까?
답/ 그리스도와 함께 다시 살리심을 받았으므로

26문/ 탐심은 무엇이 됩니까?
답/ 우상숭배

27문/ 아내들이 해야 하는 주 안에서 마땅한 일은 무엇입니까?
답/ 남편에게 복종하라.

28문/ 골로새 교회 성도들이 바울과 복음전도자들을 위해서 기도할 내용은 무엇입니까?
답/ 전도할 문을 열어 주셔서 그리스도의 비밀을 말하게 하심

37. 데살로니가전후서-빌레몬서

01문/ 데살로니가 교회 성도들에게 능력과 성령과 확신으로 된 것은 무엇입니까?
답/ 복음

02문/ 바울에게 영광이요, 기쁨이 된 이들은 누구입니까?
답/ 데살로니가 교회 성도들

03문/ 믿는 자 속에서 역사하는 것은 무엇입니까?
답/ 말씀

04문/ 데살로니가 4장에서 성도들을 향한 하나님의 뜻을 무어라고 했습니까?
답/ 거룩함

05문/ 우리가 낮에 속하였기 때문에 취해야 하는 것은 무엇입니까?
답/ 정신을 차리고(근신하여) 믿음과 사랑의 호심경(흉배)을 붙이고 구원의 소망의 투구를 쓰라.

06문/ 하나님의 여러 교회에서 바울이 자랑했던 것은 무엇입니까?
답/ 데살로니가 교회의 성도들이 박해와 환난을 인내와 믿음으로 견디는 것

07문/ 진리를 믿지 않고, 불의를 좋아하는 자들은 어떻게 됩니까?
답/ 심판을 받음

08문/ 데살로니가 교회의 성도들은 누구에게서 떠나라고 권면을 받았습니까?

답/ 게으르고, 사도들로부터 받은 전통대로 행하지 않는 사람들

09문/ 자신을 가리켜서 "죄인 중에 내가 괴수니라" 고 한 사람은 누구입니까?

답/ 바울

10문/ 하나님과 사람 사이에 한 분이신 중보자는 누구입니까?

답/ 예수님

11문/ 하나님을 경외하는 자들에게 마땅한 행동은 무엇입니까?

답/ 선행으로 하는 것

12문/ 깨끗한 양심에 믿음의 비밀을 가진 자는 누구에게 해당되는 덕목입니까?

답/ 집사

13문/ 망령되고 허탄한 신화를 버리고, 선택해야 되는 행동은 무엇입니까?

답/ 경건에 이르도록 자신을 연단함

14문/ 디모데에게 있는 거짓이 없는 믿음은 누구의 영향을 받은 것입니까?

답/ 외조모 로이스, 어머니 유니게

15문/ 바울은 자신이 복음을 위해서 어떤 직분으로 세워졌다고 했습니까?
답/ 선포자, 사도, 교사

16문/ 디모데는 교회의 일꾼으로서 자신을 하나님 앞에 드리도록 힘쓸 때, 어떻게 해야 합니까?
답/ 진리의 말씀을 옳게 분별하며, 부끄러울 것이 없는 일꾼으로 인정된 자가 되도록

17문/ 선한 싸움을 싸우고, 달려갈 길을 마친 바울은 자신에게 무엇이 예비되었다고 확신했습니까?
답/ 의의 면류관

18문/ 디도가 그레데에서 해야 할 일은 무엇이었습니까?
답/ 각 성에 장로들을 세움

19문/ "그가 우리를 대신하여 자신을 주심은 모든 불법에서 우리를 구속하시고 우리를 깨끗하게 하사"의 다음에 어이지는 말씀은 무엇입니까?
답/ "선한 일에 열심하는 친백성이 되게 하려 하심이니라."

20문/ 바울은 오네시모와의 관계를 어떻게 소개합니까?
답/ 갇힌 중에서 낳은 아들

21문/ 바울은 빌레몬이 오네시모를 어떻게 대하라고 부탁했습니까?
답/ 종 이상으로 사랑받는 형제

38. 히브리서-야고보서

01문/ 천사들의 직무는 무엇입니까?

답/ 섬기는 영

02문/ 예수님께서 시험을 받아 고난을 당하셨은즉 시험받는 자들에게 어떤 유익을 주십니까?

답/ 시험받는 자들을 능히 도우심

03문/ 우리가 시작할 때, 확신한 것을 끝까지 견고히 잡고 있으면 어떤 결말을 봅니까?

답/ 그리스도와 함께 참여한 자가 됨

04문/ 은혜의 보좌 앞에 담대히 나가면 어떻게 됩니까?

답/ 예수님에게서 긍휼하심을 받고, 때를 따라 돕는 은혜를 받음

05문/ 누가 아들이면서도 받은 고난으로 순종함을 배워 온전하게 되었습니까?

답/ 예수님

06문/ 하나님의 선한 말씀과 내세의 능력을 맛보고 타락한 이들에게 불가능한 것은 무엇입니까?

답/ 다시 새롭게 되어 회개할 수 없음

07문/ 살렘 왕이며, 지극히 높으신 하나님의 제사장은 누구입니까?

답/ 멜기세덱

08문/ 성소에서 예물과 제사드림을 위하여 세워진 이는 누구입니까?
답/ 대제사장

09문/ 언약궤 안에는 무엇을 넣어 두었습니까?
답/ 만나를 담은 금항아리, 아론의 싹난 지팡이, 언약의 비석들

10문/ "너희에게 인내가 필요함은 너희가 (　　)을 행한 후에 약속하신 것을 받기 위함이라"는 말씀에서 알맞은 말은 무엇입니까?
답/ 하나님의 뜻

11문/ "한 번 죽는 것은 사람에게 정하신 것이요 그 후에는" 무엇이 있습니까?
답/ 심판

12문/ 바라는 것들의 실상, 보지 못하는 것들의 증거는 무엇입니까?
답/ 믿음

13문/ "믿음이 없이는 기쁘시게 못하나니 하나님께 나아가는 자는 반드시 그가 계신 것과 또한 그가 자기를 찾는 자들에게"의 다음으로 이어지는 말씀은 무엇입니까?
답/ "상 주시는 이심을 믿어야 할지니라."

14문/ 연단을 받은 자들이 의와 평강의 열매를 맺게 하는 것은 무엇입니까?
답/ 징계

15문/ 성도는 자신을 인도하는 자들에게 어떻게 해야 합니까?

답/ 순종하고 복종함

16문/ 성도가 시험을 만날 때에 어떻게 하라고 했습니까?

답/ 온전히 기쁘게 여김

17문/ "욕심이 잉태한즉 (　　)를 낳고 (　　)가 장성한즉 사망을 낳느니라" 에서 알맞은 말은 무엇입니까?

답/ 죄

18문/ 야고보는 무엇을 죽은 것이라고 했습니까?

답/ 행함이 없는 믿음

19문/ 혀는 곧 무엇이라고 했습니까?

답/ 불

20문/ 성도(사람)들의 생명은 무엇이라고 했습니까?

답/ 안개

21문/ 선과 관련해서 사람이 어떻게 할 때, 죄가 됩니까?

답/ 선을 행할 줄 알고도 행하지 않을 때

22문/ 병자를 구원하여 주께서 저를 일으키시는 것은 무엇입니까?

답/ 믿음의 기도

39. 베드로전후서

01문/ 믿음의 시련이 불로 연단하여도 없어질 금보다 더 귀하게 되면 어떤 상급이 주어집니까?
답/ 예수 그리스도의 나타나실 때에 칭찬과 영광과 존귀를 얻음

02문/ 모든 육체는 풀과 같고 그 모든 영광이 풀의 꽃과 같으니 풀은 마르고 꽃은 떨어지지만, 세세토록 있는 것은 무엇입니까?
답/ 말씀

03문/ 택하신 족속, 왕 같은 제사장, 소유된 백성은 누구를 가리키는 것입니까?
답/ 성도(신자)

04문/ 성도의 양심은 어떠해야 합니까?
답/ 선해야

05문/ 정신을 차리고 근신하여 기도하며, 열심히 서로 사랑해야 하는 까닭은 무엇입니까?
답/ 만물의 마지막이 가까워졌으므로

06문/ 마귀가 우는 사자같이 두루 다니며 삼킬 자를 찾을 때, 성도는 어떻게 해야 합니까?
답/ 믿음을 굳게 하여 마귀를 대적하라

07문/ 성도가 신앙생활에서 실족하지 않으려면 어떻게 해야 합니까?

답/ 부르심과 택하심을 굳게 함

08문/ 오직 성령의 감동하심을 입은 사람들이 하나님께 받아 말한 것을 무엇이라고 합니까?

답/ 예언

09문/ 우리 주님께서 경건한 자는 시험에서 건지시지만 불의한 자에게는 어떻게 하십니까?

답/ 형벌 아래 두어 심판날까지 지키신다.

10문/ 육체를 따라 사는 자, 훼방하는 자, 연락을 기쁘게 여기는 자는 누구를 가리키는 것입니까?

답/ 이성 없는 짐승

11문/ 누구에게 "하루가 천 년 같고 천 년이 하루" 같습니까?

답/ 하나님

12문/ 물질이 뜨거운 불에 풀어지는 이유는 무엇입니까?

답/ 주의 날이 도둑 같이 오므로

13문/ 베드로는 그의 서신에서 성도가 주 앞에서 무엇에 힘써야 한다고 합니까?

답/ 점도 없고, 흠도 없이 평강 가운데 나타나기를 힘써야 함

14문/ 베드로후서에서, 성도가 무엇에서 자라기를 권면하였습니까?

답/ 예수님의 은혜와 그를 아는 지식에서 자라감

40. 요한서신-유다서

01문/ "만일 우리가 우리 죄를 자백하면 저는 미쁘시고 의로우사 우리 죄를 사하시며" 의 다음으로 이어지는 말씀은 무엇입니까?

답/ "모든 불의에서 우리를 깨끗케 하실 것이요."

02문/ 육신의 정욕, 안목의 정욕, 이생의 자랑은 무엇입니까?

답/ 이 세상에서 좇아온 것

03문/ 말씀을 지키는 자는 자기 속에서 무엇이 온전하게 됩니까?

답/ 하나님의 사랑

04문/ "그가 우리에게 (   )하신 (   )이 이것이니 곧 영원한 생명이니라" 에서 알맞은 말은 무엇입니까?

답/ 약속

05문/ 사도 요한은 만일 형제를 미워하는 자는 어떤 사람과 같다고 했습니까?

답/ 살인

06문/ 성도들의 참 사랑은 그 내용이 어떠해야 합니까?

답/ 오직 행함과 진실함으로 이루어지는 사랑

07문/ 하나님이 우리를 사랑하사 우리를 위하여 나타내신 것은 무엇입니까?

답/ 우리의 죄를 위하여 화목제로 그 아들을 보내셨음

08문/ 어떤 사람이 하나님을 사랑할 수가 없다고 규정지었습니까?
답/ 보는 바 그 형제를 사랑치 않는 자

09문/ 성도들에게 있어서 두려움을 내어 쫓는 것은 무엇입니까?
답/ 사랑

10문/ 하나님의 아들이 없는 자에게는 무엇이 없습니까?
답/ 생명

11문/ 요한이서에서 미혹하는 자요, 적그리스도는 누구입니까?
답/ 예수님께서 육체로 오심을 부인하는 자

12문/ 사도 요한은 택하심을 받은 부녀와 자녀들에게 쓸 것이 많았으나 무엇을 원하지 않는다고 했습니까?
답/ 종이와 먹으로 쓰는 것

13문/ 요한삼서는 누구에게 보낸 편지입니까?
답/ 가이오

14문/ 유다서를 쓴 저자는 누구의 형제입니까?
답/ 야고보

15문/ 유다서에서, "가만히 들어온 사람 몇" 은 누구를 가리킵니까?
답/ 거짓 교사들

41. 요한계시록

01문/ 요한이 전해 주는 예언의 말씀과 관련해서 어떤 이들이 복되다 하셨습니까?

답/ 읽는 자, 듣는 자, 기록한 것을 지키는 자

02문/ 요한은 자신이 본 것을 책에 써서 어디로 보내야 하였습니까?

답/ 에베소, 서머나, 버가모, 두아디라, 사데, 빌라델비아, 라오디게아 교회

03문/ 에베소 교회가 책망을 받은 이유는 무엇이었습니까?

답/ 처음 사랑을 버림

04문/ 사단의 회가 들어와서 훼방을 받은 교회는 어디였습니까?

답/ 서머나 교회

05문/ 발람의 교훈을 지키는 자들이 있어서 주님께 책망을 받은 교회는 어디였습니까?

답/ 버가모 교회

06문/ 주님께서 회개할 기회를 주셨으나 음행을 회개하지 않은 교회는 어디였습니까?

답/ 두아디라 교회

07문/ 흰 옷을 입은 성도들에게 주님께서 약속하신 것은 무엇이었습니까?

답/ 이름이 생명책에서 흐려지지 않음

08문/ "볼지어다 내가 네 앞에 열린 문을 두었으니 능히 닫을 사람이 없으리라"는 말씀을 받은 교회는 어디였습니까?

답/ 빌라델비아

09문/ 어린 양 앞에서 네 생물과 24장로들이 금대접에 가득 담고 있는 향은 무엇입니까?

답/ 성도의 기도들

10문/ 인치심을 받은 십사만사천 명의 사람들이 찬송할 때, 구원하심이 누구에게 있다고 하였습니까?

답/ 보좌에 앉으신 우리 하나님과 어린 양

11문/ 천사가 요한에게 갖다 먹어 버리라고 한 것은 무엇이었습니까?

답/ 작은 책

12문/ 죽임을 당한 어린 양의 생명책에 창세 이후로 녹명되지 못하고 이 땅에 사는 자들은 어떻게 한다고 하였습니까?

답/ 다 짐승에게 경배하리라.

13문/ 주 안에서 죽는 자들에 대하여 성령께서 뭐라 하셨습니까?

답/ 저희 수고를 그치고 쉬리니 이는 저희의 행한 일이 따름이라

14문/ "누구든지 깨어 자기 옷을 지켜 벌거벗고 다니지 아니하며 자기의 부끄러움을 보이지 아니해야 하는 이유는 무엇입니까?

답/ 주님께서 도적같이 오시므로

15문/ 어린 양의 혼인잔치에 청함을 받은 사람은 어떠하다고 묘사되었습니까?

답/ 복된 사람

16문/ 요한이 하늘이 열리고 백마와 탄 자를 보았는데, 그 이름은 무엇입니까?

답/ 충신과 진실

17문/ 하나님과 그리스도의 제사장이 되어 천 년 동안 그리스도로 더불어 왕 노릇을 하는 이들은 누구입니까?

답/ 첫째 부활에 참예하는 자들

18문/ 불못에 던지움을 받는 사람은 누구입니까?

답/ 생명책에 기록되지 않은 사람

19문/ 눈물과 사망, 애통하는 것이나 아픈 것이 없는 곳은 어디입니까?

답/ 새 하늘과 새 땅

20문/ 요한계시록의 예언의 말씀을 지키는 자에게 무엇을 약속해 주셨습니까?

답/ 복

02. _ 장로고시 헌법 예상문제

1. 정치총론에 관한 문제

001문/ 지상에 있는 교회의 대표적인 정치제도 5 가지에 대하여 쓰시오.
답/ 교황정치, 감독정치, 자유정치, 조합정치, 장로회정치

002문/ 교황정치의 뜻을 설명하시오.
답/ 주로 로마 가톨릭교와 희랍 정교의 정치인 바 교황 전제로 산하 전 교회를 관리하는 정치이다.

003문/ 감독정치의 뜻을 설명하시오.
답/ 감독이 교회를 주관하는 정치인 바 감독 교회와 감리 교회에서 쓰고 있는 정치이다.

004문/ 자유정치의 뜻을 설명하시오.
답/ 지교회가 다른 회의 관할과 치리를 받지 아니하고 각각의 지교회가 자유로 행정하는 정치이다.

005문/ 조합정치의 뜻을 설명하시오.

답/ 자유정치와 비슷하나 다만 각 지교회의 대표로서 조직된 연합회가 있어서 피차 유익한 문제를 의논하지만 산하 교회에 명령하거나 주관하는 권한은 없고 모든 치리하는 일과 권징과 예식과 도리해석을 각 교회가 자유로 하는 정치이다.

006문/ 장로회 정치의 뜻을 설명하시오.

답/ 지교회의 성도들이 장로를 선택하여 당회를 조직하고 그 당회로 치리권을 행사하게 하는 주권이 교인들에게 있는 민주적 정치이다.

007문/ 당회의 조직과 권한에 대하여 설명하시오.

답/ 당회는 치리 장로와 목사인 강도 장로의 두 반으로 조직되어 지교회를 주관한다.

008문/ 장로회 정치의 3심제에 대하여 쓰시오.

답/ 장로회에는 당회의 상회로서 노회, 대회, 총회의 3심제의 치리회가 있다. 이 정책은 모세 때에 일찍 있던 성경적 제도다.

009문/ 장로회 정치는 무엇을 기본으로 하고 있는지를 쓰시오.

답/ 장로회 정치는 다 웨스트민스터 헌법을 기본으로 하고 있다.

010문/ 웨스트민스터 헌법에 대하여 설명하시오.

답/ 웨스트민스터 헌법은 영국 정부의 주관으로 120명의 목사와 30명의 장로들이 1643년에 런던 웨스트민스터 예배당에 모여서 이 장로회 헌법을 초안하고 영국 각 노회와 대회에 수의 가결한 연후에 총회가 완전히 교회 헌법으로 채용 공포한 것이다.

011문/ 대한예수교장로회 헌법의 제정에 대하여 쓰시오.

답/ 1912년에 대한예수교장로회 총회가 조직되고, 1917년 제6회 총회 때 본 총회의 헌법을 제정할 때, 웨스트민스터 헌법을 기초로 해서 수정 편성하였다.

2. 정치원리에 관한 문제

012문/ 예수교 장로회 정치의 일정한 원리는 모두 몇 개조인가?

답/ 8 개조

013문/ 예수교 장로회 정치의 일정한 원리 8 개조를 쓰시오.

답/ 양심 자유, 교회 자유, 교회의 직원과 그 책임, 진리와 행위의 관계, 직원의 자격, 직원 선거권, 치리권, 권징

014문/ 양심 자유의 뜻을 설명하시오.

답/ 양심의 주재는 하나님뿐이시다. 그가 양심의 자유를 주시어 신앙과 예배에 대하여 성경에 위반되거나 과분한 교훈과 명령을 받지 않게 하셨다. 그러므로 일반 인류는 종교에 관계되는 모든 사건에 대하여 속박을 받지 않고, 각기 양심대로 판단할 권리가 있은즉 누구든지 이 권리를 침해하지 못한다.

015문/ 교회 자유의 뜻을 설명하시오.

답/ 1. 어느 교파 어느 교회든지 각기 교인의 입회 규칙과 입교인 및 직원의 자격과 교회 정치의 일체 조직을 예수 그리스도의 정하신 대로 설정할 자유권이 있다.

2. 교회는 국가의 세력을 의지하지 아니하고 오직 국가에서 각 종교의 종교적 기관을 안전 보장하며 동일시함을 바라는 것 뿐이다.

016문/ 교회의 직원과 그 책임의 뜻을 설명하시오.

답/ 교회의 머리되신 주 예수 그리스도께서 그 지체된 교회에 덕을 세우기 위하여 직원을 설치하사 다만 복음을 전파하며 성례를 시행하게 하시고, 신도로 진리와 본분을 준수하도록 관리하게 하셨다. 이러므로 교우 중에 거짓 도리를 신앙하는 자와 행위가 악한 자가 있으면 교회를 대표한 직원과 치리회가 당연히 책망하거나 출교해야 한다. 그러나 항상 성경에 교훈한 법례대로 행한다.

017문/ 진리와 행위의 관계의 뜻을 설명하시오.

답/ 진리는 선행의 기초라 진리가 진리 되는 증거는 사람으로 성결하게 하는 경향에 있다. 주님께서 말씀하시되 "과실로 그 나무를 안다" 하심과 같으니 진리와 허위가 동일하며 사람의 신앙이 어떠하든지 관계 없다 하는 이 말보다 더 패리하고 더 해로운 것은 없다. 신앙과 행위는 연락하고 진리와 본분은 서로 결탁되어 나누지 못할 것이니 그렇지 아니하면 진리를 연구하거나 선택할 필요가 없다.

018문/ 직원의 자격에 대하여 쓰시오.

답/ 진리와 행위의 관계 원리에 의지하여 교회가 당연히 직원을 선정하되 교회의 도리를 완전히 신복하는 자로 선택하도록 규칙을 제정한다. 그러나 성격과 주의가 다 같이 선한 자라도 진리와 교규에 대한 의견이 불합할 수 있다. 이런 경우에는 일반 교우와 교회가 서로 용납하여야 한다.

019문/ 직원 선거권에 대하여 쓰시오.

답/ 교회 직원의 성격과 자격과 권한과 선거와 위임하는 규례는 성경에 기록되었으니 어느 회에서든지 그 직원을 선정하는 권한은 그 회에 있다.

020문/ 치리권에 대하여 쓰시오.

답/ 치리권은 치리회로나 그 택해 세운 대표자로 행사함을 묻지 않고 하나님의 명령대로 준봉전달하는 것뿐이다. 대개 성경은 신앙과 행위에 대한 유일한 법칙인즉, 어느 교파의 치리회든지 회원의 양심을 속박할 규칙을 자의로 제정할 권리가 없고 오직 하나님의 계시하신 뜻에 기인한다.

021문/ 권징에 대하여 쓰시오.

답/ 교회가 예수교 장로회 정치의 일정한 원리를 힘써 지키면 교회의 영광과 복을 증진할 것이므로 교회의 권징은 도덕상과 신령상의 것이다. 권징은 국법상의 시벌이 아닌즉, 그 효력은 정치의 공정과 모든 사람의 공인과 만국 교회의 머리되신 구주의 권고와 은총에 있다.

3. 교회에 관한 문제

023문/ 교회의 설립에 대하여 설명하시오.

답/ 하나님이 만국 중에서 대중을 택하사 저희로 영원토록 무한하신 은혜와 지혜를 나타내게 하셨으므로 저희는 생존하신 하나님의 교회요, 예수의 몸이요, 성령의 전이다. 전과 지금과 이후에 만국의 성도니 그 명칭은 거룩한 공회라 한다.

024문/ 교회의 구별에 대한 뜻을 쓰시오.

답/ 교회에 두 가지 구별이 있으니 유형한 교회와 무형한 교회가 있다. 무형한 교회의 교인은 하나님만 아시고 유형한 교회는 온세계에 흩어져 있는 교회니 그 교인은 그리스도인이라 칭하고 성부 성자 성령 삼위일체 되신 하나님을 공경하는 자이다.

025문/ 교회의 집회에 대한 뜻을 쓰시오.

답/ 대중이 한 곳에만 회집하여 교제하며 하나님을 경배할 수 없으니 각처에 지교회를 설립하고 회집하는 것이 사리에 합당하고 성경에 기록한 모범에도 그릇됨이 없다(갈 1:22, 계 1:4, 20).

026문/ 각 지교회에 대하여 설명하시오.

답/ 예수를 믿는다고 공언하는 자들과 그 자녀들이 일정한 장소에서 그 원대로 합심하여 하나님을 경배하며 성결하게 생활하고, 예수의 나라 확장하기 위하여 성경에 교훈한 모범대로 연합하여 교회 헌법에 복종하며, 시간을 정하여 공동 예배로 회집하면 이를 지교회라 한다(행 2:47).

4. 교회의 직원에 관한 문제

027문/ 교회의 직원을 구분하는 2 가지에 대하여 쓰시오.

답/ 비상직원(창설), 통상직원(항존직, 임시직, 준직)

028문/ 교회의 창설직원에 대하여 설명하시오.

답/ 우리 주 예수님께서 최초에 이적을 행할 권능이 있는 자로, 자기의 교회를 각 나라 중에서 선발하셔서 한 몸이 되게 하셨다.

029문/ 교회의 항존직에 대하여 자세히 쓰시오.

답/ 강도와 치리를 겸한 자를 목사라 부르고, 치리만 하는 자를 장로라 일컬으며, 장로는 교인의 대표자이다. 항존직의 시무년한은 만 70세로 한다.

030문/ 교회의 임시 직원은 누구누구인지를 쓰시오.

답/ 1. 전도사, 2. 전도인, 3. 권사, 4. 남녀 서리집사

031문/ 지교회에서 임시직을 설치하는 것에 대하여 쓰시오.

답/ 교회는 사정에 의하여 직원을 안수 없이 임시로 설치한다. 단 교회의 모든 임시직의 설치 연한은 70세까지로 한다.

032문/ 전도사의 시취에 대하여 설명하시오.

답/ 남 · 녀 전도사를 당회의 추천으로 노회가 고시하여 자격을 인가하면 유급 교역자로 당회나 목사의 관리하는 지교회 시무를 방조하게 한다.

033문/ 전도사의 권한에 대하여 쓰시오.

답/ 남 전도사가 그 당회의 회원은 되지 못하나 특별한 이유가 있으면 언권 방청이 되고 미조직 교회에서는 당회장의 허락으로 제직회 임시회장이 될 수 있다.

034문/ 전도사의 자격에 대하여 쓰시오.

답/ 신학생과 신학 졸업자로 노회가 고시 인가하되 특별한 경우에는 이 한도에서 벗어난다. 단, 다른 노회에서 전도사 고시 받은 자와 총회 신학교를 졸업한 자는 필답 고사를 면제한다.

035문/ 전도인의 시무에 대하여 설명하시오.

답/ 남 · 녀 전도인은 유급 사역자로 불신자에게 전도하는 자니 그 사업 상황을 파송한 기관에 보고하고, 다른 지방에서 전도에 착수할 때는 그 구역 감독기관에 협의하여 보고한다.

036문/ 권사의 직무와 권한에 대하여 설명하시오.

답/ 권사는 당회의 지도 아래 교인을 방문하되 병환자와 환난을 당하는 자와 특히 믿음이 연약한 교인들을 돌보아 권면하는 자로 제직회 회원이 된다.

037문/ 권사의 자격에 대하여 쓰시오.

답/ 지교회의 여신도 중에서 만 45세 이상된 입교인으로 행위가 성경에 적합하고 교인의 모범이 되며 본 교회에서 충성되게 봉사하는 자.

038문/ 권사의 선거에 대하여 쓰시오.

답/ 공동의회에서 투표수 3분 2 이상의 찬성을 얻어야 한다. (단, 당회가 공동의회에 그 후보를 추천할 수 있다.)

039문/ 권사의 시무기간에 대하여 쓰시오.

답/ 임기 권사는 안수 없는 종신직원으로서 정년(만70세) 때까지 시무할 수 있다. (단, 은퇴 후에는 은퇴권사가 된다.)

040문/ 남녀 서리집사에 대하여 설명하시오.
답/ 교회 혹은 목사나 당회가 신실한 남녀로 선정하여 집사 직무를 하게 하는 자니 그 임기는 1개년이다.

041문/ 교회의 준직원은 누구누구인지를 쓰시오.
답/ 강도사와 목사 후보생은 준직원이다.

042문/ 강도사에 대하여 자세히 설명하시오.
답/ 강도사는 당회의 추천에 의하여 총회의 고시로 노회에서 강도할 인허를 받고 그 지도대로 일하되 교회 치리권은 없다.

043문/ 목사 후보생에 대하여 자세히 설명하시오.
답/ 목사 후보생은 목사직을 희망하는 자로 노회에서 자격 심사를 받고 그 지도대로 신학에 관한 학과로써 수양을 받는 자이다.

044문/ 강도사와 목사후보생의 관리에 대하여 쓰시오.
답/ 강도사와 목사 후보생은 개인으로는 그 당회 관리 아래 있고 직무상으로는 노회 관리 아래 있다.

5. 목사에 관한 문제

045문/ 목사의 의의에 대하여 자세히 설명하시오.
답/ 목사는 노회의 안수로 임직함을 받아 그리스도의 복음을 전파하고 성례를 거행하며 교회를 치리하는 자니 교회의 가장 중요하고 유익한 직분이다.

046문/ 성경에서 목사의 직분 맡은 자에 대한 칭호를 상세히 쓰시오.

답/ 1. 양의 무리를 감사하는 자이므로 목자라 하며(렘 3:15, 벧전 5:2～4, 딤전 3:1),

2. 교회 안에서 그리스도를 봉사하는 자이므로 그리스도의 종이라, 그리스도의 사역자라 하며 또 신약의 집사라 하며(빌 1:1, 고전 4:1, 고후 3:6),

3. 엄숙하고 지혜롭게 하여 모든 사람의 모범이 되고, 그리스도의 집과 그 나라를 근실히 치리하는 자이므로 장로라 하며(벧전 5:1～3),

4. 하나님의 보내신 사자이므로 교회의 사자라 하며(계 2:1),

5. 하나님의 거룩한 뜻을 죄인에게 전파하며 그리스도로 말미암아 하나님과 화목하라 권하는 자이므로 그리스도의 사신이라 혹은 복음의 사신이라 하며(고후 5:20, 엡 6:20),

6. 정직한 교훈으로 권면하며 거역하는 자를 책망하여 각성하게 하는 자이므로 교사라 하며(딛 1:9, 딤전 2:7, 딤후 1:11),

7. 죄로 침륜할 자에게 구원의 복된 소식을 전하는 자이므로 전도인이라 하며(딤후 4:5),

8. 하나님의 광대하신 은혜와 그리스도의 설립하신 율례를 시행하는 자이므로 하나님의 오묘한 도를 맡은 청지기라 한다(눅 12:42, 고전 4:1～2).

047문/ 성경에서 보여진 목사의 칭호의 성격에 대하여 쓰시오.

답/ 이는 계급을 가리켜 칭함이 아니요,다만 각양 책임을 가리켜 칭하는 것뿐이다.

048문/ 본 교단의 목사의 자격에 대하여 설명하시오.

답/ 목사 될 자는 총신대학교 신학대학원을 졸업하고 학식이 풍부하며 행실이 선량하고 신앙이 진실하며 교수에 능한 자라야 한다. 그리고 모든 행위가 복음에 적합하여 범사에 존절함과 성결함을 나타낼 것이요, 자기 가정을 잘 다스리며 외인에게서도 칭찬을 받는 자로 연령은 만 30세 이상자로 한다. 단 군목과 선교사는 만 27세 이상자로 한다.

049문/ 목사의 직무에 대하여 6 가지의 조항을 상세히 쓰시오.

답/ 1. 목사가 지교회를 관리할 때는 양무리 된 교인을 위하여 기도하며, 하나님 말씀으로 교훈하고 강도하며, 찬송하는 일과 성례를 거행할 것이요, 하나님을 대리하여 축복하고 어린이와 청년을 교육하며 고시하고 교우를 심방하며 궁핍한 자와 병자와 환난 당한 자를 위로하고 장로와 합력(合力)하여 치리권을 행사한다.

2. 목사가 종교상 도리와 본분을 교훈하는 직무를 받을 때는 목자 같이 돌아보며 구원하기 위하여 각 사람의 마음 가운데 성경의 씨를 뿌리고 결실되도록 힘쓴다.

3. 선교사로 외국에 선교할 때에는 성례를 거행하며 교회를 설립하고 조직할 권한이 있다.

4. 목사가 기독교 신문이나 서적에 관한 사무를 시무하는 경우에는 교회에 덕의를 세우고 복음을 전하는 데 유익하도록 힘써야 한다.

5. 기독교 교육 지도자로 목사나 노회가 지교회나 교회에 관계되는 기독교 교육 기관에서 청빙을 받으면 교육하는 일로 시무할 수 있다.

6. 강도사가 목사의 직무에서 2, 4, 5항의 직무를 당할 때 노회의 고시를 받고 지교회 목사가 될 자격까지 충분한 줄로 인정하면서 목사로 임직할 수 있다.

050문/ 위임 목사에 대하여 설명하시오.

답/ 한 지교회나 1구역(4지교회까지 좋으나 그 중 조직된 교회가 하나 이상됨을 요함)의 청빙으로 노회의 위임을 받은 목사니 특별한 이유가 없으면 그 담임한 교회를 만70세까지 시무한다. 위임 목사가 본 교회를 떠나 1년 이상 결근하게 되면 자동적으로 그 위임이 해제된다.

051문/ 임시 목사에 대하여 설명하시오.

답/ 임시 목사는 공동 의회에서 출석 교인 3분의 2이상의 가결로 청빙을 받으나 그 시무 기간은 1년간이요, 조직 교회에서는 위임 목사를 청함이 원칙이나 부득이한 형편이면 다시 공동 의회에서 3분의 2의 가결로 계속 시무를 청원하면 1년간 더 허락할 수 있다.

052문/ 부목사에 대하여 설명하시오.

답/ 부목사는 위임 목사를 보좌하는 임시 목사니 당회의 결의로 청빙하되 계속 시무하게 하려면 매년 당회장이 노회에 청원하여 승낙을 받는다.

053문/ 원로목사에 대하여 설명하시오.

답/ 동일한 교회에서 20년 이상 시무한 목사가 연로하여 노회에 시무사면을 제출하려 할 때에 본 교회에서 명예적 관계를 보존하고자 하면 공동 의회를 소집하고 생활비를 작정하여 원로 목사로 투표하여 과반수로 결정한 후 노회에 청원하면 노회의 결정으로 원로 목사의 명예직을 준다. 단, 정년이 지나면 노회의 언권만 있다.

054문/ 무임목사에 대하여 설명하시오.

답/ 담임한 시무가 없는 목사로서 노회에서 언권이 있으나 가부권은 없다.

055문/ 전도목사에 대하여 설명하시오.

답/ 교회 없는 지방에 파견되어 교회를 설립하고 노회의 결의로 그 설립한 교회를 조직하며 성례를 행하고 교회의 부흥 인도도 한다. 단, 노회의 언권은 있으나 결의권은 없다.

056문/ 교단의 기관 목사에 대하여 설명하시오.

답/ 노회의 허락을 받아 총회나 노회 및 교회관계 기관에서 행정과 신문과 서적 및 복음사역에 종사하는 목사이다.

057문/ 종군목사에 대하여 설명하시오.

답/ 노회에서 안수를 받고 배속된 군인 교회에서 목회와 전도를 하며 성례를 행한다.

058문/ 교육목사에 대하여 설명하시오.

답/ 노회의 허락을 받아 교육기관에서 성경과 기독교교리를 교수하는 목사이다.

059문/ 선교사에 대하여 설명하시오.

답/ 다른 민족을 위하여 외지에 파송을 받은 목사이다.

060문/ 은퇴목사에 대하여 설명하시오.
답/ 목사가 연로하여 시무를 사면한 목사로 한다.

6. 치리장로에 관한 문제

061문/ 장로직의 기원에 대하여 설명하시오.
답/ 율법 시대에 교회를 관리하는 장로가 있음과 같이 복음 시대에도 목사와 협력하여 교회를 치리하는 자를 세웠으니 곧 치리 장로이다.

062문/ 장로의 권한을 상세히 쓰시오
답/ 강도와 교훈은 그의 전무 책임은 아니나 각 치리회에서는 목사와 같은 권한으로 각 항 사무를 처리한다.

063문/ 장로의 자격에 대하여 쓰시오
답/ 만 35세 이상 된 남자 중 입교인으로 흠 없이 5년을 경과하고 상당한 식견과 통솔력이 있으며 담전 3:1~7에 해당한 자로 한다.

064문/ 장로의 직무 5 가지를 크게 대별해서 쓰시오.
답/ 1. 교회의 신령적 관계를 총찰한다. 2. 도리 오해나 도덕상 부패를 방지한다. 3. 교우를 심방하되 위로, 교훈, 간호한다. 4. 교인의 신앙을 살피고 위하여 기도한다. 5. 특별히 심방할 자를 목사에게 보고한다.

065문/ 장로가 교회의 신령적 관계를 총찰한다는 의미를 설명하시오.
답/ 치리장로는 교인의 택함을 받고 교인의 대표자로 목사와 협동하여 행정과 권징을 관리하며, 자교회 혹은 전국 교회의 신령적 관계를 총찰한다.

066문/ 장로가 도리 오해나 도덕상 부패를 방지한다는 의미를 설명하시오.

답/ 주께 부탁 받은 양무리가 도리 오해나 도덕상 부패에 이르지 않기 위하여 당회로나 개인으로 선히 권면하되 회개하지 아니하는 자가 있을 때에는 당회에 보고한다.

067문/ 장로가 교우를 심방하되 위로, 교훈, 간호한다는 의미를 설명하시오.

답/ 교우를 심방하되 특별히 병자와 조상자를 위로하며 무식한 자와 어린 아이들을 가르치며 간호할 것이니 평신도보다 장로는 신분상 의무와 직무상 책임이 더욱 중하다.

068문/ 장로가 교인의 신앙을 살피고 위하여 기도한다는 의미를 설명하시오.

답/ 장로는 교인과 함께 기도하며, 위하여 기도하고 교인 중에 강도의 결과를 찾아본다.

069문/ 장로가 특별히 심방할 자를 목사에게 보고한다는 의미를 설명하시오.

답/ 병환자와 슬픔을 당한 자와 회개하는 자와 특별히 구조 받아야 할 자가 있는 때에는 목사에게 보고한다.

070문/ 원로장로에 대하여 상세히 쓰시오.

답/ 동일한 교회에서 20년 이상 시무하던 장로가 연로하여 시무를 사임할 때 그 교회가 그의 명예를 보존하기 위하여 공동의회의 결의로 원로 장로로 추대할 수 있다. 단, 당회의 언권회원이 된다.

071문/ 은퇴장로에 대하여 쓰시오.
답/ 연로하여 퇴임한 장로이다.

072문/ 협동장로에 대하여 쓰시오.
답/ 무임장로 중에서 당회 의결로 협동장로로 선임하고 당회의 언권회원이 된다.

7. 집사에 관한 문제

073문/ 집사직에 대하여 설명하시오.
답/ 집사직은 목사와 장로직과 구별되는 직분이니 무흠한 남교인으로 그 지교회 교인들의 택함을 받고 목사에게 안수(按手)임직을 받는 교회 항존(恒存)직이다.

074문/ 집사의 자격을 구체적으로 쓰시오.
답/ 집사는 선한 명예와 진실한 믿음과 지혜와 분별력이 있어 존숭을 받고 행위가 복음에 합당하며, 그 생활이 다른 사람의 모범이 될 만한 자 중에서 선택한다. 봉사적 의무는 일반 신자의 마땅히 행할 본분인즉 집사 된 자는 더욱 그러하다(딤전 3:8~13).

075문/ 집사의 직무에 대하여 내용적으로 구분해서 쓰시오.

답/ 목사 장로와 합력하여, 빈핍 곤궁한 자를 권고하며, 환자와 갇힌 자와 과부와 고아와 모든 환난당한 자를 위문하되, 당회 감독 아래서 행하며, 교회에서 수금한 구제비와 일반 재정을 수납 지출한다.

076문/ 시무집사의 뜻에 대하여 쓰시오.
답/ 본교회에서 임직 혹은 취임받아 취임하고 있는 집사이다.

077문/ 휴직집사의 뜻에 대하여 쓰시오.
답/ 본교회에서 집사로 시무하다가 휴직중에 있거나 혹은 사임된 자이다.

078문/ 은퇴집사의 뜻에 대하여 쓰시오.
답/ 연로하여 은퇴한 집사이다.

079문/ 무임집사의 뜻에 대하여 쓰시오.
답/ 타 교회에서 이명와서 아직 취임을 받지 못한 집사이다.

080문/ 무임집사의 집사 시무절차에 대하여 설명하시오.
답/ 타 교회에서 이명와서 아직 취임을 받지 못한 집사로서 만 70세 미만 자는 서리 집사 직을 맡을 수 있고, 본교회에 전입하여 만 2년이 경과하고, 공동의회에서 집사로 피선되면 취임식만 행하고 안수 없이 시무집사가 된다.

8. 교회 예배의식에 관한 문제

081문/ 교회가 예배의식을 거행할 때, 무엇을 따라야 하는 지에 대하여 설명하시오.

답/ 교회는 마땅히 교회의 머리 되신 예수님께서 설립하신 예배 의식을 준수해야 한다.

082문/ 교회의 예배의식 내용에 대하여 순서대로 자세히 쓰시오.

답/ 1. 기도(행 6:4, 딤전 2:1)
2. 찬송(골 3:16, 4:6, 시 9:11, 엡 5:19)
3. 성경 낭독(행 15:21, 눅 4:16~17)
4. 성경 해석과 강도(딛 1:9, 행 9:20, 10:4, 눅 24:47, 딤후 4:2)
5. 세례(마 28:19~20, 막 16:15~16)
6. 성찬(고전 11:23, 28)
7. 금식과 감사(눅 5:35, 빌 4:6, 딤전 2:1, 시 50:14, 시 95:2)
8. 성경 문답(히 5:21, 딤후 3:14, 17)
9. 헌금(행 11:27, 30, 고전 16:1~14, 갈 2:10, 6:6)
10. 권징(히 13:17, 살전 5:12~13, 고전 5:4~5, 딤전 1:20, 5:12)
11. 축복(고후 13:13, 엡 1:2)

9. 교회정치와 치리회에 관한 문제

083문/ 정치의 필요에 대하여 설명하시오.

답/ 교회를 치리함에는 명백한 정치와 조직이 있어야 한다(고전 14:40). 정당한 사리와 성경의 교훈과 사도 시대 교회의 행사에 의지한즉 교회 치리권은 개인에게 있지 않고 당회, 노회, 대회, 총회 같은 치리회에 있다.

084문/ 치리회의 성질에 대하여 쓰시오.

답/ 교회의 교리와 정치에 대하여 쟁론사건이 발생하면 성경 교훈대로 교회의 성결과 화평을 성취하기 위하여 순서에 따라 상회에 상소함이 가하며, 각 치리회는 각 사건을 적법하게 처리하기 위하여 관할 범위를 정할 것이요, 각 회는 고유한 특권이 있으나 순서대로 상회의 검사와 관찰을 받는다.

085문/ 치리회의 관할에 대하여 쓰시오.

답/ 각 치리회는 각립(各立)한 개체가 아니요 서로 연합한 것이니 어떤 회에서 어떤 일을 처결하든지 그 결정은 법대로 대표된 치리회로 생사하게 하는 것인즉 전국 교회의 결정이 된다.

086문/ 치리회의 회집에 대하여 설명하시오.

답/ 당회와 노회는 매년 1회 이상, 대회와 총회는 매년 1회 회집하되 기도로 개회와 폐회한다.

087문/ 치리회의 권한에 대하여 상세히 쓰시오.

답/ 교회 각 치리회는 국법상 시벌을 과하는 권한이 없고, 오직 도덕과 신령상 사건에 대하여 교인으로 그리스도의 법을 순종하게 하는 것뿐이다. 만일 불복하거나 불법한 자가 있으면 교인의 특권을 향유하지 못하게 하며, 성경의 권위를 보장하기 위하여 증거를 수합하여 시벌하며, 교회 정치와 규례를 범한 자를 소환하여 심사하기도 하며, 관할 아래에 있는 교인을 소환하여 증거를 제출하게 할 수도 있으니 가장 중한 벌은 교리에 패역한 자와 회개하지 아니한 자를 교인 중에서 출교할 뿐이다.

10. 당회에 관한 문제

088문/ 당회의 조직에 대하여 설명하시오.

답/ 당회는 지교회 목사와 치리 장로로 조직하되 세례 교인 25인 이상을 요하고(행 14:23, 딛 1:5) 장로의 증원도 이에 준한다.

081문/ 장로 1인이 있는 교회에서 당회의 성수에 대하여 쓰시오.

답/ 장로 1인만 있는 경우에는 장로나 목사의 요청으로 모든 당회의 일을 행할 수 있다.

082문/ 장로 1인의 당회에서 노회에 보고하여 처리해야 하는 경우에 대하여 설명하시오.

답/ 장로의 치리 문제나 다른 사건에 있어 장로가 반대할 때에는 노회에 보고하여 처리한다.

083문/ 장로 2인이 있는 교회에서 당회의 성수에 대하여 쓰시오.

답/ 장로 1인과 목사의 출석으로 당회의 성수가 된다.

084문/ 장로 3인 이상이 있는 교회에서 당회의 성수에 대하여 쓰시오.

답/ 장로 과반수와 목사 1인이 출석하여야 성수가 된다.

085문/ 당회장에 대하여 설명하시오.

답/ 당회장은 그 지교회 담임 목사가 될 것이나 특별한 경우에는 당회의 결의로 본 교회 목사가 그 노회에 속한 목사 1인을 청하여 대리 회장이 되게 할 수 있으며, 본 교회 목사가 신병이 있거나 출타한 때에도 그러하다.

086문/ 당회 임시 회장의 뜻에 대하여 쓰시오.

답/ 당회장은 목사가 되는 것이므로 어떤 교회에서든지 목사가 없으면 그 교회에서 목사를 청빙할 때까지 노회가 당회장 될 사람을 파송할 것이요, 노회의 파송이 없는 경우에는 그 당회가 회집할 때마다 임시 당회장 될 목사를 청할 수 있으나 부득이한 경우에는 회장될 목사가 없을지라도 재판 사건과 중대 사건 외에는 당회가 사무를 처리할 수 있다.

087문/ 당회의 직무 8 가지를 크게 대별하여 쓰시오.

답/ 1. 교인의 신앙과 행위를 총찰, 2. 교인의 입회와 퇴회, 3. 예배와 성례 거행, 4. 장로와 집사 임직, 5. 각 항 헌금 수집하는 일을 주장, 6. 권징하는 일, 7. 신령적 유익을 도모하며 각 기관을 감독, 8. 노회에 총대를 파송하며 청원과 보고

088문/ 당회가 교인의 신앙과 행위를 총찰함에 대하여 설명하시오.

답/ 당회의 직무는 신령상 모든 사무를 처리하는 것이니(히 13:17) 교인의 지식과 신앙상 행위를 총찰한다.

089문/ 당회가 교인의 입회와 퇴회를 주관하는 것에 대하여 설명하시오.

답/ 학습과 입교할 자를 고시하며, 입교인 된 부모를 권하여 그 어린 자녀로 세례를 받게 하며, 유아세례 받은 자를 고시하여 성찬에 참여하게 하며, 주소 변경한 교인에게는 이명증(학습, 입교, 세례, 유아세례)을 접수 또는 교부하며 제명도 한다.

090문/ 당회가 예배와 성례를 거행함에 대하여 설명하시오.

답/ 목사가 없을 때에는 노회의 지도로 다른 목사를 청하여 강도하게

하며 성례를 시행한다.

091문/ 당회가 장로와 집사의 임직을 주관하는 것에 대하여 설명하시오.
답/ 장로나 집사를 선택하여 반 년 이상 교양하고 장로는 노회의 승인과 고시한 후에 임직하며 집사는 당회가 고시한 후에 임직한다.

092문/ 당회가 각 항의 헌금을 수집하는 일을 주장함에 대하여 설명하시오.
답/ 각 항의 헌금 수집할 날짜와 방침을 작정한다.

093문/ 당회가 권징하는 일에 대하여 설명하시오.
답/ 본 교회 중 범죄자와 증인을 소환 심사하며 필요한 경우에는 본 교회 회원이 아닌 자라도 증인으로 소환 심문할 수 있고, 범죄한 증거가 명백한 때에는 권계, 견책, 수찬 정지, 제명, 출교를 하며 회개하는 자를 해벌한다.

094문/ 당회가 신령적 유익을 도모하며 각 기관을 감독함에 대하여 설명하시오.
답/ 당회는 교회의 신령적 유익을 도모하며, 교인을 심방하고 성경 가르치는 일과 주일학교를 주관하며, 전도회와 면려회와 각 기관을 감독한다.

095문/ 당회가 노회에 총대를 파송하며 청원과 보고함에 대하여 설명하시오.
답/ 노회에 파송할 총대 장로를 선정하며 청원을 제출하며 교회 정황을 노회에 보고한다.

096문/ 당회의 권한에 대하여 자세히 쓰시오.

답/ 예배 모범에 의지하여 예배 의식을 전관하되 모든 회집 시간과 처소를 작정할 것이요, 교회에 속한 토지 가옥에 관한 일도 장리한다.

097문/ 당회의 회집에 대하여 설명하시오.

답/ 1. 1년 1회 이상을 정기회로 회집하며, 2. 본 교회의 목사가 필요한 줄로 인정할 때와 3. 장로 반수 이상이 청구할 때와 4. 상회가 회집을 명할 때에도 소집하되, 5. 만일 목사가 없는 경우에는 필요에 응하여 장로 과반수가 소집할 수 있다.

098문/ 당회록에 대하여 쓰시오.

답/ 당회록에는 결의 사항을 명백히 기록하고 회록과 재판 회록은 1년 1차씩 노회 검사를 받는다.

099문/ 당회에 비치해야 하는 각종의 명부록에 대하여 설명하시오.

답/ 1. 학습인 명부(학습 년 월 일 기입)
2. 입교인 명부(입교 년 월 일 기입)
3. 책벌 및 해벌인 명부(책벌, 해벌 년 월 일 기입)
4. 별 명부(1년 이상 실종된 교인)
5. 별세인 명부(별세 년 월 일 기입)
6. 이전인 명부(이명서 접수 및 발송 년 월 일 기입)
7. 혼인 명부(성혼 년 월 일 기입)
8. 유아 세례 명부(세례 및 성찬 허락 년 월 일 기입)

100문/ 명부록을 작성할 때, 성명, 여자, 아이의 경우 유의해야 하는 것을 쓰시오.

답/ 성명은 호적대로 기록하고, 여자와 아이는 친족의 성명도 기입한다.

101문/ 연합 당회에 대하여 설명하시오.

답/ 도시에 당회가 2개 이상 있으면 교회 공동 사업의 편리를 위하여 연합 당회를 조직할 수 있나니, 그 회원은 각 당회원으로 하며 본회는 치리권은 없으나 협동 사무, 기타 교회 유익을 서로 도모할 수 있다.

11. 노회에 관한 문제

102문/ 노회의 요의에 대하여 설명하시오.

답/ 그리스도의 몸된 교회가 나뉘어 여러 지교회가 되었으니 서로 협의하며 도와 교회 도리의 순전을 보전하며, 권징을 동일하게 하며, 신앙상 지식과 바른 도리를 합심하여 발휘하며, 배도함과 부도덕을 금지해야 한다. 이를 성취하려면 노회와 같은 상회가 있는 것이 긴요하다. 사도 시대에 노회와 같은 회가 있었나니 교회가 분산한 후에 다수의 지교회가 있던 것은 모든 성경에 확연하다. 이런 각 교회가 한 노회 아래 속하였고, 에베소 교회 외에도 많은 지교회가 있고 노회가 있는 증거가 있다.

103문/ 노회의 조직에 대하여 자세히 쓰시오.

답/ 일정한 지방 안에 모든 목사와 각 당회에서 총대로 세례교인 2백명 미만이면 1인, 2백명 이상 5백명 미만이면 2인, 5백명 이상 1천명 미만은 3인, 1천명 이상은 4명씩 파송하는 장로로 조직한다.

단, 21당회 이상을 요한다.

104문/ 노회가 조직될 수 있는 최소 당회의 수를 쓰시오
답/ 21당회

105문/ 노회의 회원자격에 대하여 설명하시오.
답/ 각 지교회 시무 목사와 정년 이전의 원로 목사와 총회나 노회가 파송한 기관 사무를 위임한 목사는 회원권을 구비하고, 그밖에 목사는 언권 회원이 되며 총대권은 없다.

106문/ 노회에서 총대장로의 회원권에 대하여 쓰시오.
답/ 총대장로는 서기가 천서를 접수 호명한 후부터 회원권이 있다.

107문/ 노회의 성수에 대하여 설명하시오.
답/ 노회가 예정한 장소와 날짜에 본 노회에 속한 정회원 되는 목사와 총대 장로 각 3인 이상이 회집하면 개회할 성수가 되나니 노회의 일체 사무를 처리할 수 있다.

108문/ 노회의 직무 11 가지에 대하여 설명하시오.
답/ 1. 노회는 그 구역에 있는 당회와 지교회와 목사와 강도사와 전도사와 목사 후보생과 미조직 교회를 총찰한다.
2. 노회는 각 당회에서 규칙대로 제출하는 헌의와 청원과 상소 및 소원과 고소와 문의와 위탁 판결을 접수하여 처리하며, 재판건은 노회의 결의대로 권징 조례에 의하여 재판국에 위임 처리하게 할 수 있다. 상소건 등은 접수하여 상회에 보낸다.
3. 목사 후보생을 고시하여 받고 그 교육, 이명, 권징하는 것과 강

도사를 승인하며 피택 장로를 고시하여 임직을 허락하고 전도사를 고시하여 인가하며 목사 지원자의 고시, 임직, 위임, 해임, 전임, 이명, 권징을 관리하며, 당회록과 재판 회록을 검열하여 처리 사건에 찬부를 표하며 도리와 권징에 관한 합당한 문의를 해석한다.

4. 교회의 신성과 화평을 방해하는 언행을 방지하며, 교회 실정과 폐해를 감시하고 교정하기 위하여 각 지교회를 시찰한다.
5. 지교회를 설립, 분립, 합병, 폐지 및 당회를 조직하는 것과 지교회와 미조직 교회의 목사의 청빙과 전도와 학교와 재정 일체 사항의 처리 방침을 지도 방조한다.
6. 본 노회의 청원과 헌의를 상회에 올려 보내며 상회에서 내려 보내는 공한을 접수하여 그 지휘를 봉행하며, 교회 일을 질서있게 처리하며, 전도사업을 직접 경영함과 상회 총대를 선정 파송함과 범사에 관한 각 교회의 신령적 유익을 도모한다.
7. 목사 고시를 행하되 그 과목은 신조, 권징 조례, 예배 모범, 목회학, 면접 등이다.
8. 어느 지교회에 속한 것을 물론하고 토지 혹 가옥 사건에 대하여 변론이 나면 노회가 처단할 권한이 있다.
9. 노회는 교회를 감독하는 치리권을 행사하기 위하여 그 소속 목사 및 장로 중에서 시찰 위원을 선택하여 자교회 및 미조직 교회를 순찰하고 모든 일을 협의하여 노회의 치리하는 것을 보조할 것이니 위원의 정원과 시찰할 구역은 노회에서 작정한다. 시찰 위원은 치리회가 아니니 목사 청빙 청원을 가납하거나 목사에게 직전하지 못하고 노회가 모이지 아니 하는 동안 임시목사라도 택하여 세울 권한이 없다. 그러나 허위 당회에서 강도할 목사를 청하는 일을 같이 의논할 수 있고 또 그 지방의 목사와 강도

사의 일할 처소와 봉급에 대하여 경영하여 노회에 보고한다.

10. 노회는 허위 교회를 돌아보기 위하여 시찰 위원 혹은 특별 위원에게 위탁하여 노회 개회 때까지 임시로 목사를 택하게 할 수 있고 혹 임시 당회장도 택하게 할 수 있다. 시찰 위원을 두는 목적은 교회와 당회를 돌아보고 노회를 위하여 교회 형편을 시찰하는 것이니 시찰 위원은 교회의 청함이 없을지라도 그 지방 안에 있는 당회와 연합 당회와 제직회와 부속한 각 회에 언권 방청원으로 출석할 수 있고 투표권은 없다. 각 당회는 장로 및 전도사를 선정할 일에 대하여 의논할 때에는 시찰과 협의함이 가하다. 시찰 위원은 그 구역 안 교회 형편과 위탁 받은 사건을 노회에 보고할 것이나 당회나 교회 헌법에 의하여 얻은 직접 청구권을 침해하지 못한다.

11. 시찰 위원은 가끔 각 목사와 교회를 순찰하여 교회의 신령상 형편과 재정 형편과 전도 형편과 주일 학교 및 교회 소속 각 회 형편을 시찰하고, 목사가 결가 있고 유익하게 역사하는 여부와 그 교회 장로와 당회와 제직회와 교회 대표자들의 제출하는 문의 및 청원서를 노회에 제출한다.

109문/ 노회록과 보고에 대하여 쓰시오.

답/ 노회는 강도사 및 전도사 인허와 목사의 임직과 이명과 별세(別世)와 후보생의 명부와 교회 설립, 분립(分立), 합병과 지방 안 각 교회 정황과 처리하는 일반 사건을 일일이 기록하여 매년 상회에 보고한다.

110문/ 노회가 보관하는 각종 명부에 대하여 쓰시오.

답/ 1. 시무목사, 2.무임목사, 3. 원로목사, 4. 공로목사, 5. 전도사, 6.

목사 후보생, 7. 강도사

111문/ 노회의 회집에 대하여 설명하시오.

답/ 예정한 날짜와 장소에 회집하고 특별한 사건이 있는 경우에는 각 다른 지교회 목사 3인과 각 다른 지교회 장로 3인의 청원에 의하여 회장이 임시회를 소집할 수 있다(회장이 유고한 때는 부회장 또는 서기가 대리로 소집한다). 회장이 임시회를 소집할 때는 회의할 안건과 회집 날짜를 개회 10일 전기하여 관하 각 회원에게 통지하고 통지서에 기재한 안건만 의결한다.

12. 대회에 관한 문제

112문/ 대회의 조직에 대하여 설명하시오.

답/ 1지방 안 모든 노회(3개 이상 노회 됨을 요한다)를 관할하는 회로서 각 노회에서 파송하는 총대 목사와 장로로 조직하되 목사와 장로는 그 수를 서로 같게 한다. 총대는 매 5당회에 목사 장로 각 1인 비율로 파송하며 5당회가 미급되고 3당회 이상이면 목사 장로 각 1인씩 더 택하고 3당회가 미급되는 노회는 목사 장로 각 1인씩 언권 회원으로 참석한다. 단, 1당회에 총대 목사 장로 각 1인을 초과하지 못한다.

113문/ 대회의 개회 성수에 대하여 쓰시오.

답/ 예정한 날짜와 장소에 목사 7인과 장로 3인 이상이 회집하면 개회 성수가 된다.

114문/ 대회의 언권 방청에 대하여 설명하시오.

답/ 다른 노회 목사나 또는 서로 교통하는 교파 목사를 언권 방청원으로 허락할 수 있다.

115문/ 대회의 권한과 직무를 12 가지로 대별해서 쓰시오.

답/ 1. 노회 판결에 대한 공소 및 상고를 수리 처결한다.

2. 모든 하회의 문의에 대하여 결정 지시권이 있다.
3. 각 노회록을 검사 인준한다.
4. 각 노회에 법규를 위반한 사실이 있으면 교정하게 하고 교회 헌법을 잘 준수하게 한다.

5 노회를 설립, 합병, 분설(分設)하며 노회 구역을 변경하는 일을 행할 수 있다.

6. 교회의 건덕과 유익될 일을 각 교회에 권장하며 총회에 헌의할 수 있다.
7. 대회는 고소, 소원, 공소, 상고에 대한 결정을 전권으로 행하되 직접 판결하든지 또한 하회에 반환할 수 있다.
8. 대회에 제기한 상고, 고소, 문의의 안건이 교회의 도리나 헌법에 관계되는 일이 아니면 대회가 최종 심의회가 된다.
9. 당회는 교인을 직접, 노회는 목사를 직접 재판할 수 있으나, 대회는 노회에서 판결한 데 대하여 불복 상고한 것이나 노회에서 제출한 문의 같은 문서를 받은 후에야 재판할 수 있다.
10. 대회가 하회에 대하여 만일 불법한 사건이 있는 줄로 아는 때는 상고하는 일이 없을지라도 자세히 조사하며, 하회 회록을 검사하여 과연 사실이 있으면 심사 교정하든지 하회에 명령하여 교정하게 한다.
11. 대회는 재판국을 두어(국원은 목사 장로 9인 이상) 권징 조례대로 재판한다. 재판국 개회 성수는 국원 4분의 3이상이 출석

하여야 개심하여 재판국 판결은 법규에 대한 사건 외에는 변경하지 못한다. 그러나 대회가 직접 재판회로 다시 일일이 재판한 후에 재판국 판결을 변경할 수 있다.

12. 대회는 총회에 헌의와 청원을 제출할 수 있고 다른 노회나 대회의 헌의에 대하여 동의를 표할 수 있다.

116문/ 대회의 회집에 대하여 설명하시오.

답/ 대회는 매년 1회 정기회로 회집하고, 필요한 때는 임시회와 계속회도 할 수 있다.

117문/ 대회의 임시회 소집에 대하여 설명하시오.

답/ 2개 노회의 목사 장로 각 3인의 청원에 의하여 회장이 임시회를 소집한다. 임시회는 개회 10일 전기하여 회집 통지서와 의안을 관하 각 회원에게 통고한다.

118문/ 대회의 임시회 의결에 대하여 쓰시오.

답/ 임시회의 회집통지에 기재한 안건만 의결한다.

119문/ 대회의 회록 및 보고에 대하여 설명하시오.

답/ 서기는 회의록을 작성, 보관하며 특별히 재판의 기록을 자세히 하여 총회의 검사를 받으며 대회 상황을 총회에 보고한다.

13. 총회에 관한 문제

120문/ 총회의 정의에 대하여 설명하시오.

답/ 총회는 대한예수교장로회의 모든 지교회 및 치리회의 최고회니 그 명칭은 대한예수교장로회총회라 한다.

121문/ 총회를 조직하는 절차를 자세히 쓰세요.

답/ 총회는 각 노회에서 파송한 목사와 장로로서 조직하되 목사와 장로는 그 수를 서로 같게 하고 총대는 각 노회 지방의 매 7당회에서 목사 1인, 장로 1인씩 파송하되 노회가 투표 선거하여 개회 2개월 전에 총회 서기에게 송달하고 차점순으로 부총대 몇 사람을 정해 둔다. 단, 7당회 못되는 경우에는 4당회 이상에는 목사 장로 각 1인씩 더 파송할 수 있다. 3당회 이하 되는 노회는 목사 장로 1인씩 언권 회원으로 참석한다. 총회 총대는 1당회에서 목사 장로 각 1인을 초과하지 못한다.

122문/ 총회의 성수에 대하여 쓰시오.

답/ 총회가 예정한 날짜에 노회의 과반수와 총대 목사 장로 각 과반수가 출석하면 개회할 성수가 되어 일반 회무를 처리한다.

123문/ 총회의 직무에 대하여 자세히 쓰시오.

답/ 1. 소속 교회 및 치리회의 모든 사무와 그 연합 관계를 총찰하며, 2. 하회에서 합법적으로 제출하는 헌의와 청원과 상고와 소원과 고소와 문의와 위탁 판결을 접수하여 처리하고, 3. 각 하회록을 검열하여 찬부를 표하고, 4. 산하 각 교회 간에 서로 연락하며 교통하며 신뢰하게 한다.

124문/ 총회의 권한 6 가지에 대하여 설명하시오.

답/ 1. 총회는 교회 헌법(신조, 요리 문답, 정치, 권징 조례, 예배 모범)

을 해석할 전권이 있고, 교리와 권징에 관한 쟁론을 판단하고, 지교회와 노회의 오해와 부도덕한 행위를 경책하며 권계하며 변증한다.

2. 총회는 노회, 대회를 설립, 합병, 분립하기도 하며 폐지하는 것과 구역을 작정하며 강도사 지원자를 고시하며 전국 교회를 통솔하며, 본 총회와 다른 교파 교회간에 정한 규례에 의하여 교통한다.
3. 교회를 분열하게 하는 쟁단을 진압하며 전교회를 위하여 품행을 단정하게 하고, 인애와 성실과 성결한 덕을 권장하기 위하여 의안을 제출하여 실행하도록 계도한다.
4. 어느 교회에서든지 교회 재산에 대하여 쟁론이 있어 노회가 결정한 후 총회에 상고하면 이것을 접수하여 판결한다.
5. 내외지 전도 사업이나 기타 중대 사건을 주관할 위원을 설치할 수 있으며 신학교와 대학교를 설립할 수 있다.
6. 총회의 재산은 총회 소유로 한다.

125문/ 총회의 회집 절차를 쓰시오.

답/ 총회는 매년 1회 정례로 회집하되 예정한 날짜에 회장이 출석하지 못할 때는 부회장 혹 전 회장에 개회하고 신 회장을 선거할 때까지 시무할 것이요, 각 총대는 서기가 천서를 접수 호명(呼名)한 후부터 회원권이 있다.

126문/ 총회의 개회, 폐회의식에 대하여 설명하시오.

답/ 총회가 기도로 개회하고 폐회하되 폐회하기로 결정한 후에는 회장이 선언하기를 「교회가 나에게 위탁한 권세로 지금 총회는 파함이 가한 줄로 알며 이 총회같이 조직한 총회가 다시 아무 날 아무 곳에서 회집함을 요하노라」한 후에 기도함과 감사함과 축도로 산회한다.

14. 장로, 집사 선거 및 임직에 관한 문제

127문/ 장로와 집사의 선거방법에 대하여 설명하시오.

답/ 치리 장로와 집사는 각 지교회가 공동 의회 규칙에 의하여 선거하되 투표 3분의 2이상의 찬성을 요한다. 단, 당회가 후보를 추천할 수 있다.

128문/ 장로, 집사의 임직 승낙에 대하여 쓰시오.

답/ 치리 장로 혹은 집사를 선거하여 노회가 고시 승인하고(집사는 제외한다) 선거된 본인도 승낙한 후에 당회가 임직한다.

129문/ 장로, 집사의 임직순서를 쓰시오.

답/ 교회가 당회의 정한 날짜와 장소에 모여 개회하고 목사가 강도한 후에 그 직(장로 혹 집사)의 근원과 성질의 어떠한 것과 품행과 책임의 어떠한 것을 간단히 설명하고, 교회 앞에서 피선자를 기립하게 하고 성경, 신조, 헌법, 직분, 교회에 대한 자세에 대하여 서약한다.

130문/ 임직을 받는 장로, 집사가 서약하는 내용 중에, 서약 1항인 신구약 성경에 대한 서약의 내용을 쓰시오.

답/ 신구약 성경은 하나님의 말씀이요 또한 신앙과 행위에 대하여 정확 무오(正確無誤)한 유일(唯一)의 법칙으로 믿느뇨?

131문/ 임직을 받는 장로, 집사가 서약하는 내용 중에, 서약 2항인 본 장로회 신조와 웨스트민스터 신도 개요 및 대소요리 문답에 대한 서약의 내용을 쓰시오.

답/ 본 장로회 신조와 웨스트민스터 신도 게요 및 대소요리 문답은 신구약 성경의 교훈한 도리를 총괄할 것으로 알고 성실한 마음으로 받아 신종하느뇨?

132문/ 임직을 받는 장로, 집사가 서약하는 내용 중에, 서약 3항인 본 장로회 정치와 권징 조례와 예배 모범에 대한 서약의 내용을 쓰시오.

답/ 본 장로회 정치와 권징 조례와 예배 모범을 정당한 것으로 승낙하느뇨?

133문/ 임직을 받는 장로, 집사가 서약하는 내용 중에, 서약 4항인 직분을 받은 자세에 대한 서약의 내용을 쓰시오.

답/ 이 지교회 장로(혹 집사)의 직분을 받고 하나님의 은혜를 의지하여 진실한 마음으로 본직에 관한 범사를 힘써 행하기로 맹세하느뇨?

134문/ 임직을 받는 장로, 집사가 서약하는 내용 중에, 서약 5항인 교회에 대한 서약의 내용을 쓰시오.

답/ 본 교회의 화평과 연합과 성결함을 위하여 전력하기로 맹세하느뇨?

135문/ 임직을 받는 장로, 집사가 서약하는 내용 중에 서약 4항과 5항의 성격에 대하여 쓰시오.

답/ 서약을 하는 5 개항 중에서 4와 5항은 취임 서약이다.

136문/ 임직을 받는 장로, 집사가 서약을 마친 후에, 목사가 지교회 성도들에게 하는 서약에 대하여 설명하시오.

답/ 피선자가 각 묻는 말에 대하여 서약한 후에 목사는 또 본 지교회 회원들을 기립하게 하고 아래와 같이 서약한다.

"이 지교회 회원들이여, 아무씨를 본 교회의 장로(혹 집사)로 받고 성경과 교회 정치에 가르친 바를 좇아서 주 안에서 존경하며 위로하고 복종하기로 맹세하느뇨?"

137문/ 지교회 성도들은 새로운 임직자를 받는 서약의 표시에 대하여 쓰시오.

답/ 교회원들이 거수로써 승낙의 뜻을 표시한다.

138문/ 지교회 성도들이 서약을 한 후에 진행되는 절차를 쓰시오.

답/ 교회원들이 거수로써 승낙의 뜻을 표시한 후에 목사가 개인으로나 전 당회로 안수와 기도하고, 피선자를 치리 장로(혹 집사)의 직을 맡긴 다음 악수례를 행하고, 공포한 후, 새로이 임직한 자와 교인에게 특별히 합당한 말로 권면한다.

139문/ 장로, 집사의 임기에 대하여 자세히 쓰시오.

답/ 치리장로, 집사직의 임기는 만 70세까지다. 단, 7년에 1차씩 시무투표를 할 수 있고 그 표결수는 과반수를 요한다.

140문/ 장로, 집사의 자유휴직과 사직의 절차에 대하여 설명하시오.

답/ 장로 혹 집사가 노혼하거나 신병으로 시무할 수 없든지 이단이나 악행은 없을지라도 교회원 태반이 그 시무를 원하지 아니할 때 본인의 청원에 의하여 휴직과 사직을 당회의 결의로 처리한다.

141문/ 장로, 집사의 권고휴직과 사직의 절차에 대하여 설명하시오.

답/ 장로나 집사가 범죄는 없을지라도 전조(前條) 사건과 방불하여 교회에 덕을 세우지 못하게 된 경우에는 당회가 협의 결정하여 휴직 혹 사직하게 하고 그 사실을 회록에 기록한다. 본인이 원하지 아니하면 소원할 수 있다.

15. 목사후보생과 강도사에 관한 문제

142문/ 목사후보생과 강도사 양성의 요의에 대하여 설명하시오.

답/ 목사의 중임을 연약하고 부적당한 자에게 위임하므로 성역이 사람의 멸시됨을 면하기 위하며, 또한 교회를 교도 치리할 자의 능력을 알기 위하여 성경에 명한 대로 목사 지원자를 먼저 시험하는 것이 가하다(딤전 3:6, 딤후 2:2). 이러므로 총회가 신학졸업생을 고시하고, 노회가 강도사로 인허한 후, 그 강도사는 특별한 이유가 없으면 총회 고시 합격 후 1개년 이상 노회 지도 아래서 본직의 경험을 수양한 후에야 목사 고시에 응할 수 있다.

143문/ 목사후보생 지원자의 관할에 대하여 쓰시오.

답/ 목사후보생 지원자는 소속 본 노회에 청원하여 그 노회 관하에서 양성을 받는다.

144문/ 목사후보생이 다른 노회에서 양성을 받고자 할 때의 절차를 설명하시오.

답/ 1. 목사후보생이 혹 편의를 인하여 멀리 있는 다른 노회 아래서 양성을 받고자 하면 본 노회 혹 본노회 관할 아래 있는 무흠 목사 2인의 천서를 얻어 그 노회에 제출한다.

2. 천서는 그 사람의 무흠 교인 된 것과 모범적 신앙과 기타 목사 됨에 합당한 자격 유무를 증명한다.

145문/ 신학교의 입학에 대하여 자세히 설명하시오.

답/ 누구든지 총회가 인정하는 어느 신학교에 입학코자 할 때에는 마땅히 본 노회에 청원을 제출하여 노회 관할 아래 속한 목사후보생이 되고, 대한예수교장로회 노회의 지도 아래서 수양 받지 아니한 자는 신학 졸업 후 노회 관할 아래 후보생으로 1년간 총회 신학교에서 신학과 교회 헌법을 수업한 후에 강도사 고시 자격을 얻을 수 있다.

146문/ 강도사 고시 및 인허에 대하여 설명하시오.

답/ 강도사 인허를 청원하는 자는 반드시 총회가 그 덕행이 단정함과 지교회의 무흠 회원됨을 증명하는 당회 증명과 노회 추천서 및 지원서와 이력서를 제출하게 할 것이요, 총회는 그 사람의 신덕과 종교상 이력을 시문하며 성역을 구하는 이유를 묻되 그 고시는 신중히 하고 인허는 노회가 한다.

147문/ 강도사 고시의 종목을 쓰시오.

답/ 고시는 구두와 필기 2종이 있으니 그 과목은 아래와 같다. 조직신학, 교회 헌법, 교회사, 논문, 주해, 강도. 고시부장은 강도사 지원자의 설지 능력을 알아보기 위하여 고시 5개월 전에 아래와 같은 고시 문제를 준다. 논문, 주해, 강도.

148문/ 강도사의 인허서약에 대하여 설명하시오.

답/ 노회는 강도사 인허할 자에게 아래와 같이 서약한다.

1. 신구약 성경은 하나님의 말씀이요 신앙과 행위에 대하여 정확무오한 유일의 법칙으로 믿느뇨?
2. 장로회 신조와 웨스트민스터 신도 게요 및 대소요리 문답은 신구약 성경에 교훈한 도리를 총괄한 것으로 알고 성실한 마음으로 받아 자기의 사용할 것으로 승낙하느뇨?
3. 교회의 화평과 연합과 성결함을 도모하기로 맹세하느뇨?
4. 주 안에서 본 노회 치리를 복종하고 다른 노회에 이거할 때는 그 노회의 치리를 복종하기로 맹세하느뇨?

149문/ 강도사의 인허에서 인식의 뜻을 쓰시오.

답/ 강도사 인허자가 인허서약을 마친 후에 회장이 기도하고 그 사람에게 아래와 같이 선언한다.

"교회에 덕을 세우기 위하여 주신 권세와 주 예수 그리스도의 이름으로 우리가 하나님의 지도하시는 곳에서 복음을 전파하기 위하여 그대에게 강도사 인허를 주고, 이 일을 선히 성취하기 위하여 하나님께서 그대에게 복을 주시며, 그리스도의 성령이 충만하기를 바라노라 아멘."

150문/ 강도사인허 후 이전의 절차를 쓰시오,

답/ 강도사인허를 받은 후에 본 노회 허락을 얻어 다른 노회 지방에 이거하게 되면 강도사 이명 증서를 받아 그 노회에 드린다.

151문/ 강도사인허의 취소에 대하여 쓰시오.

답/ 강도사가 4년간 강도하는데 덕을 세우지 못하는 경우에는 노회는 결의에 의하여 인허를 취소할 수 있다.

16. 목사 선교사 선거 및 임직에 관한 문제

152문/ 목사의 자격에 대하여 설명하시오.

답/ 목사는 총신대학교 신학대학원을 졸업 후 총회에서 시행하는 강도사 고시에 합격되어 1개년 이상 교역에 종사하고 노회 고시에 합격되고 청빙을 받은 자라야 한다.

153문/ 목사 선거의 절차에 대하여 설명하시오.

답/ 지교회에 목사를 청빙하고자 하는 경우에는 당회의 결의로 공동의회를 소집하고, 임시 당회장이 강도한 후 공포하기를, 교회에서 원하면 목사 청빙할 일에 대하여 투표할 것이라고 그 의견(意見)을 물어 과반수가 찬성하면 즉시 투표한다.

154문/ 청빙준비에 대하여 쓰시오.

답/ 지교회의 공동의회에서 투표하여 3분의 2가 가라 할지라도 부라 하는 소수가 심히 반대하는 경우에는 회장은 교우에게 연기하라고 권고하는 것이 가하다. 투표가 일치하든지 혹 거의 일치하든지 혹 대다수가 양보하지 아니하는 경우에는 회장은 합동하도록 권면한 후 규칙대로 청빙서를 작성하여 각 투표자로 서명 날인하게 하고 회장도 날인하여 공동 의회의 경과 정형을 명백히 기록(반대자의 수와 그 사람들의 형편도 자세히 기록한다)하여 청빙서와 함께 노회에 드린다. 단, 청빙서에는 투표자뿐 아니라 무흠 입교인 과반수의 날인을 요한다.

155문/ 청빙서식의 내용을 쓰시오.

답/ OO곳 OO교회 교인들은 귀하께서 목사의 재덕과 능력을 구비하여 우리 영혼의 신령적 유익을 선히 나누어 주실 줄로 확신하여 귀하를 본 교회 담임 목사(혹 임시 목사)로 청빙하오며, 겸하여 귀하께서 담임 시무 기간 중에는 본 교인들이 모든 일에 편의와 위로를 도모하며, 주 안에서 순복하고 주택과 매삭 생활비OO를 드리기로 서약하는 동시에 이를 확실히 증명하기 위하여 서명 날인하여 청원하오니 허락하심을 바라나이다.

년 월 일

각 교인 연서 날인, 증인, 공동의회장 서명 날인, 귀하 .

156문/ 청빙승낙에 대하여 설명하시오.

답/ 어느 목사나 강도사에게든지 청빙서를 드리면 그 교회가 원하는 줄로 인정할 것이요 그 목사나 강도사가 그 청빙서를 접수하면 승낙하는 것으로 인정한다. 강도사가 청빙서를 받아 목사로 임직하게될 경우에는 노회는 구애되는 것이 없으면 동시에 위임식까지 행한다.

157문/ 청빙서의 제정에 대하여 쓰시오.

답/ 청빙서는 청빙을 받은 자를 관할하는 노회에 드릴 것이요 그 노회가 가합한 줄로 인정할 때는 청빙 받은 자에게 전함이 옳으니 목사 혹 강도사가 노회를 경유하지 아니하고 직접 청빙서를 받지 못한다.

158문/청빙한 이후의 서약변경에 대하여 자세히 쓰시오.

답/ 청빙할 때에 약속한 목사의 봉급을 변경하고자 할 때에 목사와 교회가 승낙하면 노회에 보고하고 만일 승낙치 아니하는 경우에는 그 사유를 노회에 보고하되 반드시 정식으로 공개한 공동 의회를 경유한다.

159문/ 다른 노회 사역자 청빙에 대하여 설명하시오.

답/ 지교회가 청빙서를 노회 서기에게 송달한다. 노회 서기는 즉시 해 노회에 통보하며 노회는 해당사역자의 이명서를 접수하고 청빙을 허락한다.

159문/ 목사의 임직 준비의 내용을 쓰시오.

답/ 노회는 청빙 받은 자가 성직을 받을 만한 자격자인 줄 확인하면 편의를 따라 임직식을 교회나 노회 당석에서 행하고 위임식은 그 시무할 교회에서 거행하되 그 교회 교인들은 이것을 위하여 준비 기도를 할 것이다(행 13:2, 3).

160문/ 임직예식의 절차를 쓰시오.

답/ 1. 서약, 2. 안수, 3. 공포, 4. 권유,

161문/ 임직예식의 서약에 대하여 자세히 쓰시오.

답/ 노회는 예정한 회원으로 임직에 적합하도록 강도한 후 회장이 정중히 취지를 설명하고 청빙 받은 자를 기립하게 한 후 다음과 같이 서약한다.

① 신구약 성경은 하나님의 말씀이요 신앙과 본분에 대하여 정확 무오한 유일의 법칙으로 믿느뇨?

② 본 장로회 신조와 웨스트민스터 신도 게요 및 대소요리 문답은 신구약 성경의 교훈한 도리를 총괄한 것으로 알고 성실한 마음으로 받아 신종하느뇨?

③ 본 장로회 정치와 권징 조례와 예배 모범을 정당한 것으로 승낙하느뇨?

④ 주 안에서 같은 직원 된 형제들과 동심 협력(同心協力)하기로 맹세하느뇨?

⑤ 목사의 성직을 구한 것이 하나님을 사랑하는 마음과 그 독생자 예수의 복음을 전포하여 하나님의 영광을 나타내고자 하는 본심에서 발생한 줄로 자인하느뇨?

⑥ 어떠한 핍박이나 반대를 당할지라도 인내하고 충심으로 복음의 진리를 보호하며 교회의 성결과 화평을 힘써 도모하여 근실히 역사하기로 작정하느뇨?

⑦ 신자요 겸하여 목사가 되겠은즉 자기의 본분(本分)과 다른 사람에 대한 의무와 직무에 대한 책임을 성실히 실행하여 복음을 영화롭게 하며 하나님께서 그대에게 명하사 관리하게 하신 교회 앞에 경건한 모본을 세우기로 승낙하느뇨?

162문/ 임직예식의 안수에 대하여 자세히 쓰시오.

답/ 회장이 전항에 의하여 서약을 마친 후에 청빙 받은 자를 적당한 곳에 꿇어앉게 하고 사도의 규례에 의하여 노회 대표자의 안수와 함께 회장이 기도하고 목사로 임직한 후 악수례를 행하여 말하기를 「성역에 동사자가 되었으니 악수로 치하하노라」한다.

163문/ 임직예식의 공포에 대하여 자세히 쓰시오.

답/ 남 · 녀 전도인은 유급 사역자로 불신자에게 전도하는 자니 그 사업 상황을 파송한 기관에 보고하고, 다른 지방에서 전도에 착수할 때는 그 구역 감독 기관에 협의하여 보고한다.

164문/ 목사의 위임예식 절차에 대하여 설명하시오.
답/ 노회는 예정한 날짜와 장소에서 노회 전체로나 혹은 위원으로 예식을 목사의 서약, 교인의 서약, 공포, 권면의 순서로 행한다.

165문/ 목사의 위임예식에서 목사가 서약하는 내용을 쓰시오.
답/ ① 귀하가 청빙서를 받을 때에 원하던 대로 이 지교회의 목사 직무를 담임하기로 작정하느뇨?
② 이 직무를 받는 것은 진실로 하나님께 영광 돌리며 교회에 유익하게 하고자 함이니 본심으로 작정하느뇨?
③ 하나님의 도와주시는 은혜를 받는 대로 이 교회에 대하여 충심으로 목사의 직분을 다하고 모든 일에 근신 단정하여 그리스도의 복음의 사역에 부합하도록 행하며 목사로 임직하던 때에 승낙한 대로 행하기를 맹세하느뇨? 단, 전임하는 목사를 위임할 때에도 위와 같이 서약한다.

166문/ 목사의 위임예식에서 교인이 서약하는 내용을 쓰시오.
답/ 본 교회 교인들을 기립하게 한 후에 다음과 같이 서약한다.
① OO교회 교우 여러분은 목사로 청빙한 OO씨를 본 교회 목사로 받겠느뇨?
② 여러분은 겸손하고 사랑하는 마음으로 그의 교훈하는 진리를 받으며 치리를 복종하기로 승낙하느뇨?
③ 목사가 수고할 때에 위로하며 여러분을 가르치고 인도하며 신령한 덕을 세우기 위하여 진력할 때에는 도와주기로 작정하느뇨?

④ 여러분은 저가 본 교회 목사로 재직중에 한결같이 그 허락한 생활비를 의수히 지급하며 주의 도에 영광이 되며 목사에게 안위가 되도록 모든 요긴한 일에 도와주기로 맹세하느뇨?

⑤ 공포. 내가 교회의 머리되신 주 예수 그리스도의 이름과 노회의 권위로 목사 OO씨를 본 교회 목사로 위임됨을 공포하노라. 이같이 서약을 마친 후에 회장이나 다른 목사가 신임 목사와 교회에게 정중히 권면한 후에 축도로 폐식한다.

167문/ 임시 목사 권한에 대하여 설명하시오.

답/ 1. 특별한 이유가 있으면 노회 허락으로 조직한 교회나 미조직 교회가 1년간 임시 목사로 시무하게 할 수 있고 만기 후에는 다시 노회의 1년간 더 승낙을 받을 것이요 노회 결의로 당회장권을 줄 수 있다.

2. 교회 각 기관에 종사하는 목사는 지교회 위임 목사가 될 수 없고 임시로 시무할 수 있다.

168문/ 다른 교파 교역자가 본 교단의 노회에 가입하는 절차를 자세히 쓰시오.

답/ 다른 교파에서 교역하던 목사가 본 장로교회에 속한 노회에 가입하고자 하면 반드시 본 장로회 신학교에서 2년 이상 수업한 후 총회 강도사 고시에 합격하여야 한다. 한국 이외 다른 지방에서 임직한 장로파 목사도 같은 예로 취급한다. 또한 본장 10조에 규정한 각 항의 서약을 하여야 한다.

17. 목사 전임에 관한 문제

169문/ 목사의 전임 승인에 대하여 설명하시오.

답/ 목사는 노회의 승낙을 얻지 못하면 다른 지교회에 이전하지 못하고 또 전임 청빙서를 직접 받지 못한다.

170문/ 목사의 다른 노회로 전임에 대하여 쓰시오.

답/ 본 교회의 결의로 청빙서와 청원서를 노회 서기에게 송달하고 노회 서기는 그 청빙 사유를 청빙 받은 목사와 해교회에 즉시 통지할 것이요 합의하면 노회는 그 교회를 사면케 하고 청빙을 허락한다.

171문/ 목사의 다른 노회로 전임에 대하여 쓰시오.

답/ 다른 노회 소속 교회의 청빙을 받은 목사가 해교회와 합의되면 본 노회는 그 교회를 사면케 하고 이명서를 본인에게 교부한다.

18. 목사 사면 및 사직에 관한 문제

172문/ 자유사면의 뜻을 쓰시오.

답/ 목사가 본 교회에 대하여 어려운 사정이 있어 사면원을 노회에 제출하면 노회는 교회 대표를 청하여 그 목사의 사면 이유를 물을 것이니 그 교회 대표가 오지 아니하든지 혹 그 설명하는 이유가 충분하지 못하면 사면을 승낙하고 회록에 자세히 기록할 것이요 그 교회는 허위 교회가 된다.

173문/ 권고사면의 뜻을 쓰시오.

답/ 지교회가 목사를 환영하지 아니하여 해약하고자 할 때는 노회가 목사와 교회 대표자의 설명을 들은 후 처리한다.

174문/ 자유사직의 뜻을 쓰시오.

답/ 목사가 그 시무로 교회에 유익을 주지 못할 줄로 각오할 때는 사직원을 노회에 제출할 것이요 노회는 이를 협의 결정한다.

175문/ 권고사직의 뜻을 쓰시오.

답/ 목사가 성직에 상당한 자격과 성적이 없든지 심신(心身)이 건강하고 또 사역할 곳이 있어도 5년간 무임으로 있으면 노회는 사직을 권고한다.

176문/ 목사의 휴양에 대하여 설명하시오.

답/ 시무 목사가 신체 섭양이나 신학 연구나 기타 사정으로 본 교회를 떠나게 되는 경우에는 본 당회와 협의하며 2개월 이상 흠근하게 될 때는 노회의 승낙을 요하고 1개년이 경과할 때는 자동적으로 그 교회 위임이 해제된다.

19. 선교사에 관한 문제

177문/ 본 교단의 선교사에 대하여 설명하시오.

답/ 총회는 교회를 설립하기 위하여 내외지를 물론하고 다른 민족에게 선교사를 파송할 수 있다. 이런 일을 위하여 노회에 위탁하여 지교회의 청빙이 없는 이라도 선교사로 임직할 수 있으나 원하지 아니하는 자를 강권하지 못하고 자원하는 자라야 파송함이 옳고 선교사의 봉급과 기타 비용은 파송하는 치리회가 담당한다.

178문/ 외국 선교사의 신분에 대하여 쓰시오.
답/ 외국 선교사는 곧 본 총회와 관계 있는 선교사를 가리킴이다.

179문/ 외국 선교사의 노회원이 되는 절차에 대하여 쓰시오.
답/ 외국 장로파 선교사가 본 총회 관하(管下) 노회 구역 안에서 선교하게 되는 경우에는 그 선교사는 이명 증서를 그 노회에 제출하여 접수한 후에야 그 노회의 회원이 된다.

180문/ 외국 선교사의 투표권에 대하여 쓰시오.
답/ 1. 각 노회는 이명 증서를 받은 선교사에 대하여 지교회 일을 맡긴 때에만 그 노회에서 가부 투표권이 있다.
2. 본 노회가 직무를 부담하게 아니한 선교사와 파견 증서만 받은 선교사는 투표권은 없으나 언권이 있고 위원회에서는 투표권도 있고 상회 총대권도 있다.

181문/ 파견 증서로 시무하는 외국 선교사의 의무에 대하여 쓰시오.
답/ 본 총회 산하 노회에서 파견 증서로 시무하는 선교사는 대한예수교장로회 율례를 준행할 의무가 있으니 만일 도덕상 품행에 관한 범과(犯過)나 본 신경 정치 성경에 위반되는 때는 소관 노회가 심사한 후에 언권 회원권을 탈제한다.

182문/ 외국 선교사의 서약에 대하여 쓰시오.
답/ 외국 선교사는 본 총회에서 정한 서약서에 서명하여야 한다.

183문/ 외국 선교사의 서약문 내용을 쓰시오.

답/ ① 사도신경은 성경 말씀의 진리를 옳게 진술한 것으로 알며 또 그대로 믿느뇨?

② 본 대한예수교장로회의 12신조와 웨스트민스터 신도게요 및 대·소요리문답을 정당한 것으로 믿느뇨?

③ 귀하는 신학상으로 말하는 신신학 및 고등 비평이나 신정통주의 내지 자유주의 신학을 잘못된 것으로 알며, 역사적 기독교의 전통을 항시 이와 투쟁적인 처지에서 진리를 수호해야 하는 줄 생각하느뇨?

④ 귀하는 본 대한예수교장로회의 헌법에 배치되는 교훈이나 행동을 하지 않기로 서약하느뇨?

⑤ 귀하는 1959년 제44회 본 총회가 의결한 본 총회의 원칙 및 정책을 시인하며 이러한 조치는 W.C.C. 및 W.C.C.적 에큐메니칼 운동이 비성경적이고 위태로운 것이므로 이에서 순수한 복음 신앙을 수호하려는 것인 줄 생각하느뇨?

⑥ 귀하는 신앙 보수는 의논이나 체계적 뿐만 아니라 그 생활도 응분적이어야 할 줄 알며 우리 총회의 음주 흡연 및 속된 생활 등을 금지하는 의도를 잘 이해하며 잘 순응하겠느뇨?

⑦ 귀하는 본 총회 산하 노회 및 기관에서 봉직하는 동안 소속 치리회에 복종하며 순종하기로 맹세하느뇨?

20. 회장과 서기에 관한 문제

184문/ 지교회 치리회의 회장에 대하여 설명하시오.

답/ 교회 각 치리회는 모든 사무를 질서 있고 신속하게 처리하기 위하여 회장을 선택할 것이요 그 임기는 그 회의 규칙대로 한다.

185문/ 지교회의 치리회에서 회장의 직권의 뜻을 쓰시오.

답/ 회장은 그 회가 허락하여 준 권한 안에서 회원으로 회칙을 지키게 하고 회석의 질서를 정돈하며 개회, 폐회를 주관하고 순서대로 회무를 지도하되 잘 의논한 후에 신속한 방법으로 처리하고 각 회원이 다른 회원의 언권을 침해하지 못하게 하며 회장의 승낙으로 언권을 얻은 후에 발언하게 하되 의안 범위 밖에 탈선하지 않게 하고 회원간에 모욕 혹은 풍자적 무례한 말을 금하며 회무 진행 중에 퇴장을 금하며 가부를 물을 의제는 회중에 밝히 설명한 후에 가부를 표결할 것이요 가부 동수인 때는 회장이 결정하고 회장이 이를 원하지 않으면 그 안건은 자연히 부결된다. 회장은 매사건에 결정을 공포할 것이요 특별한 일로 회의 질서를 유지할 수 없는 경우에는 회장이 비상 정회를 선언할 수 있다.

186문/ 지교회 치리회의 서기에 대하여 쓰시오.

답/ 각 치리회는 그 회록과 일체 문부를 보관하기 위하여 서기를 선택하되 그 임기는그 회의 규칙대로 한다.

187문/ 서기의 임무에 대하여 쓰시오.

답/ 서기는 회중 의사 진행을 자세히 기록하고 일체 문부 서류를 보관하고 상당한 자가 회록의 어떤 부분에 대하여 등본을 청구하면 회의 허락으로 등본하여 줄 수 있다. 서기가 날인한 등본은 각 치리회는 원본과 같이 인정한다.

21. 교회소속 각 회의 권리 및 책임에 관한 문제

188문/ 지교회 소속의 속회의 조직에 대하여 설명하시오.

답/ 지교회나 혹 여러 지교회가 전도사업과 자선 사업이나 도리를 가르치는 것과 은혜 중에서 자라기 위하여 여러 가지 회를 조직할 수 있다.

189문/ 속회관리의 뜻을 쓰시오.

답/ 어느 지교회든지 위에 기록한 대로 여러 회가 있으면 그 교회 당회의 치리와 관할과 지도를 받을 것이요 노회나 대회나 온 총회 지경안에 보급(普及)하게 되면 그 치리회 관할 아래 있다. 당회원이나 다른 직원으로 각 기관에 고문을 정하여 연락 지도할 수 있다.

190문/ 속회 권한을 자세히 쓰시오.

답/ 지교회의 각회가 그 명칭과 규칙을 제정하는 것과 임원 택하는 것과 재정 출납하는 것을 교회 헌법에 의하여 그 치리회의 검사와 감독과 지도를 받는다.

22. 의회에 관한 문제

191문/ 공동의회 회원의 자격에 대하여 쓰시오.

답/ 본 교회 무흠 입교인은 다 회원 자격이 있다.

192문/ 공동의회 소집에 대하여 설명하시오.

답/ 공동의회는 당회가 필요로 인정할 때와 제직회의 청원이나 무흠 입교인 3분의 1이상 청원이나 상회의 명령이 있는 때에 당회의 결의로 소집한다.

193문/ 공동의회 임원에 대하여 설명하시오.

답/ 지교회의 당회장과 당회 서기는 공동 의회의 회장과 서기를 겸한다. 당회장이 없는 경우에는 그 당회가 임시 회장을(본 노회 목사 중) 청할 것이요 회록은 따로 작성(作成)하여 당회 서기가 보관한다.

194문/ 공동의회 회집에 대하여 설명하시오.

답/ 당회는 개회할 날짜와 장소와 의안(議案)을 1주일 전에 교회에 광고 혹은 통지하고 그 작정한 시간에 출석하는 대로 개회하되 회집 수가 너무 적으면 회장은 권하여 다른 날에 다시 회집한다.

195문/ 공동의회 회의에 대하여 설명하시오.

답/ 연말 정기 공동 의회에서는 당회의 경과 상황을 들으며 제직회와 부속 각 회의 보고와 교회 경비 결산과 예산서를 채용하며 그밖에 법대로 제출하는 사건을 의결하나니, 일반 의결은 과반수로 하되 목사 청빙 투표에는 투표수 3분의 2의 가와 입교인 과반수의 승낙을 요하며 장로, 집사 및 권사 선거에는 투표수 3분의 2이상의 가로 선정한다.

196문/ 제직회의 조직에 대하여 자세히 쓰시오.

답/ 지교회 당회원과 집사와 권사를 합하여 제직회를 조직한다. 회장은 담임 목사가 겸무하고 서기와 회계를 선정한다. 당회는 각각 그 형편에 의하여 제직회 사무를 처리하기 위하여 서리 집사와 전도사와 권사 전도인들에게 제직회원 권리를 줄 수 있다.

197문/ 미조직 교회 제직회에 대하여 설명하시오.

답/ 미조직 교회에서는 목사, 전도사, 권사, 서리 집사, 전도인들이 제직회 사무를 임시로 집행한다.

198문/ 제직회에서의 재정 처리에 대하여 상세히 설명하시오.

답/ ① 제직회는 교회에서 위임하는 금전을 처리하고 부동산은 노회 소유로 한다(행 6:3~5).

② 구제와 경비에 관한 사건과 금전 출납은 모두 회에서 처리하며 회계는 회의 결의에 의하여 금전을 출납한다.

③ 제직회는 매년 말 공동 의회에 1년간 경과 상황과 일반 수지결산을 보고하며 익년도 교회 경비 예산을 편성 보고하여 회에 통과하며 회계는 장부의 검사를 받는다.

199문/ 제직회의 개회 성수에 대하여 쓰시오.

답/ 회원 과반수의 출석으로 개회 성수가 되나 통상적인 사무처리는 출석하는 회원으로 개회하여 처리할 수 있다.

200문/ 정기회에 대하여 쓰시오.

답/ 매월 1회 또는 1년에 4회 이상 정기회를 정함이 편하다.

201문/ 연합 제직회의 조직에 대하여 설명하시오.

답/ 각 지방 내에 편리한 대로 연합 제직회를 조직할 수 있다. 회원은 그 지방 내에 목사 전도사와 지교회 제직회에서 파송한 총대 1인 이상으로 조직하되 임원은 투표로 선정한다.

202문/ 연합 제직회의 직무에 대하여 설명하시오.

답/ 본 회에 치리권은 없으나 그 지방 내 합동 제정과 전도 기타 부흥 사업과 주일 학교 및 기독교 교육에 관한 일을 의정할 수 있고, 그 지방 내 교회 및 전도 상황 보고를 접수하며, 남녀 전도사와 전도인을 선정하되 전도사는 노회의 승인을 받는다.

23. 총회총대에 관한 문제

203문/ 총회총대의 자격에 대하여 3 가지로 상세히 쓰시오.

답/ 1. 총회 총대는 총회 전 정기 노회에서 선택할 것인데 총회 개회 6 개월 이상을 격하여 택하지 못한다.

2. 새로 조직한 노회 총대는 개회 후 임원 선거 전에 그 노회 설립 보고를 먼저 받고 총대로 허락한다.

3. 총대될 장로의 자격 그 회에 속한 장로 회원으로 한다.

204문/ 총회총대의 교체에 대하여 쓰시오.

답/ 총회의 원총대가 출석하였다가 자기 임의로 부총대와 교체하지 못할 것이나 부득이한 때에는 총회의 허락으로 부총대와 교체할 수 있다.

205문/ 총회의 언권 회원의 뜻을 설명하시오.

답/ 1. 본 총회의 파송으로 외국에서 선교하는 선교사, 2. 파견 증서만 가지고 와서 본 총회 산하에서 선교에 종사하는 외국 선교사, 3. 본 총회의 증경 총회장

24. 헌법 개정에 관한 문제

206문/ 총회의 헌법의 개정에서 정치, 권징 조례, 예배 모범을 변경하고자 할 때에 대하여 설명하시오.

답/ 정치, 권징 조례, 예배 모범을 변경하고자 할 때는 총회는 각 노회에 수의하여 노회 과반수와 모든 노회의 투표수 3분의 2이상의 가표를 받은 후에 변경할 것이요 각 노회 서기는 투표의 가부를 총회 서기에게 보고하고 총회는 그 결과를 공포 실행한다.

207문/ 총회의 헌법의 개정에서 신조와 요리 문답을 개정하고자 할 때에 대하여 설명하시오.

답/ 신조와 요리 문답을 개정하고자 할 때는 총회는 그 의견을 제출하고 각 노회에 수의하여 노회 중 3분의 2와 모든 투표수 3분의 2의 가표를 받고 그 다음 회가 채용해야 한다. 각 노회 서기는 투표의 가부수를 서면으로 총회 서기에게 보고한다.

208문/ 신조와 요리문답을 개정하고자 할 때, 거쳐야 하는 절차에 대하여 설명하시오.

답/ 총회는 신조나 요리문답을 개정하는 의안을 각 노회에 보내기 전에 특별히 위원 15인 이상(목사와 장로)을 택하여 1년간 그 문제를 연구하게 한 후 총회 때에 보고하도록 할 것이요 그 위원은 1노회에 속한 회원 2인 이상 됨을 금한다.

209문/ 헌법을 개정하자는 헌의에 대하여 쓰시오.

답/ 소속 노회 3분의 1이상이 헌법을 개정하자는 헌의를 총회에 제출하면 총회는 그 의안을 각 노회에 보내고 그 결정은 위의 제1, 제2 조를 준용한다.

25. 헌법적 규칙에 관한 문제

210문/ 미조직 교회 신설립에 대하여 자세히 쓰시오.

답/ 일정한 구역 안에 예배 장소를 준비하고 장년 신자 15인 이상 합심하여 예수 그리스도를 신봉하며 교회 신설(新設)을 원하는 때에는 다음과 같은 사항을 기록하여 그 구역 시찰회 경유(經由)로 노회에 청원하여 인가를 받는다. 만일 신자가 15인 미만 되거나 예배 장소가 준비되지 못한 때에는 기도회 처소로 하여 부근 어느 교회의 도움을 받는다.

1. 신설 교회 위치, 2. 신설 년 월 일, 3. 장년 신자수와 가정수,
4. 유년 주일 학생수, 5. 예배당 형편(기지 평수 건물과 소유자),
6. 신설 교회의 명칭, 7. 교회 유지 방법,
8. 부근 교회와 그 거리, 9. 구역 가호(家戶) 수(도시는 제외)

211문/ 교인의 의무 6 가지를 자세히 쓰시오.

답/ 1. 교인은 교회의 정한 예배회와 기도회와 모든 교회 집회에 출석하여야 한다.
2. 교인은 노력과 협력과 거룩한 교제로 교회 발전에 진력하며 사랑과 선행으로 하나님을 영화롭게 하여야 한다.
3. 교인은 교회의 경비와 사업비에 대하여 성심 협조하며 자선과 전도 사업과 모든 선한 일에 노력과 금전을 아끼지 않아야 한다.
4. 성경 도리를 힘써 배우며 전하고 성경 말씀대로 실행하기를 힘

쓰며 예수 그리스도의 정신을 우리 생활에서 나타내어야 한다.

5. 교회의 직원으로 성일을 범하거나 미신행위나 음주 흡연, 구타하는 등의 행동이나 고의로 교회의 의무금을 드리지 않는 자는 직임을 면함이 당연하고 교인으로는 의무를 이행하지 않는 자로 간주한다.
6. 교인은 진리를 보수하고 교회 법규를 잘 지키며 교회 헌법에 의지하여 치리함을 순히 복종하여야 한다.

212문/ 교인의 권리 4개 항목에 대하여 자세히 설명하시오.

답/ 교회의 주권과 모든 권리는 교인에게 있다.

1. 교회의 헌법대로 순서를 따라 청원, 소원, 상소할 권리가 있다.
2. 지교회에서 법규대로 선거 및 피선거권이 있다. 그러나 무고히 6개월 이상 본 교회 예배회에 계속 출석치 아니한 교인은 위의 권리가 중지된다.
3. 무흠 입교인은 성찬에 참례하는 권한이 있다.
4. 예수님의 몸된 교회를 위하여 분량에 따라 일할 특권이 있다.

213문/ 주일 예배회에 대한 6 가지 규정을 쓰시오.

답/ 1. 조용히 묵도로 예배를 시작하며 단정하고 경건한 태도로 엄숙히 예배하여야 한다.

2. 이상한 동작과 경건하지 못한 태도로 찬송이나 찬양을 인도하여 예배의 신성함을 감손하게 하지 말 것.
3. 주일 예배 시간에는 예배와 성례 외에 다른 예식은 다른 날에 행하되 가급적 간단히 행함이 좋다.
4. 주일 예배 시간에 어떤 개인을 기념, 축하, 위안, 치하하는 예배를 행하지 말고 온전히 하나님께만 예배하여야 한다.

5. 주일에 음식을 사 먹거나 모든 매매하는 일은 하지 말며 연회나 세속적 쾌락을 삼가며 힘써 전도, 위문, 기도, 성경과 종교 서적 열람하는 일로 시간을 보내어야 한다.
6. 예배당 구내에 개인을 위하여 송덕비나 공로 기념비나 동상 같은 것은 세우지 않는다.

214문/ 학습을 받을 자격에 대하여 설명하시오.

답/ 연령이 만 14세 이상이 되고 믿은 지 6개월이 경과되어 신앙이 독실한 자는 학습인 고시를 받을 자격이 있다.

215문/ 학습 서약문의 내용을 쓰시오.

답/ ① 천지 만물을 창조하시고 홀로 주장하시는 하나님을 성심으로 신봉하느뇨?

② 예수는 우리 죄를 대속하신 구주이심을 믿느뇨?

③ 하나님의 말씀인 성경을 힘써 배우며 그대로 지키기를 힘쓰겠느뇨?

④ 주일을 거룩히 지키며 힘써 기도하기로 작정하느뇨?

216문/ 성례의 실시에 대하여 자세히 쓰시오.

답/ 1. 신앙이 독실하고 학습인으로 6개월간 근실히 교회에 출석하면 세례 문답할 자격이 있다.
2. 만 2세까지 유아(乳兒) 세례를 줄 수 있으되 부모 중 한편만이라도 세례교인이면(혹은 입교인이면) 줄 수 있다.
3. 유아 세례 받은 자가 만 14세 이상이 되면 입교 문답할 연령이 된다.
4. 교회가 성례를 1년에 2회 이상 거행함이 적당하고 성례 거행하

기 1주일 전에 교회에 광고하는 준비 기도회로 교인의 마음을 준비하게 한다.

5. 성찬으로 쓰고 남은 떡과 포도즙은 정한 곳에 묻거나 불에 태운다.

217문/ 교회의 선거 투표 실시에 대하여 쓰시오.

답/ 선거 투표는 무흠 입교인이 기도하는 마음으로 비밀히 할 것인데 교회에서나 어떤 회에서든지 투표하는 일에 대하여 사회에서와 같이 인위적으로 선거 운동을 하여 당선시키고자 하는 사람의 성명을 기록하여 돌리거나 방문 권유하거나 문서로나 집회를 이용하여 선거 운동하는 일을 금한다.

218문/ 교회의 선거 투표에서 선거와 피선거권의 중지에 대하여 쓰시오.

답/ 교회 직원을 선거함에 있어 병로, 여행이나 그 외에 부득이한 사유 외에 무고히 계속 6개월 이상 본 교회 예배회에 참석하지 아니한 교인은 선거와 피선거권이 중지된다.

219문/ 교회의 선거 투표에서 연기명 투표의 개표에 대하여 쓰시오.

답/ 연기명 투표에 있어 계표함에 대하여 투표 정원수 이상을 기록한 표는 무효로 인정하고 정원 수 이내를 기입한 표는 유효표로 정한다.

220문/ 교회의 선거 투표에서 무효표에 대하여 쓰시오.

답/ 지정한 투표 용지를 사용하지 않거나 백표가 잘못 기록한 투표지는 무효표로 하되 잘못 기록한 투표지는 총표수로 계산하고 백표는 총표수에 계입하지 않는다.

221문/ 무임집사에 대하여 자세히 설명하시오.

답/ 안수집사가 다른 교회로 이거하여 무임 집사인 경우에 그 교회가 투표로나 당회의 결의로나 서리 집사의 임무를 맡길 수 있고 안수 집사로 투표를 받으면 위임 예식만 행하고 안수는 다시 하지 않는다.

222문/ 무임장로에 대하여 자세히 설명하시오.

답/ 1. 교회를 잘 봉사할 수 있는 무임 장로가 있는 경우에 당회의 결의로 그 장로를 제직회의 회원으로 참여시킬 수 있다.

2. 성찬 예식을 거행할 때에 필요하면 무임 장로에게 성찬 나누는 일을 맡길 수 있다.

223문/ 권찰에 대한 2 가지의 규칙을 쓰시오.

답/ 1.제직회원 이외 권찰을 세워 교인 심방하는 일을 맡길 수 있으니 신앙이 독실한 남녀 교인 중에서 목사나 당회가 권찰을 임명하되 그 임기는 1개년이요 혹은 제직회원으로 권찰의 임무를 겸무하게 할 수도 있다

2. 권찰의 임무는 구역을 정하고(1구역은 약 10가정) 남녀 권찰에게 맡겨 매주간 혹은 매월 교인의 가정을 방문하고 믿지 아니하는 가정을 심방 전도하며 구역 기도회도 하고 매월 정기(定期) 권찰회로 회집하여 구역 형편을 각각 보고한다.

224문/ 혼상례에 대한 6 가지 규칙을 자세히 쓰시오.

답/ 1. 혼상 예식에 번다한 허례는 폐하고 정숙하고 간단히 행하며 비용은 절약하여야 한다.

2. 부모상에 상복은 소복을 입고 양복인 경우에 흰(白) 상장을 가슴이나 왼편 팔 위에 붙인다. 장례식에 상주는 베 감투를 쓰고 여자는 베 수건을 쓴다.

3. 복기는 부모상에는 1개년이고 부(夫)상에는 6개월간으로 한다.
4. 시신을 입관할 때에 관 안에 고인의 성경과 찬송가를 넣거나 또는 불에 태우는 일은 옳지 않고 잘 보관하여 고인을 추념함이 정당하다.
5. 별세자의 무덤이나 관 앞에 촛불을 켜거나 향(香)을 사르거나 배례하는 일은 금한다.
6. 부부간 일방이 별세한 후에 재혼하려면 별세한 후 6개월이 지나야 한다.

225문/ 병자에게 안수함에 대하여 설명하시오.

답/ 교회에서 헌법에 의지하여 성직을 받은 자 외에 병자를 위하여 함부로 안수하는 일은 삼가야 한다.

226문/ 교회마다 비치해야 하는 문서의 종류를 쓰시오.

답/ 1. 교인의 각종 명부, 2. 당회록, 3. 공동 회의록, 4. 재판 회록, 5. 제직회록과 각 단체 기관회록, 6. 본 교회 사기, 7. 교회 재산 목록, 8. 교회 물품 대장, 9. 각종 통계표, 10. 각 보고철과 참고 서류철

227문/ 헌법적 규칙의 부칙에 대하여 설명하시오.

답/ 본 헌법적 규칙을 개정 증감하고자 할 때는 총회의 결의로 각 노회에 수의하여 노회 과반수의 가결로 한다.

참고문헌

김상근, 인물로 읽는 교회사, 서울: 평단문화사, 2007.

김석완, 기도하십니까, 서울: 도서출판 두란노, 1994.

김성철, 교회 사회복지 실천론, 서울: 한국강해설교학교출판부, 2003.

김순환, 21세기 예배론, 서울: 대한기독교서회, 2003.

김영재, 교회와 예배, 수원; 합동신학대학원출판부, 1995.

김우영, 칼빈과 웨슬레: 장로교와 감리교 무엇이 다른가?, 서울: 도서출판 프리셉트, 2001.

김재진, 웨스트민스터 소요리문답 해설, 서울: 대한기독교서회, 2004.

김진두, 웨슬리의 뿌리, 서울: 도서출판 kmc, 2005.

______, 우리의 교리, 서울: 도서출판 kmc, 2006.

김진호, 숨겨진 보물 예배, 서울: 예수전도단, 1989.

김홍만, 초기 한국 장로교회의 청교도 신학, 서울: 도서출판 옛적길, 2003.

대한예수교장로회(통합측), 헌법, 서울: 한국장로교출판사, 2007.

대한예수교장로회(합동측), 헌법, 서울: 예장출판사, 2005.

명성훈, 하늘문을 여는 중보기도 전략 52가지, 서울: 국민일보 제네시스2, 1999.

박근원, 교회예배서, 서울: 도서출판 진흥, 1994.

박명수, 초기 한국 성결교회사, 서울: 대한기독교서회, 2001.

______, 한국성결교회의 역사와 신학, 서울: 서울신학대학교출판부, 2004.

박상경, 21세기 교회의 생명-웨스트민스터 소요리문답 강해, 서울: 도서출판 예루살렘, 199.

박윤선, 대한예수교장로회 헌법주석, 서울: 영음사, 1983.
배상식, 장로교정치제도 어떻게 형성되었나?, 서울: 도서출판 토라, 2006.
백춘성, 성경에 나타난 장로의 사명, 서울: 교음사, 1993.
서청원, 장로교회의 역사와 신앙, 서울: 진리의 깃발, 2003.
성결교회와 역사연구소, 새천년과 한국성결교회, 서울: 바울서신사, 1993.
엄도성, 고시문제집(헌법개정에 따른 수정판), 서울: 도서출판 첨탑, 2003.
오덕교, 장로교회사, 수원: 합동신학대학원출판부, 2005.
유재덕, 교회 밖에서 만나는 재미있는 교회사 이야기, 서울: 도서출판 처음, 2002.
이광임, 그리스도인의 중보기도, 서울: 예수전도단, 2004.
이규학, 크리스천 에센스, 서울: 도서출판 kmc, 2006.
이동희, 웨스트민스터 소요리문답 이해와 적용, 서울: 도서출판 동서남북, 1999.
이사국, 성경적 헌금론과 교회재정 관리, 서울: 도서출판 예찬사, 1997.
이윤근, 누가 장로의 고통을 아는가, 서울: 성광문화사, 1999.
______, 좋은 장로, 서울: 기독신문사, 2007.
이정현, 중보기도, 서울: 도서출판 베드로서원, 1998.
이중수, 십자가와 헌금, 서울: 양무리서원, 1995.
전용복, 중보기도 이렇게 시작하고 이렇게 훈련하라, 서울: 도서출판 서로사랑, 1999.
정기화, 52주완성 소요리문답, 서울: 도서출판 규장, 1998.
정상운, 한국성결교회사(1), 서울: 도서출판 은성, 1997.

______, 성결교회와 역사연구(2), 서울: 도서출판 이레서원, 1999.
최기채, 집사 장로 교양과 훈련, 서울: 성광문화사, 2000.
최연식, 장로회 각 치리회 보통 의회 규칙, 서울: 기독신문사, 1998.
한경직, 장로 시무 핸드북, 서울: 도서출판 엠마오, 1987.
허순길, 잘 다스리는 장로, 서울: 도서출판 영문, 2007.
호태석 · 황정혜, 충성된 청지기 훈련을 위한 제직훈련교재, 서울: 도서출판 갈릴리, 2003.
홍 철, 미국 장로교회의 역사와 신학, 서울: 기독교문서선교회, 2005.
황대식, 좋은 장로 되게 하소서, 서울: 생명의말씀사, 1998.

Andy Stanley, 구지원 역, 헌금의 기쁨, 서울: 사랑플러스, 2005.
Aiden Wilson Tozer, 안보현 역, 하나님은 이런 예배를 원하십니다, 서울: 생명의말씀사, 1998.
Golden H. Clack, What Do Presbyterians Believe?, 나용화 역, 장로교인들은 무엇을 믿는가?, 서울: 개혁주의신행협회, 1994.
Hans Finzel, Empowered Leades, 김재영 역, 리더십 파워, 서울: 도서출판 디모데, 2000.
John White, 박영민 역, 헌신의 기쁨, 서울: IVP, 2000.
Ted W. Engstrom, The Making of a christian Leader, 권명달 역, 크리스찬 지도자가 되는 길, 서울: 보이스사, 1978.
Williston Walker, A History of the Christian Church, 송인설 역, 기독교회사, 서울: 크리스챤다이제스트사, 1993.

최신 장로학

4쇄 인쇄 2021년 10월 08일
4쇄 발행 2021년 10월 14일

지은이 한치호
발행인 황경자
펴낸곳 도서출판 두돌비
주 소 서울시 중랑구 동일로 107길 12
등 록 제 2006-12호(2006.8.17)
전 화 02-964-6993
팩 스 02-2208-0153

E-mail : 153books@hanmail.net
ISBN 978-89-89236-11-5